全国教育科学“十一五”规划重点课题研究成果

ZHONGGUO JICHUJIAOYU XUEKENIANJIAN
中国基础教育学科年鉴

政治卷
ZHENGZHIJUAN

2010

北京师范大学出版集团
BEIJING NORMAL UNIVERSITY PUBLISHING GROUP
北京师范大学出版社

图书在版编目(CIP)数据

中国基础教育学科年鉴．政治卷．2010／钱再见主编.—北京：北京师范大学出版社，2011.3
ISBN 978-7-303-11620-1

Ⅰ. ①中… Ⅱ. ①钱… Ⅲ. ①基础教育—中国—2010—年鉴②政治课—教学研究—中小学 Ⅳ. ①G639.2-54②G633.202

中国版本图书馆CIP数据核字（2010）第263043号

出版发行：北京师范大学出版社 www.bnup.com.cn
北京新街口外大街 19 号
邮政编码：100875
印 刷：江苏凤凰盐城印刷有限公司
经 销：全国新华书店
开 本：140 mm × 260 mm
印 张：24
字 数：380千字
版 次：2011年3月第1版
印 次：2011年3月第1次印刷
定 价：87.00元

责任编辑：梁志国 曲利敏 装帧设计：揽胜视觉
责任校对：张春燕 责任印制：马鸿麟

全国教育科学“十一五”规划

重点课题

课题负责人	曹志祥　夏锦文　刘　军
专家组组长	夏锦文
专家组副组长	张连红　刘　坚　郭宁生
年鉴总主编	刘　军
核心组成员	李水平　严华银　马　复
	王晓英　钱再见　吴小晴
	仇奔波　吴　伟　陆　真
	汪　忠　韩中健　周　兵
	姚　红　李　艺　朱家雄

学科年鉴编写委员会

专家指导委员会

主　　任　蔡林慧

委　　员　王晓锡　孙建社　王　跃　孙迎光
　　　　　赵　晖　王永贵　谢树平　古　力
　　　　　顾中亚　夏　莹　宋　周

编写委员会

学科主编　钱再见

本卷主编　高晓霞

核心成员　乔建中　常　虹　陶丽萍　张丽敏
　　　　　史瑞瑞　宋　周　金礼久

本卷作者　蔡林慧　乔建中　陶丽萍　张丽敏
　　　　　史瑞瑞　钱再见　耿晓婷　常　虹
　　　　　王　寿　高晓霞　蔡宏彦　黄　益
　　　　　崔利利　许妍洁　许玉程　王丽丽
　　　　　曲利敏　张春燕

总　序

21世纪初启动的基础教育课程改革，从实验到推广，已经走过十年的历程了。十年改革，促进了先进教育理念的广泛传播，推动了教育教学实践的深刻变革，对我国基础教育的改革与发展、教育现代化水平的提高产生了重大而深远的影响。

伴随着课程改革的不断推进，我国基础教育课程资源的开发与建设工作受到了前所未有的重视，得到了前所未有的发展。十年来，经国家审查通过的基础教育教材已经覆盖义务教育22个学科、普通高中16个学科，共330余种，彻底改变了计划经济时代一纲一本的局面。不仅资源的数量种类空前丰富，而且质量和水平明显提升；现代信息技术推广使用，呈现方式和传输方式发生巨大变化；开发主体多元，社会参与资源开发的积极性日渐提高；国家和地方的基础教育资源中心相继成立。一大批具有中国特色、富有时代特点、体现素质教育要求的课程资源得到开发与应用，受到广大师生的喜爱，得到社会的好评，为培养青少年的创新精神和实践能力，为亿万学生的德、智、体、美全面发展，作出了重要贡献。课程资源开发、建设与应用的丰硕成果，既是课程改革成就的生动体现，也是课程改革得以健康、顺利开展的有力支撑。

当前，我国基础教育已经发展到一个新阶段。为了坚持教育的公益性和普惠性，保障人民群众享有接受良好教育的机会，最近颁布的《国家中长期教育改革和发展规划纲要（2010～2020年）》提出了努力办好每一所学校、教好每一个学生的奋斗目标。提高质量是基础教育改革发展的核心任务，促进公平是国家坚持的基本教育政策。面对基础教育改革发展的新形势、新任务，基础教育课程改革也进入总结经验、完善制度、突破难点、深入推进的新阶段。要在总结经验的基础上，清醒地分析课程改革面临的困难和问题，着力加强课程改革保障机制建设，深化基础教育课程改革。

对于与课程改革紧密相连的基础教育课程资源的开发、建设与应用，在充分肯定成绩的同时，也要客观地分析面临的困难和问题。比如，从总体上看，新开发的资源水平参差不齐，优质教育资源缺乏；资源的开发与深刻变革的教学模式不相适应，能为教学提供有效服务的资源不足；资源开发与应用缺乏规范的管理，资源分散，难以集中共享；即使是基于网络的资源，也由于缺乏协调机制，共享不充分；对于面广量大的学科资源，缺乏必要的汇总、分类、整理，更缺乏深入系统的研究，大大影响了资源的保护和综合开发应用。对这些问题，全国教育科学“十一五”规划重点课题“基础教育学科资源保护开发与应用研究”给予了关注。课题组的专家团队通过调查取样，对课程改革以来我国基础教育课程资源，主要是学科资源开发建设工作现状作了深入分析，并开展了实验研究和比较研究，总结课程改革以来我国基础教育课程资源开发与应用的成绩、经验，分析问题与不足，为我们全面把握和衡量基础教育学科资源开发与应用的状况与发展动态提供了富有价值的研究成果。尤为可贵的是课题组的专家们研究的步伐并未止于对现状的分析与总结，而是针对基础教育课程资源分散、难以为广大教师及专业工作者有效利用的突出问题，提出了编纂《中国基础教育学科年鉴》的对策性构想，并且直接参与编纂工作。这个课题从立项至今，两年有余，课题成果除了有关基础教育学科资源保护开发与应用的研究报告外，还包括语文、数学、英语、政治、历史、地理、物理、化学、生物、音乐、美术、体育与健康、信息技术、通用技术和学前教育皇皇十数卷的《中国基础教育学科年鉴》（以下简称《年鉴》），可喜可贺。

《年鉴》对我国基础教育课程改革与建设中产生的浩如烟海的资源与信息进行了分类与整理，对优秀资源和重要信息进行了汇总和推介。同时，拓宽视野，放眼世界，介绍了国外基础教育课程资源开发与应用的动态。提供的信息量大，覆盖面广，时效性强。《年鉴》对信息与资源不仅进行了汇总，同时也进行了梳理、分析、比较、鉴别。《年鉴》的编写不仅是资源收集聚合的过程，也是总结研究的过程。

《年鉴》的编纂和出版，是一项开创性的工作。《年鉴》不仅可作为从事课程资源开发的专业工作者的参考材料，而且将为教育行政管理者、教研人员和科研工作者的管理、决策和教研、科研工作提供资料和依据，对广大中小学教师从事教育和研修，也是有益的帮手。关注中国教育改革的国外同行和专家，也会把《年鉴》作为了解中国基础教育的一个重要窗口，开展交流的一个重要平台。

正因为《年鉴》的编纂是一项开创性的工作，它富有探索性，必定会留下不少需要完善和提高的空间。我想，走进这个平台，利用这个载体和工具的专业工作者和教育工作者，也一定会像关心基础教育课程资源开发和应用一样，关心《年鉴》，促进它的提高与成长。

王 湛

2010 年 9 月 30 日

王湛，教育部原副部长，现任教育部总督学顾问、国家基础教育课程教材专家工作委员会主任.

总 前 言

课程改革以来，我国基础教育领域发生了巨大的变革，语文、数学、英语、政治、历史、地理、物理、化学、生物、音乐、美术、体育与健康、信息技术、通用技术和学前教育等学科在课程与教学方面都有了重大发展，涌现出一大批优秀的成果。对这些成果进行分类、整理与总结是十分必要的。为此，“基础教育学科资源保护开发与应用研究”课题应运而生，并且被列为全国教育科学“十一五”规划重点课题。

《中国基础教育学科年鉴》是该课题的重要成果之一，通过对我国基础教育学科资源进行搜集、整理、归纳，从而实现资源的综合应用、开发和保护。依据我国课程的设置，《中国基础教育学科年鉴》设置语文、数学、英语、政治、历史、地理、物理、化学、生物、音乐、美术、体育与健康、信息技术、学前教育等学科分卷，自 2008 年始，每学科每年出一卷，主要内容包括专家视野、政策文件、概况与摘要、学科动态、研究机构、学术团体、名校名师、大事记、著作及论文索引等。2008 年之前的学科资源将以回顾版的形式进行整理保护。

《中国基础教育学科年鉴》的出版弥补了我国基础教育各学科一直以来没有年鉴的缺憾，意义重大。

1. 收集基础教育学科资料，总结基础教育课程改革过程中的经验

各级教育行政部门为指导课程改革下发了系列规范性文件，各级教研部门做出了许多有创意的举措，课程专家研究出了众多的理论成果，一线教师积极探索、勇于实践，积累了宝贵的经验。科学、全面、系统地总结经验，认定和推广优秀成果，推进国家基础教育发展，是一项重大历史使命。《中国基础教育学科年鉴》对浩如烟海的各学科信息资源进行分类、整理和总结，为基础教育课程改革提供翔实的资料，为各级行政管理者及教研人员提供有效的信息，为学校之间加强交流搭建平台，促使教育工作者及时总结基础教育课程改革过程中的经验。

2. 促进基础教育学科教学的发展

基础教育课程改革要求教师成为研究型的教师。要成为一名研究型的教师，就必须做一个终身学习者。《中国基础教育学科年鉴》有利于我国基础教育教师及时了解国内各地以及国外基础教育动态，开阔视野，完善自己的知识体系，提高自身的教学和科研能力，同时也为学生自主学习提供了丰富的素材，有利于提高学生的自主学习能力。

3. 有利于推进中外教育文化交流

胡锦涛总书记在党的十七大报告中明确提出“加强对外文化交流”“增强中华文化国际影响力”的要求。《中国基础教育学科年鉴》总结我国基础教育学科教学发展状况，同时借鉴国外基础教育学科教学经验，加强中外文化教育特别是基础教育领域的交流与合作，向世界传播中华文明。

《中国基础教育学科年鉴》的编写是一个规模宏大、涵盖我国基础教育各个学科的工程，由南京红色历程文化教育有限公司策划，得到了教育界诸多专家、学者和一线教师的热情支持，特别是得到教育部基础教育课程教材发展中心和南京师范大学、北京师范大学等高校以及各省市教育部门的支持与帮助。参加编写的人员包括教授、副教授、研究员、副研究员，中学特级教师、高级教师和一级教师数百人。北京师范大学出版集团北京师范大学出版社担负了繁重的出版工作，付出了大量人力、财力和辛勤劳动。在此，向关心和支持这项工作的单位和个人，向工作在第一线的所有同志表示衷心感谢！

《中国基础教育学科年鉴》涉及我国基础教育学科资源的搜集、整理、总结，所以书中有大量已发表论文的摘要。因涉及范围太广，故无法一一通知原作者。如有稿费问题，请作者与教育部基础教育课程教材发展中心基础教育学科资源保护开发与应用研究课题办公室①联系，稿费将按国家标准支付。

尽管我们已经付出了极大的努力，但疏漏和谬误在所难免，敬请专家和广大教师指正。

《中国基础教育学科年鉴》编写委员会

2010年12月14日

① 江苏省南京市宁海路122号南京师范大学专家东楼一楼．联系电话：025－83200848.

前　言

党的十六大提出了以人为本的全面协调可持续的科学发展观，指出:“我们进行的一切工作，既要着眼于人们现实的物质文化生活需要，同时又要着眼于促进人们素质的提高，也就是要努力促进人的全面发展。”在中国共产党第十七次全国代表大会上，科学发展观被写入党章，成为中国共产党的指导思想之一。科学发展观为新形势下思想政治教育提出了更高更全面的要求。在社会转型期，加强和改进思想政治教育，必须坚持“以人为本”，构建一个各方面群体、阶层和谐相处的社会，不断增强思想政治教育工作的亲和力、说服力。这也是现代思想政治教育的价值所在。同时科学发展观也对基础思想政治教育的知识创新、教学内容更新、教学方法改革等方面提出新的更高的要求。

一、思想政治教育课程改革应坚持以人为本的基本理念

改革开放以来，我国经济社会飞速发展，人们的生产和生活方式发生了巨大变迁，从而也导致了传统观念的重大变革。这就对基础思想政治教育内容设置和传授方式提出了新的要求。社会发展要求基础思想政治教育课程改革要从全新的角度、广阔的视野去看待社会、经济问题，加强综合分析的力度，把握时代发展脉络，拓展学生的知识视野，培养学生敏锐的观察力和创造性思维能力。在此基础上，还要密切关注我国经济社会建设的一系列重大举措，全面反映我国社会、政治、经济发展格局的演变态势，深入阐述倾斜与均衡、效率与公平、近期与长远等一系列重大发展关系，要求学生理解改革开放对于我国社会、政治、经济发展所造成的深远影响，以及国家一系列重大开发举措的总体思路和内在联系。

同时，关注人是思想政治教育课程改革的核心理念。课程改革后的中学思想政治课教学由学科本位转向以人为本，以育人为本，即面向全体学生进行德育教育。长期以来，由于走入“应试教育”的误区，培养的人才“高分低能”，教学陷入为考试而教学，为教学而教学的误区。而思想政治课的教学目的则陷入了讲观点、讲概念、讲理论的误区，老师把教材当成传授知识的唯一载体手段，把学生当做记观点、背概念、学理论的容器，却把育人的目的抛在一边，这也使学生失去了学习的兴趣、主动性和积极性，更使思想政治课失去了活力和威信。

学校的一切工作都是为了育人，而育人的重点是育魂。思想政治教育的基本功能包括两个方面：一是以科学的理论武装人，以正确的舆论引导人，以高尚的精神塑造人，以优秀的作品鼓舞人；二是发展新型的人际关系，创造良好的社会风尚，充分发挥人的积极性、主动性和创造性。前者着眼于提高人的素质，后者着眼于调动人的积极性。思想政治教育为人提供精神关怀，积极帮助人们努力实现多方面的精神生活需要，引导和帮助人们认清自己的根本利益和长远利益并努力为之奋斗。思想政治教育的根本目的和基本功能就是进一步满足人的物质文化需要，改善和提高人的思想文化素质，使人得到自由和全面的发展。

在教学内容上，思想政治课程的改革侧重于删除“繁、难、偏、旧”的知识点，转而更多地从学生的身心发展规律出发，关注学生的身心、品德的实际与个人的生活体验，加强思想品质、心理健康和德育教育的有机结合，突出创新精神、实践精神，体现素质教育的要求，同时更体现一种新的教育教学理念，即以育人为本，以德育为核心，面向全体，塑造健全人格。因此，课程改革后的基础教育思想政治课教育教学要紧紧围绕学生的发展而展开，加强对学生进行德育教育。教学的重点由重知识传授向重学生发展、重德育育人转变，不再把学生当成知识的储存器，而是把他们看做是与成年人一样有情感、有自尊、有追求的活生生发展着的人。在教学过程中，始终坚持以人为本，育人为本，德育为核心，尊重学生的人格，重视学生的情感教育，促进学生个性的发展和潜能的开发。最终通过思想政治课教学，使学生逐渐成长为一个有个性、有意志、有品德、有追求、有智慧的，充实、自信、健康发展的人，形成正确的、科学的人生观、价值观和世界观。

此外，思想政治教育坚持以人为本，其目标还在于实现人的自我教育，也只有这样，才能最终产生影响、发挥作用，充分发挥思想政治教育的功能。坚持以人为本，把教育人、鼓舞人、鞭策人和尊重人、理解人、关心人、帮助人结合起来，才能从根本上增强思想政治教育的针对性、实效性和吸引力、感召力、凝聚力。

二、思想政治教育改革以社会主义核心价值体系为统领

党的十六届六中全会《中共中央关于构建社会主义和谐社会若干重大问题的决定》指出：“马克思主义指导思想，中国特色社会主义共同理想，以爱国主义为核心的民族精神和以改革创新为核心的时代精神，社会主义荣辱观，构成社会主义核心价值体系的基本内容。”中小学是思想文化建设和人才培养的重要场所，建设社会主义核心价值体系既是学生思想政治教育的指导思想，同时又是它的出发点和基本任务，必须坚持用社会主义核心价值体系统领中小学思想政治教育工作。

社会主义核心价值体系的基本内涵是，坚持马克思主义在意识形态领域的指导地位，牢牢把握社会主义先进文化的前进方向，倡导和谐理念，培育和谐精神，进一步形成全社会共同的理想信念和道德规范。其中，“以人为本”是价值基点，“共同富裕”是价值目标，“公平正义”是价值核心。在新形势下，坚持用社会主义核心价值体系统领中小学思想政治教育工作，就是要求基础教育中的思想政治教育必须从社会主义核心价值体系出发，养成学生良好的公民素质和积极的社会态度。在社会经济飞速发展、人类文明不断进步的大背景下，坚持马克思主义在意识形态领域的指导地位。同时，要注意培养学生的爱国情感，强调人的全面和谐发展和良好精神素养。

在整个教书育人的大环境里，思想政治教育工作者肩负着育人的重任，思想政治教育课程要重视学生在心理、智力、体能等方面的发展潜力，针对其思想活动的多变性、可塑性等特点，在尊重学生个性差异和各种生活关切的同时，恰当地采取释疑解惑、循循善诱的方式，帮助他们认同正确的价值标准、把握正确的政治方向。

同时，思想政治教育必须借助外界环境，促成人的良好品格的形成，践行社会主义核心价值观。思想政治教育课程要立足于学生现实的生活经验，着眼于学生的发展需求，把理论观点的阐述寓于社会生活的主题之中，构建学科知识与生活现象、理论逻辑与生活逻辑有机结合的课程学习模式。学校特别要注重加强校风建设。校风是一个学校长期育人实践中所积淀的共同心理定势、心理特征、行为规范和精神追求，良好的校风能够对学生起到凝聚人心、振奋精神的作用。只有置身于健康向上的校风中，通过耳濡目染和内心体验，学生才能得到心灵的感染、情操的陶冶、真理的启示，思想政治教育才能真正发挥其作用。通过良好校风建设，营造人性化的氛围，以人性化管理的实施为龙头，以丰富多彩的校园文化活动为载体，带动积极向上的舆论氛围的营造，提高学生的道德素质，引导学生树立正确的人生目标。

此外，思想政治教育课程还要致力于引领学生在认识社会、适应社会、融入社会的实践活动中，感受经济、政治、文化各个领域应用知识的价值和理性思考的意义，进行研究性学习与实践性学习，美国哲学家约翰·杜威曾把没有活动的学习比作“苦役”，而他则提出了“在做中学习”的口号[①]。苏联教育家列昂节夫也认为，没有活动就无法形成个性。以社会主义核心价值体系统领思想政治教育课程教学就应该倡导开放互动的教学方式与合作探究的学习方式，使学生在充满教学民主的过程中，提高主动学习和发展的能力，自觉践行社会主义核心价值观。

三、教学方法的创新是基础思想政治教育课程改革的关键

创新教学方法，有赖于教师在教育教学中发挥更为重要的作用，并且在学校的思想政治教育过程中扮演好各种角色，他们既是思想政治知识、原理、技巧的传授者，又是思想政治校本课程的开发者，同时还是课堂秩序的管理者和学生人格的示范者——教师的仪表、风度、教态、语言都会对学生起到感染作用。在教学过程中，广泛开展研究性学习和讨论式教学。众所周知，兴趣是创新的基础。只有通过广泛阅读，独立思考，深入讨论，才能培养学生的学习兴趣。而只有真正地有了学习兴趣，才能使学生做到勤于思考、大胆创新。罗素说:“如果目标在于使学生思考，而不是使他们接受某个结论，教育和实行就会大不相同：快速的教导将会减少，而讨论增多，学生有更多的机会表达他们自己，更多尝试使教育内容适合学生的兴趣。”[②]通过研究性学习和“讨论式”教学，可以激发学生的学习兴趣和创新热情。但是同时，这种教学形式对于教师则有着更高的要求。首先，教师要有创新意识；其次，教师要充分备课；第三，教师要善于组织。

受教育部的委托，我们承担了《中国基础教育学科年鉴·政治卷 2010》的编写任务。由于水平所限，疏漏错误之处敬请读者批评指正。

在编写过程中，得到南京师范大学副校长蔡林慧教授等知名学者的赐稿，咨询了许多部门和专家，参考了一系列重要文献著作，在此一并表示衷心的感谢！

本《年鉴》由南京师范大学公共管理学院副院长钱再见教授担任主编，负责全书的谋篇布局和统筹安排。高晓霞副教授担任常务副主编，负责全书的统稿与校对工作。参加具体内容编写的全体人员有钱再见、乔建中、常虹、陶丽萍、张丽敏、史瑞瑞、蔡宏彦、黄益、王寿、崔利利、许妍洁、许玉程、王丽丽等。

编　者

2010 年 12 月 15 日

① 约翰·杜威.未来的学校［M］.英文版.1920：37.

② 伯特兰·罗素.自由之路：下［M］.北京：文化艺术出版社，1998：541.

目　录

专家视野

论政策执行中的政策宣传及其创新——基于政策工具视角的学理分析 …… 1

论日本政治文化的内在冲突及其社会心理根源——基于比较政治学视角的考察 …… 18

关于传统哲学教科书与教育学问题的思考 …… 33

教育学研究的三种形态 …… 43

教师是园丁吗？ …… 47

思想政治理论课教师内涵建设的路径探索 …… 52

政策文件

教育部办公厅关于印发《2009 年基础教育课程标准实验教学用书目录》的通知 …… 57

教育部关于做好《国家中长期教育改革和发展规划纲要》公开征求意见工作的通知 …… 63

教育部、财政部、人力资源社会保障部、中央编办关于继续组织实施“农村义务教育阶段学校教师特设岗位计划”的通知 …… 65

教育部办公厅关于做好 2009 年“农村义务教育阶段学校教师特设岗位计划”实施工作的通知 …… 67

教育部办公厅关于开展全国高校学生“我爱我的祖国”主题暑期社会实践活动的通知 …… 69

教育部、中央宣传部、中央文明办、共青团中央关于组织开展 2009 年“中小学弘扬和培育民族精神月”活动的通知 …… 72

教育部办公厅　国家民委办公厅关于印发《全国中小学

民族团结教育工作部署视频会议纪要》的通知 …………74
教育部办公厅关于组织收看《开学第一课·我爱你中国》节目的通知 …………80
江苏省关于召开全省普通高中课程改革经验交流会的通知 …………81
上海市教育委员会办公室关于成立上海市教育委员会基础教育质量监测中心的通知 …………81
四川省教育厅关于印发四川省义务教育地方课程指导纲要的通知 …………82
关于 2009 年基础教育招生计划及招生政策的通知 …………100

概况与摘要

政治课程研究 …………106

浅谈语文教学中的品德教育 …………106
心中有数　教学有度——品德新课程同主题教学研究 …106
品读文本　创设情境　引领学生前行——例谈小学品德与生活教材中文字的使用 …………107
以问题研究为导向的品德教研 …………107
归纳推理在品德教学中的运用 …………108
浅议高中思想政治课激趣教学法 …………108
浅析中学思想政治课教学中的情感教育 …………109
思想政治课如何激发学生的学习兴趣 …………109
浅谈思想品德课的“探究”教学法 …………109
让初中思想品德课有趣又有效 …………110
高中政治课教学如何培养学生的批判性思维 …………110
高三政治课如何实施“有效教学” …………110
浅议心理健康教育对提高德育实效性的启示 …………111
综合课程品德教学中的心理教育 …………111
高中思想政治课交流互动教学模式中的“提问有效性”探究 …………111
以情境为中心开展思品课教学 …………112
思品课教学的情境设置与优化思考 …………112
政治课教学中的两点思考 …………112
把思想政治课上生动——初中思想政治课教学刍议 …………113
政治课实施探究性教学的几点思考 …………113
思想品德课堂教学的反思 …………114

思想政治课教学中学习方式的转变 …… 114
谈政治课教学中创造性思维的培养 …… 114
浅析新课程理念下的中学政治教学 …… 115
浅谈初中思想品德教学的有效性 …… 115
初中思品课“问题探究”教学的实践与思考 …… 116
思想品德课重在育人 …… 116
思想品德教学的几点建议 …… 116
金融危机背景下思想政治教育的着力点 …… 117
论道德教育的公私观 …… 117
浅谈思想政治教育的主体间性转向 …… 117
试析学校道德教育的“生态失衡” …… 118
有效开展德育工作的途径 …… 118
浅谈新课改下的思想品德课教学 …… 119
怎样上好思想品德课 …… 119
思想品德课探究学习教学存在的问题及对策 …… 120
浅谈品德课程教学的求“实”观 …… 120
初中思想品德进行时：快乐着学习着 …… 121
思想政治课中的小组合作学习的问题与对策 …… 121
追寻学校德育活动的游戏精神 …… 122
现代性背景下道德教育的“去信仰化”问题及应对 …… 122
感性智慧——当代道德教育的可能生成 …… 123
将人权教育融入中学德育课程之中 …… 123
学校德育之“德”如何适应社会之“道” …… 123
微型德育课：中学德育新亮点 …… 124
如何在高中政治教学中进行情境创设 …… 124
重视政治课堂提问激发学生学习兴趣 …… 125
对高效政治课堂的探究——基于新课程的政治课堂教学改革思考 …… 125
初中思想品德课无痕教育之探究 …… 126
初中思想品德课本插图处理技巧琐谈 …… 126
让思想品德课堂回归生活 …… 127
对政治课“过程与方法”目标的理解与实践 …… 127
政治教学语言特色初探 …… 127
高中政治课研究性教学感悟 …… 128
对思想政治课教学中合作学习的思考 …… 128
惩罚教育与学生德育养成辨析 …… 129
初中思想品德课学习情境创设的探索 …… 130

初中思想政治课中重视健康人格的塑造 …………………… 130
初中政治课堂教学初探…………………………………………… 131
创设情境提高思想政治课的效率 ……………………………… 131
高中思想政治课教学的语言艺术 ……………………………… 132
论中学思想政治课教学的五大原则 ………………………… 132
论高中思想政治课的研究性学习策略………………………… 133
浅谈思想品德课教师的情感投入 ……………………………… 133
浅谈思想政治工作进公寓 ……………………………………… 133
浅谈中学思想政治教育…………………………………………… 134
思想品德教学联系实际的思考 ………………………………… 134
思想品德课创新教学探索 ……………………………………… 135
思想品德课教学中如何促进学生学习方式的转变 ………… 135
思想政治课教学中学生自主学习能力的培养 ……………… 136
思想政治课堂多向互动和多层开放教学法 ………………… 136
思想政治课要注重发挥学生主体作用………………………… 137
谈中学思想政治课教学应处理好的几种关系 ……………… 137
浅谈中学思想政治教育中存在的问题及对策 ……………… 137
小组合作学习在思想品德课教学中的初步探索 …………… 138
政治教学中情境创设的尝试和思考 ………………………… 138
政治教学中生活化教学策略初探 ……………………………… 139
政治课教学的回家之路…………………………………………… 139
政治课教学的人性艺术…………………………………………… 139
政治课堂教学管理四法…………………………………………… 140
政治课以人为本的教学观 ……………………………………… 140
政治学科应培养学生的辐射思维能力………………………… 141

政治教材研究……………………………………………………… 141

《远离危险》课堂实录及反思 ………………………………… 141
《学会宽容》课堂实录与评析 ………………………………… 142
快乐,原来如此简单——《拥有好心情》教学片段与反思 …… 143
《认识广告》教学设计…………………………………………… 144
《怎样到达目的地》(第 2 课时)课堂实录与评析 ……… 145
《废旧物品再利用》教学设计与点评………………………… 145
《长大真好》课堂实录及设计说明 …………………………… 146
《世界之窗》(第 1 课时)课堂实录 ………………………… 147
《放眼现代世界》课堂实录与点评 …………………………… 148
《好书大家看》教学实录 ……………………………………… 149

《保护眼睛》教学设计……150
《假如我是人民代表》教学设计……150
《请到我的家乡来》教学设计……151
《让烦恼走开》教学设计与反思……152
她，让品德课程散发魅力……153
品德与社会课程 历史教育的理路……154
徜徉在品德教学的烂漫花海……154
打造品德教学活动的三道“风景”……154
品德与生活课程有效开展实践活动的策略研究……155
高中时事政治的“四步”教学模式……156
高中思想政治课“联动式”教学模式的认识和思考……156
浅谈高中思想政治课体验式教学的情境设计……157
高中思想政治课教材的使用策略……157
浅谈思想品德课教学中问题的设置……157
例析思想品德课时政教学的问题及对策……158
谈谈政治教学中“社会主义和谐社会”的解说……158
初中思想品德开卷考试的应对策略……159
浅谈政治课教学中的导语设计……159
农村小学“思品”新课程的主题活动重组研究……160
《品德与生活》课堂导入探究……160
浅谈高中思想政治课体验式教学的情境设计……161
浅谈使用高中政治新教材的几点建议……161
例谈高中政治有效教学的误区与对策……162
浅谈小学《品德与生活（社会）》的课堂模式……162
初中思想品德复习备考技巧……163
创设情境运用在小学《品德与生活》教学之中……163
随风潜入夜，润物细无声——思想品德课堂即时评价之探索……164
谈谈在政治教学中的做人教育……164
新版初中政治教材“活动”教学原则浅谈……165

政治教学实践……165

整合品德教学资源 感受乡土文化魅力——《民风民俗知多少》单元教学例谈……165
品德与生活教学中开展实践活动的思考……166
历史题材品德课教学应体现四种意识……166
品德课程与语文教学整合浅探……167

让品德课程彰显人性魅力——小学品德学科作业设计与布置的实践探索 …… 167
品德与社会教学中情感因素的投入与产出 …… 168
精心预设把握生成——小学品德课活动教学的实践与反思 …… 168
论思想政治课教学中学生创新素质的培养 …… 169
风景这边独好——谈思想政治课教学的艺术 …… 169
高中政治课教学如何培养学生的批判性思维 …… 169
从康德思想浅析高中思想政治课的效用 …… 170
对新课改下思想品德教学的几点思考 …… 170
思想政治课教学中的情感教学探究 …… 170
谈和谐思想政治课堂的生成 …… 170
再谈激发初中学生学习思想品德课的兴趣 …… 171
做智慧型的“懒”班主任 …… 171
政治教学如何构建学生的积极心态 …… 171
怎样提高高中政治课的网络教学水平 …… 172
提高初中思想政治课教学质量的实践探索 …… 172
思想道德修养与法律基础实践教学模式探析 …… 172
品德教育不留痕迹 …… 173
时政教育模式创新例谈 …… 173
中学思想政治课激发学生兴趣的体会与实践 …… 174
思品课教学中学生创新能力的培养 …… 174
初中思品课的“留白”艺术 …… 174
素质教育在思想政治课中的实践 …… 174
《品德与生活》课程教学的实施策略 …… 175
品德课堂教学借鉴西方道德教育方法例谈 …… 175
浅析中小学生的思想品德教育 …… 176
社会主义核心价值体系下思想政治教育的价值审视 …… 176
实习支教：在实践中加强大学生思想政治教育 …… 177
思想政治课教学中“时政播报”模式的探索 …… 177
思想政治理论课实践教学基地及其德育因素浅探 …… 178
贴着“童心”教——品德教学提效的实践与探索 …… 178
超越能力要求打造灵动的思想品德复习课 …… 179
高中思想政治课灌输教育再认识 …… 179
创新德育工作机制提高德育工作实效 …… 180
“两境”融通提高政治课教学的有效性 …… 180
在思想品德教学中张扬学生个性 …… 181

思想品德课“道德两难选择问题”的教学 …………………… 181
思想品德课教学如何“在生活中备课”………………………… 182
浅谈新课程背景下思想品德课教学的“三个转变”……… 182
从中学生思想道德现状谈中学思想道德建设 ……………… 183
浅谈思想品德课如何落实情感、态度、价值观目标……… 183
谈谈政治课学习兴趣的培养与保持 …………………………… 184
在思想品德课教学中如何培养学生“问”的能力 ………… 184
我国道德教育领域中“比较研究”状况的回顾分析……… 185
例谈德育中的“等待” ……………………………………………… 186
提升中学政治课教学有效性探索 ……………………………… 186
模块化管理：学校德育工作实践探索………………………… 187
思想政治课的三个“突破” ……………………………………… 187
增强思想政治课的吸引力 ………………………………………… 188
浅谈以学生为中心的思想品德课教学………………………… 188
从“公私领域相分离”谈我国当前的道德教育 …………… 188
德育的诗意与诗意德育的建构 ………………………………… 188
唱响思想政治课教学的生活旋律 ……………………………… 189
拨动学生的思想情感之弦——谈思想政治教学中情感态度价值观落实的策略………………………………………………… 189
基于中学政治新课标下的教学过程优化研究 ……………… 190
如何把情感融于政治课的教学之中 …………………………… 190
高中思想政治教学中研究性学习实践反思 ………………… 191
对中学思想政治课教学的思考 ………………………………… 192
“情感”因素在思想品德课中的运用………………………… 192
新课改下高中政治课教学存在的问题及思考 ……………… 193
新课标下思想政治课教学刍议 ………………………………… 193
当代德育变革的理性审思：必要的人文关怀 ……………… 194
对初中思想品德课教学的几点思考 …………………………… 194
对中小学德育低效原因的若干思考 …………………………… 195
对中学政治教学的一点体会 ……………………………………… 195
高中思想政治课堂教学的有效性探讨………………………… 196
高中政治课综合探究式教学的切入点………………………… 196
构建生活化的思想品德课堂 ……………………………………… 197
关于高中思想政治探究式教学的思考………………………… 197
关于小学思想教育教学方法分析及现存问题和对策……… 198
激发兴趣，提高政治课教学质量 ……………………………… 198
加强学生思想道德教育夯实现代精神文明基石 …………… 199

践行以生为本，活化政治课教学 …………………………… 199
将政治教学生活化进行到底 ………………………………… 200
恰当运用时事教育搞好初中思想政治课教学 ……………… 200
浅谈初三政治课教学中语言的运用 ………………………… 201
浅谈初中思想政治课教学 …………………………………… 201
浅谈如何走出思想政治课教学认识的误区 ………………… 202
浅谈在政治课教学中实施赏识激励的教学策略 …………… 202
巧用教学资源提高思想品德课教学实效 …………………… 203
情景创设在初中思想品德有效性教学中的运用 …………… 203
情景教学法在初中思想品德课教学中的运用 ……………… 204
让思想品德课焕发出更强的生命力 ………………………… 204
新课程理念下高中思想政治课教学创新途径刍议 ………… 204
新时期学校德育任务和模式探索 …………………………… 205
新形势下高校大学生思想政治教育刍议 …………………… 206
医学院校大学生思想政治教育的现状及对策 ……………… 206
以“动态生成”教学模式适应新课程背景下的高中思想政治课教学 ………………………………………………… 206
用倾听助力思想政治教学 …………………………………… 207
中学思想政治课教学中的激励教学法 ……………………… 207
中学政治教师的课堂语言 …………………………………… 207
中学政治教育教学探索 ……………………………………… 208

政治教学评价 ……………………………………………… 209

例谈小学品德教育中的情感生成 …………………………… 209
品德教学：行走在美丽长卷　畅游于生命课堂 …………… 209
努力做合格的品德课教师 …………………………………… 210
学科教学中道德教育之积弊例析——对几个学科教学活动案例的审思 ………………………………………………… 211
例谈道德叙事在小学低年级品德教育中的运用 …………… 211
品德课堂活动教学有效运用的思考 ………………………… 212
品德课程社会调查方法例谈 ………………………………… 212
落花有情　马蹄留香——品德教学中有效交流之引领策略 ………………………………………………………… 213
科学实施中小学心理健康教育 ……………………………… 214
“入乡随俗”——有效整合品德课程教学资源 …………… 214
新课程改革背景下的教师德育素养 ………………………… 215
德育工作中的同伴调解 ……………………………………… 215

浅谈思想品德课怎样实现由知到行的飞跃 …………………… 215
生活中的德育教育 ………………………………………………… 216
政治“三探法”教学策略的探索 ………………………………… 216
初三政治复习教学中的“五要” ………………………………… 216
在中学政治教学中如何发挥学生的主体作用 ………………… 217
礼仪教育：培养学生美德的基石 ………………………………… 217
青少年网络道德失范的社会学检视 ……………………………… 218
和谐社会建设背景下的小学德育工作探析 …………………… 218
谈思想政治课教学如何实施素质教育 ………………………… 219
生活道德教育之体系构想 ……………………………………… 219
中学思想政治课程价值的误读及矫正 ………………………… 219
政治课教学中如何提高学生的参与度 ………………………… 220
初中思品课调动学生学习积极性之我见 ……………………… 220
现代价值困境与道德责任感的培养 …………………………… 221
价值多元共生时代道德教育的新使命 ………………………… 221
中学德育领域的延伸与深化：现代公民教育 ………………… 222
学校德育变革 30 年：困境与突破 …………………………… 222
浅析当前如何对小学生进行思想道德品质教育 ……………… 223
浅谈政治课上学生辩论能力的培养 …………………………… 223
如何“激活”小学品德课堂 …………………………………… 224
基础学校德育工作实效性缺失的成因及对策 ………………… 224
提高山区高中政治课德育功能的对策 ………………………… 225
如何提高初中思想品德教学的有效性 ………………………… 226
探索思想品德课活动体验式学习 ……………………………… 227
德育生活化背景下中小学生品德评价新探 …………………… 227
关注“封闭式”学校的思想品德教育 ………………………… 228
浅谈提高中学政治教学的实效性 ……………………………… 228
浅谈现阶段农村中学德育教育 ………………………………… 229
如何在思想品德课教学中发挥学生的主体性 ………………… 229
如何做好小学德育教育工作 …………………………………… 230
上好初中思想政治课的点滴体会 ……………………………… 230
思想政治工作要注重人文关怀 ………………………………… 230
在初中思想品德课教学中强化学生的自我教育 ……………… 231
怎样在思想政治课的教学中培养学生自主学习能力 ………… 231
展示政治知识魅力激发学生学习兴趣 ………………………… 232
致力构建学校德育工作模块化 ………………………………… 232
中职学生政治课学习兴趣的培养 ……………………………… 233

课程资源开发与利用 …… 233

论思想政治教育生态的五大观念 …… 233
小学思想品德课教学探索 …… 234
思想政治理论课研究性实践教学实施困境与选择 …… 234
思想政治课程资源开发与利用的基本理念 …… 235
教学案在初中思想品德课教学中的应用 …… 235
多媒体技术应用于政治教学的思考 …… 235
中学思想政治课 CAI 优势分析与对策研究 …… 236
延伸思想政治教育的有效平台——博客 …… 236
把心理健康教育渗透于思品教学中 …… 237
浅谈高中思想政治课与多媒体技术的整合 …… 237
多媒体技术在政治课教学中的运用 …… 237
高中政治课问题驱动法中电教化手段的应用 …… 238
在中学思想政治课教学中渗透新课程理念 …… 238
反向思维增分值——也谈高中政治主观题的答题技巧 …… 238
叩开学生思维之门提高政治课教学实效 …… 239
思想品德课兴趣教学的探讨 …… 239
优化高中政治课课堂结构例谈 …… 240
思想品德学科中考后期复习之我见 …… 240
浅谈思想政治课的情感参与教学 …… 241
浅论思想品德新课程中的对话教学 …… 241
政治课教学设计的创新策略 …… 242
浅谈高中政治教学的情境创设 …… 242
构建高中思想政治教学网络平台的必要性 …… 243
体验式教学法在思想政治课中的运用 …… 243
中学思想政治课教学如何实践以人为本的教育理念 …… 244
新课程标准下的政治教学刍议 …… 244
引入故事和时政知识激活思品课堂 …… 245
《品德与生活》和《品德与社会》课程教育资源的开发与利用 …… 245
小学《品德与社会》与初中《思想品德》教学方法的衔接浅谈 …… 245
《思想品德》课“互动——探究”教学策略的实践与探索 …… 246
多媒体技术在思想品德课教学中的作用 …… 247
漫谈新课改形势下的思想品德课堂 …… 247
品德课网络化教学探索 …… 248

浅谈高中政治课程资源开发利用的现状与策略 …………… 248
浅谈品德课课程资源的开发 ………………………………… 249
社会转型期的学校德育……………………………………… 249
思品教学中小组讨论的几点建议 …………………………… 250
思品教学中引导学生自主阅读的探索……………………… 250
思品课中学生人文精神的培养 ……………………………… 250
优化思想政治课，提高课堂效率 …………………………… 251
阅读教学在高中思想政治课教学中的应用初探 …………… 251
运用新理念，构建有效的初中思想品德课堂 ……………… 251
运用新理念让思想品德课堂展现魅力……………………… 252

学科动态

会议与交流 ……………………………………………………… 253

社会转型中的中国农村教育发展——中国农村教育改革30周年回顾与展望学术研讨会………………………………… 253
中国教育学会第21次全国学术年会暨纪念改革开放30年研讨会………………………………………………………… 253
第二届中国小学校长大会 …………………………………… 254
中国教育学会召开2009年度工作会议 …………………… 255
课堂教学改革创新与学生主体性发展研讨会 ……………… 255
第三届两岸青少年社会教育研讨会………………………… 256
中国教育学会“十一五”科研规划课题交流会暨《中国教育学刊》2009年度工作会议………………………………… 257
中国教育学会第22次全国学术年会 ……………………… 257
全国基础教育课程改革经验交流会………………………… 258
江苏省基础教育外事工作座谈会 …………………………… 259
全国推进义务教育均衡发展现场经验交流会 ……………… 260

重大课题介绍……………………………………………………… 261

历史沿革 ………………………………………………………… 261

第一阶段……………………………………………………… 261
第二阶段……………………………………………………… 262
第三阶段……………………………………………………… 262
第四阶段……………………………………………………… 263

2009 年政治学科重大课题介绍 …… 266

从灌输型到情感型：思想政治教育的实践指向 …… 266
主体间性视阈下的思想政治理论课教学 …… 266
学生怨恨滋生与道德人格扭曲 …… 266
试论当代社会思潮影响的内在方式 …… 267
和谐社会视阈中思想政治教育的利益原则 …… 267
思想政治教育的社会学研究 …… 267
论人生信仰的生命意义与生命教育 …… 267
互联网：德育制度变革的教育场域 …… 267
思想政治教育的本质规定及其把握 …… 267
构建青少年主流意识形态认同的战略选择 …… 267
草根性：现代思想政治教育的新视角 …… 268
儒家德育范式的理论建构 …… 268
科学发展观视角下的个人品德建设 …… 268
论思想政治教育的认识根源 …… 268
论思想政治教育生活化的发展向度 …… 268
思想政治教育的社会稳定作用——基于思想政治教育功能拓展和运用的分析 …… 268
日本教育改革中的道德教育演进历程 …… 268
西欧思想政治教育特色探析 …… 269
现代性视野下的道德教育形态变迁 …… 269
道德脱离的机制及其对青少年道德教育的启示 …… 269

教师继续教育 …… 269

河北省中小学政治骨干教师培训班 …… 269
湖州中学政治教师暑期理论学习班 …… 269
苏州市吴中区中学政治新教师培训活动（二） …… 270
上海市嘉定区中小学政治教师法制培训班 …… 271
吉林省延吉市全市中学政治课教师培训会 …… 271
台州市中学政治骨干教师培训活动 …… 272
奉化高中政治学科主题研修暨新教师培训活动 …… 272
山东省济南市高三思想政治教师培训会 …… 273
重庆市初中政治学科培训者市级培训 …… 274
无锡市高中新课程政治学科培训活动 …… 275
上海市南汇区政治工作室活动计划 …… 276

中国及国外课程动态介绍 …… 278

国外思想政治教育的特点及启示 …… 278
宗教教育：美国思想政治教育的重要形式 …… 279
英美思想政治教育的特点及规律研究 …… 279
国内外思想政治教育工作的比较思考 …… 280
论国外思想想政治教育方法的主要特点及启示 …… 281
港澳台侨学生国情教育探讨 …… 282

中学名校、名师

中学名校 …… 284

安徽省 …… 284

安庆第一中学 …… 284
淮北一中 …… 284

北京市 …… 285

北京市第四中学 …… 285
中国人民大学附属中学 …… 285
北京师范大学附属实验中学 …… 286
北京大学附属中学 …… 286

重庆市 …… 287

重庆南开中学 …… 287
重庆巴蜀中学 …… 287
西南师范大学附属中学 …… 288
重庆一中 …… 288

福建省 …… 289

福州第一中学 …… 289
厦门一中 …… 290
福建省莆田第一中学 …… 290
福建省上杭第一中学 …… 290
龙岩市第一中学 …… 291

甘肃省 …… 291

甘肃省兰州第一中学 …… 291
西北师范大学附属中学 …… 292

广东省 …… 292

华南师范大学附属中学 …… 292
执信中学 …… 292
广东仲元中学 …… 293

广西壮族自治区 …… 293

南宁市第二中学 …… 293
柳州高级中学 …… 293
南宁市第三中学 …… 294
柳州铁路第一中学 …… 294
柳州市第一中学 …… 295

海南省 …… 295

嘉积中学 …… 295

河北省 …… 296

河北衡水中学 …… 296
石家庄二中 …… 296
河北正定中学 …… 296
河北邯郸市第一中学 …… 297
河北定州中学 …… 297

河南省 …… 298

河南师范大学附属中学 …… 298
郑州一中 …… 298
南阳市第一中学 …… 299
开封高级中学 …… 299

黑龙江省 …… 300

哈尔滨师范大学附属中学 …… 300
大庆实验中学 …… 300
大庆第一中学 …… 301
鹤岗市第一中学 …… 301

湖北省 …… 302

华中师范大学第一附属中学 …… 302
黄冈中学 …… 302
武汉钢铁集团公司第三子弟中学 …… 303
黄石二中 …… 303
襄樊市第五中学 …… 303
沙市中学 …… 304
十堰东风教育集团第一中学 …… 304

湖南省 …… 304

雅礼中学 …… 304
长郡中学 …… 305
衡阳市第八中学 …… 305
浏阳市第一中学 …… 306
宁乡一中 …… 306

吉林省 …… 307

东北师范大学附属中学 …… 307
吉林省实验中学 …… 307

江苏省 …… 307

南京师范大学附属中学 …… 307
苏州中学 …… 308
常州高级中学 …… 309
启东中学 …… 309
海门中学 …… 309
泰州中学 …… 310
江苏省如东高级中学 …… 311

江西省 …… 311

江西师范大学附属中学 …… 311
南昌市第二中学 …… 312
白鹭洲中学 …… 312
新余市第一中学 …… 312

辽宁省 …… 313

东北育才中学 …… 313
辽宁师范大学附属中学 …… 313
阜新市实验中学 …… 314

内蒙古自治区 …… 314

呼和浩特市第二中学 …… 314
杭锦后旗奋斗中学 …… 315

山东省 …… 315

山东师范大学附属中学 …… 315
青岛二中 …… 315
潍坊市第一中学 …… 316
寿光现代中学 …… 316
莱州市第一中学 …… 316
山东招远一中 …… 317

山西省 …… 317

太原五中 …… 317
康杰中学 …… 317
山西平遥中学 …… 318

陕西省 …… 319

西安中学 …… 319
西北工业大学附属中学 …… 319
西安交通大学附属中学 …… 320
陕西省镇安中学 …… 320

上海市 …… 321

上海中学 …… 321
华东师范大学第二附属中学 …… 321
复旦大学附属中学 …… 321
上海交通大学附属中学 …… 322
上海师范大学附属中学 …… 322

四川省 …… 323

成都第七中学 …… 323
石室中学 …… 323

棠湖中学…………………………………………………………… 324
绵阳中学…………………………………………………………… 324
仁寿一中…………………………………………………………… 325

天津市 ……………………………………………………………… 325

南开中学…………………………………………………………… 325
耀华中学…………………………………………………………… 325
新华中学…………………………………………………………… 326

云南省 ……………………………………………………………… 326

昆明市第一中学 ………………………………………………… 326

浙江省 ……………………………………………………………… 326

杭州第二中学 …………………………………………………… 326
宁波市效实中学 ………………………………………………… 327
台州中学…………………………………………………………… 327
瑞安中学…………………………………………………………… 328
台州路桥中学 …………………………………………………… 328

名 师…………………………………………………………………… 329

叶海涛 ……………………………………………………………… 329
戚建庄 ……………………………………………………………… 329
张 宁 ……………………………………………………………… 329
王德明 ……………………………………………………………… 330
诸建华 ……………………………………………………………… 330
刘 锋 ……………………………………………………………… 331
苗锦瑞 ……………………………………………………………… 331
宋艳敏 ……………………………………………………………… 331
龙大伟 ……………………………………………………………… 332
李永民 ……………………………………………………………… 332
陈 彬 ……………………………………………………………… 332
宋清勇 ……………………………………………………………… 333
李振洋 ……………………………………………………………… 333
陈华昌 ……………………………………………………………… 333
刘 洋 ……………………………………………………………… 334
崔保福 ……………………………………………………………… 334

大事记

1 月 …… 335
2 月 …… 335
3 月 …… 335
4 月 …… 336
5 月 …… 336
6 月 …… 337
7 月 …… 337
8 月 …… 338
9 月 …… 338
10 月 …… 339
11 月 …… 339
12 月 …… 340

论文索引

2009 年政治教育论文索引 …… 341

专 家 视 野

论政策执行中的政策宣传及其创新
——基于政策工具视角的学理分析

钱再见①

摘　要　政策执行是政策循环中的关键阶段，是实现公共政策目标的基本途径。而政策执行的核心就在于如何选择和设计有效的政策工具。作为政府政策工具和政策执行环节的政策宣传，直接影响公共政策的有效执行，关系到公共政策能否实现预期的政策目标和政策效果。政策宣传不仅是一种信息工具，而且也是一种引导性工具和劝诫性政策工具，是公共政策执行的重要工具、手段和方法，具有政策信息传播功能、政策行动引导功能和政策行为劝诫功能。同时，政策宣传作为一种非强制性的政策工具，其对于目标群体的影响力又有着现实限度。因此，新时期我国的政策宣传应随着其政策环境的变化而不断创新，包括：更新宣传理念、改进宣传方式、创新宣传体制、优化宣传环境以及提升宣传效果。

关键词　政策宣传　政策工具　政策执行　政策环境

政策执行是政策循环中的关键阶段，是实现公共政策目标的基本途径。从政策工具的视角考察，政策执行在很大程度上涉及把政府的一种或多种基本工具应用到政策问题的解决中去。[1]政策工具视角（the perspective of policy instruments or policy tools）是西方公共政策研究领域自20世纪七八十年代的“执行运动”（implementation movement）中形成的政策执行研究的主要途径之一。美国学者莱斯特·M. 萨拉蒙早在1981年就呼吁执行研究应聚焦于政策工具，并且对不同工具的比较效率假设进行检验。[2]英国学者克里斯托弗·胡德（Christopher Hood）甚至认

①钱再见（1965—），男，博士，南京师范大学公共政策与管理研究所所长、教授。本项研究获南京师范大学留学回国人员科研启动基金项目、研究生核心课程项目资助。

为，政策执行就是工具选择的管理过程。事实上，政策执行的核心就在于如何选择和设计有效的政策工具。近年来，政策工具研究在我国公共政策学界也已经成为理论热点问题之一。然而，作为一种重要的政策工具并且也是我国政策执行明显特色的政策宣传却并未得到我国公共政策学界足够的重视。本文认为，作为政策执行起始环节的政策宣传，也是一种重要的政策工具，直接影响公共政策的有效执行，关系到公共政策能否实现预期的政策目标和政策效果。同时，政策宣传作为一种非强制性的政策工具，其对于目标群体的影响力又有着现实限度。因此，在新时期，我国的政策宣传应随着其政策环境的变化而不断创新。

一、作为一种政策工具的政策宣传

宣传是一种影响人们行动的技巧。而政策宣传作为政策执行的起始环节，同时也是政策执行的重要手段和方法，具有政策工具的性质、价值和意义。

（一）宣传与政策宣传

宣传（propaganda）是一种专门为了服务特定议题（agenda，议事日程）的信息表现手法。在西方，宣传原本的含义是指散播哲学的论点或见解，但现在最常被放在政治脉络（环境）中使用，特别是指政府或政治团体支持的运作。在西方社会中，“宣传”一词常常与说谎专家（心战顾问，spin doctors）、洗脑（brainwashing）、信念操控（belief manipulation）、大众说服（大众诱导，mass persuasion）等概念[3]一起，被赋予了更多的贬义，甚至被画上这样的等式：“宣传＝有组织的谎言。”实际上，宣传作为一种行为过程和策略，是许多学科的研究课题，如心理学、社会学、政治学、传播学、管理学等学科。而早期关于宣传的学术研究主要是应对战争发展的实际需要。[4]政治学家、社会学家和心理学家对战争中的宣传问题进行了长期的研究，如哈伍德·蔡尔兹（Harwood L. Childs）[5]、丹尼尔·勒纳（Daniel Lerner）[6]、汉斯·斯佩尔（Hans Speier）、卡尔·霍夫兰（Carl I. Hovland）[7]、伦纳德·杜布（Leonard W. Doob）[8]等。本文主要从政策科学角度进行学理分析，自然要追本求源。政策科学创始人哈罗德·D. 拉斯韦尔（Harold D. Lasswell）被公认为是传播学和宣传研究的先驱之一。在《世界大战中的宣传技巧》（*Propaganda Technique in the World War*，1927）、《宣传与独裁》（*Propaganda and Dictatorship*，1936）、《世界革命宣传：芝加哥研究》（*World Revolutionary Propaganda: A Chicago Study*，with Dorothy Blumenstock，1939）、《宣传、传播与公众舆论》

(*Propaganda, Communication and Public Opinion*, 1946),以及后期的《世界传播的未来：质量与生活方式》(*The Future of World Communication: Quality and Style of Life*, 1972)和《世界历史上的宣传与传播》(*Propaganda and Communication in World History*, with Daniel Lerner and Hans Speier, 1979～1980)等著作中，拉斯韦尔对宣传及传播问题进行了深入的研究。他从政治心理学的视角出发，将宣传理解为"通过操控重要符号而对集体态度进行的管理(Propaganda is the management of collective attitudes by the manipulation of significant symbols)。"[9]在《世界大战中的宣传技巧》中，他又将宣传表述为"通过直接操控社会建议而对意见和态度的管理(the management of opinions and attitudes by direct manipulation of social suggestions)。"[10]拉斯韦尔试图以一种中立态度来界定宣传："从最宽泛的意义说，宣传就是通过操控表述而影响人类行动的技巧。而这些表述可以是口头的、书面的、图片式的，或者是音乐形式的("Propaganda in the broadest sense is the technique of influencing human action by the manipulation of representations. These representations may take spoken, written, pictorial or musical form")。"[11]侧重于从技巧的角度理解宣传，体现了拉斯韦尔力图在关于宣传的研究中保持一种价值中立的立场和客观的态度。虽然拉斯韦尔承认宣传是对符号的操控，但是他并不认为宣传内在地就是负面的(negative)。在拉斯韦尔看来，宣传本身无所谓好坏，对于它的判定取决于宣传信息的真假。在《世界革命宣传：芝加哥研究》一书中，拉斯韦尔和多罗西·布卢门斯托克(Dorothy Blumenstock)将宣传技巧概括为：口号技巧(the technique of slogans)、符号制作(the elaboration of symbols)、证明技巧(the technique of demonstration)及表述的证明(representative demonstration)四种。[12]从现代战争是现代政治的集中体现这一认识出发，拉斯韦尔将宣传视为现代战争中不可分割的组成部分之一，即经济封锁扼制敌人，宣传迷惑敌人，军事力量给予敌人最后一击。然而，宣传并不只是运用于战争领域，它发生在社会生活的方方面面，社会动员、政治变革、经济改革，甚至商业运作等，都必须要用到宣传。

在政策科学中，宣传涉及政策循环的全过程，既应用于政策制定、政策执行，也影响到政策评估和政策终结。受篇幅所限，本文侧重研究政策执行过程中的政策宣传。作为政策执行的一种手段和方法，政策宣传是指关于公共政策决定、政策内容和政策实施方式的宣布和传播，是政策执行功能环节的重要组成部分。其直接目的在于通过对政策目标和政策内容的宣示、宣布和传播，促进政策执行者、政策对象、目标群体，以及各利益攸关方对政策的理解和认同，从而推动公共政策的有效执行和政策目标的实现。美国公共决策学者詹姆斯·E. 安德森（James E. Anderson）认为，行政管理机构可以利用宣传来促进人们的服从（Administrative agencies may use propaganda appeals in support of compliance），包括推进公众理解和赞同，减少对政策的违反。正是在这个意义上，安德森认为，政策宣传并不是贬义的，而是指"通过政策与人们普遍具有的价值观和信念的认同而使人们接受政策的努力"（"Propaganda is used here not in a pejorative sense but rather to denote efforts to gain acceptance of policies by identifying them with widely held values and beliefs"）。[13]本文认为，如果宣传可以归结为一种"影响人们行动的技巧"，那么，政策宣传的含义也应当中性地理解为通过政策信息的发布和传播并运用政策倡导（policy advocacy）等手段推动政策执行的工具和方法。

（二）政策宣传的政策工具意义

诚然，拉斯韦尔在分析苏联的宣传战略时，就进一步把宣传看做是总政策的一个工具（Propaganda is an instrument of total policy）。[14]而他所归纳的四个主要政策工具则是外交、经济、军事和传播（即宣传）。[15]但是，拉斯韦尔并未对政策工具进行系统的研究。在公共管理学和政策科学领域，人们对政策工具进行理论和经验研究是20世纪80年代以来的事情。其中比较有代表性的有80年代英国学者克里斯托弗·胡德（C. Hood）所著的《政府工具》（1983、1986）、90年代美国学者B. 盖伊·彼特斯（B. Guy Peters）和荷兰学者范·尼斯潘（Frans K. M. Van Nispen）所主编的《公共政策工具》（1998），以及新世纪以来美国学者莱斯特·M. 萨拉蒙（Lester M. Salamon）所主编的《政府工具——新治理指南》。虽然学者们对于政策工具的理解不尽相同，但有一个基本的认识却是一致的，即政策工具是政府赖以推行政策的手段和控制方法，具体说来，政策工具就是公共政策执行的技术。从这个意义上说，公共政策执行的过程就是政策工具的设计、选择和应用的过程。萨拉蒙甚至认为，工具是"新治理"范式中分析的基本单位。[16]从广义上说，政策工具是政府推动政策执行、解决公共问题、实现社会治理的方法、手段和技术。

政府可以运用一系列的政策工具来推行其公共政策。对于不同性质和功能的政策工具，学者们进行各式各样的分类。荷兰经济学家科臣（E. S. Kirschen）最早对政策工具进行了分类研究，[17]在他对 9 个国家经济政策的比较研究中，整理出 64 种不同的工具，并且试图寻找是否存在着一系列的执行经济政策的工具，以实现最优化的政策结果。[18]在美国政治学界，和西奥多·罗威[19]一样，达尔和林德布洛姆等人都对工具进行了宽泛的分类，如将工具分为规制性工具和非规制性工具两类。[20]范·德尔·多伦（Frans C. J. Van der Doelen）把政策工具分为法律工具、经济工具和沟通工具三类。[21]安娜·施耐德（Anne Schneider）和海伦·英格拉姆（Helen Ingram）把政策工具分为权威型工具（Authority Tools）、激励型工具（Incentive Tools）、能力建设型工具（Capacity Tools）、符号与规劝型工具（Symbolic and Hortatory Tools）、学习型工具（Learning Tools）。[22]洛林·M. 麦克唐纳（Lorraine M. McDonnell）和理查德·F. 埃尔默尔（Richard F. Elmore）把政策工具分为命令型工具（Mandates）、诱导型工具（Inducements）、能力建设工具（Capacity Building）和系统改变工具（System Changing）。[23]史蒂芬·H. 林德尔（Stephen H. Linder）和 B. 盖伊·彼得斯把政策工具分为直接提供（Direct Provision）、财政补助（Subsidy）、管制规定（Regulation）、征税（Tax）、劝诫（Exhortation）、权威（Authority）和契约（Contract）等类型。[24]英国学者胡德提出了一种比较系统化的政策工具分类框架（即“NATO”模式）。他认为，所有政策工具都使用下列四种广泛的“政府资源”之一，即政府通过使用其所拥有的信息（Nodality）、权威（Authority）、财力（Treasure）和可利用的正式组织（Organization）来处理公共问题。而安德鲁·乔丹（Andrew Jordan）、鲁迪格尔·乌泽尔（Rüdiger Wurzel）和安东尼·济托（Anthony Zito）以工具的作用机理进行分类研究，他们认为强制性工具（Regulatory instruments）、市场工具（Market instruments）、信息装置（Information devices）、志愿协议（Voluntary agreements）是政策工具的主要形态。[25]受到 G. 布鲁斯·多恩（G. Bruce Doern）等人将政策工具进行续谱排列[26]的影响，加拿大学者迈克尔·霍利特和 M. 拉米什依据政府介入公共物品与服务提供的程度把政策工具分为自愿性工具（Voluntary instruments）、混合型工具（Mixed instruments）和强制性工具（Compulsory instruments）（如图 1 所示）。

家庭和社区	自愿性组织	私人市场	信息与劝诫	补贴	产权拍卖	税收和使用费	管制	公共事业	直接提供
自愿性政策工具			混合型政策工具				强制性政策工具		
低									高

政府介入公共物品与服务提供的程度

图 1　政策工具图谱

引自：Michael Howlett and M. Ramesh，2003，*Studying Public Policy*：*Policy Cycles and Policy Subsystems*. 2 nd ed. Toronto：Oxford University Press. p. 195.

从上述政策工具类型学的研究中不难看出，无论“强制性—非强制性”的两分法，还是“强制性—自愿性—混合型”的三分法，都包含了政府所运用的政策宣传工具。首先，政策宣传作为政策工具的一种类型，属于一种混合型政策工具（如图 1 所示的“信息与劝诫”工具项）。其核心特征兼具自愿性工具和强制性工具的特质，政策宣传固然允许政府对非政府行为主体的决策进行不同程度的干预，如提供信息、施加影响和劝诫等，但最终仍由私人作出决策。

其次，政策宣传是一种中性的政策执行工具。政策执行过程中的政策宣传，通过宣示、告知、传播、教育、影响、劝诫，通过各种舆论活动潜移默化地对政策对象和广大民众产生影响和作用。其价值主要在于政策目标的宣示、政策内容的传播，以及政策行动的引导和政策行为的劝诫。所以，政策宣传不仅是一种信息工具，而且也是一种倡导性工具、引导性工具和劝诫性政策工具。

最后，政策宣传是一个被广泛运用的政策工具。当今时代已经进入信息社会，信息是决定人们命运的一个重要因素，也是经济社会运行的重要基础。“信息经理人”试图使人们接受“正确”的信息，这就需要借助于宣传工具。从这个意义上说，我们所处的信息时代就是一个“宣传的时代”。[27]现代社会中任何一个国家的政府都十分重视利用大众传播媒介进行政策宣传，使广大民众充分了解政策，为政策的有效执行奠定广泛、坚实的群众基础，以推动政策的顺利实施。随着美国在历经两次世界大战而进入“冷战”后，华府里的人对宣传的战略潜力也变得愈发有兴趣。[28]政策宣传被广泛运用于选举造势、政策实施和思想库的政策沟通与政策传播活动中。

二、政策宣传之于政策执行的功能及其限度

如上文所述，作为一种政策工具的政策宣传，是一种推动政策执行的工具和方法，是影响人们行动的技巧。政策宣传不仅是一种信息工具，而且也是一种引导性工具和劝诫性政策工具，是公共政策执行的重要工具、手段和方法。

（一）政策信息传播功能。政策宣传的信息功能是其作为政策工具的一种基本职能。它是政府等社会公共权威机构以信息发布（dissemination of information）的形式，向社会宣示在政策制定阶段所采纳的公共政策的目标和内容。其方式是宣示、宣布、公布、通知、告知等，在我国常常以文件或政府公报的形式出现。其目的首先就在于，通过多种形式的政策宣传，使政策执行者认真领会和理解政策目标和具体的政策内容，从而领会政策、认同政策，为有效地执行政策奠定坚实的思想基础。其次，通过政策宣传，也使公众充分了解政策内容，获取政策知识，增加公众的政治参与机会和政策认同感，使更多的人能够理解、接受、支持和执行该项政策，进而为政策的有效执行形成良好的政策环境（favorable policy environment）。其三，通过政策宣传，有助于充分实现公共政策执行主体和政策目标群体的知情权，即全面了解公共政策方案和计划，以及公共政策目标等。相反，如果政策宣传不够或者宣传不准确，就会造成政策不明确和政策信息不畅，政策执行者就不能准确理解政策目标和政策内容，也难以获得政策对象的理解和公众的支持和监督，进而容易产生政策执行的偏差行为。

（二）政策行动引导功能。政策宣传作为政策执行工具，其功能不仅仅在于宣示和告知，更在于其政策行动引导功能。所谓政策行动引导功能，就是指通过政策宣传，引导政策对象和目标群体认同政策目标并自觉执行该项政策以致力于其政策目标。政策的有效执行，固然需要得到政策对象和目标群体对政策的接受和顺从（compliance），而更重要的还在于将这种理解和认同付诸政策执行行动。在我国的政策宣传中，宣传标语发挥了积极的政策行动引导功能。宣传标语是指在政策宣传时用简短文字写出的带有宣传鼓动作用的口号，它用简洁的语言表达一个政策理念从而达到某种政策宣传目的。以色列行政学家、耶路撒冷希伯来大学政治学和公共行政学教授艾拉·夏坎斯基（Ira Sharkansky）认为，“标语是与商业或政治广告相连的简短表述，意在表达个人或组织的理念、目标或特性，以使其易于记忆、便于沟通。”[29]

政策宣传中标语的作用是便于“造势”，有利于形成一种氛围，也容易起到“安民告示”的作用。如我国计划生育政策宣传中的“计划生育搞得好，小康生活来得早”“少生优生，幸福一生”“贫困山区要致富，少生孩子多种树”等政策标语，在计划生育政策执行过程中都发挥着积极的舆论导向作用、行为倡导作用和行动引导功能。

（三）政策行为劝诫功能。政策宣传所传播的总是某种政策主张或政策理念，它通常表现为一定的理论、纲领、方针，或是某种道德主张，即便传播某些事实，这些事实也是为上述政策主张或政策理念服务的。所以，政府的政策宣传必然对有悖其政策主张或政策理念的行为及行为倾向实施劝诫。首先，劝诫（exhortation or suasion）作为一种政策宣传工具，更多地体现了说服教育的含义和政府行为的色彩，它着力于改变目标群体的偏好和行为，而不仅仅只是向政策对象和目标群体提供政策信息，并期待其行为发生预期变化。其次，政策宣传作为一种混合型政策工具，是一种温和的工具，并不具有强制性，它并不涉及奖励和惩罚。此类政策工具具有以下一个或两个假设：“（1）私人行为领域必须保持其私密性，不受政府强制性工具的侵犯；（2）主体有足够强的动力，以至于一旦获得新信息，就能自动调整其行为以实现政策目标。”[30]例如，在卫生政策的执行过程中，“吸烟有害健康”“遏制艾滋病，预防是关键”“不安全性行为和共用注射器吸毒是促使艾滋病病毒传播的高危行为”等各种公益性宣传广告是这类劝诫性政策宣传工具的典型例证。第三，劝诫性政策宣传也为政策执行建构了广泛的社会监控系统。因为，通过劝诫性政策宣传，不仅使政策对象和目标群体了解到政策规定的具体内容，也使得一般公众明白什么是政策所倡导的、什么是政策允许的、什么是政策明令禁止的，从而形成了对政策执行的公众舆论监督。

总之，作为政策执行的起始环节和一种被广泛运用于政策执行活动中的政策工具，政策宣传有许多优点。

首先，政策宣传是政府政策“工具箱”（tool kits）中的一种易于建立的、便于实施的政策工具。通过政策宣传，可以及时、准确、全面地进行政策倡导，这是政府等社会公共权威顺利推动政策执行的一个良好出发点。而且，如果通过政策宣传和政策倡导就能顺利地推动公共政策有效执行并进而解决政策问题的话，也就不必再寻求其他政策工具了。

其次，从政策工具的类型学（typology）意义上说，政策宣传是混合型的、非强制性的政策工具。相较于政策实验环节和经济手段、法律手段等政策工具而言，政策宣传是一种成本较低的政策执行工具和方法。由于其积淀成本（sunk cost）较低，因而如果找到了更合适、更恰当的政策工具，也可以很容易地作出相应的改变甚至取消。

最后，由于政策宣传有关政策信息的发布和传播，所以，从中性意义上来理解的政策宣传，它体现了现代公共管理所倡导的信息公开的精神，也体现了新治理所强调的对公众知情权的尊重。政策宣传和政策倡导与重视论据、说服、个人责任和自由选择的自由民主社会的规范也是相一致的。[31]特别是政策宣传的政策信息传播功能和政策行为劝诫功能，更是直接体现了民主社会的公开、透明、参与、协商等特质。

然而，政策宣传作为一种政策工具，其在政策执行过程中所能实现的职能是有限度的。

其一是工具选择的限度。政策工具的选择受到多种因素的限制，政策执行者并非不受约束地从政策工具箱中任意地进行选择。相反，政策工具的选择必须既考虑政治因素，又考虑技术上的问题。政策信息发布和政策信息传播意义上的政策宣传只能是一种被动的工具，政府通过政策宣传向个人和公司提供政策信息并期待其行为发生预期的变化。但是，政策宣传所传播的政策信息并不具有强制性，即使是政策行动引导和政策行为劝诫意义上的政策宣传也不具备约束力，公众没有义务必须作出特定的回应。真正强力推动政策执行，最终还必须配合使用经济手段、法律手段和行政手段等强制性政策工具。

其二是宣传效力的限度。宣传效果是政策宣传的核心，它直接决定了政策宣传促进和影响政策执行的程度。拉斯韦尔的“5W”理论认为：任何传播活动是一个动态的行为过程，它是由传播者、传播内容、传播载体、传播渠道、传播技巧、传播对象等多种元素构成的。传播者、传播内容、传播渠道、传播环境以及传播对象的不同都会不同程度地影响和制约传播效果的实现。同时，从传播学的角度看，政策宣传还具有效力递减的规律。也就是说，政策宣传在经历了一定的频次后，其宣传效果就会不断递减。而过度宣传甚至还会适得其反。以霍夫兰为代表的耶鲁学派也认为，传播来源的宣传意图如果过于明显就会影响传播效果。此外，在危机时期，政策宣传和政策倡导甚至会成为一个虚弱无力的政策工具。

其三是政策环境的限度。所谓政策环境，就是指影响公共政策形成、存在和发展的一切因素的总和。从生态学的意义来说，任何公共政策系统的形成和运行都离不开一定的环境。公共政策系统与其环境之间进行着物质的、信息的、能量的交换与互动。[32]这就是说，大凡公共政策，都是在特定的经济社会环境下运行的，政策循环的任何一个阶段和环节都会受到政策环境的制约。同样，政策执行手段和工具的选择是否合适、能否发挥作用，以及在多大程度上发挥作用，也都会受到政策环境的巨大影响。从“宣传”的哲学角度看，由于我国幅员辽阔、民族众多，各地经济社会发展不平衡，地域文化差异较大，所以，即使是国内政策宣传，也要面对不同地区处于各种各样文化环境中的受众；而对外政策宣传更是要面对制度环境、文化背景、价值观念、语言和思维习惯与中国人差别很大的国外受众。这都给政策宣传获得政策对象的理解、沟通和认同带来了极大的挑战，增加了政策宣传的难度。

三、新时期我国政策宣传工具创新的路径选择

对于政策工具的恰当运用，反映了政府的行政能力，也反映了政府的创新能力。如前文所述，宣传实际上是世界上许多政府在推行其公共政策的过程中都广泛运用的一种政策工具。在我国的政策执行过程中，善于运用政策宣传是一个明显的特色。然而，在信息社会和全球化的时代背景下，我国的政策宣传面临着许多新的挑战，亟待从理念上、方式上和体制上等方面全面创新。

（一）更新宣传理念。众所周知，注重政策宣传是中国共产党的一项传统，也是我国政策执行的一条重要经验。毛泽东等老一辈革命家在革命战争年代就重视政策宣传工作。在《对〈晋绥日报〉编辑人员的谈话》中，毛泽东就指出：“我们的政策，不光要使领导者知道，干部知道，还要使广大的群众知道。有关政策的问题，一般的都应当在党的报纸上或者刊物上进行宣传。”然而，在实践中却存在着一些错误的观念，他指出：“在我们一些地方的领导机关中，有的人认为，党的政策只要领导人知道就行，不需要让群众知道。这是我们的有些工作不能做好的基本原因之一。”[33]

邓小平也多次谈到了政策宣传等问题。例如在土改问题上，他还尖锐地批评了忽视对党的政策进行全面宣传的不良倾向和错误行为，他指出：“在宣传内容上，一般的只注意土改宣传，而忽视了党的各方面正确政策的宣传。‘左’的口号、‘左’的词句掩盖了或减弱了党的正确口号和主张的力量。”[34]遗憾的是，这些

错误的宣传理念即使在今天的政策宣传工作中也还不同程度地存在着，其主要表现是：（1）高高在上、自上而下地进行政策宣传，缺乏群众视角。所谓“群众视角”，就是站在群众的角度去思考政策，解读政策，再考虑到地缘因素，去思考群众真正关心的内容。[35]（2）由于政策宣传者未吃透政策内容和政策精神就“紧跟照办”，造成政策宣传缺乏准确性。（3）由于未认真研究政策对象、目标群体和政策环境的特点，造成政策宣传缺乏针对性。从政策工具的意义上把握政策宣传，就要遵循政策工具选择的基本原则，更新宣传理念。胡德曾经阐述了工具选择的四项原则：一是只有在充分考虑到其他可替代方案时，我们才能确定哪种工具被选择；二是工具必须与工作相匹配，没有哪种工具能够适应所有环境，因此政府需要针对不同的环境选择不同的工具；三是选择必须不太残忍，工具的选择必须符合一定的伦理道德；四是有效性并不是唯一追求目标，理想结果的达成必须以最小的代价来换取。[36]虽然这是关于工具选择的一般性规范，但对于如何更新政策宣传理念仍具有相当的启示意义。那就是，在政策宣传过程中，应该根据政策内容，针对不同的政策对象和目标群体，坚持“以人为本”的原则和理念，避免不分时间、地点、内容和对象的“一锅煮”式的粗暴宣传。

（二）改进宣传方式。信息的完备性是公共政策执行活动的必要条件。作为一种公共政策资源，政策执行信息是政策执行者制订切实可行的政策执行计划、控制政策执行过程的基础，也是使公共政策得到政策对象和目标群体的理解和认同的前提。这就要通过选择合适的政策宣传方式，及时、准确、有针对性地将政策信息传递给政策执行者、政策对象和目标群体。当前我国政策宣传方式中存在的突出问题主要表现在：（1）走极端式的政策宣传，要么过度宣传，要么宣传不到位或者不及时，造成政策信息传播障碍或失真。（2）自说自话式的政策宣传，缺乏政策解释和政策沟通能力。（3）走过场式的政策宣传，不顾弱势群体（如城市困难群体、农民工群体）的弱信息能力，[37]不顾政策宣传效果，缺乏责任意识，造成政策执行梗阻。改进政策宣传方式，首先，要正确认识政策信息对于政策执行的重要性。避免过度宣传或者宣传不到位、不及时。其次，要不断提高政府政策宣传者的政策解释能力和政策沟通能力。政府沟通是现代治理的重要工具，也是政府的政策工具。通过使用如信息自由立法（Freedom of Information legislation）、公共绩效评估（Public performance measures）、各种形式的电子政府（E-government），以及更多地利用政府调查和广告（government surveys and advertizing）等，可以发展和促进公民权（citizen empowerment）。[38]可见，通过提高政策沟通能力，既改进了政策宣传方式，又促进了公民参与，同时也改善了政府治理。第三，要借助现代传播手段。政策宣传也是一种传播活动，当然可以通过任何传媒进行。当代各国政府在推行其公共政策过程中主要通过新闻媒介来进行政策宣传。因为，政策的有效执行，不仅需要得到政策对象和目标群体的理解和认同，而且还需要得到一般民众的广泛支持。通常，公众对某一政策或政策涉及的问题是否表现热衷和支持，在很大程度上取决于政策宣传。所以，借助大众传播媒介（mass media）的政策传播、舆论造势和宣传导向，是公共政策执行过程中的一个重要环节。在新闻事业兴起并不断发展以后，报刊、广播、电视成为政策宣传所使用的基本工具。而在当今信息社会中，卫星电视、有线电视和互联网已成为大众传播的重要工具。因此，政策宣传应适应时代的发展，不断改进宣传方式。当然，现代政策宣传并不排斥古已有之的各种简单媒介，如标语、口号等。

（三）创新宣传体制。政策宣传作为政策执行的一个环节和一种混合型政策工具，其功能的实现依赖于一定的组织体制运作实施。我国长期以来的宣传体制和新闻体制，是沿袭战争时期和苏联 20 世纪 50 年代宣传与新闻传播模式的产物。这种体制下的新闻传播模式的共同点是："单一党报体系，高度集权调控，突出宣传功能，经费和发行国家包干。这种体制在战争年代尚可，到了建设时期则弊端四起"。[39]宣传体制的僵化，造成宣传意识过浓和宣传过度而宣传内容却缺乏针对性，这既是导致国家政策信息缺失和政策执行失败的一个重要原因，同时又使中国的政策宣传者特别是对外政策宣传者成了西方受众眼中的"坏孩子"形象。特别是在信息社会的新形势下，更是需要通过体制创新和机制创新，以新的方式应对社会发展、技术革新以及全球化时代对外宣传的挑战。新一届美国国务院在国务卿希拉里·克林顿率领下，利用网络宣传美国外交政策。其基本策略就是推动网络电子外交，传播美国外交政策信息。希拉里团队将前总统乔治·W. 布什执政时期的国务院网站（www. state. gov）升级改版，并链接其他网站，包括社交网站"脸谱"（Facebook）、视频网站 Youtube、微型博客网站 Twitter 以及雅虎图片共享网站 Flickr 等。通过拥抱新媒体，开展"E 外交"，希拉里试图构建其提出的所谓"灵巧实力"（即一种既有别于以军事和经济实力为主的"硬实力"，也有别于以传统和文化影响力为主的"软实力"）的外交政策新战略。此外，在西方国家特别是在美国，思想库作为政府的“外脑”在政策宣传和传播中发挥了重要的作用，被誉为西方社会中的“第五种权力”（the fifth power）。思想库在国家政治生活中，主动充当政策宣传机构，对公众、决策者和社会精英进行政策宣传。通过出版书刊，在主流媒体上接受采访、发表评论，举办媒体吹风会，举办各种讲座、报告会和培训班，提供访问学者资助，以及出席国会听证会、参与政府政策咨询等多种途径，思想库进行广泛而深入的政策宣传。如美国企业研究所（American Enterprise Institute，AEI）每年的出版物达 110 种，布鲁金斯学会（The Brookings Institution）每年的出版物达 84 种，兰德公司（The RAND Corporation）每年发送给政府、大学、社会团体以及企业的出版物超过 30 万册。美国对外关系委员会（The Council on Foreign Relations，CFR）的外交政策讨论，参加者多达 20 余万人，借以引起公众和舆论对有关政策问题的关注，从而达到政策宣传效果。反观我国的一些思想库由于体制上的局限和经费投入不足，加上研究条件的局限（如信息封锁）和功能虚化，往往缺乏足够的政策宣传能力。所以，新时期我国政策宣传体制创新，就是要通过制度与体制改革，创新政策宣传组织的运行机制和运作方式，激发体制内和体制外的种种活力，促进政策宣传效果。

（四）优化宣传环境。政策工具研究的一个基本问题是：人们为什么会采用某种具体的政策工具，以及如何采用这种政策工具。[40]对这一问题的回答绕不开政府政策工具选择的制约因素，其中的一个重要因素就是环境因素。正如胡德在其“工具选择四原则”中所指出的，政府政策工具的选择必须与工作相匹配，没有哪种工具能够适应所有环境，因此政府需要针对不同的环境选择不同的工具。彼得斯在其“5 I”框架中则列出了制约政府政策工具选择的五项主要因素：观念（Ideas）、制度（Institutions）、利益（Interests）、个人（Individuals）与国际环境（International Environment）。[41]彼得斯强调了国际环境对一国政府政策工具选择的影响和制约。确实，政策宣传作为一种政策工具无疑要受到各种环境因素的制约。但是在既有政策工具选择的条件下，我们就要不断优化政策宣传的环境。这既包括硬环境建设，也包括软环境优化，如：进一步加快信息化基础设施建设，提高有线电视家庭普及率、百人电脑拥有量、互联网普及率；推进电子政务建设，实现政府信息化；进一步提升公民的受教育水平，提高公众的政策理解能力和公民的政策参与水平；提高政策宣传者的自身素质，包括宣传责任、宣传意识、宣传技巧和宣传艺术；提高宣传内容的公信力，淡化官方色彩的意识形态宣传，增强以受众为中心的以人为本色彩的政策宣传；以及促进政治生活的民主化和透明度（transparency）、公共信息公开化程度等。

（五）提升宣传效果。在传播学中，20 世纪 40 年代至 60 年代的“有限效果论”认为，大众传播不是效果产生唯一的和充分的条件，它只能在各种中间环节的连锁关系中并且通过这种关系才能发挥作用，至多也不过是对受众既有态度的强化。随着信息社会的发展和全球化的信息传播时代的到来，这种倾向明显地开始发生变化。在 70 年代后出现的“议程设置功能假说（Hypothesis of the Agenda-Setting Function）”“沉默的螺旋假说（Hypothesis of the Spiral of Silence）”“知识沟假设（Knowledge-Gap Hypothesis）”以及“培养分析（Cultivation Analysis）”等一系列新的研究都集中于探讨大众传播综合性的、长期性的和宏观性的社会效果，它们与社会信息化发展的现实密切结合，都不同程度地强调了大众传媒影响的有力性和实效性。在今天的西方社会，大众传播媒介被视为社会中的“第四大力量”和“第四种权力”（the fourth power），在政治权力与公众的互动中起到了重要的桥梁作用。从依法行政的角度看，通过大众传播媒体进行政策宣传是对公众知情权的尊重；从政策执行的角度看，借助于大众传播媒体进行政策宣传一方面是致力于提升政策宣传的效果；另一方面也有利于公众对政策执行过程的民主监督。总之，在政策过程中借力于大众传播媒体，具有工具的意义，旨在通过政策宣传促进政策执行。然而，政策宣传不是万能的，政策宣传及传播的效果要受到各种社会因素的影响，与当时当地的社会环境、媒介环境、群体心态、政治军事经济及文化背景密切相关。因此，政策宣传要针对不同的社会环境、社会心理和文化背景，选择不同的宣传手段和宣传方法。同时，使用大众传播媒体进行政策宣传应注意避免过度宣传，以免造成受众的逆反心理，进而降低政策宣传效果。此外，还应根据政策效果递减规律，在政策宣传不同阶段使用不同的宣传方式和宣传工具。

参考文献

［1］ Michael Howlett and M. Ramesh，2003，*Studying Public Policy*：*Policy Cycles and Policy Subsystems*. 2 nd ed. Toronto：Oxford University Press.

［2］ Salamon，L. M.，1981. “Rethinking Public Management：

Third-Party Government and the Changing Forms of Public Action." *Public Policy*, 29.

[3] Cunningham, Stanley B., 2002. *The idea of propaganda: A reconstruction*. Westport, CT: Praeger.

[4] Lee, Loyd E. ed., 1998. *World War II in Asia and the Pacific and the War's Aftermath, with General Themes: a Handbook of Literature and Research*. Westport, Conn.: Greenwood Press.

[5] Harwood L. Childs, 1942, "America's Shortwave Audience," in. *Propaganda by Shortwave*, ed. by Harwood L. Childs and John B. Whitton. Princeton, N.J.: Princeton University Press; reprinted by Arno. Press, 1973.

[6] Lerner, Daniel ed., 1951. *Propaganda in War and Crisis: Materials for American Policy*. New York: George W. Stewart Publisher Inc.

[7] Hovland, Carl I., Irving L. Janis and Harold H. Kelly, 1953, *Communication and Persuasion: Psychological Studies of Opinion Change* New Haven: Yale University Press.

[8] Doob, Leonard W. 1935. *Propaganda: Its Psychology and Technique*. New York: Holt.

[9] Lasswell, Harold D., 1927. The Theory of Political Propaganda. *The American Political Science Review*, Vol. 21, No. 3. (Aug., 1927).

[10] Lasswell, Harold D., 1971. *Propaganda Technique in World War I*. Cambridge, Mass., M.I.T. Press (Originally published as *Propaganda Technique in the World War* in 1927).

[11] Lasswell, Harold D., 1927. *Propaganda Technique in the World War*. New York: Alfred A. Knopf.

[12] Lasswell, Harold D. and Dorothy Blumenstock, 1939. *World Revolutionary Propaganda: A Chicago Study*. New York: Alfred A. Knopf.

[13] James E. Anderson, 1984. *Public Policy-Making* (3 rd). Orlando, Florida: Holt, Rinehart and Winston, Inc.

[14] Lasswell, Harold D., 1951. The Strategy of Soviet Propaganda. *Proceedings of the Academy of Political Science*, Vol. 24, No. 2, The Defense of the Free World. (Jan.,

1951）.

[15] Lasswell, Harold D., Psychological Policy Research and Total Strategy. *The Public Opinion Quarterly*, Vol. 16, No. 4, Special Issue on International Communications Research (Winter, 1952—1953).

[16] Salamon, Lester, ed. 2002. *The Tools of Government: A Guide to the New Governance*. New York: Oxford University Press.

[17] E. S. Kirschen et al. 1964. *Economic Policy in Our Time* (3 *Volumes*). Chicago: Rand McNally.

[18] Michael Howlett, "Policy Instruments, Policy Styles, and Policy Implementation: National Approaches to Theories of Instrument Choice," *Policy Studies Journal*, 19, No. 2 (1991).

[19] Theodore J. Lowi, 1972. Four Systems of Policy, Politics, and Choice. *Public Administration Review*, Vol. 32, No. 4. (Jul. —Aug.).

[20] Dahl, Robert Alan, and Lindblom, Charles E. Politics, 1953. *Economics and Welfare: Planning and Politico-Economic Systems Resolved into Basic Social Process*. New York: Harper and Row.

[21] Frans C. J. van der Doelen, 1989. *Beleidsinstrumenten en energiebesparing*. Enschede: Universiteit Twente, Faculteit der Bestuurskunde (with an English summary).

[22] Schneider, Anne and Helen Ingram. 1990. Behavioral assumptions of Policy Tools. *Journal of Politics* 52.

[23] McDonnell, L. M., Elmore, R. F., 1987. Getting the job done: alternative policy instruments. *Educational Evaluation and Policy Analysis*, Vol. 9, No. 2, pp. 133—152.

[24] Linder, S. & Peters, B. G. 1989. Instruments of government: Perceptions and contexts. *Journal of Public Policy*, 9.

[25] Andrew Jordan, Rüdiger Wurzel and Anthony Zito. 2000. *Innovating with "New" Environmental Policy Instruments: Convergence Divergence in the European Union?* Paper delivered at the 2000 Annual Meeting of the American Political Science Association, Marriott Wardman Park

August 31— September 3, 2000.

[26] G. Bruce Doern and V. Seymour Wilson, 1971. "Conclusions and Observations," in Doern and Wilson (eds.), Issues in Canadian Public Policy. Toronto: Macmillan.

[27] Michael W. Hughey, 1996. Propaganda in Modern World (Review Essay of Robert Jackall, *Propaganda*. New York: New York University Press, 1995). *International Journal of Politics, Culture and Society*. Vol. 9, No. 4.

[28] Parry-Giles, Shawn J., 2002. *The Rhetorical Presidency, Propaganda, and the Cold War*, 1945—1955. Westport, Conn.: Praeger.

[29] Sharkansky, Ira. 2002. Slogan as Policy. *Journal of Comparative Policy Analysis: Research and Practice* 4.

[30] Leslie A. Pal. 1987. *Public Policy Analysis: An Introduction*. Toronto: Methuen.

[31] William T. Stanbury and Jane Fulton, 1984, Suasion as a Governing Instrument. In: K. Graham, Editor, *How Ottawa Spends*, Carleton University Press, Ottawa.

[32] 钱再见．现代公共政策学［M］．南京：南京师范大学出版社，2007.

[33] 毛泽东．对《晋绥日报》编辑人员的谈话［A］．毛泽东选集［C］．北京：人民出版社，1986.

[34] 邓小平．邓小平文选（第一卷）［M］．北京：人民出版社，2004.

[35] 刘赞，石蓬勃．坚持"三贴近"改进省市级党报政策宣传策略［J］．河北大学学报（哲学社会科学版），2004（3）.

[36] Hood, C., 1983. *The Tools of Government*. London: Macmillan.

[37] 郑英隆．中国农民工弱信息能力初探［J］．成都：经济学家，2005（5）.

[38] Michael Howlett. 2009. Government Communication as a Policy Tool. *The Canadian Political Science Review* 3 (2) June.

[39] 童兵．主体与喉舌——共和国新闻传播轨迹审视［M］．郑州：河南人民出版社，1994.

[40] K. Woodside, 1998, "The Acceptability and Visibility of Policy Instruments," in B. Guy Peters & Franks K. M.

van Nispen (eds), *Public Policy Instrument*, Cheltenham, UK: Edward Elgar.

[41] G. Peters, 2002, "The Politics of Tool Choice," in Lester M. Salamon (ed.), *The Tools of Governance: A Guide to the New Governance*, New York: Oxford University Press.

论日本政治文化的内在冲突及其社会心理根源
——基于比较政治学视角的考察

高晓霞① 钱再见

摘 要 在比较政治学视野中，每一政治体系均有其特定的政治文化。政治文化通过社会化过程代代相传，塑造社会成员的政治价值观、政治信仰、政治态度以及独特的政治行为模式。日本政治文化及其内在冲突深深植根于日本独特的社会心理和风土人情之中。在日本政治文化中，和平主义、民族主义及军国主义等政治意识之间的矛盾反映了“贵和”观念与“武士道”精神的内在冲突。战后的象征天皇制承担了政治社会化功能，是日本保守主义政治文化中皇民意识与公民意识冲突的根源。作为日本政治文化中的一个典型特质，“派阀政治”现象既有其独特的历史原因，也有其深刻的社会文化渊源和社会心理基础。而“脱亚”与“入亚”的政策摇摆及其国家定位与民族身份构建的困境，则是其等级制观念和“依附强者”心理所导致的结果。

关键词 比较政治学；日本；政治文化；社会心理；政治意识；冲突

在比较政治学中，政治文化是围绕政治行为和政治活动过程的一种主观意识领域与社会心理反映，它包括政治意识、政治态度、政治心理、政治信仰、政治价值观等方面，每一政治体系均有其特定的政治文化。1956 年，阿尔蒙德在《政治学杂志》上发表了《比较政治系统》一文，率先使用了“政治文化”概念，用以替代传统的“民族性格”“民族精神”“政治意识”等概念来指称政治体系中支配人们政治行为的诸种主观因素。他认为，每个政治体系都表现为一个特定的政治行为模式，这种特定的模式便是政治体系的政治文化，[1]后来他又说：政治文化是一个民族在

①高晓霞（1967—），女，硕士，南京审计学院外语系讲师。本项研究获南京师范大学留学回国人员科研启动基金项目、研究生核心课程项目资助。

特定时期流行的一套政治态度、信仰和感情。[2]强调政治文化是政治体系的心理方面。白鲁恂认为，政治文化的作用在于赋予政治系统以价值取向，规范个人政治行为，使政治系统保持一致。本文认为，政治文化是特定政治体系中政治行动者所具有的相对稳定的政治信仰、政治意识、政治心理和政治态度。政治文化通过社会化过程代代相传，塑造社会成员的政治价值观、政治信仰、政治态度以及独特的政治行为模式。日本政治文化及其内在冲突深深植根于日本独特的社会心理和风土人情之中。

一、"贵和"观念与"武士道"精神：政治意识的深层冲突

政治意识是指政治主体所具有的政治认知、政治态度和政治信仰，它既包括民族和个人的政治心理，又包括政治集团的意识形态。政治文化反映的主要是民众的政治心理，而意识形态则是一种居于统治地位的政治意识。在日本政治文化中，长期存在着和平主义、民族主义及军国主义等政治意识之间的矛盾和冲突。

和平主义又称非战主义，是一种反对战争或暴力的信念和主张，追求以和平和非暴力的方式，解决人与人之间的冲突和对抗。"礼之用，和为贵。""和"是儒家所倡导的伦理、政治和社会原则。早期道教的主要经典《太平经》中也蕴涵了丰富的"和平思想"及"和谐原则"。而墨家的"兼爱""非攻"思想则是和平主义在古代中国的体现。和平主义在中国古代既是一种政治理念，又是一种国家政策的基本目标取向。康德则在政治—法哲学领域完成了一场哥白尼革命，他用和平的国际法代替了战争的国际法，提出了"永久和平"的思想，这一观念不仅是康德哲学的重要组成部分，而且成为判断和衡量人类的道德进步和现世幸福的最高尺度，是政治的至善。康德所确立的原则与构想对当今时代仍具有积极的启示意义。[3]近代的和平主义在世界许多地区演变成为和平主义运动。

诚然，在深受中国传统文化影响的日本传统思想中也一直强调"和"的价值。在日本早期历史上，融合诸部族而形成的统一民族就称为"大和族"。最早统一日本的也就是"大和国"。公元7世纪初，日本推古朝改革中，摄政的圣德太子，在推古天皇12年（公元604年）制定了日本历史上第一个确立中央集权制的《宪法十七条》，第一条中即规定了"以和为贵"（「和をもって貴しとし」）的原则。然而，日本人的性格永远都是矛盾的，都是游走于两个极端之间，缺乏儒家文化中的中庸之道，而中庸之道正是中华民族的显著特征。[4]日本政治文化的复杂样态总是与其民族特性中的尚武好斗心理盘根错节。正如本尼迪克特所认为

的，“日本人是既生性好斗而又温和谦让；既穷兵黩武而又崇尚美感；既桀骜自大而又彬彬有礼；既顽固不化而又能伸能屈；既驯服而又不愿受人摆布；既忠贞而又心存叛逆；既勇敢而又怯懦；既保守而又敢于接受新的生活方式。”[5]在日本，菊花是日本皇室的标志，代表着皇权的高贵，而“刀”是武古文化的象征，体现的是“武士道”精神。菊花所代表的日本文化中的一种柔性美，与钢刀所代表的刚性形成了强烈的对比，反映了日本人的矛盾性格和日本文化的双重性。但是，刀所体现的那种“武士道”精神似乎更是日本人持久的性格，并没有被菊花的柔情所湮灭。正如新渡户稻造在《武士道》中所反复自诩的，“武士道，如同象征它的樱花一样，是日本土地上固有的花朵”。新渡户稻造将“武士道”奉为“大和魂”，作为日本民族精神。武士道不仅是日本武士的人生观和世界观，而且还是武士应尽的义务和职责，包括“效忠君主”“崇尚武艺”和“绝对服从”等封建道德规范及行为准则。“武士道把刀当做力量和勇敢的象征”，武士道的熏陶今天仍然是根深蒂固的，“它是不知不觉的而且是沉默的熏陶。国民的心对其自身所继承的观念一旦提出号召的话，虽然不知为什么，却表示响应”[6]。其实，武士道在日本古已有之，在日本的古代、中世纪，日本就以存在专事征战和杀伐的武士阶层而闻名。从 11 世纪起，武士阶层开始登上日本的政治舞台，掌握了各级政权，使日本的国政在历史上很早就笼罩上了武士道式的军国主义色彩。从 16 世纪 90 年代前后，丰臣秀吉统一日本，随即图谋以武力征服东亚，建立以日本为中心的大帝国。可以说，武士道正是日本军国主义的思想渊源，在两者之间有着一种特殊的亲和关系。

武士道在其发展过程中逐渐理论化、官方化，“事实上武士道的伦理在德川时代及近代已成了国家伦理，至少占有了国家伦理的大部分。”[7]同时，随着各个阶层之间文化交流的增多，特别是 17 世纪末期以后町人市民的崛起，分享武士阶层的文化、接受并践行武士道也成为平民的自觉要求，最终完成了它的平民化进程，[8]形成大众军国主义和军国主义政治文化，从而为日本军国主义对外发动侵略战争奠定了广泛的社会政治基础。日本著名政治学者升味准之辅指出，日本对东亚一直怀有强烈的扩张意欲。当政府决心开始侵略的时机一到，无论是国权派还是民权派，都将欣喜雀跃，欢迎政府的决定，渴望成为侵略的爪牙。这样就形成了官民一体的侵略集团。[9]

战后，美国于 1945 年 9 月 22 日公布《战后初期的对日政策》，麦克阿瑟明确宣称占领日本的终极目标是“确保日本今后不再成为美国的威胁，不再成为世界和平与安全的威胁”，表明美国占领日本初期的对日政策是非军国主义化改造和民主化改革，使日本不再成为美国及世界和平的威胁。1946年公布并且于1947年5月3日正式实施的《日本国宪法》也明确宣布放弃战争、不保持武力、否认交战权的“不战条款”。

但是，日本的军国主义政治文化并没有就此消失。首先，在政治体制上，战后美国将战败投降的日本军国主义政府原封不动地保留下来，变为美国占领军的政策执行机构，军国主义的政治体制和政治机构得以完好无损地保留。这为日本右翼势力的复活奠定了组织基础。其次，在政治思想上，由于战后未能彻底清除军国主义分子，这些人很快成为日本右翼势力的主导力量，“人还在，心不死”，他们鼓吹“皇国史观”“种族优秀论”，宣扬复活军国主义、法西斯主义，奉行弱肉强食的强权主义。此外，在政治价值观方面，进行保守主义政治价值观的宣传教育。从1950年起，部分中小学即开始升降“日之丸”旗，将“君之代”作为国歌演唱。还通过“教育二法”（《教育公务员特例法改正法》《义务教育中立化法》）实行教育统制政策，限制教职人员的政治活动，“防止教师进行和平主义的意识形态教育并实现教育内容的中央集权化”，[10]这些都有效推动了战后日本意识形态的右倾化和保守主义政治文化的发展。

其实，作为日本保守政治文化一部分的右翼政治思潮在战后日本从未间断过。虽然在废党《指令》下，解散、开除、整肃了近5万名右翼分子，使右翼势力一度沉寂。可是，随着1947年“冷战”开始后，美国占领当局实行由“抑制”转向“扶植”的对日政策。从1950年10月到1952年8月，在美国支持下，吉田茂政府先后为18万左右的军国主义分子解除“整肃”，特别是对岸信介等一大批日本战犯的赦免，并让其重返政坛，为日后右翼势力的死灰复燃埋下了祸根。从20世纪50年代起，右翼势力就公开掩饰、否认日本军国主义对外侵略的罪行。即使是在经济高速增长、国内政治稳定的“黄金的60年代”（golden sixties），也曾出现了林房雄的“大东亚战争肯定论”，宣扬“大东亚战争是自佩里来航以来的对欧美列强百年战争的一环，它不是侵略战争，而是为解放亚洲的东亚百年战争。”[11] 60年代至70年代初，日本右翼势力活动猖狂。自80年代起，右翼团体的数量以平均每年20个至30个的速度递增。而中曾根上台则标志“行动修宪”进入新时期。战后一直奉行的“重经济、轻军备”国策及和平发展路线也转向追求“战后政治的总决算”，还通过教育改革加强道德教育和国家意识，实现对日本传统文化和历史的再确认，推动了公民意识的整体保守化。而草根民族主义意识与保守政治家民族主义诉求的结合，则是日本国内政治文化变迁迅速右倾化的社会基础。特别是 90 年代以来，由于经济持续衰退以及“1955 年体制”的崩溃。在政治意识形态上，新国家主义意识形态抬头，和平民主主义思潮被新民族主义思潮所取代。在历史认识问题、战争责任问题以及历史教科书问题等方面都出现了危险的苗头。新保守势力极力主张抛弃和平宪法，追求“普通国家化”（正常国家）目标，重做军事大国。令人担忧的是，战后 60 年在和平宪法规制下的日本社会其实并没有在其政治文明的深层内核里孕育“永世和平”与“反军国主义”的政治文化。

二、皇民意识与公民意识：天皇制的政治社会化功能

现代日本皇民意识与公民意识的冲突，其根源在于天皇制及其所扮演的政治社会化功能。皇国意识与皇民意识是日本政治文化的重要特质。日本政治思想史学者丸山真男在分析早期民族主义的形成时指出，“单是隶属于某一国家共同体、并拥有共同的政治制度这一客观事实，尚不足以产生近代意义的‘民族’。这里所存在的充其量不过是人民乃至国家所属成员，而不是‘民族’。要成为一个民族，国家所属成员就必须积极地要求这种共同属性，或者作为一种愿望至少被意识到……民族意识只要它是自觉性的，早晚它就要凝聚成政治上的一体意识。所谓近代的民族国家，无疑就是这种意义上的民族意识。”[12] 在他看来，中国基于同乡人感情的地方团体意识，长期阻碍了民族一体意识的发展。而 19 世纪初期的德国和意大利虽然以语言、宗教、风俗、习惯以及其他文化传统的共同性作为基础，对自身文化的一体性具有明确的自觉，但仍然有缺乏政治上民族意识的情形。日本则通过神道教与天皇制的结合，即以神道教为精神信仰而以天皇制作为其政治实践，形成“神皇一体”，从而成功构建了民族认同意识。视天皇若神明，尊之为“天照大御神”的后裔。这种“神国”思想对日本政治文化和意识形态产生了重要的影响。

日本政治文化中的皇国意识与皇民意识是认识其社会政治现象的重要视点，而皇国意识与皇民意识是在日本独特的天皇体制下孕育出来的。虽然天皇制历经古代天皇制、幕府傀儡天皇制、战后象征天皇制等多种形式的演变，但均以所谓“神皇一统”的“神国”思想为其本质。人类学家大贯惠美子（Emiko Ohnuki-Tierney）指出，天皇制的根本就在于天皇的宗教“神性”与“神

威”。[13]与中国封建社会君主政治及西欧前近代社会专制王权不同的是，日本天皇在多数情况下只是一个“无为君主”，凭借其神人合一的皇统君临天下，仅具政治权威的意义，而执政大权却旁落于摄政、关白、法皇以及将军手中。这种“虚君政治”促成了权威主义下寡头统治的政治传统，促使由家臣组成的封建官僚机构得到一定的发展。[14]

福泽谕吉在《文明论概略》中说：日本的皇统是和国体相依为命绵延至今的，“这是世界上绝无仅有的，也可以说是一种君国并立的国体”，“君国并立的可贵，并不在于自古它就为我国所固有而可贵，而是因为有了它而维持了我国的政权和促进了我国的文明。这并不是物的可贵，而是它的作用可贵”。[15]确实，这种天皇体制不仅起到了宣示国体的作用，而且还具有另一方面独到的作用，那就是它还不断发挥着政治社会化的功能，[16]并且结合古代的神话传说、道德说教和靖国神社参拜仪式，最终形成了一种根深蒂固的神国意识和天皇崇拜思想。其实它并不神秘，更不神圣，而是一种人为的制造。正如吉野作造所指出的：“不言而喻，天皇制就是通过在其之前的家制度与祖先信仰的巧妙组合在明治时期‘创造出来的传统’。”[17]1898年颁布的《大日本帝国宪法》（明治宪法）甚至直接规定了“大日本帝国由万世一系之天皇统治”“天皇神圣不可侵犯”等条款。之后，又颁布《军人敕谕》（1882）和《教育敕谕》（1890），强调军人对以天皇为象征的国家的忠节和师生对浩浩皇恩的感戴。透过教化机制（政治社会化机制），培养日本国民作为天皇臣民的皇民意识与臣民意识，使日本人成为“神皇一体”的“帝国神话”的忠实信徒，对天皇和帝国尽孝尽忠。

尽管战后日本颁布了新的《日本国宪法》，改变了“绝对天皇制”转而实行“象征天皇制”，宪法规定了天皇只是国家的象征，规定“主权属于国民”，天皇本人也发表了《人间宣言》。在此背景下，日本政治中似乎应该形成现代公民意识，即强调社会个体的主体意识，追求个体的主体解放。但是，皇国思想作为一种政治意识，已经深深植根于日本政治文化之中。因此，日本虽有一部西方式的民主宪法，但是实践中却又通行着日本传统政治的游戏规则。日本思想家竹内好说，在日本，“一草一木里都存在着天皇制”。也许正是在这个意义上，本尼迪克特关于保留天皇制的建议才广受非议。[18]如果说近代天皇制与国家神道所构成的神权体制是近代日本军国主义的根本源泉，那么，战后的象征天皇制更多地承担了政治社会化包括意识形态教化功能，它同样是日本保守主义政治文化的根源。

20世纪50年代，阿尔蒙德在《共产主义的感召力》一书中指出了意识形态教化的两条线的问题，他把面向共产党组织内的活动家的教育内容称为密教，把面向组织外的大众的宣传内容称为显教。[19]沿着这条区分线，久野牧指出了天皇制的双重结构，同时又很重视它与阶级结构的重合之处。他认为，天皇的权威和权力有“显教”和“密教”、通俗的和高级的两个方面。天皇对于国民来说，表面上是拥有无限权威与权力的绝对君主，是统治阶层间“公认”的立宪君主，即国政上的最高机关。在中小学和军队，这样的思想得到了彻底灌输，到了大学入学考试和高等文官考试阶段，才首次弄清楚了“公认”的天皇。[20]应该说，战后在美国占领当局主导下所进行的民主化改革，确实在日本社会中植入了西方政治文明所倡导的国民主权意识和民主主义政治价值观。然而，这种西方式的公民意识、民主观念及其行为方式，却不可能一夜之间就为日本各阶层所接受。战后日本的政治文化虽然是一种非极权主义的体系文化，但是也未能实质性发展成为西方意义上的民主主义政治文化，阿尔蒙德将其归类为一种臣属型政治文化。自1989年以后，青年一代大都对天皇抱有亲近感。[21]事实上，在皇国意识和皇民意识的深层社会化机制和自民党“新国民主义”意识形态强化宣传的双重教化之下，出现80年代之后的“保守回归”政治文化现象也就是势所必然的了。

三、团体取向与内外有别：“派阀政治”的双重文化根源

“派阀政治”是政党政治中的重要政治现象，也是日本政治文化中的一个典型特质。政党是连接政府与公众的桥梁，也是个体公众通过入党或投票而影响公共政策的途径。特定的政党制度不仅是特定国家或地区在特定时期政治发展的现实选择，同时也是该国该地区深层历史文化特别是政治文化的反映。政党的发展和政党制度的形成被认为是政治现代化的标志，西方资产阶级政党是因应代议制政府的出现和选举权的逐步普及而产生的。固然，政党是指一个政治实体中的分裂、冲突和对立。[22]但政党同时也是整合的工具。政党甚至还被认为是民主政治最重要的工具，如谢茨施耐德就指出，“毫无疑问，政党的产生是现代政府的显著标志之一，政党创造出民主政治，现代民主政体不容置疑地与政党制度互栖共生。”[23]日本是亚洲近代史上最早出现政党的国家之一。日本最早的政党出现于明治维新后的自由民权运动时期。其现行的政党体制则是在第二次世界大战后随着以天皇为象征的资产阶级议会制国家的建立而形成的。由于国内外反法西斯

和民主进步力量的推动，战后日本在美国的占领下实施了所谓的“民主化”改造，战前受压抑的日本各政党相继恢复、重建。保守阵营中的左、中、右三个政党（协同党、自由党、进步党）在1945年年底相继成立。在新的《日本国宪法》于1947年5月3日施行之后，规定政府由在国会中占有多数席位的政党组织，日本主要政党又经历了一系列分化组合，最终于1955年11月15日，在垄断资产阶级的支持下，民主党与自由党合并为自由民主党。此后，自民党形成“一党优位”的局面，长期执政达38年，通常被认为是“一党独大”政党政治体制的典型。

纵观日本政党政治独特的发展轨迹，我们不难发现，虽然日本实行了多党制，但由于“一党独大”而长期一党执政，形成了日本政党政治的一个突出特征——“派阀政治”。虽说派别林立是许多资产阶级政党的一个共同特点，“一党独大”也并非日本特有，意大利基督教民主党以及瑞典社会民主党也都是“一党独大”型政党，但是，和其他国家的政党政治相比，日本政党政治的“派阀政治”特点更为突出。各派不但思想上、政治上自成体系，而且具有自己的组织形式。

“派阀政治”的直接后果是造成了日本政坛长期以来存在的裙带关系和“家族世袭”的政治现象。[24]在日本政坛，家族出身是一件很重要的因素，许多政治家是前国会议员的后代。鸠山家族是日本世袭政治中的典型一例，除了鸠山家族之外，仍然活跃在日本政坛的还有小泉家族、安倍家族、麻生家族和福田家族，并称日本政坛“五大家族”。“派阀政治”作为封建时代的最为典型的政治文化遗产，也折射出了日本政治中依然存在的某些传统的潜规则。

“派阀政治”所带来的另一个后果则是“走马灯”式的政权轮换。这与号称“万世一系”的天皇体制形成了鲜明的对照。在当代日本政治中，首相和他的内阁是实际的国家领导人，而首相是由在议会选举中占议席数目最多的政党产生，事实上就是该党的总裁担任首相。长期以来，由于自民党“一党独大”，造成了日本的政党政治中的政党竞争主要的不是政党之间的竞争，而是自民党党内派阀之间为获得总裁职位而展开的明争暗斗。在美国，民主党和共和党两党内部的总统候选人首先要围绕施政纲领进行公开而激烈的党内选举竞争。而日本政党内部总裁的遴选制度主要不是施政纲领的竞争，而是党内派系力量的较量。日本的派系政治倾向于围绕个人的差异而展开，而不是以政策或意识形态的分歧为基础。[25]但是，这种竞争客观上却造成了派阀与总裁之间、派阀与派阀之间权力上的相互制衡和利益上的讨价还价，并且最终成为日本内阁频繁更迭的基本动力，正是派阀之间的纵横捭阖造成了各派“轮流坐庄”的现象。[26]

“派阀政治”所带来的第三个后果是在民众中导致了政治厌恶情绪和“私生活主义”。诚然，在战后民主化改革之后，日本已不再是一个极权社会，公众有多种形式参与政治生活。但是长期以来，日本政治格局一直是在政－官－财体制和派阀政治的控制之下，因而日本的民主政治也被批评为“矮化的民主”“地方民主主义”“日本的虚假民主”。日本社会的深层矛盾是虽然拥有一个稳定的立宪民主政权，而其市民社会又是非常脆弱的。日本社会是一个“具有高度管理控制但非极权和高度改革创新的社会”。[27]确实，在日本公众看来，政治通常就是几个家族的事情。

日本“派阀政治”现象有其深刻的社会文化渊源和社会心理基础。这就是日本文化中的集体主义取向。这种集体主义的价值取向不仅与西方社会的个人主义形成了鲜明的对照，即使与同样是亚洲或者说是东亚的其他国家相比，日本人也显得更加强调集团的重要性。[28]日本文化中的集体主义取向突出地体现在个人对于集体的绝对服从和心理依赖，甚至是为了集体的利益而牺牲个人。正如赖肖尔所观察到的：“一般地说，日本人与美国人或西方人的最大差别莫过于日本人那种以牺牲个人为代价强调集体的倾向。”[29]福武直等社会学家也都认为集团是日本社会的特质，集团主义是日本人的基本社会观念和行为准则。美国心理人类学家许烺光对中国、印度、美国及日本四种文化中的团体取向进行了比较，他认为，相较于中国人缔结宗族集团时遵循“亲属原则”、印度人缔结种姓集团时遵循“教阶原则”、美国人缔结俱乐部时遵循“契约原则”，日本人缔结家元时遵循“缘约原则”。[30]在许烺光看来，“人”是一个心理和社会的平衡体，称为“心理—社会均衡”。在此基础上，日本学者滨口惠俊则提出“间人主义”概念来解释日本文化中集体主义取向和团体心理。所谓间人主义，也就是在行动时要充分考虑他人或所属部门的立场、心情及相互关系，强调相互间的依存和尊重。如果说美国社会的基础是个人主义，那么日本社会则是“间人主义”。美国的个人主义往往排斥大规模或忘我的合作，美国人首先讲求的是个人的地位和自身的价值。而日本文化中的“间人主义”则更适合于协作，日本人往往被引导思考集体的成功。澳大利亚学者格里高利·克拉克（Gregory Clark）也强调日本文化的“集团性”特质，认为日本人具有强烈的群体性和集体合作意识，偏好家族式管理。

从另一方面来看，日本人的团体意识还包含了内外有别的共同体意识。其典型特征是团体内的协作以及不同团体之间的相互排斥与激烈竞争。[31]正如日本学者石田雄所指出的："因为地势风土的关系，表现为明显孤立的形式，形成自给自足的小集团社会，整个日本不仅是个岛国，而且每个村落具有各自独立的岛屿性格。"[32]岛国文明加上区隔的村落地理环境造就了日本独特的社会文化和团体心理。日本社会人类学家中根千枝把日本同中国、印度以及英、美等国家进行比较，指出印度社会（重视"种姓"的差异）是重视以"资格"为纽带的横式团体，而日本社会则是重视以"场所"为纽带的纵式团体，即"纵式"社会。中根认为，日本的"家"是日本"纵式社会"的原点。在日本的"纵式"团体中，个人都处在一定的等级秩序的位置上，最重要的人际关系是类似于"亲子"的上下关系，即集团内部之间按序列（等级）排出次序，由明确的序列使集团凝聚在一起，通过上层的施恩与保护和下层的报恩与忠诚的互惠对应，形成一种由"亲分"和"子分"构成的权威主义的相互依存关系。大多数日本人都生活在这种"亲子"关系中。序列意识不仅存在于不同地位和资格的人之间，同样也存在于相同身份和资格的人之间，甚至能力也得为序列意识让位。在这样的集团中，个人对自己的位置十分敏感，只有弄清了自己在集团中的位置，才能决定自己的言行。重视"场所"的日本式人际关系的一个显著特点就是"内""外"分明，简单说就是"自己人"和"外人"的界限明显。在谈到集团体系形成的因素时，中根千枝认为：由于村落召集的会合都是以"家"为最小集团单位，以一家一个代表的形式来参加"村落"集团的活动。习惯上形成大集团内部肯定会分成诸多小集团，这些小集团对上级集团要求更多的独立性，对平行集团则表现出抵触性。就是说，纵向集团具有开放性，而横向集团则具有排斥性。纵向集团与横向集团在相互关系上则是一个没有底边的三角形关系。[33]日本人在集团内部相对和谐的同时，又有严格的内外有别的意识。总之，派阀政治是深深根植于日本特定的社会文化与政治土壤中的独特的政治组织。

四、"脱亚"与"入亚"：日本国家定位、身份构建的困境

众所周知，日本无论是从地理位置上还是从文化传统上说，都是一个亚洲国家。但是他们却持有一个矛盾的亚洲观念。"日本国民似乎很少把他们自己看做亚洲人"，他们常常自认为是"yellow Yankees"（"黄种的美国人"），甚至有人自视日本为"美国的第51个州"。确实，"不幸的是，他们对西方国家比亚洲国

家更熟悉。亚洲看起来像被他们抛在脑后的一个美好而古老的记忆。"[34]此种矛盾观念，实为日本政治文化所特有。究其根源，可以追溯到近代甚至更早。1885 年 3 月 16 日，福泽谕吉在《时事新报》上发表了《脱亚论》一文，极力宣扬其脱亚主张。福泽的"脱亚论"从意识形态方面指导了日本从此往后各项政策的发展方向。近代以来，日本的亚洲政策正是在"脱亚入欧""脱亚入美""入亚"（即"回归亚洲"）这些不同的政策或政策取向之间反复游离。

战后日本的外交政策则是在明确日本作为"西方一员"的总方针下展开的。1951 年 9 月 8 日，日本与美国等 48 个国家签订了《旧金山和约》，实现片面媾和；同日，日本还与美国签订了《日美安保条约》，被纳入了"冷战"背景下的日美安保体制。自此，日本便从近代的"脱亚入欧"转向"脱亚入美"，追随美国实行"一边倒"外交，成为美国世界"冷战"体制与亚洲战略的重要一环。之后的日本历届内阁都把对美协调作为其外交的"基轴"。

但是，一方面，在国际关系格局中，日本不断有"自主外交"的冲动。在经过 1955～1973 年的经济增长黄金期之后，日本经济总量跃居资本主义世界第二把交椅的宝座。美日的贸易摩擦从无到有，并有增大趋势。而经过布雷顿森林体系的解体、日元的被迫升值，促使日本离心，实行多边自主外交，如 1972 年的中日邦交正常化，应付石油危机的"新中东政策""亚洲外交"甚至全方位外交。另一方面，"冷战"结束后，"国际新秩序"的构建过程中，日本已经失去了原来的特殊地位。前美国驻日大使福特在演讲中直言，21 世纪将有可能不再是美日同盟而是美中同盟，这可能代表了美国外交当局的深层心理。[35]美国未来学家奈斯比特在其名著《亚洲大趋势》中指出："亚洲开始掌握自己的命运，亚洲人开始重新发现亚洲，集体的亚洲意识正在兴起。"其核心论点就是"亚洲正在崛起""亚洲将成为未来世界的中心"。特别在 2009 年，他又与他人合著了《中国大趋势：金融危机下的中国突围》一书，2009 年 8 月 30 日，鸠山由纪夫领导的日本最大在野党民主党在选举中取得压倒性胜利，随后，鸠山便在《纽约时报》上发表文章《日本的新路线》，重申"日美同盟"是日本对外政策的基石，但含蓄批评了美国的单边主义外交政策。鸠山在文中声称："日本会寻求更独立自主的外交，不再依赖美日关系为唯一外交导向，日本需要发展与亚洲、尤其是与中国的亲密关系。"[36]这被认为是日本新一届内阁"回归亚洲"政策的宣言。

“脱亚”与“入亚”的政策摇摆，其深层次的原因在于日本社会骨子里的等级制度观念。在社会生活中，日本人的等级制度观念表现得非常充分。在日常交往中，人们的每一个行为都必须表现出彼此在社会地位上的差异。与不同的对象进行交往时要明确彼此的等级关系，并使用严格恰当的敬语，同时还要配有适当的鞠躬和跪拜姿势。即使在同一等级内，还要考虑年龄、性别、家庭关系和双方以前的关系。

中国传统政治文化中也存在等级制度观念，但是在国际交往中则坚持平等原则。现代中国在处理国际关系时，始终坚持和平共处五项原则。不同的是，日本人在国际交往中也同样持有等级制度观念。“二战”期间，日本试图在国际等级中谋求上级，希望亚洲在其领导下构建“大东亚共荣圈”，在世界上希望与欧美列强一同居于等级秩序的顶端。日本人将国内的等级制度观念转移到了国际社会交往中，在“共荣圈”的问题上，将被占领区的人民比作弟弟，自己为兄长，对弟弟的事情强加干涉，充分体现出了日本家庭中的“兄长观念”。他们认为世界各国应该统一于一个固定的等级制度之中，各国各族人民应该“各安其位”。

然而，近代日本既没能“脱亚”，也没能“入欧”。日本真正的“脱亚入欧”是在战后美军占领时期实现的。[37]战后日本曾长期与亚洲相隔绝，追随美国的单边主义政策，借以实现日本的现实利益。其东亚政策也在很大程度上受美国政策的影响和制约。这也充分体现了日本政治文化中所固有的“结交强者”的文化特质。从比较文明史角度来看，日本一直处于人类文明发展的边缘地带，与英吉利、菲律宾等岛国文明一样，日本也是通过不断吮吸先进文明的乳汁来充实和发展自己的文化和文明。众所周知，进入弥生时代以后，日本接受了中国大陆的先进文化及农业技术，才开始摆脱原始状态跨进文明社会。近代之前，日本都是处于中华文明圈之内的，并长期依靠中华文明的滋养而取得进步。在隋唐时期，日本人派大量遣隋使、遣唐使来到中国学习先进的文化技术和政治制度。近代以来，受到西学东渐的影响，日本开始转而师从西方，学习西方的先进文明。1871年，明治天皇政府派岩仓具视等人率领规模庞大的访问团去欧美考察，访问团在广泛考察了西方主要国家的科技、文化和政治制度之后，经过认真权衡，最终决定模仿德国的法律制度和陆军制度，英国的君主立宪和海军制度，法国的教育制度和刑法制度，并广泛采纳英国、美国和德国的军事和工业技术。自此之后，日本便走上了追随西方的道路。

日本这种“依附强者”的政治文化心理特质，或许可以用日本精神病理学家土居健郎的“依赖理论”加以解释。按照土居健郎的分析，无论是从现代语词意义上还是从心理发展的角度来看，“依赖”（甘え，Amae），或撒娇心理，本来都是指婴儿对母亲的一种感情，其心理原型是产生于母子之间的一种婴儿心理。[38]在日语日常用语中，用“依赖”表示被动的爱，它本身就是日本社会与文化的一个重要标志。如果说这种“依赖”心理和“依附”情结在社会生活中表现为家族主义和集团主义，那么它在对外关系和外交政策上则表现为“追随强者”“与强者为伍”，以及“与强者结盟”的政治文化心理和政治行动取向。“二战”时期日本的“大东亚共荣圈”以及战后的“美日协调”路线、“美日同盟关系”及“美日命运共同体”，从某种意义上说都是日本社会独特政治文化深层内核中的“依赖”心理和“依附”情结的外在表现。

“脱亚”与“入亚”，不仅是日本的亚洲观的历史嬗变，而且是关系到“日本向何处去”的国家定位、民族身份构建，即如何重新找回日本自己的“主体性”的根本问题。但是，由于日本的亚洲观在历史上曾与其极端民族主义相结合而给周边亚洲国家的人民带来了深重的灾难。因此，面对今天日本所提出的“回归亚洲”的话语，这些有着历史记忆的国家不能不关注的是，日本能否有正确的历史认识，因为“历史认识是政治认识的基础”，正如日本学者中村政则指出的，“历史认识问题是扎在日韩、日中之间的一根刺，只要不拔掉这根刺，日本难以真正获得亚洲各国的信赖”。历史教科书篡改实际上是意在改变“人民”的历史意识、政治意识，使之朝着对统治者有利的方向变化，谋求政治意识形态重构的历史。不仅如此，近代日本史是在与战争及殖民地统治密不可分的情况下展开的。因此，“作为战争和殖民地”受害者的亚洲各国（尤其是中国、朝鲜），坚持把历史认识问题当做关乎自我生存的重大问题而重视是理所当然的，认识不到这一点的“历史学家”只会在国际上日益孤立。[39]日本能否对近代以来的亚洲观进行反省，进而对其深层政治文化及侵略理论进行深刻的反省，必将对日本的未来发展及其与亚太国家和地区的合作产生深远的影响。

参考文献

[1] Almond，Gabriel A.，“Comparative Political Systems”.

Journal of Politics. Vol 18, (August 1956), p. 396.

[2] Almond, Gabriel and G. Bingham Powell Jr., 1978, *Comparative Politics: System, Process, and Policy* (2 nd Ed.). Boston: Little, Brown and Company.

[3] Humphrey, T. ed. 1983. "Introduction." In *Immanuel Kant: Perpetual Peace and Other Essays*. Indianapolis, In: Hackett.

[4] 赵宝煦."和为贵""中庸之道"与"武士道"精神——关于日本政治文化的思考[J].北京:北京大学学报(哲学社会科学版),1999(4).

[5] 鲁思·本尼迪克特著.菊与刀——日本文化的类型[M].吕万和,熊达云,王智新,译.北京:商务印书馆,1990.

[6] 新渡户稻造.武士道[M].张俊彦,译.北京:商务印书馆,1993.

[7] 贝拉.德川宗教:现代日本的文化渊源[M].王晓山,戴茸,译.北京:生活·读书·新知三联书店,1998.

[8] 向卿.试论江户时代武士道的平民化[J].北京:日本学刊,2004(5).

[9] 升味准之辅.日本政治史(1)[M].董果良,郭洪茂,译.北京:商务印书馆,1997.

[10] 李莹.日本战后保守政治体制研究[M].北京:世界知识出版社,2009.

[11] 中村政则.日本战后史[M].张英莉,译.北京:中国人民大学出版社,2008.

[12] 丸山真男.政治思想史学研究[M].王中江,译.北京:生活·读书·新知三联书店,2000.

[13] Emiko Ohnuki-Tierney. 1991. The Emperor of Japan as Deity (Kami): An Anthropology of the Imperial System in Historical Perspective. *Ethnology* XXX (3).

[14] 宋益民.论日本传统政治文化的特点[J].北京:日本学刊,1991(5).

[15] 福泽谕吉.文明论概略[M].北京编译社,译.北京:商务印书馆,1992.

[16] 孙政.试析天皇在战后日本政治社会化中的地位和意义[J].沈阳:日本研究,2003(3).

[17] 吉野作造.文化ナショナリズムの社会学[M].名古屋:名古屋大学出版会,1997.

[18] Elson Boles. 2006. Ruth Benedict's Japan: the Benedictions of Imperialism. *Dialectical Anthropology*. 30.

[19] Almond, Gabriel A., 1954. *The Appeals of Communism*, Princeton, NJ: Princeton University Press.

[20] 作田啓一. 価値の社会学 [M]. 東京: 岩波書店, 2001.

[21] 王金林. 日本天皇制及其精神结构 [M]. 天津: 天津人民出版社, 2001.

[22] Lipset, Seymour Martin, 1985. Consensus and conflict: essays in political sociology. New Brunswick, N. J.: Transaction Books.

[23] Schattschneider, E. E., 1942. *Party Government*. New York: Holt, Rinehart and Winston.

[24] 乔林生. 从“世袭政治”看日本民主的实像 [J]. 天津: 南开学报 (哲学社会科学版), 2010 (1).

[25] Andrew Heywood, 2002, *Politics* (2 nd Edition), London: Palgrave Foundations.

[26] 廉德瑰. 政治文化与日本内阁“短命”的特性 [J]. 北京: 日本学刊, 2009 (2).

[27] S. N. 艾森斯塔德. 日本文明——一个比较的视角 [M]. 王晓山, 戴茸, 译. 北京: 商务印书馆, 2008.

[28] 苑崇利. 试析日本政治文化的思想根源 [J]. 北京: 外交学院学报, 2003 (2).

[29] 赖肖尔. 当代日本人 [M]. 北京: 商务印书馆, 1992.

[30] 尚会鹏.《比较文明社会论》与许烺光的日本人理论 [J]. 北京: 日本学刊, 1998 (2).

[31] 武寅. 集团文化心理与战后日本政治 [J]. 北京: 日本学刊, 1992 (1).

[32] 石田雄. 日本的政治文化 [M]. 章秀楣, 译. 长春: 吉林人民出版社, 1991.

[33] 中根千枝. 纵向社会的人际关系 [M]. 陈成, 译. 北京: 商务印书馆, 1994.

[34] 兴梠一郎. 历史上日本人的亚洲观 [J]. 太平洋学报, 1996 (01).

[35] 小泽一彦. 现代日本的政治结构 [M]. 北京: 世界知识出版社, 2003.

[36] Yukio Hatoyama. A New Path for Japan. *New York Times*. August 27, 2009.

[37] 王屏．近代日本的亚细亚主义［M］．北京：商务印书馆，2004.
[38] 土居健郎．日本人的心理结构［M］．北京：商务印书馆，2006.
[39] 中村政则．日本战后史［M］．张英莉，译．北京：中国人民大学出版社，2008.

关于传统哲学教科书与教育学问题的思考

孙迎光

摘　要　深化教育学理论有待于重新理解马克思主义哲学与教育学的关系。对这对关系的探讨，涉及对传统哲学教科书的反思。哲学教科书的思维直接影响了教育学的思维。本文分析了"应用说"与无人的教育学和抬高认识论与教育学缺少本体论基础两种状态。指出马克思主义哲学是历史唯物主义。如何在马克思主义哲学基础上理解教育的生活世界——为教育学奠定生存论的本体论基础，是今天教育学理论研究的一个重要问题。

关键词　传统哲学教科书；历史唯物主义；教育学

教育学的理论基础是马克思主义哲学，对马克思主义哲学的理解直接影响到教育学的理论思维。今天，教育学理论研究中的一些关键问题的理解与价值取向直接与哲学相关。深化教育学理论有待于重新理解马克思主义哲学与教育学的关系。遗憾的是，至今这对关系尚未上升到理论探讨中的主题。对这对关系的探讨，涉及关于传统哲学教科书对教育学影响的反思。

首先，"应用说"与无人的教育学。

教育学的研究思路是从传统哲学教科书中推导出来的。传统哲学教科书的第一章揭示哲学的研究对象——关于自然、社会、人类思维最普遍规律，第二章探讨世界的本质——世界的物质统一性。依此类推，教育学的绪论或第一章揭示教育学的研究对象——关于教育现象及其规律，第一章或第二章探讨教育的本质。传统哲学教科书的思维决定了教育学的思维。

传统哲学教科书的基本框架为辩证唯物主义和历史唯物主义，它假定马克思主义哲学先研究自然，创立辩证唯物主义；再研究社会，创立历史唯物主义。最先对这种哲学提出质疑的是卢卡奇，他在《关于社会存在的本体论》一书中指出："斯大林为人熟知的《联共（布）党史简明教程》第四章中论述这个问题时，就采取了这种态度。他说：‘历史唯物主义就是把辩证唯物主义的原理推广去研究社会生活，把辩证唯物主义原理应用于社会生活现象，应用于研究社会，应用于研究社会历史。”[1]如此，历史唯物主义就是辩证唯物主义的“应用”。针对这种态度，卢卡奇指出：“马克思本人从未用过‘辩证唯物主义’这种说法，当然，他经常说到辩证方法；而恩格斯经常使用的‘历史唯物主义’这种提法，始终是指学说总体，而绝不是这种学说在作为特殊领域的历史‘领域’中的特殊‘应用’。”[2]这就是说，马克思主义哲学就是历史唯物主义。

在马克思看来，社会存在有别于自然存在。然而，即使是对自然的理解，也不能把人与自然的关系从历史中、从人类实践活动中排除出去。马克思批评费尔巴哈：“他没有看到，他周围的感性世界绝不是某种开天辟地以来就直接存在的、始终如一的东西，而是工业和社会状况的产物，是历史的产物，是世世代代活动的结果，其中每一代都立足于前一代所达到的基础上，继续发展前一代的工业和交往，并随着需要的改变而改变它的社会制度。甚至连最简单的‘感性确定性’的对象也是由于社会发展、由于工业和商业交往才提供给他的。”[3]外部自然界只有同人类实践活动发生关系，才成为现存的感性世界，才能被人们所认识。马克思认为“被抽象地、孤立地理解的、被固定为与人分离的自然界，对人说来也是无。”[4]在马克思看来，在人类社会的产生过程中形成的自然界，才是人的现实的自然界，即使考察自然，也必须以人的社会实践为媒介。张一兵指出：“马克思的历史唯物主义中当然包含历史性的自然观，马克思并没有离开了具体历史情境之外的抽象自然观（如传统哲学解释框架中的那种非历史的抽象物质观）。这也表明，马克思的历史唯物主义中的历史是一个总体性哲学规定。”[5]“应用说”脱离了人的实践活动来谈论世界的物质性，实际上抹杀了马克思主义哲学与一般唯物主义（如费尔巴哈唯物主义）的区别。

“应用说”从对抽象的、与人相分离的自然界或物质世界的认识出发推论出对具体的、以人的有目的的活动为基础的社会历史认识。这样，社会规律就获得了一种类似于自然规律的自然存在的假象。社会规律成了一种脱离了社会实践的、与人异在的客体。这样，主体在客体面前，理性在事实面前，只能表现为一种被动的存在，人只能对客体作消极、直观的反应，只能顺应、适应规律。如此，人的主体地位和能动性就完全丧失了。

马克思指出：“从前的一切唯物主义……的主要缺点是：对

对象、现实、感性，只是从客体的或者直观的形式去理解，而不是把它们当做感性的人的活动，当做实践去理解，不是从主体方面去理解。”[6]传统哲学教科书将外部自然界的规律与人类社会的规律同质化，对事物的理解没有从客体、直观的维度（旧唯物主义的立场）转向实践、主体的维度（历史唯物主义的立场），将马克思主义哲学由动态的生成性思维变成了静态的现成性思维。这种哲学以“认知的态度”而不是以“实践的态度”对待一切现象与问题。人对规律的认识就是以一个局外人和旁观者的身份来进行分析和评价。

教育学有许多关于教育规律的界定：“教育规律是教育工作内部本质的、必然的、普遍的、相对稳定的联系，是搞好教育和发展教育的客观依据。”“教育规律所要回答的是：‘教育怎样运动和发展’，它所揭示的是教育的运动和发展所必然受到的制约因素，或其所必然遵循的逻辑轨道”等等。人们在谈论教育规律时，将其视为教育所必然遵循的逻辑轨道、教育发展的必然趋势。在对待教育规律的态度上，强调准确地揭示教育规律，按照教育规律办事。这样，就把自然规律与社会规律同质化了。

关于教育规律的理解，受到“应用说”的影响。由于本质与规律是同等程度的概念，在探讨教育本质时，脱离人的实践活动，把本质（与规律）看做是似自然规律那样的自然永恒的东西。按照传统哲学教科书的理解，本质是事物的根本属性，是构成一事物的各必要要素的内在联系，辩证唯物主义的任务（即科学认识的任务）就是透过现象抓住本质。它认为在复杂现象的背后有一个稳定的、客观性的本质。受此观念的影响，教育学将教育本质视为价值中立、文化无涉、超越时空的存在，认为只要找到了这一本质，就可以通过本质依次推导出教育的过程、原则、方法。这种教育思维上的本质主义思想与传统哲学教科书关于世界的本质的探讨遵循着同一思路（脱离了人的实践活动），它产生了“无人的教育学”。

质疑刻板、机械、教条式地对教育规律的理解，是当今教育学理论研究的新热点。有学者指出：“时到今日，这种对教育简单理解的确定性教育规律观的持有者仍然很多，许多人坚信：一切教育都处在一种严格的因果关系链条之中，只要澄清了各因素彼此的因果联系，就找到了教育运动发展的规律，也就可以从教育的初始状态准确地预测和判定教育的整个运动。如此，必然把对教育规律的探求等同于对教育确定性和有序性的寻找，执著于探寻教育中‘严格必然性’和‘严格因果关系’。”[7]教育学研究中的这种“许多人坚信”与几十年广泛流传的哲学教科书密切相关。有学者指出：“倘若有人试图在教学领域找到去情境的不变本质和普遍规律，从而建立一门‘教学科学’，并梦想使自己成为教学领域中的‘牛顿’，这不仅是在等待一列永远不会到来的火车，连车站也等错了。”[8]将教育规律理解为像牛顿经典力学基础上的自然规律类型的思路与脱离人的社会实践探讨辩证唯物主义规律，再将其“应用”“推广”到社会历史领域，再进而把自然存在与社会存在同质化的观念相吻合。还有学者指出：“因为在规律面前，人们没有想象或创造的自由；人们唯一要做的就是按规律行事就可以了。所以教育活动不过是‘教育规律’的‘例行公事’罢了。谈论教育的主体性、创造性、自由性可以被认为是对规律的破坏。”[9]这样，人在教育中就没有自由自觉的活动可言。

区别于自然现象，教育是追求自身目的的人的活动过程，是在感性的人的实践活动基础上实现人对世界的否定性统一过程——把教育理想变成现实、超越现实的过程。教育学必须从“在人的实践中以及对这个实践的理解中”来回答人与教育世界的关系。教育规律不同于自然规律，它没有像自然过程中一块岩石从山上滚下来那样的必然性。理解这些规律时必须要考虑人的实践的价值取向、目的性设定、自我选择等主体意志的作用（这些是自然界所没有的）。例如，目前高等教育实施的国家级、省级、校级精品课程建设、名师培养工程、人才培养模式创新实验基地建设、教学团队建设等都有自身的建设规律。没有“科学发展观，切实把高等教育重点放在提高质量上”的目的性设定，人们就不会去选择、实施这些教育质量工程建设项目。正是教育的目的性设定，才使人们去认识和“发动”（实践）这些规律。这些教育规律不是自然界给出的，而是从人的有目的活动中综合地产生出来的，它是由人“发动”起来的。如果教育不去选择它，这些教育规律（教育活动中的因果关系）就发动不起来，它们不像自然规律那样自在地运行着。开展教育质量工程建设，人们有多种选择余地——可以选择和发动某些因果关系、限制某些因果关系的作用范围、抑制或忽略某些因果关系的作用等。没有无自主选择的“严格必然性”和“严格因果关系”规定着人作出必然如此的选择，更没有现成的教育规律等待着人去发现。

卢卡奇指出：人可以根据物理规律（物理上的因果关系）创造出自然界没有的东西——轮子。在质量工程建设上，学校办学都力求彰显特色，认识和“发动”教育中的物理性与社会性因果关系并非机械地受制于它们，还要依据因果关系创造出教育的新成果，这些新成果就像轮子一样，并非简单地从规律中自行推导出来的。并没有一种神秘的、外在于人的实践活动的教育规律决定着教育怎样运动和发展。这样，教育活动就不是纯粹地揭示、顺从教育规律了。当然，即使是自然规律的探讨也离不开人的实践和社会历史条件，即使是自然规律独立于人的目的性设定而存在，人的实践活动一样可以赋予自然规律以某种新的、在自然界并不存在的形式（如卢卡奇所讲的人根据物理规律制造出了轮子）。人与规律的关系并非仅仅是认识与反映、利用与顺从的关系。

今天，对传统教育学关于教育规律的批评，主要是从自然科学的视角来展开的，人们从复杂性思维、统计性规律等自然科学上新的方法论层面对传统教育学思路进行质疑。近些年发表了许许多多这类论文。自然科学的“复杂性”新方法论（耗散结构理论、协同论、超循环理论、突变论、混沌学和分形学等）以不同于“简单性”的线性决定论思维的全新视角来重新看待宇宙、看待生命、看待一切，它使教育超越简单思维，用复杂性眼光研究教学活动，这对教育研究有一定的启示。然而，仅以自然科学方法论来转变传统教育学关于本质与规律的认识，会将教育这一社会实践活动首先视为一种物理性存在。完全以自然科学的非线性、不确定性、自组织性、非平衡性、不可逆性的范畴来解释教育活动，有一个前提假设：在宇宙中存在着绝对而普遍的范畴学说，它们以同样的方式适应于每个存在者。这种机械地把自然和社会的诸多存在范畴、存在规律等同化的做法，就像传统哲学教科书证明“世界统一于物质”的思维方法一样，“人”这一存在者与其他存在者之间的差异被磨平了。这极容易重蹈传统的无人教育学的覆辙。如果将自然科学范畴作为一种无所不包、绝对的基本理论，把这些范畴一劳永逸地固定下来，应用于教育这一“特殊领域”，与“应用说”类似，与马克思立足于历史过程的观点相悖。这说明，今天的教育理论质疑传统哲学教科书下的教育学关于规律的观点，没有超越传统哲学教科书下的教育学思维。转变传统教育学思维，需要从历史唯物主义的高度重新看待教育。

其次，抬高认识论与教育学缺少本体论基础。

传统哲学教科书把马克思主义哲学理解为揭示自然、社会、人类思维发展规律的“科学”理论，强调对规律认识的准确性，将认识论置于首要甚至核心地位，把逻辑、辩证法和认识论一致理解为马克思主义哲学的核心问题。当人们仅仅从认识论的角度关注规律的准确性、反映规律的科学性时，就忽视了马克思主义哲学的人文关怀特征。这种认识论强调“在人类社会中唯一起作用的力量就是‘规律’或‘必然性’，这就从根本上否认了人类活动，特别是人类争取自由和解放、探讨和追求人文关怀的必要性”。[10]在探讨认识问题时，抽掉了人的生存论意义上的本体论，人就是一个抽象的认识容器。将这种哲学作为教育学的理论基础，教育学就表现出了非实践的静观求知倾向。

苏联凯洛夫的教育学就是以哲学认识论为指导的。他指出：学生“掌握知识的过程和人类在其历史发展中认识世界的过程具有共同之点，因而教学过程必须在科学认识论的指导下进行”[11]。钟启泉指出，20 世纪 50 年代我国将凯洛夫的教育学恭迎进来后，我国的教育理论和教育模式便深深地打上了它的烙印。受这种教育学与传统哲学教科书的影响，几十年来，教育学研究形成了一种近乎凝固化的意见，认为教育学的理论基础就是哲学认识论。必然性、规律性的东西成为教育学研究的根本任务，从事教育学研究就是准确揭示规律。因而，教育学被定义为研究教育现象及其规律的科学。进而，教育知识也成了反映普遍的、不变的本质与规律的静态的知识。

这种静态的知识观具体到教学中就演变成了教学认识论。有学者指出：“既然知识是‘不以人的意志为转移的’‘客观真理’的化身或‘客观规律’的反映，那它就是普遍的、共同的：不论在专家的工作室还是在中小学的课堂里，不论对专家、普通大众还是中小学生及其老师，知识的性质全都一样，改变的只是知识存在或应用的场景，知识本身没有变；知识理所当然该盘踞于课程的核心，甚至是课程的‘本质’；既然教学不能像专家的研究那样创造知识，那么教学的作用只能是忠实、高效而灵活地传递‘现成知识’；教师的‘教’本质上是对知识的传递，学生的‘学’本质上是对知识的接受，教师与学生的关系是以知识为纽带的授受关系。这种观点在我国的教学理论界被泛泛地称为‘教学认识论’。”[12]教学认识论为在知识教育中对学生进行简单地授受提供了理论支撑，它使教育与人的生存问题完全剥离开来。

认识论要以本体论为基础，本体论是关于存在的理论。人及认识对象首先要存在，才能有认识。然而，为什么以前人们重视认识论而忽视本体论呢？由于马克思主义哲学的经典文献中没有“本体论”概念，这一理论似乎成了资产阶级哲学的“专利”。俞吾金指出：受传统哲学教科书的影响，“近代西方哲学与现、当代西方哲学的关系被理解为：前者具有重大进步意义和学术价值，而后者则是腐朽没落、一无是处的，只具有负面价值。西方哲学史的发展似乎到了黑格尔就终止了，黑格尔以后出现的哲学，除了费尔巴哈和以马克思为代表的哲学思想外，其余都是无价值的，都应当被否定”。[13]近代哲学重视认识论，现、当代哲学重视本体论。由于全盘否定现、当代西方哲学，本体论问题没有进入理论研究视野。

随着对马克思主义哲学的重新理解，人们对马克思主义哲学关于“本体论”的思想日益重视。在马克思主义哲学看来，“存在”不是与人无关的神秘的东西，而是人的社会生活。马克思在《关于费尔巴哈提纲》中指出：“社会生活在本质上是实践的，凡是把理论导致神秘主义方面的神秘的东西，都能在人的实践中以及对这个实践的理解中得到合理的解决。”[14]一切认识活动、理解与解释活动都起源于实践。实践主体主要不是认识论意义上的主体，而是本体论意义上的主体。实践是人的生命存在方式和活动方式。有学者指出：“实践不仅仅是一个认识论的概念，更是一个本体论的概念。实践作为本体论概念，本质上是人的本源性生存方式和生命活动，理解实践就是理解人。实践问题在根本上凸显的是人的问题，而人的问题绝不仅仅是‘认识论’的问题，而是‘本体论’的问题。”[15]关于马克思主义哲学研究的本体论转向，标志着马克思主义哲学研究的新进展。马克思关注存在、社会生活和人的本源性生命活动的思想与现、当代西方哲学发展的主题——关注生存论的本体论有着相似的旨趣，这使人们意识到传统哲学教科书抬高近代哲学，贬低现、当代哲学的做法是错误的。

随着哲学探讨从对认识论研究的重视转向对本体论研究的重视，教育学理论探讨也发生了这种转向。教育学研究开始关注现、当代西方哲学的理论价值。胡塞尔的生活世界概念、柏格森的生命概念、海德格尔的存在概念、哈贝马斯的交往行为理论等纷纷引入到教育学研究中来。有学者指出：“当代教育思想秉承了‘认识生命、敬畏生命、尊重生命、热爱生命，进而提升生命’的理念，将生命注入教育。”[16]“教学中引入‘生活世界’的理念，其重要意义就在于它确立了人本意识和生命意识。它要求尊重人的主体地位和人的生命，要求重视学生的生命价值和生存状态。”[17]一时间，人们纷纷从生活世界和生命意义上探讨教育，以营造生活化的课堂，凸显生命的意义和价值。这反映了教育要从本体论上重建教育学的思想基础。

今天，教育研究中“生活世界”流行，与胡塞尔等西方现、当代哲学试图通过这个范畴说明社会、说明历史的意图与方法有关。胡塞尔的生活世界为科学世界奠定了基础。“生活世界是永远事先给予的、永远事先存在的世界。”[18]生活世界比科学世界具有本体论上的优先性，这为人们理解教育提供了本体论的新视角。教育回归生活世界、生活世界的教育与科学世界的教育的关系等话题成为教育学的热门话题，人们要将教育与人的生存境遇、教育与生命之间的原本的亲缘关系恢复起来，找回现代教育生活意义的基础。

固然，我们不能否认西方现、当代哲学回归生活世界、张扬生存意义的价值，以及它们对教育学的启示——逐步摆脱唯认识论基础上形成的“无人的教育学”，使教育扎根于生活之中，要求教育能够贴近实际，走进生活，提高学生的学习能力、实践操作能力和生活能力。由“生活世界”的教育与“科学世界”的教育的关系思考带来了许多教育观念的变革与教育实践的创新。然而，教育要向生活世界回归，不能仅仅借鉴胡塞尔现象学等西方现、当代哲学理论，还需要有马克思主义哲学的生活世界理论。

我们应该注意一个问题：20 多年来的主体教育理论的发展，形成了一个提法：教育要从“主体性”教育转向“主体间性”教育。主体间性理论最早由胡塞尔提出。若从现象学角度研究教育，依据胡塞尔的思路：必须从“自我”走向“他人”，从单数的“我”走向复数的“我们”，即从“主体性”走向“主体间性”。这从现象学的“学理上”是说得通的，因为现象学中的人，首先是一个“单个的主体”，胡塞尔是为了克服“唯我论的自我学”才提出了“交互主体性现象学”（主体间性理论）。胡塞尔从单一主体到交互主体的理论试图为“生活世界”的形成提供说明——生活世界是主体间性交往的结果。其现象学的逻辑思路是“我如何从本己的、内在的体验出发，通过意向性而超越这个领域，构造出他人或其他的主体，并进一步构造出对于我这个主体和其他主体来说共同的社会世界、精神世界、文化世界以及如此等”。[19]

这与马克思的观察方法是不同的，马克思在谈到自己的观察方法时指出：“它的前提是人，但不是某种处于在幻想的与世隔绝、离群索居状态的人，而是处在一定历史条件下进行的、现实的、可以通过经验观察到的发展过程中的人。”[20]在马克思看来，并不首先存在着一个与世隔绝、离群索居状态的主体的人。若从历史唯物主义的角度研究教育：人的本质在其现实性上是一切社会关系的总和。主体性本身就包含了主体间性。按照这一原理，根本就不会提出教育要由“主体性”教育发展到“主体间性”教育的理论。因为并非先有一个与社会完全隔绝的主体——抽象的人，再有一种主体间性关系。

西方现、当代哲学的生存论的本体论转向，表现出了哲学对现实生活世界的关怀。然而，它们的“生活世界”与“主体间性”理论不是从社会实践活动中提出来的，主客体关系问题也不是从劳动和一般的物质生产中提出来的。它们有两点区别于马克思主义哲学：其一是从单一的主体——原子式的孤立的人出发；其二是将不同于物质生产的劳动的交往活动作为基础性的行为（例如，后来的哈贝马斯的主体间性的交往理论描绘了一个脱离物质生产的纯粹的语言交往世界。这与胡塞尔一样，没有触及生活世界的本质）。在马克思主义哲学那里，物质生产劳动是最为基本的实践活动，第一个历史活动即生产物质生活本身构成一切历史的一种基本条件，它揭示了生活世界的真正起源、基础。人正是在物质生产基础上的生活实践中产生了周围的感性世界——生活世界。生活世界是在实践基础上为实践所改造过了的现实社会生活。

今天的教育学关于生活世界的理解，基本上是按照西方现、当代哲学的学科范式建立起来的，马克思主义哲学实际上被排斥在主流学术之外。如何在马克思主义哲学基础上理解教育的生活世界——为教育学奠定生存论的本体论基础，同时，吸取西方现、当代哲学的生活世界的理论，使教育关注现实、关注现代化建设实际，是今天教育学理论研究的一个重要问题。进行这种研究需要对马克思主义哲学文本进行审慎的分析，而不是从传统哲学教科书中大量引用不是马克思主义哲学经典的表述与论断。

海德格尔指出：“马克思主义的历史观就比其他历史学优越。但由于无论胡塞尔还是萨特尔——至少就我目前看来——都没有认识到存在中的历史性因素的本质性，故无论是现象学还是实存主义，都没有达到有可能与马克思主义进行一种创造性对话的那个维度。”[21]这说明马克思的历史观优越于其他的历史学。阿尔都塞指出：“历史把我们推到了理论的死胡同中去，而为了从中脱身，我们就必须去探索马克思的哲学思想。”[22]这对教育学研究来说同样适用，解决教育学理论困境必须回到马克思的历史唯物主义哲学中去。

参考文献

[1] [2] 卢卡奇．关于社会存在的本体论 [M]．重庆：重庆出版社，1993：318.

[3] 马克思，恩格斯．费尔巴哈 [M]．北京：人民出版社，1988：20.

[4] 马克思恩格斯全集：第 42 卷 [M]．北京：人民出版社，1979：178－179.

[5] 张一兵．回到马克思 [M]．南京：江苏人民出版社，2005：499.

[6] [14] 马克思恩格斯选集：第 1 卷 [M]．北京：人民出版社，1995：154.

[7] 唐德海等．论教育规律与似教育规律 [J]．人大复印资料《教育学》，2007（9）.

[8] [12] 张华．试论教学认识的本质 [J]．人大复印资料《教育学》，2005（9）.

[9] 刘剑玲等．关注教育事件 [J]．人大复印资料《教育学》，2005（4）.

[10] [13] 俞吾金．实践诠释学 [M]．昆明：云南人民出版社，2001：155、215.

[11] 王天一等．外国教育史 [M]．北京：北京师范大学出版社，1985：430.

[15] 白明，张荣艳．当代中国马克思辩证法研究的四大范式 [J]．人大复印资料《哲学原理》，2007（12）.

[16] 肖川．论当代教育思想的基本特征 [J]．人大复印资料《教育学》，2006（11）.

[17] 蔡宝来，王立国．回归生活的教学论：重心位移和主题预设 [J]．人大复印资料《教育学》，2006（4）.

[18] 胡塞尔选集（下）[M]．北京：生活·读书·新知三联书店，1997：1087.

[19] 倪梁康．现象学及其效应 [M]．北京：生活·读书·新知三联书店，1994：145－146.

[20] 马克思恩格斯全集：第 3 卷 [M]．北京：人民出版社，1960：30.

[21] 海德格尔．路标．北京：商务印书馆，2000：401.

[22] 阿尔都塞．保卫马克思 [M]．北京：商务印书馆，2006：2.

教育学研究的三种形态

孙迎光

摘 要 我国教育学研究依其研究取向及所形成的总体风格，大致可以划分为三种形态：作为意识形态的教育学研究、作为学术符号的教育学研究和作为人文关怀的教育学研究。立足当代中国历史方位，着眼于我们所面临的实践的生活世界，开展基于中国立场、凸显中国风格、汇集中国经验的“中国问题”的教育学研究是教育学发展的根本途径。

关键词 意识形态；学术符号；人文关怀；教育学

我国教育学研究依其研究取向及所形成的总体风格，大致可以划分为三种形态：作为意识形态的教育学研究、作为学术符号的教育学研究和作为人文关怀的教育学研究。

一、作为意识形态的教育学研究

作为意识形态的教育学研究是在传统哲学教科书指导下形成的。借助政治权力垄断学术话语，是苏联的哲学研究模式，这种非学术取向在我国马克思主义哲学研究中长期存在过。继承了苏联30年代的哲学家们所奠定的“哲学模式”的我国传统哲学教科书，形成了一种体系、一种理解的“定于一尊”哲学理解的格局。其研究范式的基础是同一性思维，在与政治和意识形态的自觉联姻过程中，生成了目的论预设、线性进化论和本质主义的方法论弊端。在相当一段时间，由于把传统哲学教科书当做马克思主义哲学唯一解读方式，教育学的“以马克思主义为指导从事教育科研”，实际上就是以传统哲学教科书为指导从事教育研究。传统哲学教科书的“立场、观点和方法”成为教育学研究的基本原则，研究者们不允许“他者”对这些“绝对真理”质疑。教育学的研究思路是从传统哲学教科书中推导出来的。传统哲学教科书的第一章揭示哲学的研究对象——关于自然、社会、人类思维最普遍规律，第二章探讨世界的本质——世界的物质统一性。依此类推，教育学的绪论或第一章揭示教育学的研究对象——关于教育现象及其规律，第一章或第二章探讨教育的本质。

时至今日，“走出教科书哲学”仍然是当下中国哲学的努力方向。而反思与检视本质主义教育思维方式是当今教育学研究中的一个热点问题，人们甚至认为消解本质主义思维方式是今日教育摆脱困境的根本途径。然而，在反思中，人们尚未谈及传统哲学教科书的影响，而这恰恰是在中国形成本质主义教育思维方式的根源所在。不联系传统哲学教科书，我们很难将这一问题理清和说透。

几十年来，传统哲学教科书的内容没有发生实质性的变化，它以穷尽了一切真理的面目出现，人们只能“照着讲”，不能“接着讲”。这极大地束缚了哲学研究者们的批判精神与创新精神。有学者指出：“我国原有的马克思主义哲学教科书是在20世纪五六十年代集体编写的，这些教材都打上了明显的苏联哲学教科书体系的烙印。虽然后来各地如雨后春笋般出版的教材不计其数，但无论体系还是内容都互相雷同，并无特色和新意。”[1]传统哲学教科书指导下的教育学研究也呈现出同样的状况，有学者指出：“整个20世纪80年代出版的教育学教材共计106种，特别是1986～1989年间，出版77种，平均每两个月全国会有两个版本的教育学教材问世。这些教材就内容体系而言，并没有太大的差异。”[2]这种“雷同”反映了研究者们缺乏学术个性，在意识形态面前保持着高度的思想统一。

传统哲学教科书用与宗教传播相类似的手法，将马克思主义哲学浓缩为一系列“原理”，成为主流意识形态话语。在传统哲学教科书指导下，教育学关于教育理论问题的探讨是在“主义”的框架内进行的。例如，1979年开始的教育本质讨论，“不过是以学术讨论的形式（当时争论的参与者大都是来自于大学和科研院所的教育学研究者）表达出来的新的政治认同和政治诉求，是对于新的政治意识形态的理论诠释。”[3]作为意识形态的教育学研究遵循教育研究为政治服务的思维逻辑，其所呈现出的特征是“主义”研究有余而“问题”研究不足；“思辨”研究有余而“实证”研究不足；“革命”话语有余而“学术”话语不足。研究者用已有的定理和命题剪裁教育生活，产生了“经院式”的教育学。

二、作为学术符号的教育学研究

中国学术界在20世纪90年代中期以后出现了“思想淡出，学术凸显”的状态。这里，“思想淡出”的真实意义是指意识形态淡出。教育学研究也呈现出同样的状态，出现了追求学术性的浓厚情结，产生了作为学术符号的教育学研究（笔者这样称呼，意在突出理论研究的学术符号价值，此一价值为学者们所看重）。它的产生基于以下背景：一是研究队伍不断扩大。1980年全国人民代表大会常务委员会通过《中华人民共和国学位条例》，建立了学士、硕士、博士三个学位层次。此后，有越来越多的教育学专业的硕士研究生、博士研究生毕业充实到教育学研究队伍中来，这些人渐渐不满足于传统教育学的研究范式，对于探讨教育本质、建立教育学的逻辑体系（关于教育本质与教育学逻辑起点问题的研究有着长达十几年的、无结果的大讨论）失去兴趣，试图寻找新的思维方式与话语方式研究教育。二是可借鉴的学术资源增多。90年代以前，马克思主义哲学被传统哲学教科书抽象为几条简单的原则，具有唯我独尊的品格。它成为一门已经完成了的科学，在它之后几乎所有的西方哲学思想都是荒谬的。90年代以后，人们日益感觉到传统哲学教科书的范畴、概念、话语已经无法令人信服地解释市场经济社会的生活实践，人们开始对苏联教科书体系进行全面反思，教科书“一元独尊”的时代已经结束。马克思主义哲学与它所反对的所有思潮之间的对立关系旋即烟消云散，原先处于被批判地位的西方的哲学思潮和学术思潮大量涌入，使研究者们可以在世界范围内寻找学术资源，拓宽研究视野。三是教育学知识生产进入了“规划时代”。有学者指出：教育学知识生产进入了“通过国家以‘研究项目’‘人才计划’‘学科建设’‘职称评定’‘大学改革’‘筹备资助’‘刊物定级’等名义及其相应的制度安排而兑现的‘知识规划’的时代。全国教育科学的‘五年规划’知识生产从1983年全面展开，并一直持续到现在。教育知识生产的各个环节几乎都在领导小组的规划下进行，教育知识生产的成果也几乎都是这种规划制度的产物”。[4]在知识生产的规划时代，国内重要的教育学期刊常常以组稿的形式刊发相关研究者们的论文，为学术共同体的形成与学派的建构提供了一定的前提条件。四是自觉地进行教育学知识生产的“大盘点”。例如，《教育研究》发表了《我国教育科研成果现状及其影响力分析》一文，该文通过图表展示了2006～2008年度科研立项数排名、发表学术论文数排名、出版学术著作数排名及科研成果影响力排名的前20名的大学、学者及被引用和转摘的论文。[5]这种“大盘点”给教育学研究带上了排名竞争的游戏气氛。

由作为意识形态的教育学研究向作为学术符号的教育学研究转变，使理论研究注重学术含金量的思想创造，克服了过去研究方法趋同和写作方式雷同的弊端，研究者们在努力塑造自己的学术个性。此时的理论研究不再是意识形态关注下的研究，摆脱了过去没有学术自主性的困扰。同时，也带来了一定的问题。有学者指出：“20世纪90年代以来，中国内地人文社会科学学科领域，出现了一次影响深远的学术转向。整个学界中，‘学术’已经逐步获得了话语霸权。而所谓‘学者’则通过这种话语霸权的获得，逐步争取到学术资源，并且掌握了学术权力。正如李泽厚所描述的：'思想家淡出，学问家凸显。'学者宣称：不做第一流的思想家，只做第二流的学问家。"[6]学者们在与过去非学术化研究传统的对抗中，将学术性置于首要地位，乃至使学术性抑制了思想性。在当代学术资源（各种项目、奖励、学术期刊——权威期刊、核心期刊以及按这一指标体系所设置的学位评定、职称评审制度等）的配置中，学术成为生存技艺、谋生手段，学者视学术为职业而不是为理想而奋斗的事业。今天，在学术圈子里"功成名就"有了巨大吸引力。

三、作为人文关怀的教育学研究

作为人文关怀的教育学研究是教育学研究的第三形态，它要走出"意识形态的困境"，不迷恋话语霸权和"放之四海而皆准"的真理标准，不站在先天原则、永恒本体和终极真理角度上俯视现实生活，用已有的定理和命题剪裁生活，而是从现实、务实和真实的视角审视中国教育，从中国教育实践中汲取智慧。它与作为学术符号的教育学研究保持着一定的相融性，具有学术自主精神，但要走出"学术化困境"。它不陶醉于纯粹的学术探讨，不是仅凭自己的学术旨趣来研究自家"自留地"中的问题，而是从马克思的三大社会形态（人的依赖——物的依赖——自由个性）的关联中对历史方位进行科学判断，立足当代中国历史方位（从传统社会向现代社会转变），着眼于我们所面临的实践的生活世界，开展基于中国立场、凸显中国风格、汇集中国经验的"中国问题"的教育学研究。例如，随着改革开放的不断深入、市场经济的发展，人们之间以交换关系为基础形成了广泛而普遍的联系（以物的依赖性为基础的联系），这为人的全面发展与自由个性的形成提供了一定的可能性。当前，物的依赖与全面发展是教育的重大现实问题。如何以科学发展观为指导，扬弃以征服和占有为取向的现代文明，促进微观层面的个人与宏观层面的社会的和谐发展，是其"问题域"之一；现代性带来了"庞大的商品堆积"，在公共交往基础上的公共物品在急剧增加，和谐社会的发展需要公共精神与公共理性。教育不仅要弘扬人的主体性，而且要倡导主体间性，矫正过度的个人主体性；不仅要倡导主体间性，而且要培育共同主体性，由二元交互主体间性（一对一或少数人之间）发展到多元主体间性即公共性。如何培养公共精神与公共理性，如何从主体性到主体间性再走向共同主体性，是其研究"问题域"之二。篇幅有限，不再枚举。总之，作为人文关怀的教育学研究所关注的"中国问题"，最重要的聚集点是"现代化"问题，这种研究要面对建立市场经济30年的社会实践，面对改革实践中出现的根本性、基础性和全局性问题，在全球化和市场化的背景下，建构具有足够解释力和引导能力的新教育学形态，为确立教育在社会发展中的战略性、基础性、先导性地位提供理论依据。准确捕捉和回答时代性问题是教育学在21世纪发展的根本途径，教育学研究只有正确把握和及时回答社会发展中的教育问题，才能保持其生命力，并在对重大现实问题的解决过程中获得发展。回顾历史，展望未来，可以发现由作为学术符号的教育学研究向作为人文关怀的教育学研究转变的趋向。今天，教育学研究前所未有地要求实现与现实生活世界的沟通，研究者将目光和兴趣转向了一些普遍性的社会问题，正说明了这一点。

参考文献

[1] 杨学功．马克思主义哲学研究30年：回顾与反思［J］．光明日报，2009（1）．

[2] 郑金洲．改革开放30年的教育学研究［J］．教育研究，2009（3）．

[3] 于连胜．改革开放三十年中国的教育学话语与教育变革［J］．教育学报，2008（5）．

[4] 谢廷龙，王澍．现实反思与理想图景：论我国教育知识生产［J］．国家教育行政学院学报，2009（8）．

[5] 曾天山，高宝立．我国教育科研成果现状及其影响力分析［J］．教育研究，2009（8）．

[6] 程广云．从思想转向、学术转向到文化转向［J］．哲学动态，2008（7）．

教师是园丁吗？

孙迎光

摘　要　通常人们认为教师是园丁是一个贴切的比喻。然而，从根本上说，园丁行为与教育行为具有不同的性质。园艺文化具有冷酷、顽固的独白性质，有园艺文化的地方必然有野草，园丁文化只认可一种人造秩序。教师越是不像园丁，越是远离园艺文化，才会有越来越合乎人性的教育。

关键词　园丁；教育

教师是园丁吗？笔者在网上看到这样一则信息：“‘园丁’原

本是指从事园艺的工人，后被比喻成教师。人们通常把童真的孩子比喻成幼苗、花朵、小树等，而培育这些幼苗、花朵、小树的教师就像辛勤的园丁一样，用智慧、爱心和汗水浇灌、培育、呵护着园子里的每一株幼苗，使他们枝繁叶茂，姹紫嫣红，茁壮成长。因此，把老师称作园丁是最质朴、最形象、最富有田园诗意的比喻。”如此看来，教师如园丁是一个贴切的比喻，至少，这是一个无伤大雅的比喻。

英国社会学家鲍曼指出：“我们应当还记得，现代性是一个人为的秩序和宏大的社会设计的时代，是一个设计者、空想家以及——更一般而言——‘园丁’的时代。园丁们把社会看成是一块需要专业设计、然后按设计的形态进行培植和修整的处女地。”[1]园艺文化在鲍曼的笔下成了臭名昭著的“现代性计划”。

假如抽掉了下面这段话的出处，会给人造成错觉，它在讲园丁的辛勤劳动，似乎是一种教育行为：“一个人如果任其花园中的植物自然发展，他很快就会惊奇地发现花园里长满了野草，而且连植物最基本的特点都发生了变化。因此，如果这个花园还要作为植物的培育地，换句话说，如果要使这个花园超越无情的自然力量的法则，那么就必须要有一个园丁的塑造能力；园丁所要做的是：为植物生长提供合适的环境，或者排除不良影响，或者两者兼而有之，悉心照管需要照管的事物，并且无情地消灭那些将夺取更优良植被的营养、空气、光线和阳光的野草。”[2]

然而，这段话却出自鲍曼的《现代性与大屠杀》，他引用的是德国国家社会主义早期的和主要的思想家之一达雷的原话。园艺文化是纳粹的意识形态，它导致了奥斯维辛的大屠杀。在我们的心目中原本高尚的“园丁形象”（形容教师），在鲍曼的笔下却成了死亡集中营中屠夫的形象，这足以使人瞠目结舌！读了鲍曼的《现代性与大屠杀》，再将园丁与教师形象联系起来，就会产生严重的认知失调。

首先，园艺文化具有冷酷、顽固的独白性质。

对于园丁们来说，“社会看起来是如此形容不整——‘未完成的’、模糊的和易弯曲的——简直在等待一种想法和一个灵巧机智的设计师将它塑造定型。在此时期，社会似乎缺乏其自己的力量和取向，因此无力抵抗园丁的照管，而随时准备着被挤压成园丁所选择的任何形状。可塑性和无助的结合构成了自信的冒险家很少能够拒绝的吸引力，这也构成了空想家不会被抵制的环境”。[3]园丁的冒险行动基于社会成员的可塑性与无助。在园丁看来，人性是不完善的、无能的和柔顺的，以至于可以将社会视为需要修整的处女地。

园丁是上位隐喻，花草是下位隐喻。园艺文化设定了上与下之间的不平等与不对称关系，上对下有着不可逆转的支配关系，上可以随意地设计、培植和修整下，下无助地、柔顺地听从上的摆布。园艺文化具有冷酷、顽固的独白性质。

如果人们把教育仅仅视为某种园丁“工程”来“抓”，暗中默许了这样一种观念：“园丁”只要按照一定的人造秩序与指导思想，就能塑造人。在园丁的隐喻中，人们只是把眼睛盯在了被塑造物身上。

教育的艺术不同于园丁技术。有学者指出：“真正的艺术和技术的区别，就在于它不是用作达到另外目的的工具，而是以自身为目的的、独立的、自律的艺术。真正的艺术是人的本质力量的高扬，是立于人性和美之上的人的自由自觉活动。”[4]人是教育的目的，而不是为建立一种教育的人造秩序的手段。教师是用自身的人格力量影响学生，而不是用锋利的工具修剪学生。所谓“浇灌、培育、呵护着园子里的每一株幼苗”所形成的人格，就像一度流行的《小草》歌一样的人格：“春风把我吹绿，阳光把我照耀，大地母亲把我拥抱”，这种人格完全是被动性的“草奴人格”。教育不是培养“小草”这种柔顺而渺小的园艺文化中的品种。教育是高扬人的自由自觉的本质力量的活动，真正的教育是教学相长，师生在教育中共同成长（教育者也在教育中成长为有思想、有个性的教师），而不是单方面的被塑造者的植物性生长。这种成长是在师生互动中形成的独立、自由、有个性的人的成长（鼓励差异而不是整齐划一），它追求的是人的本质力量的充分实现。

其次，有园艺文化的地方必然有野草。

鲍曼指出：“现代文化是一种园艺文化。它把自己定义为是对理想生活和人类生存环境完美安排的设计。它由对自然的怀疑而建立了自己的特性。实际上，它是通过根深蒂固的对于自生自发性的不信任，以及对一个更优越的当然也是人工的秩序的渴望来界定自身、来界定自然，来界定这两者之间的区别的。除了全面的计划之外，花园的人工秩序还需要工具和原材料。此外，它还需要保护——以抵抗显然是缺乏秩序造成的持续不断的危险。秩序——它首先被视为一项——决定着什么是工具，什么是原料，什么是无用的，什么是无关的，什么是有害的，什么是野草或者害虫。”[5]

自然界本无优良植被与野草，是园丁的人造秩序将这种区分引入自然，他赋予自然界中特定部分以优良植被与野草的可能性。园丁依据秩序把世界上的所有元素进行分类——有花园的地方必定有野草，野草必定将被清除。

值得注意的是：当今教育确实存在着一种选拔与淘汰机制，有学者指出：一年一度的“高考大战”为教育系统内部的“优胜劣汰”原则提供了最好的诠释。随着小学、初中、高中的一次次选拔与“分流”，能够进入高校学习的学生已经为数不多。当今“社会和各级教育行政部门更是把各校的高考升学率当做评价学校教学水平的最重要指标。在这场全国高中学校的大比拼中，不仅胜出的学校能得到更多的荣誉和更多的政府投入，甚至当地考生考入北大、清华等名校的人数、省市县高考‘状元’和本科达线人数也成为评价各级政府官员的国民教育政绩的重要指标。这样，在高考成绩政绩化的背景下，学校和教育主管者们，作为教育政绩的直接或间接受益者，必然会不惜代价提高升学率，打造高考成绩，催逼教师进行‘应试教育’，演绎出令人炫目的‘题海’大战和‘素质教育’名义下的‘应试’高潮。”[6]这种高考成绩政绩化是违背教育本性的。形成这种状况有许多复杂的原因，例如，学生的社会就业压力、传统文化的“唯有读书高”的思想影响、受市场经济负面影响产生的教育上的功利主义等。这与园艺文化无关。

然而，在这样的背景下，如果教师真把自己当成“园丁”，为了花园的“桃李芬芳”，将一部分升学无望的学生视为“野草”，将后者排除在教育关爱之外（让他们坐在课堂的角落、后排，重新编班，直至劝退、开除。总之，要与“优良植被”疏远、隔离，防止杂草的蔓延），那么，教师就不是在从事教育了，而是在从事园艺活动。

再次，园丁文化只认可一种人造秩序。

在鲍曼看来，园艺文化的秩序可以定义为“有约束性的分离、分类、分配和边界的明确性”。鲍曼引用列维·斯特劳斯在《忧郁的热带》一书中的两个概念来形容这种秩序的建构：一是“吃人的”，其手段是吞噬他们，并通过新陈代谢把他们转化成自身无法辨别的组成部分。这是同化策略，它使不同的事物变得相似；二是“吐人的”：吐出陌生者，禁止他们在有序的世界内出现。这是排斥策略，它把陌生者驱逐出可控制领域的边界之外。这是两种不同的、但又相互补充的策略。在这两种不同的策略下，人的可塑性不取决于被塑造的材料的特性，而是取决于材料对园丁的人造秩序的适合性。适合者通过修剪得以保留，不适合者最终被连根拔起。

教育不能用一个既定的模子塑造人，让学生按照一套既定的规范过一种生活，将不能适应这种生活的人最终排挤出局。有学者指出："一些教师对部分所谓'差生'十分看不上眼，动辄斥之以这样的语言：'笨蛋！''傻瓜！''蠢死了！''猪脑袋！''笨得像猪一样！''脑袋进水了！''榆木疙瘩！'……这样的一些恶言恶语很多教师都说过，甚至成了一些教师挂在嘴边的'口头禅'！常被教师骂的这些学生，往往在同学眼里也是另类。"[7]这是排挤性的语言。相反，一些教师对有"培养前途"的学生关爱有加，且让他们按照一个模式如特别能应试而生长，把他们变得特别相似，消解了学生完整的个性。"以分数论英雄"的教育具有同化策略与排斥策略的因素。

笔者并非认为我们的教育是一种园艺文化，但鲍曼的现代性反思却使笔者感到教育应该远离园艺文化。教师越是不像园丁，越是远离园艺文化，才会有越来越合乎人性的教育。

教育有时赋予知识分子以这样的社会责任感，他们似乎应该超越自己的狭窄专业（工具理性），依照人类的福祉设计社会的蓝图（价值理性）。然而，园艺文化既有价值理性（追求完美的、唯一的人造秩序）又有工具理性（培植和修整的技术），这说明教育仅仅有这两方面的理性是不够的。远离园艺文化要倡导以人为本的思想。做到以人为本，就需要有宽容的精神，允许差异。只有宽容才能避免出现园艺文化的"洁癖"，才能达到团结，因为根本就不存在任何不宽容他者的差异性的团结。教育不能以一种"人造秩序"规划花园。鲍曼说过一段发人深省的话："更好的东西可能是好的东西的敌人，但非常确定的是，'完美的'东西必定同时是二者致命的敌人。"[8]假如只有一种完美的设计，就排除了人们对好的东西和更好的东西的追求，这种所谓的"完美"（不允许质疑与商讨、不允许有其他声音）就成了压迫人与反人性的东西，它最终就可能变成丑陋的东西。知识分子应该是具有独立思考精神且不受对既定事物的接受、理解和权衡所造成的先入之见所支配的人。教育不能制造出唯一的完美秩序，因为那种秩序只能塑造出无个性、无色彩和无社会责任感的千篇一律的人。教育应该有宽容的精神，教育中的知识分子应该通过与同行和学生的不断商谈去寻找比较好的、好的、更好的东西，而不是去追求唯一性的"完美"的东西。

参考文献

[1] [2] [3] [5] 齐格蒙特·鲍曼．现代性与大屠杀 [M]．南京：译林出版社，2002：149、150、151、124.

[4] 邓晓芒．教育的艺术原理 [J]．人大复印资料《教育学》，2003 (6)．

[6] 车丽娜，徐继存．寻找失落的知识分子精神 [J]．人大复印资料《教育学》，2007：6.

[7] 高德胜．生活德育论 [M]．北京：人民出版社，2005：104.

[8] 齐格蒙特·鲍曼．共同体 [M]．南京：江苏人民出版社，2007：8.

思想政治理论课教师内涵建设的路径探索

宋　周

摘　要　提高思想政治理论课教学的实效性，加强教师队伍建设非常关键。这就要求思想政治理论课教师是先进思想理论的传播人、学校师德建设的领先人、学生思想教育的引路人。目前思想政治理论课教师队伍建设存在重视不够导致教学改革难以推进、研究不多导致学术水平难以提高、努力不足导致自身专业难以成长、地位不高导致教师积极性难以提升等问题。思想政治理论课教师内涵的提升，应该以思想政治教育为己任提高教师政治素质、以推进教学改革为契机提高教师业务素质、以加强科学研究为动力提高教师学术水平。

关键词　思想政治理论课；内涵建设；教师队伍；教学实效性

思想政治理论课教学是学校思想政治教育的主阵地、主渠道，是学生学习思想政治理论课最重要、最直接的途径，直接关系到国家思想政治教育的成效。要想提高思想政治理论课教育教学实效性，加强思想政治理论课教师队伍建设是关键。

一、思想政治理论课教师的重任及其内涵解读

1. 先进思想理论的传播人

思想政治理论课教师作为学校教育一支特殊的教学队伍，面临的不仅仅是学科或课程的教学任务，还承担着党的理论、路线、方针、政策的宣传教育等重要任务。思想政治理论课教师除了要让党的先进的思想理论“进教材”外，更重要的是要让这些

理论“进课堂”“进头脑”，要让学生知道并且懂得这些科学的思想理论。思想政治理论课教师通过教学工作要让学生坚定马克思主义信仰、坚定社会主义的信念、坚定对党和政府的信任。充分发挥思想政治理论课的作用，用马克思列宁主义、毛泽东思想、邓小平理论和“三个代表”重要思想武装当代中国学生，是党的教育方针的具体体现，是党和国家事业长远发展的根本保证。

2. 学校师德建设的领先人

思想政治理论课教师基于其工作的特殊性，在学校师德建设上应该走在全体教师的前列，要成为师德建设的带头人。思想政治理论课教师要“对学生负责、对学术负责、对党和国家的事业负责”[1]，这也是对思想政治理论课教师在师德上的基本要求，对学生负责就要从学生实际出发，做到教书育人；对学术负责就要对马克思主义理论的科学性负责；对党和国家事业负责就要做到教学工作服从服务于党和国家事业的发展。思想政治理论课教师应该在忠于职守、敬业爱岗、教书育人、为人师表等方面做得比其他教师更加出色。

3. 学生思想教育的引路人

思想政治理论课是学生思想政治教育的主渠道。学校要发挥思想政治理论课在学生世界观、人生观、价值观教育中的主阵地作用，就要求教师做好学生思想教育的引路人。面对新世纪、新阶段，面对现实中存在的各种各样的问题和困难，思想政治理论课中教师有责任帮助学生树立正确的世界观、人生观、价值观，学会解决各种相关问题。引导学生正确认识和理解国情、增强对改革开放和现代化建设的信心、坚定对中国共产党的信任、坚定社会主义和共产主义的信念都是思想政治理论课教师的责任。

二、当前思想政治理论课教师内涵建设的问题及成因

1. 重视不够导致教学改革难以推进

长期以来，不少学校对思想政治理论课存在一定程度的认识误区。“在以往对思想政治理论课功能的认识上，人们比较强调思想政治理论课的功能与专业课的功能的差异，忽视了思想政治理论课教育功能与专业课教育功能的统一，往往认为思想政治理论课是‘虚’的，专业课才是‘实’的”。[2]一些校领导对思想政治理论课甚至也有轻视的思想，没有领导层的重视和支持，思想政治理论课的教学改革、课程建设缺少政策、资金等的支持，就会处于一个尴尬的境地，难以推进发展。思想政治理论课教师难以走出校园，没有机会参加社会考察活动，也就无法更直接、更深刻地去了解国情，开展思想政治理论课教学也就显得没有

底气。

2. 研究不多导致学术水平难以提高

有些思想政治理论课教师研究不多，致使学术水平难以提高。这里存在客观的问题，如一味地追求升学率，陷于“应试”教学的应付中；一些学校的教学任务重，难以抽出时间进行科研。这也存在教师主观方面的原因，有些教师重教学而轻科研，当为评职称或考核需要科研论文时，就拼拼凑凑完成几篇论文。

3. 努力不足导致自身专业难以成长

一些思想政治理论课教师不能与时俱进，教学中不能深入思考，不对自己的教学工作进行反思和总结，这也使得自身专业上进步空间很小。“有的教师存在职业厌倦现象，缺乏敬业精神，不理解自身价值、不悦纳自己身份，苦闷、压抑、失落”。[3]有些教师的教学内容滞后于社会的快速发展，有些教师的教学内容脱离学生的思想实际，这些问题的存在都难以提升思想政治理论课教学的实效性。

4. 地位不高导致教师积极性难以提升

“思想政治理论课教师的队伍建设在很大程度上取决于社会对其专业重要性的认识。实际上，社会没有真正把思想政治理论课教师作为专业人员来看待”。[4]这样，思想政治理论课教师的地位就无形中降低了。而学校内部的情况更是令人担忧，一些“主干”课程教师觉得思想政治理论课教育可有可无，自觉在学校“应试教学”中的地位大大高于思想政治理论课；一些学生对待思想政治理论课和一些“主干”课程的态度竟大相径庭，等等此类，使得一些教师不愿从事思想政治理论课这一公共基础课教学工作，或者即使从事思想政治理论课教学，积极性也很低，难以提升。

三、加强思想政治理论课教师内涵建设的路径探索

1. 以思想政治教育为己任提高教师政治素质

学校思想政治理论课承担着对学生进行系统的马克思主义理论教育的任务，是对学生进行思想政治教育的主渠道。思想政治理论课教师要突破学校“应试”教育教学的目的，开阔视野，“真实有效”地开展思想政治理论课教育教学工作。

思想政治理论课教师对学生开展马克思主义教育、社会主义教育、中国国情教育，这使思想政治理论课具有鲜明的意识形态特性。所以，对于学校思想政治理论课教师而言，政治方向特别关键。首先，思想政治理论课教师要成为德才兼备的模范。思想政治理论课教师担负着学生德育教育的重任，他们的特殊使命是

要培养出德才兼备的学生；其次，教师是否具有较高的思想政治素质直接关系到教师的教学效果和学生的思想政治素质及人生价值取向。如果思想政治理论课教师自身都不信仰甚至怀疑和抵触马克思主义，就不可能理直气壮地向学生宣传马克思主义，学生也就不可能接受马克思主义理论，我们也就不可能用正确的舆论导向学生，更不可能实现马克思主义在当代中国的价值旨归。即教师自身应该树立政治方向意识，提高自己的政治素养，只有自己真正地信仰马克思主义，具有科学的世界观，才能增强教学的说服力和感染力，才能让学生信仰马克思主义，实现思想政治理论课的教学目标和任务。

2. 以推进教学改革为契机提高教师业务素质

为了把思想政治理论课建设成为学生真正喜爱、终身受用的课程，教师们应该积极推进课程教学改革。在教学改革中，思想政治理论课教师应该在课程理论教学、实践教学、考核等方面进行思考，在教学方法、教学手段、教学艺术等方面进行探索。教师们要研究思想政治教育的规律，以此为依据，开展课程教学改革。

首先，思想政治理论课教学效果，与教师的课堂教学方法和手段紧密相关。思想政治理论课教师应不断创新教育教学方法，认真探索专题讲授、案例教学、课堂讨论等教学方法，多用通俗易懂的语言、生动鲜活的事例、新颖活泼的形式，活跃教学气氛，启发学生思考，增强教学效果。同时将讲授与讨论、辩论、观看短小精致且符合主题的影视资料相结合，努力营造具有理论魅力、知识魅力、艺术魅力、人格魅力的课堂教育教学氛围，激发学生独立思考与创新的意识，充分调动学生学习的主动性、积极性和创造性，使课堂教学诗意化，使学生能在感悟中获得理性认识，提升人生境界。并利用现代化手段，将深奥的理论融于形象生动的多媒体制作，极大地吸引学生注意力，实现寓教于乐的教育教学目的。

其次，在思想政治理论课教学改革中，学校和教师应该重视实践教学。思想政治理论课实践教学活动，是培养学生运用思想政治理论课知识分析问题和解决问题能力的重要过程。实践教学能使学生能够运用所学思想政治理论去认识社会、指导实践，从而加深对马克思主义基本理论的认识和理解，增强思想政治理论课学习的主体性、积极性和实效性，提高学生运用科学的方法分析问题、解决问题的能力。思想政治理论课实践教学可以采用影视教育、专题讲座、读书辅导、竞赛活动、志愿服务、参观访问、社会实践等方式开展。

再次，学校在课程建设中也要对思想政治理论课给予重视，在立项和经费支持上要给予关注。在课程建设中，大力推进教学改革，促进教师的业务素质不断提高。

3. 以加强科学研究为动力提高教师学术水平

学校思想政治理论课教师要有科学研究的意识，要有主动性和积极性，要在认真研究工作中不断提升自己的科研能力。教师们可以结合教学工作中所涉及的相关知识或学生所关注的热点难点问题进行深入研究，可以对自己的教学进行反思和总结，写出教学研究论文，也可以对一些重要的社会思想进行研究，完成学术论文。无论怎样，教师们应该克服各种困难，开展学术研究，积极申报各级各类课题，为思想政治理论课实效性的提高而努力。

参考文献

[1] 刘美珣．教师是思想政治理论课教育创新的主体［J］．清华大学学报（哲学社会科学版），2006（增2）．

[2] 赵甲明，赵义良．关于实现高校思想政治理论课功能的思考［J］．清华大学学报（哲学社会科学版），2005（2）：15.

[3] 莫岳云．高校思政课教师素质存在的问题与对策［J］．中国高等教育，2008（18）：40.

[4] 刘海龙，曹顺仙．高校思想政治理论课教师队伍建设中的问题与对策［J］．黑龙江教育（高教研究与评估），2009（1—2）：50.

[5] 张希梅．道德信仰与道德教育［J］．赤峰学院学报，2008（1）．

[6] 郭峰主编．高等学校思想政治理论课教师队伍建设与课程改革创新及教育质量考核评估标准实务全书［M］．北京：中国高等教育出版社，2008.

[7] 李超．社会主义市场经济的人学底蕴［M］．北京：人民出版社，2004.

[8] 张丽娟．加强和改进高校德育的思考［C］．昆明：云南师范大学教育硕士论文，2005.

政 策 文 件

教育部办公厅关于印发《2009年基础教育课程标准实验教学用书目录》的通知

各省、自治区、直辖市教育厅（教委），新疆生产建设兵团教育局：

按照《教育部关于印发〈基础教育课程改革纲要（试行）〉的通知》（教基〔2001〕12号）精神，现将《2009年基础教育课程标准实验教学用书目录》印发给你们。

基础教育教材选用是政策性、业务性、时间性很强的工作，各地要进一步加强和规范教学用书的管理，按照我部关于维护中小学教材选用工作正常秩序有关政策的要求，做好2009年秋季教材选用和征订工作，并将本省（区、市）2009年秋季教材选用的工作情况，于2009年5月底前报送我部基础教育二司。我部将适时通报各地教材选用的有关情况，并会同有关部门对各地教材选用情况进行抽查。

2009年基础教育课程标准实验教学用书目录

一、义务教育课程标准实验教学用书目录

义务教育课程标准实验教科书（1～6年级）

学科	主 编	出 版 单 位	册 次	使用年级	备 注
品德与生活	赵 昕	人民教育出版社	第1册至第4册	一年级上学期至二年级下学期	均有配套的教师用书
	顾海良	山东人民出版社	第1册至第4册	一年级上学期至二年级下学期	
	李培林	山东美术出版社	第1册至第4册	一年级上学期至二年级下学期	

续表

学科	主编	出版单位	册次	使用年级	备注
品德与生活	徐德卿 卢锡铭	广东教育出版社	第1册至第4册	一年级上学期至二年级下学期	均有配套的教师用书
	孙智昌	广西师范大学出版社 星球地图出版社	第1册至第4册	一年级上学期至二年级下学期	
	傅维利	辽宁师范大学出版社	第1册至第4册	一年级上学期至二年级下学期	
	王嘉毅	未来出版社 二十一世纪出版社	第1册至第4册	一年级上学期至二年级下学期	
	李季湄	北京师范大学出版社	第1册至第4册	一年级上学期至二年级下学期	
	钟启泉	辽海出版社	第1册至第4册	一年级上学期至二年级下学期	
	鲁　洁	江苏教育出版社 中国地图出版社	第1册至第4册	一年级上学期至二年级下学期	
	王彦怀	河北人民出版社	第1册至第4册	一年级上学期至二年级下学期	
	郭元祥	泰山出版社	第1册至第4册	一年级上学期至二年级下学期	
	朱小蔓	浙江教育出版社	第1册至第4册	一年级上学期至二年级下学期	
	戚万学	教育科学出版社	第1册至第4册	一年级上学期至二年级下学期	
	杜时忠 靳岳滨	湖北教育出版社	第1册至第4册	一年级上学期至二年级下学期	

续表

学科	主编	出版单位	册次	使用年级	备注
品德与社会	赵昕	人民教育出版社	第1册至第8册	三年级上学期至六年级下学期	均有配套的教师用书
	顾海良	山东人民出版社	第1册至第8册	三年级上学期至六年级下学期	
	李培林	山东美术出版社	第1册至第8册	三年级上学期至六年级下学期	
	徐德卿 卢锡铭	广东教育出版社	第1册至第8册	三年级上学期至六年级下学期	
	孙智昌	广西师范大学出版社 星球地图出版社	第1册至第8册	三年级上学期至六年级下学期	
	傅维利	辽宁师范大学出版社	第1册至第8册	三年级上学期至六年级下学期	
	王嘉毅	未来出版社 二十一世纪出版社	第1册至第8册	三年级上学期至六年级下学期	
	高峡	北京师范大学出版社	第1册至第8册	三年级上学期至六年级下学期	
	钟启泉	辽海出版社	第1册至第8册	三年级上学期至六年级下学期	
	鲁洁	江苏教育出版社 中国地图出版社	第1册至第8册	三年级上学期至六年级下学期	
	王玉平 贾美华	河北人民出版社	第1册至第8册	三年级上学期至六年级下学期	
	郭元祥	泰山出版社	第1册至第8册	三年级上学期至六年级下学期	

续表

学科	主　编	出　版　单　位	册　次	使用年级	备　注
品德与社会	朱小蔓	浙江教育出版社	第1册至第8册	三年级上学期至六年级下学期	均有配套的教师用书
	戚万学	教育科学出版社	第1册至第8册	三年级上学期至六年级下学期	
	杜时忠 靳岳滨	湖北教育出版社	第1册至第8册	三年级上学期至六年级下学期	

义务教育课程标准实验教科书（七～九年级）

学科	主　编	出　版　单　位	册　次	使用年级	备　注
思想品德	王逢贤	人民出版社	七年级上册至九年级下册	七年级上学期至九年级下学期	均有配套的教师用书
	班　华	人民教育出版社	七年级上册至八年级下册 九年级全一册	七年级上学期至八年级下学期 九年级全学年	
	顾海良	山东人民出版社	七年级上册至八年级下册 九年级全一册	七年级上学期至八年级下学期 九年级全学年	
	吴少荣	广东教育出版社	七年级上册至八年级下册 九年级全一册	七年级上学期至八年级下学期 九年级全学年	
	韩　震	北京师范大学出版社	七年级上册至九年级下册	七年级上学期至九年级下学期	

续表

学科	主　编	出 版 单 位	册 次	使用年级	备 注
思想品德	张异宾	江苏人民出版社	七年级上册至八年级下册 九年级全一册	七年级上学期至九年级下学期	均有配套的教师用书
	陈　瑛	陕西人民教育出版社	七年级上册至九年级下册	七年级上学期至九年级下学期	
	朱小蔓	教育科学出版社	七年级上册至八年级下册 九年级全一册	七年级上学期至八年级下学期 九年级全学年	均有配套的教师用书、CD－ROM
	刘湘溶	湖南师范大学出版社	七年级上册至八年级下册 九年级全一册	七年级上学期至八年级下学期 九年级全学年	均有配套的教师用书

义务教育课程标准实验教科书

(原五年制小学一至五年级，四年制初中六至九年级)

学科	主　编	出 版 单 位	册 次	使用年级	备 注
品德与生活	赵　昕 张茂聪	山东教育出版社	一年级上册至二年级下册	一年级上学期至二年级下学期	均有配套的教师用书
品德与社会	赵　昕 张茂聪	山东教育出版社	三年级上册至五年级下册	三年级上学期至五年级下学期	均有配套的教师用书
思想品德	班　华	人民教育出版社	六年级上册至九年级全一册	六年级上学期至九年级一学年	均有配套的教师用书
	顾海良	山东人民出版社	六年级上册至九年级下册	六年级上学期至九年级下学期	

二、普通高中新课程实验教学用书目录

学科	主编	编写、出版单位	书名	册次（模块）	使用年级	备注
思想政治	余静	高中思想政治教材编写组 人民教育出版社	普通高中课程标准实验教科书·思想政治·必修1（经济生活）	必修1	1年级上学期至2年级下学期	均有配套的教师用书
	吴少荣		普通高中课程标准实验教科书·思想政治·必修2（政治生活）	必修2	1年级上学期至2年级下学期	
	白暴力		普通高中课程标准实验教科书·思想政治·必修3（文化生活）	必修3	1年级上学期至2年级下学期	
	孙熙国		普通高中课程标准实验教科书·思想政治·必修4（生活与哲学）	必修4	1年级上学期至2年级下学期	
	钟哲明		普通高中课程标准实验教科书·思想政治·选修1（科学社会主义常识）	选修1	2年级上学期至3年级下学期	
	周金龙		普通高中课程标准实验教科书·思想政治·选修2（经济学常识）	选修2	2年级上学期至3年级下学期	
	李绍先		普通高中课程标准实验教科书·思想政治·选修3（国家和国际组织常识）	选修3	2年级上学期至3年级下学期	
	张建军 王习胜		普通高中课程标准实验教科书·思想政治·选修4（科学思维常识）	选修4	2年级上学期至3年级下学期	
	陈一榕 朱力宇		普通高中课程标准实验教科书·思想政治·选修5（生活中的法律常识）	选修5	2年级上学期至3年级下学期	
	陈瑛		普通高中课程标准实验教科书·思想政治·选修6（公民道德与伦理常识）	选修6	2年级上学期至3年级下学期	

注：《普通高中新课程实验教学用书目录》供进入普通高中新课程改革的省、自治区、直辖市选用教材，供未进入地区参考。

教育部关于做好《国家中长期教育改革和发展规划纲要》公开征求意见工作的通知

各省、自治区、直辖市教育厅（教委），各计划单列市教育局，新疆生产建设兵团教育局，部属各高等学校：

党中央、国务院高度重视教育事业的改革发展。近年来，胡锦涛总书记、温家宝总理就研究制定《国家中长期教育改革和发展规划纲要》（以下简称《规划纲要》）作出了一系列重要指示。2008年8月29日，温家宝总理主持召开国家科教领导小组第一次会议，审议并原则通过《规划纲要》制订工作方案，正式启动《规划纲要》研究制订工作，要求广纳群言、广集众智，充分听取社会各界意见，努力制订一个让人民群众满意，符合中国国情和时代特点的《规划纲要》。根据工作方案的安排，经请示国务院领导同志意见，《规划纲要》工作小组办公室在前一阶段征求专家及有关方面意见建议的基础上，近日起向社会各界开展第一轮公开征求意见工作。现就做好公开征求意见工作通知如下：

一、高度重视，把做好《规划纲要》公开征求意见工作作为当前一项重大任务

2008年12月18日，胡锦涛总书记在纪念党的十一届三中全会召开三十周年大会上发表重要讲话。讲话深刻总结了30年来我们党领导人民进行改革开放和社会主义现代化建设取得的伟大成就和宝贵经验，明确指出了继续推进改革开放伟大事业的前进方向，对于我们高举中国特色社会主义伟大旗帜，进一步解放思想、振奋精神、开拓进取，扎实推进教育事业科学发展，努力办好人民满意的教育，具有重大的现实意义和深远的历史意义。

日前，温家宝总理在国家科教领导小组会议上的重要讲话《百年大计　教育为本》已公开发表。温家宝总理的重要讲话，站在民族兴旺、人民福祉和国家未来的战略高度，突出强调了教育工作的重要性和制定《规划纲要》的重大意义。讲话高瞻远瞩，语重心长，内涵丰富，思想深刻，为制定《规划纲要》、推动教育事业又好又快发展明确了方向。

地方各级教育行政部门和学校要高度重视，认真抓好讲话精神的学习贯彻。要在开展的深入学习实践科学发展观活动中，认真组织广大干部、师生员工学习党的十七大和十七届三中全会精神，学习胡锦涛总书记在纪念党的十一届三中全会召开三十周年大会上的重要讲话，学习温家宝总理的重要讲话，把广大干部、

师生员工的思想认识统一到中央的精神和决策部署上来。

《规划纲要》是进入 21 世纪以来我国第一个教育规划，是指导未来教育改革和发展的纲领性文件。要高度重视《规划纲要》公开征求意见工作。采取开放的、民主的方式，充分问计于民，广泛征求社会各界意见，是制定一个高质量《规划纲要》的必由之路，是达成共识、提高认同的必要方式，也是推动教育改革发展不断开拓创新的重要手段。要将学习贯彻中央领导同志重要讲话与《规划纲要》征求意见有机统一起来，紧紧围绕《规划纲要》工作小组办公室拟订发布的 36 个重大问题，把征求意见、研究解决问题作为学习贯彻中央领导同志重要讲话精神的具体体现。

二、广泛动员，积极组织广大干部和师生员工建言献策

地方各级教育行政部门和学校要广泛发动，积极组织广大干部、师生员工为《规划纲要》的制定建言献策，努力使《规划纲要》编制过程成为发扬民主、集思广益的过程，成为统一思想、凝聚共识的过程。要动员干部、师生员工通过座谈、书信、电话、网络特别是电子邮件和来函等方式，提出建设性的意见和建议。要组织干部、师生员工积极参加教育部办公厅和《中国教育报》联合主办的“谋划教育事业科学发展——我为纲要献计献策”主题征文活动。要发挥本地本校专家学者优势，采取举办专家座谈会、组织专家在媒体发表引导性文章等多种形式，动员专家学者积极参与《规划纲要》公开征求意见工作。要围绕《规划纲要》需要研究解决的重大问题，深入开展调研，充分挖掘本地本校推进教育改革发展采取的有力措施和积累的有益经验，为《规划纲要》的制定提供借鉴和参考。

三、加强沟通，为《规划纲要》公开征求意见工作营造良好舆论氛围

地方教育行政部门和高校要按照上级宣传主管部门和教育行政部门关于做好制定《规划纲要》公开征求意见工作宣传报道方案的总体要求和部署，切实抓好有关工作的落实。要主动与地方宣传主管部门沟通协调，建立通气和会商机制，为《规划纲要》公开征求意见工作顺利开展奠定坚实基础。要加强与当地媒体的联系，强调《规划纲要》公开征求意见工作的政治性、严肃性、广泛性、建设性，坚持正确舆论导向，为《规划纲要》公开征求意见工作营造良好舆论环境。

四、周密组织，确保公开征求意见工作有效有序

制定《规划纲要》政治性和政策性很强，社会关注度高。地

方各级教育行政部门和高校要加强领导，周密组织，充实力量，落实责任，确保《规划纲要》公开征求意见工作有效有序。要引导干部、师生员工充分发扬主人翁精神，通过正常渠道发表意见和建议，把公开征求意见工作作为对师生开展国情、教情教育和爱国主义教育的重要契机，作为加强校园文化建设的重要载体。要加强舆情分析研判，协调、配合有关部门做好正面引导和释疑解惑工作。同时，有针对性地做好校园网关于《规划纲要》征求意见的引导工作。

各地各高校落实本《通知》精神情况以及公开征求意见工作中的重要情况请及时报教育部新闻办公室。联系人：赵建武；联系电话：010－66096143，66097225；传真：010－66096612。

教育部、财政部、人力资源社会保障部、中央编办关于继续组织实施“农村义务教育阶段学校教师特设岗位计划”的通知

山西、内蒙古、安徽、江西、河南、湖北、湖南、广西、海南、重庆、四川、贵州、云南、陕西、甘肃、宁夏、新疆、青海省（自治区、直辖市）教育厅（教委）、财政厅（局）、人事厅（局）、编办，新疆生产建设兵团教育局、财政局、人事局、编办：

根据《国务院办公厅关于加强普通高等学校毕业生就业工作的通知》（国办发〔2009〕3号）关于继续组织实施“农村义务教育阶段学校教师特设岗位计划”（以下简称“特岗计划”）的要求，现就有关工作通知如下：

一、深入实施“特岗计划”，鼓励引导高校毕业生到农村学校任教

2006年，教育部、财政部、人事部、中央编办下发了《关于实施农村义务教育阶段学校教师特设岗位计划的通知》（教师〔2006〕2号），并联合启动实施“特岗计划”，公开招聘高校毕业生到“两基”攻坚县农村义务教育阶段学校任教。2006～2008年，共招聘特岗教师5.9万多人，覆盖400多个县、6000多所农村学校。“特岗计划”的实施有力地缓解了农村地区教师紧缺和结构性矛盾，促进了农村学校面貌的变化，受到各地的普遍欢迎。当前，高校毕业生就业形势严峻，就业压力加大；同时，部分农村学校特别是中西部边远贫困地区农村学校教师仍然紧缺。毕业生下不去，合格教师难以补充。为了进一步加强农村师资力

量，并有效地促进高校毕业生就业，2009 年继续实施“特岗计划”，并将实施范围扩大到中西部地区国家扶贫开发工作重点县，国家计划的名额将视各地实施国家“特岗计划”的情况以及是否实施地方“特岗计划”的情况进行分配。特岗教师招聘、培训、管理等政策按教师〔2006〕2 号通知要求执行。各地要做好与其他引导和鼓励高校毕业生到农村基层服务项目的衔接。

二、提前做好服务期满特岗教师的工作安排

教师〔2006〕2 号通知要求，“鼓励特岗教师 3 年聘期结束后，继续扎根基层从事农村教育事业。对自愿留在本地学校的，要负责落实工作岗位，将其工资发放纳入当地财政统发范围，保证其享受当地教师同等待遇”。2006 年起实施“特岗计划”的省（区、市）第一批特岗教师三年服务期将于今年期满，做好服务期满特岗教师工作岗位安排意义重大。相关省（区、市）要采取切实措施，鼓励服务期满考核合格的特岗教师继续留在当地从教。今后城市、县镇义务教育阶段学校教师空缺需补充人员时，同等条件下应优先聘用服务期满特岗教师。相关省（区、市）教育、人事、编办、财政部门要加强沟通协调，提前研究制定方案，确保服务期满考核合格且愿意留任的特岗教师全部落实工作岗位，做好人事、工资关系等接转工作。

三、采取有力措施，创新教师补充机制，建设高素质教师队伍

各地要根据国家“特岗计划”的原则精神和促进高校毕业生就业工作的总体部署，全面推进地方“特岗计划”，采取有力措施，吸引大批高校毕业生到农村学校任教，为中小学及时补充合格教师，着力解决教师队伍结构性矛盾，并有效地促进高校毕业生就业。各省级教育行政部门要统一掌握本地区中小学教师岗位需求情况，会同有关部门统筹安排全省中小学教师自然减员补充。从 2009 年开始，各地中学和小学教师补充应全部采取公开招聘的办法，同等条件下优先聘用高校毕业生（含引导和鼓励高校毕业生到农村基层服务期满人员），不得再以其他方式和途径自行聘用教师。

中小学教师补充要充分考虑教师队伍建设总体规划、人员编制情况和学科结构等因素，在核定的编制总额内，按需设岗，规范招聘程序，严格招聘条件，确保新教师的质量。要抓住贯彻落实《国务院办公厅转发人力资源和社会保障部、财政部、教育部关于义务教育学校实施绩效工资指导意见的通知》（国办发〔2008〕133 号）的有利时机，加大教师用人制度改革力度，进一

步完善并严格实施教师资格准入制度，严把教师入口关。要加强对拟聘教师的岗前培训，免费进行教师资格认定，确保持证上岗。

四、认真履行职责、密切配合、相互支持，切实做好“特岗计划”实施工作

省级教育行政部门要结合本地实际，认真做好教师公开招聘、岗前培训、跟踪管理服务等各项工作，加强对实施县工作的指导和检查；省级财政部门要负责统筹协调特岗的经费保障，落实资金，规范管理；省级人力资源和社会保障部门要协同教育行政部门做好教师招聘工作；机构编制部门要加强中小学编制工作的监督、检查；设置特岗县的县级有关部门，要为特岗教师提供周转宿舍及其他必要的生活条件。

要加强“特岗计划”实施工作的动态管理。对“特岗计划”实施情况进行督导检查。各实施省（区、市）要建立特岗教师数据库，及时掌握特岗教师的基本信息；要定期检查督促特岗教师工资待遇等各项政策落实情况，确保特岗教师在工资待遇、职称评聘、评优评先、年度考核等方面与当地公办学校教师同等对待，鼓励吸引大批优秀高校毕业生到农村从教。

五、大力加强“特岗计划”宣传，形成良好的环境氛围

各地要采取多种方式，充分利用广播电视、报刊、互联网等各类媒体，广泛宣传“特岗计划”的方针政策和工作成效，将特岗教师招聘工作与引导和鼓励高校毕业生面向基层就业结合起来，吸引更多优秀高校毕业生报名应聘。要大力宣传各地推进“特岗计划”的好经验、好做法，不断创新教师补充机制。要采取切实措施，提高特岗教师教书育人的能力，帮助他们尽快成长为骨干教师，同时注意发现特岗教师中的优秀典型，加大特岗教师典型宣传力度，进一步营造良好的工作氛围。

教育部办公厅
关于做好2009年“农村义务教育阶段学校教师特设岗位计划”实施工作的通知

山西、内蒙古、安徽、江西、河南、湖北、湖南、广西、海南、重庆、四川、贵州、云南、陕西、甘肃、宁夏、新疆、青海省（自治区、直辖市）教育厅（教委），新疆生产建设兵团教育局：

根据《国务院办公厅关于加强普通高等学校毕业生就业工作的通知》（国办发〔2009〕3号）和《教育部财政部人力资源社会

保障部中央编办关于继续组织实施“农村义务教育阶段学校教师特设岗位计划”的通知》（教师〔2009〕1号）精神，现就做好2009年农村义务教育阶段学校教师特设岗位计划（以下简称“特岗计划”）实施工作的有关事宜通知如下：

一、高度重视，全面推进“特岗计划”

实施“特岗计划”是加强农村教师队伍建设，引导和鼓励高校毕业生从事农村教育工作的重要举措。当前2009届高校毕业生就业在即，各地要在省级政府统筹下，切实加强对这项工作的组织领导。各省级教育行政部门要会同有关部门按照教师〔2006〕2号、教师〔2009〕1号文件精神，结合当地实际，认真研究制订本省（区、市）全面推进2009年“特岗计划”的方案，并迅速启动实施工作。

二、科学设岗，抓紧做好2009年国家计划的申报工作

各地要进行深入细致的调查研究，按照四部门文件规定的实施范围，尽快摸清拟设岗县教师队伍实际情况（见附件1），研究提出实施计划的县（市）、学校和教师需求数量（见附件2），并于4月8日前将申报计划报我部。我部和财政部将根据各地教师队伍实际情况、“特岗计划”实施情况和2009年申报数等予以核定。

三、广泛宣传，动员和激励更多优秀高校毕业生报名

要采取多种方式，进一步加大宣传力度，向社会公开发布信息，广泛深入地宣传“特岗计划”政策。省级教育行政部门要组织本地区高校尤其是高等师范院校，动员和鼓励更多优秀毕业生参加报名。

我部已在全国大学生就业公共服务立体化平台（www.ncss.org.cn）上开设“特岗计划”窗口，请各地尽快确定并公布用于特岗教师招录报名等工作的网站，并与全国大学生就业公共服务立体化平台链接，做到及时传递招聘信息。请各地于4月8日前将招聘报名的网站名及负责人联系方式等信息报送我部师范教育司。

四、创新机制，切实做好特岗教师的招聘工作

要按照四部门文件要求，加强省级统筹，认真做好特岗教师招聘工作。要严格掌握用人标准，以应届本科生为主，吸引有志于从事农村教育事业的优秀人才到中小学任教。要加强对拟聘教师的岗前培训，在其上岗前免费进行教师资格认定，发放教师资格证书，确保持证上岗。

五、以人为本，做好特岗教师跟踪管理和服务工作

各地要采取有效措施，落实好特岗教师工资发放、住房安排

等相关生活待遇保障工作。同时，要加强对特岗教师的跟踪管理工作。各省级教育行政部门要加强对实施县工作的指导，定期对“特岗计划”实施情况进行督导检查。

2006年起实施“特岗计划”的省（区、市）要提前研究制订第一批服务期满特岗教师的工作安排计划。鼓励特岗教师继续留在当地从教，对考核合格且自愿留任的特岗教师要保证落实工作岗位，做好人事、工资关系等接转工作。

教育部办公厅关于开展全国高校学生“我爱我的祖国”主题暑期社会实践活动的通知

各省、自治区、直辖市党委教育工作部门、教育厅（教委），新疆生产建设兵团教育局，部属各高等学校：

为贯彻落实《中共中央办公厅转发〈中央宣传部关于围绕庆祝新中国成立60周年深入开展群众性爱国主义教育活动的意见〉的通知》精神，扎实开展“我爱我的祖国”主题教育活动，深入推动高等学校学习实践科学发展观活动，认真做好今年大学生暑期社会实践工作，现就开展全国高校学生“我爱我的祖国”主题暑期社会实践活动的有关要求通知如下：

一、指导思想

以邓小平理论和“三个代表”重要思想为指导，深入贯彻落实科学发展观，遵循高校学生成长规律和教育规律，结合不同类别、不同层次的学生实际，以形式多样的活动为载体，把暑期社会实践与庆祝新中国成立60周年活动相结合，与服务国家保增长保民生保稳定的要求相结合，与迎国庆讲文明树新风活动相结合，与学生党员践行科学发展观活动相结合，引导广大学生深入基层、深入群众、深入实际，充分展示他们的思想、热情和行动，充分表现他们对于国家、人民、民族的关心和热爱，引导他们把深入实践作为成长成才的必由之路，把奉献社会作为不懈追求的优良品德，在实践中受教育、长才干、作贡献，树立正确的世界观、人生观、价值观，努力成长为德智体美全面发展的中国特色社会主义合格建设者和可靠接班人。

二、活动内容

1. 深入开展学生党员践行科学发展观活动。各地各高校要组织学生党员和入党积极分子广泛开展践行科学发展观主题社会实践活动，通过参观各地“改革开放”成果展览、考察国家重点工程项目和新农村建设典型、访谈“改革开放”事业见证人，加深对新中国成立60周年特别是“改革开放”30年来巨大变化的了解和认识，坚定共产主义远大理想和中国特色社会主义信念。要充分引导学生党员和入党积极分子结合自身专业特点与优势，在服务基层、服务农村的实践过程中树立科学发展理念，增强贯彻落实科学发展观的自觉性和坚定性。特别要引导即将进入毕业年级的学生党员和入党积极分子的学习实践活动，把开展学习实践活动与加强就业服务和指导结合起来，引导他们树立正确的就业观、成才观、价值观。要将把学生党员参与暑期社会实践的成果，作为检验各地各高校学习实践科学发展观活动成效的重要指标之一。

2. 深入开展各种形式的志愿服务活动。各地各高校要鼓励学生走出校门、走向社会，开展适合自身特点的志愿服务活动。以讲文明树新风的志愿服务活动为载体，组织开展普及文明风尚志愿服务，更好地传播文明理念，倡导团结互助精神，引导人们知礼仪、重礼节、讲道德；组织参加科技、文体、法律、卫生、社会治安、保护生态环境等志愿服务，为普及科学知识，传播先进文化，营造和谐环境服务。以扶危济困的志愿服务活动为载体，大力弘扬我国扶危济困、助人为乐的传统美德，把生活困难群众和老年人、残疾人作为重点对象，积极组织学生开展送温暖、献爱心志愿服务活动，努力为困难群众排忧解难。以大型社会活动顺利进行的志愿服务为载体，开展公共秩序和社会保障等志愿服务活动，努力创造规范有序的社会公共秩序，为大型社会活动的顺利进行提供保障。以应急救援的志愿服务活动为载体，动员学生志愿者广泛普及防灾避险、疏散安置、急救技能等应急处置知识，参与重大自然灾害和突发事件的抢险救援、卫生防疫、群众安置、设施抢修和心理安抚等工作，组织学生到地震灾区特别是受灾严重的乡镇、村和临时安置点支教，对中小学生进行学业辅导，并组织开展健康有益的文体活动。要引导学生把对党和祖国的热爱化作关爱家庭、关爱他人、奉献家乡、奉献社会的实际行动，引导学生运用所学知识和技能服务人民，奉献社会，培养为人民服务的道德观，弘扬社会主义道德风尚，使志愿服务逐步成为大学生的自觉行动和生活方式。

3. 深入开展社会调查和社会服务工作。各地各高校要把实践教学作为课堂教学的重要环节，组织学生紧密联系当前我国改革发展稳定的实际，开展社会调查，提出解决问题的意见和建议，形成调研成果。要根据地方需求，组建专业优势互补的博士生、硕士生服务团队，扎实开展社会服务，为经济社会发展献计献智。要引导广大学生深入基层、深入农村、深入西部，了解国际形势发展变化特别是国际金融危机冲击对我国的影响，了解我国社会主义初级阶段的基本国情和发展的阶段性特征，了解中央的决策部署和保增长、保民生、保稳定的重大举措，更好地认识国情，增强变挑战为机遇的信心和勇气，增强同舟共济、共渡难关的意志和决心。

4. 深入开展“红色之旅”学习参观活动。各地各高校要组织学生到革命纪念地、“改革开放”前沿和经济社会发展成效显著的地方学习参观，了解中国革命、建设和“改革开放”的历史和成就，增强学生对党的感情，对中国特色社会主义的热爱，激发他们全面建设小康社会、实现中华民族伟大复兴的责任感。要充分发挥博物馆、纪念馆、展览馆、烈士陵园等爱国主义教育基地的教育作用。学习参观要突出教育主题，增强教育效果，力戒形式主义，避免走过场。

三、工作要求

1. 高度重视，加强领导。开展全国高校学生“我爱我的祖国”主题暑期社会实践活动，是新形势下加强和改进大学生思想政治教育的有效途径，是深入开展“我爱我的祖国”主题教育活动的重要载体。各地各高校要高度重视，充分认识这项活动的重要意义，切实加强领导，统筹安排部署，抓好工作落实。各高校要成立由分管校领导牵头的大学生暑期社会实践领导小组，创新思路，探索载体，不断提高社会实践的针对性、实效性和吸引力、感染力。要加强安全教育，制订安全预案，确保师生参加社会实践安全。

2. 完善机制，确保实效。各地各高校要本着合作共建、双向受益的原则，从地方建设发展的实际需求和学生锻炼成长的需要出发，建立多种形式的社会实践基地。要对学生参加社会实践提出具体时间和任务要求，制定切实可行的考核办法和激励机制，及时召开总结会，表彰社会实践先进集体和个人。要把学生社会实践与教师社会实践结合起来，鼓励专业教师参与、指导学生社会实践。要让更多的学校党政干部、思想政治理论课和哲学社会科学课教师、辅导员和班主任参加学生社会实践活动，要把他们参加和指导学生社会实践计入工作量，作为考评的重要依据，充分调动他们参与社会实践的主动性与积极性，确保社会实践活动真正取得实效。

3. 加强宣传，营造氛围。各地各高校要把全国高校学生“我爱我的祖国”主题暑期社会实践活动的宣传摆上重要日程，列入计划，积极协助新闻单位，充分利用报刊、广播、电视、互联网等新闻媒体，开辟专题、专栏，组织力量深入一线采访报道学生在社会实践活动中的生动事迹和感人故事。各高校要通过校内报刊、广播、电视、简报和图片展等方式，积极主动地开展宣传工作，及时上报工作材料，交流工作经验，推动全国高校学生“我爱我的祖国”主题暑期社会实践活动不断深入开展。

请各地、各直属高校将开展活动的有关情况及时报我部思想政治工作司。

教育部、中央宣传部、中央文明办、共青团中央关于组织开展2009年“中小学弘扬和培育民族精神月”活动的通知

各省、自治区、直辖市教育厅（教委）、党委宣传部、文明办、团委，新疆生产建设兵团教育局、党委宣传部、文明办、团委：

为贯彻落实中央关于围绕庆祝新中国成立60周年深入开展群众性爱国主义教育活动的有关部署，教育部、中宣部、中央文明办、共青团中央决定在今年以庆祝新中国成立60周年为主题开展第六个“中小学弘扬和培育民族精神月”系列活动。现将有关事宜通知如下：

一、活动目的

让广大中小学生了解新中国建立的艰辛历程和祖国建设取得的伟大成就，理解中国共产党领导中国人民走社会主义道路是历史的必然选择，增强对伟大祖国、党和人民的热爱，进一步把爱国情感化为具体行动，立志为实现中华民族伟大复兴作出贡献。

二、活动内容

活动分为“了解新中国建立历程”“感受祖国变化”“我为祖国服务”三个部分。

1.“了解新中国建立历程”

一是通过中国教育电视台、农村现代远程教育卫星平台播出讲述新中国建立历程的专题片《走进新中国（暂定名）》，具体时间另行通知。同时，教育部门户网站（www.moe.gov.cn）和中国校外教育网（www.xwjy.org）将提供下载或在线观看。各地要认真组织师生收看。二是各地要积极组织老干部、老战士、老专家、老教师、老模范“五老”人员，到中小学宣讲革命历史和光荣传统。三是组织中小学生收集、整理家乡为建立新中国作出贡献的英烈故事，并在校内外进行宣讲。

2. “感受祖国变化”

一是充分利用反映新中国建设伟大成就的《形势教育大课堂》系列专题片、教育部与新华社制作的新中国 60 年成就宣传图片、中宣部时事报告杂志社编辑的《共和国成长的故事》读本等资源，开展形式多样的教育活动。二是组织学生实地参观、考察、调研，感受家乡、祖国的发展变化。三是以作文、书画、摄影、摄像等形式描绘祖国、家乡的建设成就。

3. “我为祖国服务”

在了解新中国建立历程和感受建设成就的基础上，组织中小学生本着就近就便安全的原则积极开展体验劳动、公益活动、社区服务、志愿者活动等多种形式的社会实践活动，引导学生服务家乡、服务社会。指导学生撰写活动体会或社会实践报告。

三、活动组织

本次活动由教育部、中宣部、中央文明办、共青团中央共同主办。各地教育部门、宣传部门和文明办、共青团要制订具体实施方案，精心组织，周密安排，及时部署。

各地教育行政部门和共青团、少先队要因地制宜，密切配合，充分利用各种资源，创新活动形式，指导中小学校和基层团队组织开展丰富多彩、富有实效的主题教育活动。当前特别是要用好国家基础教育资源网（www.cbern.gov.cn）上提供在线收看和免费下载的百部爱国主义教育影片和其他推荐资源。

各地中小学要在开学典礼中正式启动“中小学弘扬和培育民族精神月”活动。

各地宣传部门负责协调当地新闻媒体及时报道本地中小学开展活动的情况，为庆祝新中国成立 60 周年营造良好的舆论氛围。

各地文明办要协调各有关部门和社会实践活动场所，共同为未成年人开展庆祝新中国成立 60 周年和第六个“中小学弘扬和培育民族精神月”系列活动提供协助和支持。

教育部将组织中小学庆祝新中国成立 60 周年和第六个“中小学弘扬和培育民族精神月”活动成果展评活动。各地要在初选的基础上，将学生收集、整理的家乡为建立新中国作出贡献的英烈故事，创作的反映家乡、祖国发展变化的作文、书画、摄影、摄像作品，撰写的参加社会实践活动的体会或社会实践报告等活动成果，及时邮寄或上传到中国校外教育网参加展评。具体展评办法届时将在中国校外教育网公布。

请各省级教育行政部门于 10 月 31 日前将活动的总体情况报教育部中小学思想道德教育办公室。

教育部办公厅　国家民委办公厅
关于印发《全国中小学民族团结教育工作部署视频会议纪要》的通知

各省、自治区、直辖市教育厅（教委）、民（宗）委（厅、局），新疆生产建设兵团教育局、民宗局：

2009年5月11日，教育部、国家民委组织召开了全国中小学民族团结教育工作部署视频会议。现将会议纪要印发给你们，请予以贯彻落实。

全国中小学民族团结教育工作部署视频会议纪要

为认真贯彻中央关于切实做好民族团结教育的有关精神，全面部署新时期、新阶段全国中小学民族团结教育工作，根据教育部办公厅　国家民委办公厅印发的《学校民族团结教育指导纲要（试行）》有关要求和工作安排，2009年5月11日，教育部、国家民委共同召开了全国中小学民族团结教育工作部署视频会议。

一、会议的基本情况

（一）会议形式：会议在北京设立了视频主会场。教育部党组成员、副部长鲁昕，国家民委党组成员、驻委纪检组组长杜鹃出席会议并作了重要讲话。中央统战部二局，国家宗教局业务四司，教育部基础教育一司、基础教育二司、职业教育与成人教育司、民族教育司、思想政治工作司，国家民委教育科技司和北京市教委，内蒙古自治区教育厅，广东省民委有关负责人参加了北京主会场会议。除主会场外，各省、自治区、直辖市和新疆生产建设兵团设立了视频分会场，各教育厅（教委、教育局）、民（宗）委（厅、局）分管领导和有关处室负责人以及部分学校教师代表参加了分场会议。

（二）会议的目的和任务：会议以邓小平理论、“三个代表”重要思想和科学发展观为指导，认真贯彻党的十七大精神和《中共中央国务院关于进一步加强民族工作加快少数民族和民族地区经济社会发展的决定》《国务院办公厅关于严格执行党和国家民族政策有关问题的通知》，深入分析做好中小学民族团结教育工作的重要性、紧迫性和长期性。会议按照中宣部、国家民委印发的《党和国家民族政策宣传教育提纲》和教育部办公厅、国家民委办公厅联合印发的《学校民族团结教育指导纲要（试行）》（以下简称《指导纲要》）有关要求，对今后一个时期中小学全面开展民族团结教育工作的目标任务、方法和具体措施进行全面部署。

（三）会议的基本内容：会议听取了鲁昕副部长和杜鹃组长的重要讲话。北京市教委、内蒙古自治区教育厅和广东省民委的负责同志就本地中小学开展民族团结教育工作的情况及进一步做好中小学民族团结教育工作的思路作了会议发言。

二、要深刻认识在中小学开展民族团结教育工作的重要性、紧迫性和长期性

（一）要始终坚持用党和国家民族理论和民族政策教育青少年，为全面构建社会主义和谐社会打下坚实的思想基础。会议指出，我们党以马克思主义民族理论为指导，制定和实施正确的民族政策，开创了适合中国国情、具有中国特色的解决民族问题的正确道路。党带领各族人民推翻“三座大山”，建立了新中国，彻底结束了旧中国四分五裂的局面，实现了国家的统一和各民族的翻身解放；领导各族人民走上社会主义道路，实现了中华民族发展史上最深刻的社会变革；确立了各民族的平等地位，实现了各民族人民共同当家作主，共同管理国家事务。党和国家不断完善法律法规和政策措施，大力巩固和发展“平等、团结、互助、和谐”的社会主义民族关系，实现了我国各民族人民的空前大团结。新中国成立 60 年来的实践证明，国家的稳定和中国特色社会主义建设各项事业的顺利开展，国家的团结统一和繁荣富强，社会和谐、科学发展，都要求必须切实维护民族团结。在新形势下，增强民族团结、维护祖国统一、反对民族分裂，是我国各族人民的共同责任，是我国综合国力的重要基础。各地要胸怀大局、放眼长远，要站在全局的、战略的、历史的高度，面向现代化、面向世界、面向未来，增强贯彻落实《指导纲要》的自觉性和坚定性，通过深入扎实地推进中小学民族团结教育，在青少年中牢固树立以维护祖国统一和民族团结为荣、以危害祖国统一和民族团结为耻的良好氛围。深刻认识民族团结教育事关建设中国特色社会主义事业全局，事关实现全面建设小康社会的奋斗目标，事关国家的长治久安。

（二）加强学校民族团结教育，自觉维护各民族的紧密团结，是中华民族核心利益的根本要求。会议指出，我国是各族人民共同缔造的统一的多民族国家，各民族的前途命运与祖国的前途命运始终紧密联系在一起。尽管中国历史上也曾出现过若干次分裂的局面，但都是短暂的，最后总是归于统一。国家统一始终是中国历史发展的主流，符合各族人民的根本利益，得到各族人民的

衷心拥护。在我们这个多民族的大家庭里，少数民族有1亿多人口，占全国总人口8.41%，分布在全国各地。民族自治地方占国土总面积的64%，蕴藏着支撑中华民族可持续发展不可缺少的丰富的自然资源和丰富多彩的社会人文资源；西部和边疆绝大部分地区都是少数民族聚居区，有30多个少数民族与境外的同一民族毗邻而居。这一基本国情，决定了民族问题始终是我们建设中国特色社会主义必须认真处理好的一个重大问题，决定了不断增强民族团结始终是关系党和人民事业发展全局的一项重大工作，是关系祖国统一、领土完整、边防巩固的一项重大任务。在全国中小学全面、深入、持续地开展民族团结教育是中华民族核心利益的根本要求。

（三）大力推进学校民族团结教育，不断增强各民族的凝聚力和向心力，是中国特色社会主义伟大事业取得最终胜利的根本保证。会议指出，我们党历来高度重视维护祖国统一和民族团结。新中国的建立和社会主义制度的确立，开辟了民族团结的新纪元。毛泽东同志深刻指出，“国家的统一，人民的团结，国内各民族的团结，这是我们的事业必定要胜利的基本保证”，并发出了“中华人民共和国各民族团结起来”的伟大号召。邓小平同志指出，我国现阶段的民族关系是各族劳动人民之间的关系。江泽民同志提出，汉族离不开少数民族，少数民族离不开汉族，各少数民族之间也相互离不开。胡锦涛同志指出，民族关系是我们这个多民族国家至关重要的政治和社会关系，民族团结是国家长治久安、兴旺发达的保证，促进民族团结、实现共同进步是民族工作的根本任务，无论在什么情况下，都要坚定不移地维护民族团结，大力宣传民族团结的先进典型，进一步构建平等团结互助和谐的民族关系。要让各民族中小学生从小就受到良好的教育，尤其是维护祖国统一和民族团结的教育，这个规划要早拿快拿，一年不行，坚持数年，必有效果，这是百年大计，尤为重要。党的十七大要求，牢牢把握各民族共同团结奋斗、共同繁荣发展的主题，不断巩固和发展全国各族人民的大团结，壮大爱国统一战线，增强中华民族的凝聚力。新中国成立60年特别是“改革开放”30年来，少数民族的面貌，民族关系的面貌，民族团结进步事业的面貌发生了历史性的巨大变化，为发展中国特色社会主义伟大事业奠定了坚实基础。在中小学开展民族团结教育是确保中国特色社会主义伟大事业最终取得胜利的基本保证，是一项长期的战略工程。

（四）不断提高学校民族团结教育的实际效果，是正确处理民族问题，防止境外渗透，大力发展"平等、团结、互助、和谐"的社会主义民族关系的长远大计。会议指出，我国正处于并将长期处于社会主义初级阶段，工业化、信息化、城镇化、市场化、国际化趋势深入发展，正确处理民族问题涉及我国现代化建设的各个方面，切实维护民族团结的任务繁重而艰巨。各民族在社会主义制度下当家作主和政治上的平等，但历史上民族歧视和民族隔阂所遗留的一些影响并没有彻底消除，在一定情况下还会表现出来；各民族的根本利益是一致的，但在某些方面，尤其是经济文化发展水平上存在较大差距，民族之间仍会发生一些矛盾和摩擦；各民族相互关爱、情同手足，共同性不断增多，但由于在风俗习惯、语言文字、宗教信仰等方面的差异，加上地区、城乡、民族之间人员流动加快，误会和纠纷不时出现；民族法制建设不断加强，但由于有些人法制观念淡薄、执行政策片面偏颇等原因，伤害民族感情、损害民族团结的事情时有发生；和平、发展、合作是当今世界的主题，但国际敌对势力对我国实行西化和分化的政治图谋一刻也没有放松，与国内民族分裂势力相互勾结，处心积虑地利用所谓"民族""宗教""人权"等问题，加紧进行渗透、分裂、破坏和颠覆活动。在中小学大力加强民族团结教育工作，就是内和各民族、外防渗透的长远大计。

会议强调，民族团结教育工作是学校育人工作的重要组成部分，在全国中小学全面、深入、持续地开展民族团结教育，不是权宜之计，而是一项长期的战略任务，同时又是一项政策性、敏感性很强的工作，只能加强，不能削弱，更不能中断。各级教育行政部门、民族工作部门和各级各类中小学校要从维护国家长治久安全局的高度，深刻认识大力加强中小学民族团结教育工作的重要性、紧迫性和长期性，进一步加强对学校民族团结教育工作的领导，把民族团结教育工作作为一项重要的工作常抓不懈。

三、扎实推进全国中小学民族团结教育工作

（一）要确立民族团结教育在中小学教育中的重要地位。会议指出，民族团结教育课程是根据国家统一要求列入地方课程实施的重要专项教育，是学校教育的组成部分。在中小学开展民族团结教育工作，其目标就是要使各族学生通过对马克思主义民族问题基本理论及党和国家民族政策的学习理解，促进56个民族优秀文化传统的相互交流、继承和发扬；引导各族学生对我国各民族共同缔造伟大祖国历史的认识，不断增进对中华民族大家庭的认同感，增强各族学生维护民族团结、维护国家统一、反对民族分裂的责任感；具备在社会交往中正确对待和处理民族问题的基本素质；不断提高巩固和发展我国“平等、团结、互助、和谐”的社会主义民族关系的自觉性，促进各民族的共同进步和祖国繁荣昌盛。民族团结教育的主要任务是全面贯彻党的教育方针、民族政策，按照素质教育的基本要求，重视优秀的中华传统文化和爱国主义教育，加深师生对民族团结必要性和重要性的认识，引导各族学生牢固树立正确的祖国观和民族观；加强汉族离不开少数民族，少数民族离不开汉族，各少数民族之间也相互离不开的教育；不断提高各族学生维护人民利益，维护法律尊严，维护民族团结，维护祖国统一的自觉性，不断增强中华民族的向心力、凝聚力。开展学校民族团结教育，要立足引导，重在教育。要遵循各族学生的认知特点和身心发展规律，注重理论与实践相结合，有重点、分层次、有针对性地开展教育活动。坚持课堂教育与丰富多彩的实践活动相结合；掌握知识、培养能力与树立正确人生观、价值观相结合；过程、方法与目标相结合；学校教育与家庭、社会教育相结合；统一要求与体现各民族地区特点相结合；贴近生活、贴近实际、贴近学生情感，做到由浅入深，循序渐进，不断巩固，注重实效。

（二）按照素质教育的要求，科学安排各阶段的教育教学活动。会议要求，各中小学要按要求设置专门的民族团结教育课程，科学安排从小学到高中阶段各年级各环节的教育、教学活动。要通过课堂教学、专题教育活动和实践活动等多种方式，把民族团结教育贯穿到育人全过程中，要确保教学时间和教学质量。要因地制宜组织好教学活动，教学活动形式要符合各族学生的年龄特征，将课堂教学和实践活动有效结合起来，在学习和生活中践行马克思主义民族观。除课堂教学主渠道外，采用多种形式和途径开展学校民族团结教育，不断提高民族团结教育的效果。要充分利用班会、团队活动、升旗仪式、专题讲座、墙报、板报等方式，组织开展民族知识、绘画与手工、演讲、民族歌舞等丰富多彩、生动活泼的体验式教学活动；定期表彰民族团结先进校、班集体和个人；组织师生参观互访，促进各民族学生相互学习，共同进步。各地要充分利用现有资源，如博物馆、纪念馆、文物古迹等，建立民族团结教育基地，有效配置文本和音像等资源。要聘请在民族团结进步事业中作出突出贡献的先进模范人物做校外辅导员，充分发挥民族团结教育基地的作用，保证民族团结教育工作有效开展。

（三）有效开展学校民族团结教育工作，加强教师队伍建设是关键。会议要求，各级各类学校的校长、政教主任、团队工作者和思想品德课教师及相关学科教师，经过专门培训可以承担民族团结教育的教学工作。教育部和国家民委将组织有关专家编写民族团结教育方面的教师培训教材。各级教育行政部门和学校要把民族团结教育课教师的培训列入计划，加大培训力度，建设一支合格的教师队伍。要根据学科建设、教师队伍建设的长远需求，由教育部等部门采取远程教育方式，组织学校民族团结教育教师培训讲座和教学实践案例课程，引导教学人员掌握教材教法和提高教学效果；同时，要加强校本培训工作，由学校采取切实可行的具体措施，如组织开展教学研究、集体备课、集体教研、学术研讨、调查研究和教学经验交流等，不断提高教师的思想素质和业务水平。各地要把民族团结教育研究列入当地课题研究规划，保证经费投入，及时总结教学经验，加强科研成果的交流。

（四）建立保障机制，促进学校民族团结教育有序、有效开展。会议指出，民族团结教育课程是根据国家统一要求列入地方课程实施的重要专项教育，是学校教育的组成部分。各地中小学要按照《指导纲要》的要求，一是在小学三、四年级开设《中华大家庭》课程，在小学五、六年级开设《民族常识》课程，在初中一、二年级开设《民族政策常识》课程，在普通高中一、二年级开设《民族理论常识》课程，在中等职业学校开设《民族理论常识实践教育》课程，按规定的课时安排教学；二是根据《指导纲要》对教学的基本要求，将各阶段民族团结教育全国统编教材的教学内容纳入小学阶段考查和中、高考及中职毕业考试范围，试题分值不低于政治科目分数的15%；三是为体现国家统一意志、确保中小学开展民族团结教育工作的严肃性，学校的文本和音像教材等要按照少而精的要求，由教育部和国家民委统一组织编写和制作，经审定后统一使用，未经审定的不得进入学校；四是将经国家审定的中小学民族团结教育教材纳入地方课程教材使用规划予以落实。

（五）加强领导，大力推进学校民族团结教育工作顺利开展。会议要求，各地教育行政部门和民族工作部门要认真传达、学习、领会会议的重要意义，把握精神实质，把思想和认识自觉地统一到中央的要求上来，统一到促进各民族共同发展、共同维护社会稳定的大局上来。要进一步加强对工作的领导，建立、健全学校民族团结教育领导机构、制定相应管理办法，对工作开展情况进行不定期督促检查，及时协调解决工作中面临的突出困难和问题。由教育部、国家民委与省级教育行政部门和民族工作部门签订学校民族团结教育工作目标责任书。同时，从今年起实行工作年报制度，由各省级教育行政部门于每年11月底前将本地区中小学开展民族团结教育工作的基本情况，以工作总结的形式报教育部和国家民委，由教育部和国家民委发布全国中小学民族团结教育工作年度报告，组织交流经验，加强宏观指导，推动整体工作有序、有效地开展。

会议要求，各地要认真归纳总结自1994年试点、2000年正式开展中小学民族团结教育活动以来，本地区中小学开展民族团结教育工作的基本情况，以实事求是的态度，既要总结工作中取得的成绩和经验，又要认真查找工作中存在的不足和薄弱环节。在对本地区中小学开展民族团结教育工作深入调研的基础上，根据会议精神以及《指导纲要》要求，结合本地区实际，统筹规划，由各地教育行政部门牵头制订本省（区、市、兵团）进一步做好中小学民族团结教育工作的具体措施和实施方案，并于2009年9月10日前报教育部民族教育司和国家民委教育科技司。

教育部办公厅关于组织收看《开学第一课·我爱你中国》节目的通知

各省、自治区、直辖市教育厅（教委），新疆生产建设兵团教育局：

新学期开学在即，为深入开展"我爱我的祖国"主题教育活动，落实《教育部　中央宣传部　中央文明办　共青团中央关于组织开展2009年"中小学弘扬和培育民族精神月"活动的通知》（教基一函〔2009〕7号），教育部与中央电视台联合制作了以爱国主义为主题的电视节目《开学第一课·我爱你中国》。

《开学第一课·我爱你中国》采用专题短片、演讲、互动等形式，邀请了奥运冠军、著名学者和社会知名人士参与，形式新颖，生动活泼。该节目将于9月1日18:30～20:30在中央电视台第二套节目(CCTV－2)播出，请各地中小学告知学生和家长按时收看。寄宿制学校可组织学生在校收看。各中小学校可结合电视节目，组织学生撰写观后感，并开展一次以"爱国"为主题的班会活动。

此外，我部制作的反映新中国建立历程的专题片《走进新中国》将由中国教育电视台一频道于9月7日15:00～15:45播出，农村现代远程教育卫星传输平台也将同时传送，教育部门户网站(www.moe.gov.cn)和中国校外教育网(www.xwjy.org)提供下载，供各地中小学校组织选看。

各地要统筹安排新学期开学各项工作，切实组织好今年“中小学弘扬和培育民族精神月”的启动和后续活动，推动“我爱我的祖国”主题教育活动的深入开展，迎接新中国成立60周年。

江苏省关于召开全省普通高中课程改革经验交流会的通知

各市教育局：

为了总结交流我省第一轮普通高中课程改革以来的情况和经验，深入研讨和解决课改过程中出现的新情况新问题，进一步推动高中课改深入、持续、健康发展，经研究，定于2月25至26日在南京召开全省普通高中课程改革经验交流会。现将会议有关事项通知如下：

一、参加会议对象

各市教育局分管局长、基教处长、教研室主任各1人；所有四星级高中校长；每市1名三星级高中校长。

二、报到时间及地点

2月25日上午报到，地点：江苏省会议中心（钟山宾馆），南京市中山东路307号，电话：025－84818888。

请各市教育局及时通知本地有关人员参加会议，并将参加会议人员名单于24日前报省教育厅基础教育处，联系人：徐泰来，联系电话：025－83335611（传真），13770793333；邮箱地址：xutl@ec.js.edu.cn

上海市教育委员会办公室关于成立上海市教育委员会基础教育质量监测中心的通知

上海市教育委员会教学研究室：

为了进一步推动全面实施素质教育，提高基础教育质量，经研究，决定成立“上海市教育委员会基础教育质量监测中心”（以下简称“监测中心”），作为你室一个下设机构，主任由你室负责人兼任。现就有关事项通知如下：

一、监测中心的主要职责

（一）拟订上海市基础教育质量标准。包括中小学学生数学、语文、科学、外语、社会、艺术等学科学习质量标准和身心健康状况等相关领域的指标体系。

（二）研究开发上海市基础教育质量监测工具。包括中小学学科和相关领域的监测工具。

(三)受上海市教育委员会委托具体实施上海市基础教育质量监测工作。拟订监测实施方案，组织实施监测工作，对监测数据进行处理、分析，向上海市教育委员会报送监测报告。

(四)为各区县开展基础教育质量监测工作提供技术支持和业务指导。

二、监测中心的领导体制和管理模式

我委基础教育处对监测中心进行政策和业务指导。

你室负责为监测中心提供必要的工作条件和设施，配备相应的专业人员和管理人员，并负责监测中心的日常管理工作。

基础教育质量监测结果的使用和发布由我委决定。

三、监测中心的编制和经费问题

监测中心人员编制由你室内部调剂解决。我委按年度向中心下达监测任务，按任务核拨经费到你室，由你室对经费执行情况进行管理和监督。

四川省教育厅关于印发四川省义务教育地方课程指导纲要的通知

各市、州教育局：

为贯彻落实《基础教育课程改革纲要(试行)》和《四川省义务教育阶段地方课程实施方案(修订)》的要求，在总结我省地方课程实施经验的基础上，结合我省灾后教育重建和基础教育改革发展的实际，我厅决定从2009年秋季起，在全省义务教育阶段学校开设三门地方课程，即：《生活·生命与安全》《家庭·社会与法制》和《可爱的四川》。现将三门地方课程的指导纲要(见附件)印发给你们，请根据课程实施的相关要求，组织教师认真学习，开展好我省地方课程的实施工作。

对实施四川省义务教育地方课程中反映出的问题和对地方课程指导纲要的意见和建议，请及时反馈我厅基教处。

四川省义务教育地方课程《生活·生命与安全》指导纲要(试行)

为贯彻落实《基础教育课程改革纲要(试行)》《国家九年义务教育课程综合实践活动指导纲要》《中小学公共安全教育指导纲要》《中小学健康教育指导纲要》《中小学环境教育实施指南》等文件精神，进一步加强中小学生命与安全教育，培养中小学生积极的人生态度和健全人格，提高中小学生的自我生存和自我保护能力，根据《四川省地方课程实施方案(修订)》的有关要求，结合我省中小学生生活、学习状况和教育教学实际，特制定本指导纲要。

一、指导思想

坚持以邓小平理论和“三个代表”重要思想为指导，切实落实科学发展观，遵循中小学生身心发展规律和现代教育教学理念，贯彻党的教育方针，全面实施素质教育，促进学生全面发展。

二、课程目标

开展“生活·生命与安全”教育，大力提升学生的生活品质和生命质量，是全面实施素质教育的重要组成部分，对和谐社会的构建具有重要意义。

课程意在引导学生认识和理解生命的价值和意义，热爱生命，形成积极向上的人生态度和健全的人格；引导学生养成健康的生活方式和良好的心理品质，促进其身心的健康发展；提高学生的自我保护、自我生存能力，使之能科学、及时、有效地处理实际生活中的各类安全问题，形成适应现代社会生活的态度和技能；通过动手与动脑的结合，使学生获得积极劳动的体验，养成良好的劳动习惯，形成基本的生活技能和初步的技术意识，培养创新精神和实践能力；帮助学生建立生命与自我、生命与自然、生命与社会的和谐关系，使之学会关心自我、关心他人、关心自然、关心社会。

三、实施原则

（一）体验性原则

积极引导学生的体验、实践和经历，通过学生自主的学习和体验，获得有益的生命经验，形成关于生活与生命的积极态度和情感，习得生存的良好习惯和技能，促进生命的健康发展。

（二）主体性原则

面向全体学生，充分调动并培育学生参与学习活动的能动性、独立性和主动性。重视学生的自我教育、自我服务以及学生间的相互教育、合作学习。充分发挥教师的主导作用，促进学生自主发展。

（三）综合性原则

充分利用生命教育、健康教育、安全教育、劳动与技术教育、环境教育等专项教育，构建学生生命活动的综合性实践能力；重视学生生活、生存等生命历程质量的全面提升。

四、课程内容及基本任务

“生活·生命与安全”教育涵盖了生命教育、健康教育、安全教育、劳动与技术教育、环境教育等方面的内容，有序地贯穿于九年义务教育的各个年级，是一门综合性很强的实践性课程。其各学段的课程内容及基本任务为：

水平一(小学 1～2 年级)

(一)课程内容

生命孕育、成长基本知识。

学习制订并坚持执行个人的作息计划。

感受、描述家长、亲人对自己的爱。与老师、同学友善交往，体验友情。熟悉班集体，尊重集体制定的规则。班级值日及清洁扫除。做力所能及的家务事。

学习与用眼卫生；小学生饮食卫生及营养常识；儿童常见病的就医常识；打理自己的穿着、仪表和个人卫生。人、动物、植物都离不开水。良好的饮水习惯。

自己居所、学校周围的地标特征及生活空间环境观念。居所、学校、家校往返路上的主要安全隐患，应对的正确行为方式。遭遇突发灾害事件时，听从老师、家长指挥，安全避险。游戏与身体保护。

(二)基本任务

关注自己的身体，知道人从哪里来，初步形成性别意识，了解五官构造中易受伤害的部分，了解生命离不开水。

适应新的学习生活环境。初步建立生活秩序感。初步感知自己的学习能力，营建并维护积极的学习生活情绪，在学习活动中体会生命的快乐。

了解个人卫生保健知识，养成初步的卫生习惯。努力承担生活自我服务，体会劳动成果的意义和价值。体会家庭、学校对自己生活的影响。

了解道路交通和玩耍中的安全常识，掌握一些简单的紧急求助方法。

水平二(小学 3～4 年级)

(一)课程内容

人的生命过程：诞生、发育、成熟、衰老、死亡。身体的主要器官和功能，青春初期的生长发育特点。个体生命的有限性与创造性，保护生命的意识。审视自己的兴趣、爱好与能力。欣赏和赞美他人。应对困难和挫折的态度、方法。

身边环境中的生物多样性及生物生存的权利。个人生活习惯与家庭、学校和社区环境的相互影响。用工具制作简单适用物品、劳动作品美化环境。

食品卫生与安全基本知识。体育锻炼对健康的作用，合理安排课外作息时间。常见呼吸道传染病和营养不良、肥胖对健康的危害与预防。

容易导致意外伤害的危险因素，常见的意外伤害的预防与简单处理方法。游泳的安全知识。火灾、地震发生时的逃生与求助；动物咬伤或抓伤后应立即冲洗伤口，及时注射狂犬疫苗；不乱服药物；鼻出血的简单处理；简便止血方法(指压法、加压包扎法)。

(二)基本任务

了解自己的生长发育过程，知道人的生命周期。积极面对困难、挫折与危机，懂得尊重、善待生命。在教师、同学的评价中正确审视自我。提高在学习活动和班级活动中的自主管理能力。

了解日常生活方式对环境的影响，逐步养成对环境友善的意识和行为习惯。学会初步的服务自己和他人的劳动技能。知道劳动创造社会财富和美好生活，能与他人分享劳动成果。

了解营养保健、食品卫生基本知识，初步树立食品卫生意识。

了解容易导致意外伤害的危险因素，熟悉预防与简单处理的方法。了解火灾、地震等灾害的避险和逃生常识，初步形成相应技能。

水平三(小学 5～6 年级)

(一)课程内容

青春初期生长发育基础知识，明确的性别意识和自我保护意识。男女少年在青春发育期的差异。青春初期的个人卫生知识。

认识自己的优点和缺点，正确对待他人的评价，保持自信。了解友谊的意义，理解他人的生活习惯、个性特点，尊重、宽容、关心他人的行为和方法。初步认识和适应不同社会角色，对自己所做的事情负责。挫折与危机时出现的各种负面情绪，简单的情绪管理方法。克服厌学心理，品尝解决困难的快乐。

健康不仅仅是没有疾病或不虚弱，而是身体、心理、社会适应的完好状态。健康的生活方式(主要包括合理膳食、适量运动、戒烟限酒、心理平衡)有利于健康。日常生活卫生和健康饮食常识，良好的个人卫生和健康的饮食习惯。常见疾病和传染病的危害、传播途径和预防措施。吸烟、酗酒等不良习惯的危害，吸毒是违法行为，远离烟酒及毒品的健康生活意识。

地球是人类生存的家园。家庭、社区及当地的生态环境和主要环境问题，生态破坏和环境污染现象。环境对人健康的影响，人的生活、生产等活动对自然环境的影响，对环境友善的生活方式和行为规范。垃圾处理、居室环境、绿色食品与安全生活知识。认识劳动、生产与消费的关系。

认识常见的危险标识，远离危险物。煤气中毒的发生原因和预防。触电、雷击的预防。中暑的预防和处理。轻微烫烧伤和割、刺、擦、挫伤等的自我处理。火灾、地震逃生等技能。

（二）基本任务

了解青春初期的生长发育，悦纳自我。体验个人与群体的互动关系，善与他人交往、合作，了解个体生命对人类社会的依赖。

了解卫生习惯、卫生环境对健康的影响，初步形成健康意识和健康的生活方式。

学习并掌握基本的劳动知识和技能，树立服务他人和社会的意识，体会劳动中的生存智慧。

从社会生活的不同方面认识影响人身安全的因素，能够积极防范安全事故发生，进一步强化安全意识，增强防灾、抗灾和自救能力。

水平四（初中 7～9 年级）

（一）课程内容

义务教育阶段七至九年级“生活 · 生命与安全”课程内容主要包括五大方面：身心健康、公共安全、劳动与技术教育、人与环境、国防安全。

1. 身心健康

（1）丰富多彩的生命：生命是丰富多彩的；人的生命的独特性；生命既属于自己又属于家庭和社会；尊重与关爱生命。

（2）健康的生活方式：健康的价值和意义；分析影响健康的可能因素；合理的膳食平衡有利于促进健康；青春期充足的营养素，保证生长发育的需要；保证充足的睡眠有利于生长发育和健康；食物中毒的常见原因；不吃病死禽畜肉；适当保存食品，腐败变质食品会引起食物中毒；拒绝吸烟、饮酒的技巧。

（3）疾病预防：慢性非传染性疾病（恶性肿瘤、冠心病、糖尿病、脑卒中）的发生与不健康的生活方式有关；乙型脑炎的预防；疥疮的预防；肺结核病的预防；肝炎的预防（包括甲型肝炎、乙（丙）型肝炎等）；不歧视乙肝病人及感染者；接种疫苗可以预防一些传染病。

（4）生长发育与青春期保健：青春期生理发育的特点和变化规律，正确对待青春期生理变化；痤疮发生的原因、预防方法；月经期间的卫生保健常识，痛经的症状及处理；遗精与生殖健康。

(5)心理健康：不良情绪对健康的影响；青春期的烦恼；调控情绪和行为的基本方法(认识顺境与逆境，提高承受挫折的能力)；建立自我认同，客观认识和对待自己；根据自己的学习能力和状况确定合理的学习目标；异性交往的原则；人生理想与追求。

(6)毒品与艾滋病预防：毒品的起源、种类及常见毒品名称；毒品对个人、家庭和社会的危害；拒绝毒品的方法；吸毒违法，拒绝毒品；世界和中国的毒品问题；什么是艾滋病；艾滋病对人类社会的危害；艾滋病的传播渠道及传播途径；预防艾滋病的方法与措施；不歧视艾滋病病毒感染者与患者；安全行为与不安全行为；寻求帮助的途径和方法；艾滋病在全国、在四川流行的严峻现实；几种常见的性传播疾病及预防。

2. 公共安全

(1)公共卫生事件与应对：重大传染病、流行病、食物中毒的基本预防、急救和处理常识；简单的用药安全；假冒伪劣产品对人身安全和健康构成威胁，假冒伪劣产品的识别方法，拒绝购买假冒伪劣产品。

(2)家庭安全：灭火常识和原理；不同种类火灾应采取的灭火方法；正确操作干粉、泡沫灭火器，会及时扑灭小范围的失火；食品安全；银行卡安全。

(3)校园及公共场所安全：校园活动中可能发生的公共安全事故(学生宿舍安全、校园楼梯安全、学校大型活动安全等)，自我保护和求助及逃生的基本技能；校园暴力及应对；预防暴力人身伤害的原则和方法；受到伤害后保护自身权益的方法；识别骗术，防止被骗、被拐卖；应对敲诈、抢劫、绑架、恐吓等突发事件的方法；防止性侵害；遇到危及自身安全时的求助。

(4)交通安全：常见的交通安全警示标志；交通安全的避险方法；交通安全隐患及应对方法；交通事故及处理(汽车、电梯、地铁、飞机、火车、轮船、摩托车、自行车等)。

(5)网络安全：网络资源的积极意义和网络不良信息的危害；网络安全的基本法律知识；现代社会信息安全的重要性；合理使用网络资源；防止沉迷网络和其他电子游戏；常见的不安全信息；维护信息安全。

(6)安全应急与避险：有病应及时就医；服药要遵从医嘱，不乱服药物；不擅自服用、不滥用镇静催眠等成瘾性药物；不擅自服用止痛药物；保健品不能代替药品；溺水的应急处理；体育运动的伤害与应急处理(骨折简易处理知识)。

3. 劳动与技术基础

(1)传统工艺品或模型等的制作;工艺品制作的过程或制作要求。

(2)作物栽培和动物饲养的一般方法。

(3)农副产品市场;农副产品整体设计的简单知识;农副产品价值的提升。

4. 人与自然

(1)人类与自然生态:地球是人类共同的家园;生态环境与人的健康;水资源、土地资源、大气资源、动植物资源、能源对人类与国家的重要性;特殊自然现象对环境带来的变化;人类活动、人口剧增、生活方式对环境的影响。

(2)技术与环境:环境污染事件的物理和化学过程;技术可能对环境产生负面影响;技术在环境保护中的作用及其局限。

(3)人类与环境和谐友好:经济发展需要不能超越环境的承载力;家庭、社区环境与资源问题;友善对待环境的行为方式(垃圾处理、居室环境、绿色食品与安全生活等);亲近大自然、保护环境的实践活动。

(4)自然灾害及应对:当地常见的自然灾害(地震、滑坡、泥石流、崩塌、洪水、雪灾等);自然灾害发生的原因;自然灾害的前期预兆;自然灾害应急训练;自然灾害预警信号级别含义及相应采取的防范措施;防灾减灾。

5. 国防安全

(1)国防及其基本类型;新中国成立后的国防斗争;现代高技术战争。

(2)我国的安全形势;我国的国防政策;我国的武装力量,现代化高素质的中国人民解放军。

(3)高技术战争下的人民防空;生物战剂及其分类,化学毒剂及其分类;生物战剂的防护,化学毒剂的防护;全面禁止生化武器。

(4)国家安全;国家安全和国家安全意识;危害国家安全的行为;国家秘密。

(二)基本任务

引导和帮助学生了解青春期身心发展的特点,珍爱、尊重自己和他人的生命,培养健康的生活方式和良好的生活习惯,提高维护生命健康、丰富精神生活的能力;学会拒绝诱惑,远离危险,防范侵害,提高自我保护的意识和能力。

引导和帮助学生掌握科学的心理调适方法，增强调控自我、承受挫折的能力，培养学生健全的人格和良好的个性心理品质；对少数有心理困扰或心理障碍的学生，给予科学有效的心理咨询和辅导，使他们尽快摆脱障碍，调节自我，提高心理健康水平，增强自我教育能力。

引导和帮助学生掌握必要的安全行为的知识和技能，形成自救自护的素养和能力，养成在突发安全事件中正确应对的习惯，培养学生的社会安全责任感，最大限度地预防安全事故的发生和减少安全事件对中小学生造成的伤害，保障中小学生健康成长。

动手与动脑相结合，使学生获得积极劳动体验，养成良好的劳动习惯，形成初步的劳动技能和技术意识。

引导学生关注环境问题，了解一些环境科学基础知识，知道如何保护和改善环境，学习并初步掌握应对灾害的基本技能；提高可持续发展意识；形成自觉保护周围自然环境的良好习惯，增强对环境保护应有的责任感。

使学生掌握必要的国防常识，初步形成国防观念和国家安全意识，提高维护国家安全的责任感，增强民族自豪感。

五、实施途径及保障机制

（一）课程计划

四川省义务教育地方课程“生活·生命与安全”课程周课时安排如下表：

四川省义务教育地方课程“生活·生命与安全”课程计划表

年级	一	二	三	四	五	六	七	八	九
周课时数（节）	3	3	3	3	3	3	2	2	1

（二）教材编写

编写者应依据本课程指导纲要，在内容的安排、知识的呈现、图像的运用、活动的设计、案例的选择等方面遵循学生身心发展规律，贴近学生实际，关注学生的自身体验、反思、改进和适应，进而将本课程的探究技能与方法落实在“认识与思考、咨询与调查、调整与适应、防止与预防、观点与态度”方面，为学生的健康发展奠定基础。

（三）资源开发

各级教育行政部门和学校要多方面地开展和利用校内外丰富的“生活·生命与安全”教育资源，积极开发图文资料、教学课件、音像制品等教学资源；利用网络、影视、博物馆、图书馆、自然和人文景观、爱国主义教育基地等社会资源。

各级学校应该采取走出去和请进来的方式，充分体现本课程的实践性和实用性，利用社会、社区、各相关部门优势条件，搞活"生活·生命与安全"课程教育内容。另外，学校应在校外聘请一批与课程内容相关的专业人员，如心理专家、医生、计划生育干部、警察、社会学工作者、记者等作为校外辅导员，加强学生与专家的直接对话、交流、咨询的机会，使之能更全面地了解社会，了解自我，切实地规范自己的行为，实现本课程的目的。

（四）师资建设

搞好"生活·生命与安全"教育，学校必须逐步建立在校长领导下，以班主任和专兼职"生活·生命与安全"教师为骨干，全体教师共同参与的"生活·生命与安全"教育工作机制。教育行政部门和中小学校，要把"生活·生命与安全"教育师资培训作为师德建设和教师业务培训的重要内容，纳入工作计划，通过培训提高教师"生活·生命与安全"教育的意识和实施能力。

（五）管理评价

各级教育行政部门和学校应加强教育教学管理，创造良好条件，确保"生活·生命与安全"课程实施，同时把实施过程和实施效果作为课程管理和评价的重点。

针对一至九年级学生心理特征、学习形式和学习特点的差异，评价应采取多种方式。除了选用书面形式的测验外，更重要的则应该采用口头表达、小论文的撰写、依据案例材料分析、社会调查报告等丰富多彩的评价形式，也要注意通过观察学生在讨论、考察、探究活动中的表现来评价学生对本课程的学习态度、方法和效果。要重视学生的自评和互评，教师、家长和辅导员的综合评价等。充分关注学生行为方式的变化，将学生在本课程学习中所形成的情感态度与价值观作为评价的重点，并做好相应描述性评价记录，将定量评价和定性评价密切结合起来。

四川省义务教育地方课程《家庭·社会与法制》指导纲要（试行）

为贯彻落实《基础教育课程改革纲要（试行）》《国家九年义务教育课程综合实践活动指导纲要》《中小学法制教育指导纲要》《中小学生守则（修订）》《中学生日常行为规范（修订）》的精神，培养学生爱家庭、亲社会的情感，增强责任感和社会适应能力，树立法制意识，促进学生全面发展，根据《四川省地方课程实施方案（修订）》的有关要求，结合我省中小学生生活、学习状况和教育教学实际，特制定本纲要。

一、指导思想

坚持以邓小平理论和“三个代表”重要思想为指导，贯彻落实科学发展观，遵循学生身心发展规律和现代教育教学理念，贯彻党的教育方针，全面实施素质教育，促进学生全面发展。

二、课程目标

“家庭·社会与法制”课程是一门贴近学生生活，强调知识应用，以家庭教育、社会实践、法制教育为重点的综合性地方课程。开展“家庭·社会与法制”教育，对保障青少年健康成长具有重大的现实意义。

课程以学生的家庭生活、社会生活为基础，通过案例教学、情境体验和实践活动，传授家庭生活和社会生活需要的知识、技能，使学生获得积极的情感体验；培养学生良好的行为习惯，增强其民主法制意识，形成适应现代家庭生活和社会生活的技能、态度、法制素养及正确的价值观。

三、实施原则

（一）实践性原则

课程重在引导学生通过案例学习、情境体验和大量实践活动，得到丰富多彩的情感体验，获取家庭、社会生活需要的知识和技能，初步形成适应现代生活的情感、态度和正确的价值观。

（二）实用性原则

面向全体学生，密切联系其学习生活、家庭生活和社会生活，适应我省经济社会发展的需要，适应学生身心成长特点和接受能力，循序渐进、突出重点，培养学生热爱家庭、关注社会、服务社会的意识和能力。

（三）实效性原则

从学生实际需要出发，一切为了学生发展，通过“家庭·社会与法制”课程的实施，逐步形成青少年遵纪守法的行为习惯，培养学生与家人、社会和谐相处的意识和能力，使之能更好地融入家庭，融入社会，健康成长。

四、课程内容及基本任务

“家庭·社会与法制”课程整合了家庭教育、社会实践、法制教育等内容，其主要内容、要求及基本任务为：

（一）课程内容

1. 家庭部分

（1）知道家庭伦理道德的基本要求，学会感恩，养成以尊老爱幼、孝敬父母、男女平等、勤俭持家、团结互助为主要内容的家庭美德。

(2)学会与父母沟通，经常与父母交流生活、学习、思想等情况，尊重父母的意见和教导，努力营造平等、和谐的家庭氛围。

(3)知道营养与烹饪的基本知识，拓宽日常生活领域，体验家庭生活的乐趣。

(4)了解常用家用器具的使用与保养方法，感受技术与日常生活的联系，获得“技术造福家庭”的体验。

(5)了解家庭理财与购物的基本知识，逐步形成科学的消费观，做一个明智的消费者。

2. 社会部分

(1)学会处理师生关系、同学关系、邻里关系，增强社会交际能力，遵守社会公德，培养社会责任感。

(2)了解社会的职业分工和职业道德要求，学会职业分析的基本方法，培养爱岗敬业的意识。

(3)知道正确处理国家、集体、个人三者的关系，通过调查、比较、测试等活动，了解个人的兴趣、特长及人才需求状况，进行继续学习或就业意向的初步选择。

(4)接触和分析一些创业案例，形成对创业的初步认识。

3. 法制部分

(1)进一步学习宪法的基本知识，增强宪法意识。

(2)知道法治精神体现了社会公平、正义的要求，反映了人与人之间的平等关系。

(3)理解我国公民权利的广泛性、现实性、平等性，懂得公民在享有权利的同时必须履行相应的法定义务，懂得不承担法定义务或触犯法律要承担法律责任。

(4)懂得法律能够维护社会秩序，协调人与自然、人与社会的发展。着重了解与学生生活密切相关的刑事、民事、行政管理等方面的法律知识。

(5)了解预防未成年人犯罪法的有关内容，知道违法和犯罪的含义，认识违法犯罪的危害，知道不良行为容易导致违法犯罪，违法犯罪会受到法律的惩罚。抵制不良诱惑，养成遵纪守法的习惯。懂得未成年人要在保证自身安全的条件下见义勇为，知道揭发检举、及时报警、正当防卫等是同犯罪作斗争的有效手段。

(6)懂得未成年人权益受到国家保护，知道未成年人保护法关于家庭保护、学校保护、社会保护、司法保护的主要内容，掌握自我保护和维权的方法，学会采用诉讼或者非诉讼方式维护合法权益。

（二）基本任务

1. 引导学生热爱家庭、孝敬父母、与父母和谐相处，形成爱家庭、亲社会的积极情感态度，使学生初步具备适应现代家庭生活和社会生活的知识、技能、价值观念。

2. 增强爱国意识、公民意识、守法意识、权利义务意识、自我保护意识，养成尊重宪法、遵纪守法的习惯，提高分辨是非和守法用法的能力，做知法守法的公民。

3. 提高学生的社会认识和实践能力，增强社会责任感和职业意识，了解从事职业活动必备的劳动保护知识和相应的职业道德，关注本地区的经济发展和人才需求，进行学习或就业的初步选择，形成初步的创业意识。

五、实施途径及保障机制

（一）课程计划

我省要求在八至九年级开设“家庭·社会与法制”课程，八年级每周安排2课时，九年级每周安排1课时。学校要发挥课堂教学的主渠道作用，重视“家庭·社会与法制”的学科渗透，利用多种形式，开好这门课程。本课程周课时安排如下表：

四川省义务教育地方课程

“家庭·社会与法制”课程计划表

年级	八	九
周课时数（节）	2	1

（二）教材编写

编写人员应依据本课程指导纲要，在内容的安排、知识的呈现、图像的运用、活动的设计、案例的选择等方面遵循学生身心发展规律，贴近学生实际，关注学生的自身体验、反思、改进和适应，为学生的健康发展奠定基础。

（三）资源开发

各级教育行政部门和学校要多方面地开发和利用校内外丰富的“家庭·社会与法制”教育资源。积极开发图文资料、教学课件、音像制品等教学资源；利用网络、影视、博物馆、图书馆、法制教育基地等社会资源，增强课程实施效果。

各级学校应该采取走出去和请进来的方式，利用社会、社区、各相关部门优势条件，充实和完善“家庭·社会与法制”课程教育内容，充分体现本课程的实践性、实用性和实效性。

（四）师资建设

重视"家庭·社会与法制"课程的师资建设。各级教育行政部门和学校要把"家庭·社会与法制"教育师资培训列入教师培训计划，做好培训工作，开展教研活动，不断提高教师的教育教学水平。

(五)管理评价

各级教育行政部门和学校应加强教育教学管理，创造良好条件，确保"家庭·社会与法制"课程的实施。针对八、九年级学生心理特征、学习形式和学习特点，把实施过程和实施效果作为课程管理和评价的重点。评价应采取纸笔测试、口头表达、实际操作等多种方式，将定量评价和定性评价结合起来。

四川省义务教育地方课程《可爱的四川》指导纲要(试行)

为贯彻落实《基础教育课程改革纲要(试行)》和《四川省义务教育阶段地方课程实施方案(修订)》的要求，让学生了解四川悠久的历史、优美的自然环境、丰富的文化和快速发展的经济社会，培养学生热爱四川、热爱家乡的情感，增强学生振兴四川、建设家乡的责任感，特制定本纲要。

一、指导思想

坚持以邓小平理论和"三个代表"重要思想为指导，切实落实科学发展观，遵循中小学生身心发展规律和现代教育教学理念，贯彻党的教育方针，全面实施素质教育，促进学生全面发展。

二、课程目标

《可爱的四川》是一门综合性的地方课程。

本课程力图让学生深入了解四川的自然环境、历史文化、社会发展、人文风情等；形成爱祖国、爱家乡，维护民族团结、国家统一的情感，增强学生振兴四川、建设家乡的责任感；学会运用所学知识和方法去分析四川历史、社会和自然中的问题，提高综合实践能力。

三、实施原则

根据国家对地方课程建设的总体要求，本课程建设应遵循如下原则：(1)根据新课程的要求，在课程目标上与国家课程的知识与技能要求相衔接、注重过程与方法、更加重视情感态度与价值观的培养；(2)在内容的选择上要体现四川特色、突出"可爱的四川"这一主题，根据知识性、科学性、人文性相统一的原则精选对学生有重要教育价值的学习材料；(3)根据学生认知水平和兴趣爱好，密切联系学生生活实际，在课程内容的安排上要遵循

"循序渐进、深入浅出"的原则；(4)根据学生年龄特征，在内容呈现上要遵循多样性、活泼性、美观性相统一的原则；(5)在课程实施上要遵循课内教学和课外活动相结合，学校教学和社会实践相结合的原则。

四、课程内容及基本任务

(一)课程内容

1. 秀美的山川

(1) 我的故乡在哪里

了解四川的纬度位置、相对位置和相邻省区。

知道四川的面积包括四川在省区中的位次及行政区划。

(2)故乡的土地

知道四川东西两大地形区；了解长江、黄河流经的地方。

了解四川主要气候特征；知道四川东、西气候差异。

(3)物华天宝看四川

了解四川富饶的资源、著名的物产，增强学生热爱四川的情感。

(4)我与你游四川

了解四川交通运输业的快速发展以及多种运输方式共存的运输体系。

了解四川旅游资源及其分布、国家重点风景名胜区介绍、旅游业的发展状况。

2. 悠久的历史

(1)四川的先民

了解四川境内的原始人类的文化遗存，突出三星堆遗址和金沙遗址。

知道古蜀国，了解史实和传说的区别。让学生为四川有这样悠久的历史而自豪。

(2)四川古代政治文明的发展

知道"锦官城"的由来。了解成都在先秦的建城及发展。

了解诸葛亮治蜀的主要措施，认识诸葛亮治蜀的意义。

了解成都皇城与成都少城的由来。

(3)"天府之国"

了解李冰主持修建都江堰，体会古代劳动人民的创造力，知道"天府之国"的由来。

了解南方"丝绸之路"的概况及其在中外交往中的作用。

认识宋代四川商业和城市的繁荣。

(4)工业文明的曙光

了解四川机器局的史实，评价“洋务运动”在中国近代化进程中的作用。列举四川民族工业发展的史实，了解四川近代工业的发展概况。

了解抗战时期工业企业的内迁及对四川近代工业发展的意义。

(5)探索救国之路

了解“蜀学会”的史实及对四川近代社会的影响。

了解四川“保路运动”，探讨四川“保路运动”对“辛亥革命”的作用。

知道邹容、喻培伦、彭家珍的革命史实及对民主革命的贡献。

(6)“德先生”与“赛先生”

了解“少年中国”的史实。

了解留法勤工俭学的史实，知道邓小平、陈毅留学勤工俭学的故事，感受他们立志为中华崛起而追求真理。

列举吴虞等“新文化运动”的代表人物。

简述“五四运动”在四川的概况，了解四川省委成立的意义。

(7)红军不怕远征难

知道川陕革命根据地的建立，了解中国共产党创立革命根据地的意义。

知道红军长征过四川的史实，讲述红军长征在四川的故事，体会红军的革命英雄主义精神。

(8)好男当兵上前线

了解日军对四川的轰炸。

讲述王铭章等川籍抗战将领的故事以及川军出川抗战的故事。知道四川人民为抗战所作的贡献。

(9)四川的新生

知道成都十二桥烈士的故事；了解国民党军队在四川的起义。

讲述解放军解放四川的故事。列举成都、西昌等战役，说明人民解放战争在四川迅速胜利的原因。

3. 和谐团结的多民族大家庭

(1)多民族兄弟姐妹的家园

知道四川人口数量、在全国的位次、人口增长、人口分布。

了解四川是多民族省份、少数民族的分布、民族区域自治。

(2)共御外侮、同仇敌忾

知道四川藏族士兵出川抗击廓尔喀(今尼泊尔)的故事；知道

川军(包括藏族士兵)出川抗英的故事。

讲述红军长征在四川藏区、彝区的故事，了解红军正确执行民族政策的事例。

(3)相互尊重、和谐共处

以举世闻名的碉楼为例，了解古老的羌族；以藏语和彝语为例了解少数民族语言文字的保护；知道少数民族的风俗和节日；知道各民族的宗教信仰。

(4)共同努力、建设家园

了解在经济建设中民族地区对内地的支援；知道民族地区教育和卫生事业的发展；以“三房”改造工程为例，知道党和政府对少数民族地区的扶贫政策。

4. 独特的地域文化

(1)科技与教育

知道文翁兴学的相关史实。

列举落下闳、唐慎微、秦九韶在自然科学中取得的成绩。

了解抗战时期内迁的大学。

(2)灿烂的文学

了解汉代四川文学的成就。

以李白、杜甫为例了解唐诗在四川。

了解苏轼三父子的文学成就。

(3)丰富多彩的艺术

从三星堆遗址等地出土的青铜器中，了解四川古代青铜工艺的成就。

从大量出土的汉砖、石刻中，了解四川古代社会生活状况。

(4)和谐的宗教

知道道教在四川兴起的基本史实，了解道教对中国传统文化的影响。

了解佛教在四川传播的概况，了解藏传佛教。

(了解基督教、伊斯兰教等在四川发展的概况)

(5)近代文化

了解郭沫若、巴金等的文学成就。

了解张大千在绘画方面的成就。

(6)独特的地域文化

了解川剧发展的历史以及川剧艺术中的绝活。

了解川菜和四川的地方特产。

5. 建设发展中的四川

(1)四川人民的骄傲

知道党的好女儿——丁佑君的故事。

知道战斗英雄——黄继光、柴云振的故事。

(2)“改革开放”的先声

知道向阳乡人民政府的建立。

了解邓小平在推动四川改革开放中的重要作用。

了解第一张股票，第一个股份制公司的建立。

(3)“改革开放”的深化

知道西部大开发战略，了解四川在改革开放中取得的成就。

了解综合改革实验区，了解改革开放中四川城乡的变化。

(4)众志成城，抗震救灾

了解汶川大地震发生后四川人民积极自救典型事迹。感受四川人民坚强不屈的品质。

知道“5·12”汶川大地震发生后全国人民对四川支援的感人事迹。

(5)四川的东西南北中(一)

了解四川产业化的农业、繁荣的工商业、密布的城镇，知道省会所在地——成都。

知道四川具有传统优势的农业和快速发展的交通运输业。

了解四川丰富的山区林产。

(6)四川的东西南北中(二)

了解四川丰富的林、矿产资源；了解四川重要的水运交通；了解四川著名的盐业和酿酒业。

了解丰富的金属矿资源；认识四川是我国重要的航天工业基地。

了解四川是我国重要的畜牧业基地、了解四川前景广阔的旅游业和亟待发展的民族经济。

(7)发展的教育科技

知道四川国民教育水平、基础教育发展水平、高等教育发展水平、科技综合实力以及在四川的全国著名的科研机构。

知道四川 IT 产业的发展和高新科技园区的建设。

(8)让故乡山清水秀天更蓝

了解四川主要自然灾害及其分布、自然灾害的防治。

知道生活中的环境问题；了解环境问题治理措施。

(9)明天会更好

了解四川总体发展目标、城镇居民生活水平目标、环境治理目标。

知道四川的交通建设、能源建设、信息网建设。

(10)我为四川描蓝图

引导学生在“四川省政区”图上描绘远景规划的建设项目。

引入案例，学生参照撰写“关于某县(市、区)今后经济发展方向”的分析文章。

(二)基本任务

《可爱的四川》是以认识四川、热爱四川、建设四川为核心的地方课程。通过有计划地实施《可爱的四川》课程的教学，要让学生了解四川悠久的历史、灿烂的文明，掌握四川发展的历史脉络及重大事件；了解四川的优美的自然环境和丰富的资源；了解四川各民族团结和谐、共同努力所创造的辉煌成就；了解四川的优秀的民间艺术、独特的民俗、民情。通过课堂学习和课后活动，要让学生逐步感知四川文明演进中的艰辛历程和巨大成就；通过收集资料、构建论据和独立思考等学习活动，使学生能够运用不同学科知识对历史及自然现象进行初步的归纳、比较、概括、评价等，加深对四川发展进程的理解，并做出自己的解释。注重探究式学习，使学生勇于从不同角度提出问题，学习解决问题的一些基本方法；使学生乐于同他人合作，共同探讨问题，交流学习心得。通过本课程学习让学生逐渐了解四川省情，理解并热爱四川传统文化，形成对家乡的认同感，培养学生热爱四川、热爱家乡、维护民族团结的情感，增强学生振兴四川、建设家乡的责任感。逐步确立为家乡和祖国的社会主义现代化建设作贡献的人生理想。

五、实施途径及保障机制

(一)课程计划

《可爱的四川》分七年级(上)和七年级(下)两册，义务教育阶段学校应在七年级利用地方课程课时安排该课程，每周 2 课时。本课程周课时安排如下表：

四川省义务教育地方课程《可爱的四川》课程计划表

年 级	七(上)	七(下)
周课时数(节)	2	2

(二)教材编写

编写者应依据本课程指导纲要，在内容的安排、知识的呈现、图像的运用、活动的设计、案例的选择等方面遵循学生身心发展规律，贴近学生实际，关注四川历史文化和社会发展的今昔变化，关注学生的自身体验、反思、改进和适应，为学生的健康发展奠定基础。

（三）资源开发

各地应加强教学资源建设，要根据各地和学校实际，积极开发《可爱的四川》教育的课程资源（文本资源、教学课件、教学图像、音像制品等教学资源），增强《可爱的四川》的实施效果。

（四）师资建设

各地教育行政部门和学校要重视《可爱的四川》课程的师资建设，把《可爱的四川》课程的师资培训列入在职教师继续教育的培训系列和教师校本培训计划，分层次开展培训工作，不断提高教师开展《可爱的四川》课程教育的水平。《可爱的四川》课程教育师资应以历史、地理、思想品德教师为基础。要重视《可爱的四川》教育教学研究工作，各级教研部门要把《可爱的四川》教育教学研究纳入教研工作计划，针对学生实际，开展有效的教学研究工作，不断提高教师的专业化水平。

（五）管理评价

要重视对《可爱的四川》课程的管理和评价。各地教育行政部门和学校应将《可爱的四川》课程的实施过程与实施效果作为本课程评价的重点进行评价。

对学生的评价不仅要关注在本课程实施后学生在知识与技能、综合能力方面的提高，更要重视学生情感态度与价值观的发展。要重视学生的自评和互评，教师、家长和辅导员的综合评价等。充分关注学生行为方式的变化，将学生在本课程学习中所形成的情感态度与价值观作为评价的重点，并做好相应描述性评价记录，将定量评价和定性评价密切结合起来。对学校评价的重点主要是《可爱的四川》课程是否按要求开设、开足课时、提供必要的资源配置。对教师的评价主要看课程实施情况以及实际效果。

关于2009年基础教育招生计划及招生政策的通知

各乡镇人民政府，县政府各部门，金磐开发区，大盘山管理局，新城区，磐安工业园区，云山旅游度假区：

根据《中华人民共和国教育法》《中华人民共和国义务教育法》《浙江省人民政府关于加快基础教育改革与发展的决定》等有关法律、法规、政策精神，结合我县实际，特制定磐安县2009年基础教育招生计划及招生政策。

一、招生计划

（一）幼儿园

全县幼儿入园率（3～5周岁）96％以上，其中，学前一年入园率达99％以上，城镇幼儿入园率（3～5周岁）达97％以上。

(二)义务教育

1. 全县计划招收小学一年级适龄学生 2 045 人，适龄儿童全部依法入学。其中实验(南园)小学 8 个班，安文小学 7 个班。班级名额按规定(每班 45 人)不得突破。小学新生入学年龄为 6 周岁(2003 年 8 月 31 日及以前出生)，不得提早入学。

2. 全县计划招收初中一年级学生 2 339 人，小学毕业生 100%升入初中。其中实验(南园)初中 12 个班，生源为实验(南园)小学毕业生，窈川、双溪乡户籍小学毕业生；安文初中 9 个班生源为安文小学毕业生。班级名额按规定(每班 50 人)不得突破。

(三)高中

全县初中毕业生 2 322 人，计划初中应届毕业生升高中段的比例达 98%以上，普通高中与职业高中的招生比例达到 1∶1。

1. 普通高中招生 1 130 人。其中：磐安中学 11 个班 550 人(含定向生 220 人，特长生 5 人)；磐安县第二中学 10 个班 500 人；磐安县第三中学 2 个班 80 人。

2. 职业高中招生 900 人。其中磐安县职业技校 10 个班 500 人，磐安县第三中学 8 个班 400 人；初中专(技)招生按省、市下达的计划执行，不低于 200 人。

3. 普通高中的择校生比例按省、市“三限”政策执行。

二、招生政策

(一)幼儿园招生

同一乡镇内有多个幼儿园的，由乡镇人民政府或乡镇人民政府委托的中心小学划定招生范围，有关幼儿园原则上要按划定的范围招生。

幼儿要就近入园。确因受居住分散等条件限制，经教育主管部门批准的，幼儿园可在不超过 2.5 公里范围内招收幼儿；超过该范围的，原则上应全托就园。

各乡镇人民政府要确保辖区内幼儿入园率不低于 96%。

(二)义务教育招生

1. 由各乡镇人民政府负责，依据《中华人民共和国义务教育法》及《实施细则》，确保新生 100%入学。

2. 县城义务教育起始年级入学对象的资格确定，按磐政〔2001〕33 号文件精神执行。

3. 义务教育对象原则上应在规定的学区内就近入学和对口升学，学校不得擅自跨学区招生。凡跨学区就读的学生必须办理相关手续。城区学校招收跨学区学生必须经县教育局批准，并服从县教育局统一调控。空余学额优先保证符合浙政发〔2008〕69号文件规定条件的进城务工人员子女入学。

4. 义务教育阶段招生的时间和程序，由县教育局作出统一部署，任何学校不得提前招收。

5. 义务教育阶段学生免收杂费，免费享受国家教科书。

(三)高中招生

1. 报考条件

(1)报考普通高中的考生，年龄一般应在14周岁及以下(即1993年9月1日后出生)的本县户籍的初中毕业生，报考中专、职高的考生年龄及户籍不限。

(2)应届学生在就读学校报名。本县户籍学生在学区外学校就读，须有义务教育登记卡，没有登记卡或未按规定办理转学手续的，回户籍所在地学校报考。磐安户籍学生在外县市就读回本县报考的，需由毕业学校提供是否应届毕业及有无重读的证明，在户籍所在地学校报考；不回本县报考的，普通高中不予录取。

(3)外县户籍考生，初中阶段在我县学校读满三年，经县教育行政部门审批同意的，可在我县报考。未足三年，本人要求在磐安借考的，经教育行政部门同意，可以在我县借考，但磐安中学不予录取(因父母工作调动或县政府同意作为人才引进的除外，但需提供工作调动及人才引进的证明，并经教育行政部门批准)。

(4)往届学生在户籍所在地学校报考。高中段在校生不得报考，初中毕业后在全日制中学插班、重读、旁听及社会复习班学生不得报考普通高中。

2. 报考科类

高中(含职高)兼初中专(技校)。

3. 录取原则和依据

坚持全面衡量、综合评价、尊重志愿、适者录取的原则；将初中毕业生学业考试成绩、综合素质评价的结果、特长条件、加分政策等同时作为高中阶段学校招生录取的依据。

4. 录取形式

(1)综合录取

依据考生的学业考试成绩和综合素质等第录取。考生参加县教育局组织的金华市初中毕业生学业考试所得的总分，是高中招生录取的主要依据。考试设语文、数学、英语、科学、历史与社会·思想品德、体育六门。学业考试满分值为630分。其中语文、数学、英语各120分、科学160分、历史与社会·思想品德80分、体育30分。语文、历史与社会·思想品德试卷中地方课程内容各占5分。体育考试要求按磐教〔2008〕20号文件执行，具体考试日期及其他相关事项由教育局确定，平时成绩、体质健康水平测试成绩、运动技能测试成绩均需向学生张榜公布。

学生综合素质，是高中招生录取的必要条件。学生综合素质由综合素质评语和综合素质等第组成。综合素质评语主要对学生的道德品质、公民素养、情感态度、合作精神、日常表现等方面进行定性描述；综合素质等第由实践与探究、审美与表现、劳动与技能三个模块组成，等第分A(好)、P(合格)、E(需努力)三个等级。等第汇总按3A、2A1P、1A2P、3P等顺序类推。具体操作办法按磐教〔2008〕21号文件执行，其中磐安中学录取的新生必须3A，普通高中录取的新生必须达到2A及以上且不得有E。

(2)定向录取

磐安中学招生计划数的40%用作定向录取。定向录取名额分配依据：①各初中学校初三毕业学生数、学区范围内人口数；②各初中学校毕业生学业考试优秀率、后25%所占比例；③各初中所在乡镇的办学水平情况(以省市级教育强乡镇为依据)；④各初中学校规范办学情况。定向录取分数线：县招生办按磐安中学招生总数划定最低控制分数线，在最低控制分数线内录取不足时，剩余名额由县招生办按高分到低分调剂录取。定向录取名额的数据计算由县招生办负责，县教育行政部门审核批准。

对于正式录取和定向录取均无考生上磐安中学分数线的初中学校，在低于正式录取分数线50分的范围内，按高分到低分照顾录取2名。

2009年至2011年三年内，盘山片户籍的盘山中学、方前中心学校应届初中毕业生，在磐安县第二中学录取时，予以适当倾斜。

(3)特长录取

符合下列条件之一的考生，由学生本人申请、学生所在学校任课教师推荐、校领导班子集体研究确定推荐名单。高中招生学校认真审查推荐学生的材料，对符合推荐条件的学生，可通过面试、研究性学习成果答辩等形式，进行综合测试后，确定正式录取名单，经公示无异议后，报教育行政部门批准。

①初中阶段参加市(地)级及以上正式体育比赛获个人前六名的学生和团体前三名的主力队员；

②初中阶段获青少年科技创新大赛、优秀科技创新项目省二等奖及以上或获浙江省学生艺术特长水平测试“A级”证书的考生；

③初中阶段获数学、自然科学竞赛、中小学电脑制作比赛、青少年信息学(计算机)竞赛市(地)一等奖、省二等奖及以上的考生;

④初中阶段参加市(地)及其以上比赛达到国家二级及以上运动员标准的考生。

以上各类比赛获奖必须由教育行政部门组织或参与组织方为有效，其中②，③两条中两人及以上的获奖项目，只限第一作者(姓名)有效。

5. 有关政策加分

(1)符合国家可以生育两胎政策，且已领取独生子女证的农村户籍的考生，可以在学业考试成绩基础上加2分。

(2)有下列情形之一的考生，可以在学业考试成绩基础上加5分。

①归国华侨子女;

②少数民族考生;

③中国港籍、中国澳籍、中国台籍考生;

④驻磐部队现役军人子女。

(3)根据《民政部、教育部、总政治部关于印发〈优抚对象及子女教育优待暂行办法〉的通知》(民发〔2004〕192号)及《中华人民共和国人民警察法》第41条的规定，符合下列条件的，作如下规定:

①烈士子女可以直接升入职业高中就读;报考普通高中、中等专业学校，可以在学业考试成绩基础上加20分。

②残疾军人(警察)子女、因公牺牲军人(警察)子女、一级至四级残疾军人(警察)子女可以直接升入职业高中就读;报考普通高中、中等专业学校，可以在学业考试成绩基础上加10分。

③驻边疆国境的县(市)、沙漠区、国家确定的边远地区中的三类地区和军队确定的特一、二类岛屿部队现役军人子女，报考普通高中、中等专业学校，可以在学业考试成绩基础上加20分。

同一考生如符合同一条中多项的，不能累计加分;同时符合多条的可累计加分，但以20分为限。

6. 录取批次

第一批：磐安中学计划内学生(含定向生、特长生录取)。第二批：磐安二中学生。第三批：磐安三中普通班学生、职业高中学生，按志愿分别录取。第四批：普通中专、中技学生，按志愿分别录取。

7. 录取办法

(1)各批次学生，均由县招生办划定分数线，在规定时间内录取，录取学校在招生办规定的时间内通知学生本人。

(2)磐安中学计划内招生只录取应届初中毕业生；年龄在15周岁及以上的应届初中毕业生，磐安中学计划内招生提高50分录取。因休学等原因经教育局审批的超龄应届毕业生，按磐政〔2006〕51号文件的规定，磐安中学招生提高10分录取。

(3)志愿填报不足的学校和未填报志愿的剩余考生由县招生办统一调剂。

(4)普通高中的择校生，县招生办划定最低控制分数线，由相关学校按规定政策录取并报招生办审批。

8. 其他规定

(1)中考的考点设置由县招生委员会和县教育局研究确定。各初中、各考点务必加强考风考纪和安全管理，确保考试的公平、公正，维护考生的合法权益。如发现营私舞弊及发生重大责任事故者，按《中华人民共和国教育法》和招生政策有关规定从严查处。

(2)高中学校招生，禁止发布虚假招生信息，禁止中考前到初中学校散布招生广告、拉生源。各初中学校要充分尊重考生意愿，及时向考生公开各类高中段学校的录取信息，并保证本县高中生源。

(3)高中录取新生、招收择校生，必须严格执行金市教基〔2004〕31号文件关于学籍管理的规定，及时向县教育局报批新生名单，办理高中学籍。

(4)择校生的招收严格按省、市有关文件规定限人数、限分数、限钱数。对违反“三限”政策的，按省、市有关文件的规定处理。

(5)外县市来我县各类学校招生，须经县教育局批准认可，在磐安境内申请发布各类招生广告的审批手续，按《中华人民共和国广告法》执行。

(6)严禁有偿招生。违反规定的单位和个人，一经查实，给予党纪政纪处分。

三、本通知由县教育局负责解释

概况与摘要

政治课程研究

浅谈语文教学中的品德教育

李林徽

语文课堂中蕴藏着丰富的德育因子，语文教材文有情，字有意。学生在学习语言文字的同时，会被文字中蕴涵的情感所感染，最终潜移默化地成为个人的道德认知，从而实现人文性与工具性的和谐统一。那么，如何在语文教学中开展品德教育呢?

一、准确选择渗透点。语文教材中蕴涵着极其丰富的“育人因子”，教师必须做好课前准备，在认真阅读文本、仔细研究学情的基础上，巧妙地进行德育渗透。

二、用真情感染学生。教师只有用真情感染学生、引导学生，与学生产生情感上的共鸣时，才能真正引领孩子的成长。

三、老师率先垂范。榜样的力量是无穷的，老师必须以自身的行为引导学生养成好习惯，懂得真、善、美。

四、联系学生生活。德育渗透只有联系学生的生活实际，触及学生的内心世界，才能让品德教育落到实处，真正解决学生道德认识上的困惑。

总之，在语文教学中，教师既要注意传授学科知识，又要有意识地引导学生的道德发展，真正做到文道结合，育德无痕。

《小学德育》2009 年第 3 期

心中有数　教学有度——品德新课程同主题教学研究

黄静影

品德与社会课程设计的思路是：一条主线，点面结合，综合交叉，螺旋上升。这种“螺旋上升”的设计思路，充分考虑到各个年龄层儿童的认知特点，形成具有学习坡度的层次和系列，不仅符合学生学习的心理规律，而且符合学生成长和品德发展的社会要求。可是，在实际教学中，有些教师由于没有系统地钻研全套教材，对教材体系和编写特点缺乏系统的了解，设计教学时，没有“瞻前顾后”，忽视了“螺旋上升”的教材编排体系特点，遇到同一教学主题的内容，因采用简单重复的教学方式而使课堂教学效果大打折扣。是无效的。因此，笔者认为，教师很有必要全面钻研整套小学品德教材，仔细梳理相同主题“螺旋上升”的编排体系，认真进行同主题研究。这样有助于教师准确把握本课的教学目标及教学重点，选择合适的教学内容，运用有效的教学方法和手段，从而提高品德课堂教学的实效。

1. 通读整套教材，把握螺旋主题；
2. 正确解读教材，明确教学目标。

《小学德育》2009 年第 11 期

品读文本　创设情境　引领学生前行
——例谈小学品德与生活教材中文字的使用

俞观宝

鉴于低年级小学生的认知特点，人教版品德与生活教材以绘本的形式呈现课程内容，文字只有寥寥数语，但学生可从中获取大量信息。这些儿童化的文字源于生活，表现的是生活，字里行间传递着生活的气息，渗透着美好的情感，塑造着孩子们健全的人格。因此，品德教学可以通过引导学生品读文本，指导学生借助品读而通情达理。

1. 游历文本深处，梳理阅读材料；
2. 穿梭课堂内外，寻觅适合内容；
3. 促进生本对话，引发品读热潮。

实践证明，综合实践活动课程是一方广阔的沃土，而富有地域特色的“伞文化”又是一种鲜活的课程语言。基于此，学校将不断挖掘、开发，让朵朵伞花开得更红、更艳！

《小学德育》2009 年第 10 期

以问题研究为导向的品德教研

邬冬星

品德与生活、品德与社会是本次基础教育课程改革在小学阶段新开设的两门课程，是变革力度最大的课程之一。全新的课程，必然会产生更多急需研究和解决的新问题。因此，近年来，在做好新课程培训的基础上，我省品德教研活动的重点就是抓住实际教学中的关键问题着力研究和解决。我们的教研工作思路是持续推出系列研究主题，通过省、市、县(区)、校各级教研团队集体协作、上下联动，研究问题解决策略，及时总结经验和成果，深入推进新课程的实施。现在，这种“问题——主题式”教研模式已经在我省各级品德教研活动中广泛应用和开展。

1. 从问题到主题；
2. 注重过程研究；
3. 创设参与平台；
4. 扩展研究效应；
5. 推进后续研究。

《小学德育》2009 年第 1 期

归纳推理在品德教学中的运用

方向军

在品德课中，我们要设法让儿童的生活在课堂中再现，让孩子们在一个个具体的事例中自己得到深切的体悟。这个过程，其实就是一个归纳的过程。因此，归纳法更接近学生的认识习惯，能更好地促进学生分析、解决问题能力的提高，在品德课中，我们要更多地运用归纳推理式教学。

1. 学生呈现已有的知识经验，提供归纳推理的前提条件；
2. 教师创设典型的道德情境体验，提供归纳推理的环境背景；
3. 师生共创民主的对话氛围，提供归纳推理的安全心理。

所谓“水到渠成”，说的就是前期工作的完成保证了后期结果的完美。品德课堂也一样，民主化的课堂氛围使师生共同构建了学习的意义，在代际沟通与对话碰撞中实现道德的共生，迸发出鲜活的道德生命力！教师在支持与合作中要为儿童提供必要且适宜的指导和建议，帮助儿童养成良好的习惯和品德，完善学习方法，逐步构建自己的科学知识和概念，从而实现对儿童的有效引领。

《小学德育》2009 年第 17 期

浅议高中思想政治课激趣教学法

李英莲

当代高中生喜欢什么样的政治课？如何使高中思想政治课吸引学生的注意力和激发学生的学习兴趣呢？我将自己从教学实践

和探索中得来的看法简述如下，与同行交流。

1. 巧设疑问激发兴趣；

2. 巧选漫画激发兴趣；

3. 巧设典故激发兴趣。

当然，教师自身的语言魅力也不可忽视。通过运用一些掷地有声、耐人寻味、内容深刻、饱含激情、幽默风趣的语言，使教学有张有弛，有声有色，从而极大地激发学生的兴趣，让学生在轻松活泼的气氛中掌握政治学科的基本理论，使他们把政治课不再看成一种负担，而是一种享受，一种精神上的陶冶。

《中国教师》2009 年第 93 期

浅析中学思想政治课教学中的情感教育

尹朝辉

情感教育是中学思想政治教育的重要组成部分。本文试图分析中学思想政治课教学中的情感教育的内涵，针对情感教育所存在的问题，提出相应的解决措施，以期中学的情感教育发挥更大的作用，培养学生全面发展的人格，提高人才的综合素质。

《中国教师》2009 年 S1 期

思想政治课如何激发学生的学习兴趣

李　荣

1. 以生动形象、幽默风趣的语言激发兴趣；

2. 以新颖别致、引人入胜的导入激发兴趣；

3. 以设疑、解疑激发兴趣；

4. 让学生自主学习、合作探究参与教学来培养兴趣；

5. 用情感激发学生的学习兴趣；

6. 运用多媒体教学，激发学生学习的兴趣；

7. 采取理论联系实际的教学方法激发学生兴趣。

《中国教师》2009 年第 S2 期

浅谈思想品德课的“探究”教学法

马亚伟

一、以情境激发学生探究问题的兴趣

1. 设疑问，导入新知。

2. 演知识，潜移默化。

3. 组织辩论。

4. 开展讨论。

二、有的放矢培养学生探究问题的能力，让学生学会探究

《中国教师》2009 年第 S2 期

让初中思想品德课有趣又有效

张　丽

从新课导入、精心设计问题、丰富教学语言、采取多种教学形式精心设计让学生充分动起来，使思想品德课堂有效、有趣。针对中学生的心理年龄、接受知识的特点，在思想品德课教学中，我们应该精心设计，采用各种引人入胜的新课导入，刺激学生的求知欲望；创设问题环境，激发学生学习兴趣；运用生动的语言，丰富的肢体语言，集中学生注意力；针对不同的教学内容，采用不同的教学方法；让学生参与课堂，充分发挥学生的主体作用，提高学生的学习兴趣。

《中国教师》2009 年第 S2 期

高中政治课教学如何培养学生的批判性思维

卢其文

当今的社会是竞争的社会，而竞争的核心是人的能力尤其是创造能力的竞争，从哲学的角度看，创造就意味着质变，意味着新事物新思想对旧事物旧思想的否定。对旧事物旧思想的批判是产生新事物新思想的必要前提，没有批判就没有创造，就没有新事物新思想。因此，培养学生创造性思维的关键在于培养学生的批判性思维能力和习惯，本文从政治课课堂教学方面谈谈如何培养学生的批判性思维。

《中国教师》2009 年第 85 期

高三政治课如何实施“有效教学”

宋良恒

1. 增大课堂知识容量。

2. 课前的充分备课是实施“有效教学”的前提和基础。(1)以学定教，因材施教。(2)依纲据本，充分备课。(3)降低重心，回归基础。

3. 对教学内容进行科学处理。

4. 转变观念，从过去的知识传授型教师向能力培养型教师转变。

5. 教学方法和形式的多样化。
6. 实施“有效教学”，在基础知识中学习。
7. 指导学生学法，培养学生自学能力。

《中国教师》2009 年第 85 期

浅议心理健康教育对提高德育实效性的启示

王　瑞

德育与心理健康教育的区别：
1. 德育与心理健康教育的理论基础不同。
2. 德育与心理健康教育工作的角度有区别。
3. 德育与心理健康教育的教育目标有差异。
4. 德育与心理健康教育的教育方式有区别。

《中国教师》2009 年第 85 期

综合课程品德教学中的心理教育

束晓崟

心理健康问题成为目前在校学生中普遍存在的问题，心理问题不但影响了学生个体的成长、进步，也阻碍了家庭、社会的和谐发展。在学科教学中渗透心理教育，是开发学生潜能，培养学生全面发展的必要途径。品德课以学生为主体，以学生的需求为出发点，引领学生感悟人生意义，学会健康、安全、积极、愉快地生活，把优良的品德转化为良好的行为习惯和心理品质，使学生始终保持乐观的精神状态，养成沉稳、冷静、适应环境的心理品质，促进学生形成健康人格，这是教育的内在需求。如何在品德课课堂教学中促进学生的心理健康教育呢？笔者认为，在品德课课堂教学中，要促进学生的心理健康，务必优化课堂教学，实施品德教育课有效化、开放化，与社会实践活动紧密结合，与心理教育紧密结合，提高学生的道德素质，促进学生健康人格的发展。

《中国教师》2009 年第 99 期

高中思想政治课交流互动教学模式中的“提问有效性”探究

李趁良

思源于疑，心理学上讲，“思维永远是从问题开始的。”巧妙的课堂提问是培养学生思维能力的首要途径。因为问题能引起学生认识上的矛盾，产生心理上的不平衡，激发学生的学习兴趣，使学生产生强烈的探究欲望，从而诱发学生积极的思维活动。因此要高度重视探究提问的有效性。

《中国教师》2009 年第 S1 期

以情境为中心开展思品课教学

龚泰荣

本人在教学实践中开展情景教学法，取得了一定的效果。下面我谈谈自己在新课程中开展情景教学法的一些实践与思考。情境教学法的策略“情境教学法”就是以情境为中心，根据教学内容的特点和要求，结合教学条件和学生心理发展水平的实际，创设一定的情境，使学生在老师的指导下，体验或获得相应的科学知识的一种教学方法。通过创设问题情境教学，教师引导学生对问题进行归纳整理，有意识地引导学生回到课本的有关知识点，并围绕课题学习内容组织学生对学习过程进行认真、细致、系统地反思。情境教学法的实践，情境教学法的思考，探寻课堂与社会的汇合点，建立主导与主体的融合点，追求个性与共性的结合点。

《高教论坛》2009 年第 1 期

思品课教学的情境设置与优化思考

李际营

创设情境是指教师有目的地引入或创设具有一定情绪色彩的、以形象为主体的生动具体的场景，引导学生积极探究，使学生在愉快的心境中学会思考，陶冶情操。教师创设情境强调创设的主体是教师，学生在教师的引导下开展学习。教师可设计诸如图片、动画、游戏、讨论、小品表演、体验与交流、正反方辩论等丰富多彩的教学活动，让学生在活动中学习，在活动中体验，在活动中收获。教师创设情境要考虑学生的语言、思想水平，即必须融入学生的生活语言、熟悉的生活事物，不能太冷僻、生硬，难以理解。

《高教论坛》2009 年第 2 期

政治课教学中的两点思考

李红梅

在精心策划、深思熟虑的基础上，要注重思想政治课中的生成性。英国教育学家洛克曾指出：“如果儿童的心灵被遏制和轻视，如果孩子们的精神过分的沮丧，过分地加以限制，孩子们就会丧失活力和勤奋。”这就要求教育者既要注重学生探讨的结果，更要注重学生探究的过程，善于发现学生闪现出的思想火花并加以引导、鼓励，才能打开学生的启智之门，获得更多的知识。课堂教学是一门艺术，对于生成性的灵活把握，能激发学生的创新热情，开拓学生的思维。

《陕西教育》2009 年第 1 期

把思想政治课上生动——初中思想政治课教学刍议

刘风洲

1. 增加时代特色，增强课堂吸引力。革命导师列宁说得好：“没有人的情感，就从来没有也不可能有人对真理的追求。”一个人即使有再丰富的知识、再发达的智力，都要依赖情感的力量。否则，就不能形成乐观进取的态度，也难以付诸实践。

2. 创新教学能活跃课堂气氛。政治课程是德育课程，政治课堂的灵魂是思想，只有充满思想、智慧的政治课学生才能喜欢。

3. 增加乡土案例增强学生的参与意识。乡土案例由于发生在本乡本土，有的为学生亲身经历或耳闻目睹，在时空上贴近学生，并与学生的生活经历紧密相连。因此，教学中适当地加以利用，往往会引起学生的无意识注意，并诱发学生的好奇心，激发求知欲，引起学习兴趣，使学生感到生活处处有活例。

《陕西教育》2009 年第 2 期

政治课实施探究性教学的几点思考

李红梅

一、立足实际，巧设疑问，创设教学氛围

政治课中运用探究性教学是在教师指导下，立足于政治学科教材的实际，学生主动地从学习生活和社会生活中选取与教学目的和教学内容有关联的问题，用类似于科学研究的方式去获取知识、应用知识、解决问题的教学活动，问题是探究性教学的核心。

二、处理好预设性与生成性的关系，实现探究的旨意

探究性教学旨在实现教师教学方式、学生学习方式、教学内容呈现方式和师生互动方式的教学变革。

三、真正改变师生关系，营造良好的课堂氛围

新课程要实现和谐的课堂氛围，教师要切实转变观念，正确

定位。师生之间通过交流、沟通、合作的方式分享彼此的经验和知识，实现教学相长和共同发展。我们在调研中发现教师确实做出了很大的努力，转变着传统的教学方式，上课把更多的时间留给学生，让学生讨论、探究，但这并没有真正改变师生关系。要真正改变就需要教师启发，学生共鸣，气氛融洽。做到这点确实也不容易。

《陕西教育》2009 年第 2 期

思想品德课堂教学的反思

胡媛媛

联系实际是上好思品课的关键，联系学生存在的问题，有利于学生有目的的提高认识，能收到较好的教学效果。总之，只要我们思品课教师勇于钻研、勇于探索、勇于实践，那么我们的教学定会更加生动活泼，我们的课堂定会闪耀更加智慧的光芒，绽放出更加美丽的花朵。

《陕西教育》2009 年第 3 期

思想政治课教学中学习方式的转变

施风雷

一、以教师为主导，让学生由被动学习向主动学习转变

主动性学习是现代学习方式中最重要最显著的特征。在思想政治课教学中，我们的教师应该是教材的重组者，教师应通过自身政治敏锐性的提高，通过对学生实际情况的了解，做到准确把握教材，及时补充新鲜内容，要从学习的时空环境上为学生的主动学习提供条件，要尽可能地教给学生主动学习的方法和途径。

二、围绕问题，让学生由传授式学习向探究式学习转变

三、相互配合，让学生由独自学习向合作学习转变

四、关注生活、注视热点，向回归社会和生活体验转变

《陕西教育》2009 年第 9 期

谈政治课教学中创造性思维的培养

杨连庆

中学政治课教学要加强学生能力的培养与训练，这是教学改革的重要内容之一。任何能力的培养，其核心都是思维，因为创造性思维的培养好坏，直接影响政治课教学的整体质量和持久效果。所以，培养大批具有现代科学知识及现代化思维头脑的创造

性人才，是思想政治课教学的重要任务。在培养青年学生创造性思维的过程中，创造性思维精神品质的培养，不仅是培养学生道德品质素质的内在要求，同时也是他们创造性活动的动力和源泉。创造性思维的品质，主要包括有远大的理想、强烈的求知欲、良好的素养品格、勇敢顽强的探索精神等。培养学生创造性思维的精神品质是对政治课教学的内在要求。

《中小学电教》2009 年第 10 期

浅析新课程理念下的中学政治教学

高伟峰

从学生的健康成长、人才的培养、民族的前途和国家的发展需要出发，政治课起着其他学科不能替代的作用。初中思想政治课，由其学科本身的特点、性质决定，在教学过程要做到理论与实践相结合，学科知识教育与德育教育相结合，知与行的统一。这对思想政治课的教学提出更高的要求。在课程理念下，怎么做才能使思想政治课获得良好的教学效果呢？政治教师肩负着提高学生素质、培育一代新人的历史重任，因此必须解决转变我们的观念问题、教学的模式问题。只要广大教师在教学中不断探索，就一定能从根本上改观政治课教学的面貌，使它的德育和智育功能得到充分发挥。

《中小学电教》2009 年第 1 期

浅谈初中思想品德教学的有效性

黄增良

现行初中《思想品德》教材(人教版)与老教材相比，在保证科学性的前提下，其内容更加贴近中学生的生活与思想实际，既生动又有趣。可以说，新教材的使用将思想政治课的教学效果向前推进了一大步。笔者通过多年的思想政治教学，深深感受到新教材与老教材相比，在结构上具有时代感和实践性。那么，如何使用好新教材，增强教学的有效性呢？总之，在新一轮课改理念下，政治课教师只有充分利用好新教材，并结合学生的实际，抓住相关的几个环节进行教学，才能使政治课教学更有特色和活力。

《中小学电教》2009 年第 1 期

初中思品课“问题探究”教学的实践与思考

刘宝丽

一、实践的四个环节

二、教学实践取得的效果

三、在实践中反思

目前，评价仍然是制约着新课程实验健康稳步发展的一个瓶颈。以升学考试成绩的好坏衡量教学水平高低的观念一时还难以更新，要全面、客观地研究制定对学生的学习评价和教师的教学评价制度。

《中小学电教》2009 年第 10 期

思想品德课重在育人

李珍权

当下的思想品德课教学中，一些教师习惯扮演“教书匠”，更多的是发挥“教书”的功能而不是“育人”的功能。教材怎么讲，教师怎么教，教材讲多少，教师教多少，思想品德课教学脱离学生实际，使得教师教得辛苦，学生学得痛苦。那么，怎样才能改变这种状况呢？笔者认为关键在于教学方法要因课放活，牢牢抓住学生的情感与价值观的培养，从而实现思想品德育人的根本指向。

《今日教育》2009 年第 3 期

思想品德教学的几点建议

王　均

思想品德是开卷考试，开放型试题居多，针对这样的特点，笔者认为初三思想品德课的教学也要以此为指导，大胆进行教学改革。对此，笔者有以下几点建议：

一、树立信心，制订好教学计划

二、吃透“课标”，减少盲目性

三、注重基础找联系

四、把握热点，搞好专题教学

五、学会翻书，快速查找资料

《今日教育》2009 年第 3 期

金融危机背景下思想政治教育的着力点

李建军

当前的国际金融危机给世界各国经济发展和人民生活带来了严重影响。这场世界经济领域发生的严峻危机，势必传导出不同的社会意识形态，引发世界观、价值观领域的一系列变化。及早认识和把握这一变化，有利于我们因势利导，抓住金融危机背景下社会主义核心价值体系的价值创造、价值渗透、价值实现的需要所在，以核心价值体系统一社会意志、引领社会思潮、融合社会观念、规划社会目标、增强发展信心、集中社会智慧的意义为思想政治教育的着力点，有效开展思想政治教育。

《教育理论与实践》2009 年第 10 期

论道德教育的公私观

牛丽玲

中国传统道德教育历来注重“公”与“私”的区别，崇“公”而抑“私”。无论哪个年代，都提倡“大公无私”“立公灭私”。然而，这种否定私心的道德教育容易使学生从小就陷于一种无法自拔的原罪感。当行动和信念存在巨大落差时，学生就会感到茫然和失落，从而形成一种缺乏自信的心理。因此，道德教育要正确认识公、私之间的关系，要树立正确的公、私价值观，学校的道德教育更要注重引导学生塑造健康的“私德”，从而培养良好的“公德”。若仍然提倡公私对立的价值观教育，很容易造成学生走入社会后德育观的混乱和迷失，我们不能不引以为戒。

《教育理论与实践》2009 年第 10 期

浅谈思想政治教育的主体间性转向

吴　琰　左志伟　张天德

思想政治教育的主体间性转向是马克思主义交往理论在思想政治教育中的具体运用，是解决当前思想政治教育缺乏主动性、针对性、时效性的客观要求。在思想政治教育的主体间性转向中要注意突出地位平等，把握双向互动，教育内容应贴近现实生活，彰显人文关怀。

主体性思想政治教育在思想政治教育发展的历史上作出了很大的贡献，但是，由于主体性哲学本身的理论缺陷，导致在主体性哲学指导下的思想政治教育体现为一种单一的“主体—客体”模式，即单一的“教育者—受教育者”模式，这就造成了在思想政治教育实施过程中，教育者的主观愿望与客观教育效果存在着较大差距，教育者大量艰辛劳动的付出，却收不到预期的教育效果。

思想政治教育主体间性转向的基本思路：

1. 在转向中突出地位平等；
2. 在转向中贴近现实生活；
3. 在转向中彰显人文关怀；
4. 在转向中把握双向互动。

《教育理论与实践》2009 年第 5 期

试析学校道德教育的“生态失衡”

薛桂波

学校道德教育对社会发展和道德进步具有重要影响。当代社会道德危机的重要根源在于学校道德教育的“生态失衡”，主要表现为：科学主义引起的道德教育的文化资源危机；道德教育与生命本真性相背离；道德与教育的分离及其生态基础缺失。只有确立道德教育生态的理念，并致力于道德教育生态的理论建构与现实建设，才能真正走出道德教育的困境。强调整体性、有机关联性和动态平衡性的生态世界观是激活道德教育活力、增强道德教育效力的有效机制。

《教育理论与实践》2009 年第 11 期

有效开展德育工作的途径

张丽琴

学校是一个家园，是一个促进学生健康成长的家园。有效的德育途径，可以让学生在自然的活动中培养高尚的情操，在自主的体验中感悟道德的境界，从而促进学生健康发展，为其终身的幸福打下坚实的基础。

1. 完善管理系统，让学校成为引领学生成长的“指南针”；
2. 注重家校沟通，让学生搭上健康成长的“直通车”；
3. 营造校园文化，让学校成为学生汲取知识的“百宝箱”。

《教育理论与实践》2009 年第 7 期

浅谈新课改下的思想品德课教学

杨　敏

新课程改革要求教师的教学理念必须由传统教学理念向现代教学理念转变。我认为教师应从以下几个方面来规范自己的课堂教学，才能打造出成功的思想品德课。

1. 要准确把握新课程三维目标的关系；

2. 要注重研究教法、学法，积极引导学生进行自主学习；

3. 要注重教学内容与社会生活和学生生活实际经验的联系和融合；

4. 要注重教学环节和流程的设计；

5. 要注意教学资源和教学手段的多样化。

《基础教育研究》2009 年第 4 期

怎样上好思想品德课

覃建国

初中阶段开设思想品德课，目的就是要为初中生的思想品德健康发展，良好行为习惯养成和人格完善奠定坚实的基础。但是在日常的教学活动中，我们常常会发现：很多学生对思想品德课不感兴趣，不想学，不愿学。上课不认真听，在下面做其他学科的作业，课后也不花时间复习，作业、测验和考试敷衍了事。通过调查了解，发现初中生对思想品德课不感兴趣、厌学的主要原因有以下几个方面：

1. 社会不良风气的影响；

2. 教师本身的因素；

3. 学生自身的原因。

运用各种方法激发学生学习思想品德课的兴趣。

1. 教给学生正确的学习方法和答题技巧；

2. 理论联系实际；

3. 教学语言要生动、幽默；

4. 通俗易懂、由浅入深；

5. 抓思想促学习。

《基础教育研究》2009 年第 4 期

思想品德课探究学习教学存在的问题及对策

卢飞若

新课程要求学生具有积极主动的学习态度，独立探究获取知识的能力，但课程实践与这一课程理想还存在一定的差距，特别是探究学习在实践中仍存在诸多问题，值得思考和研究。

一、思想品德课程探究学习存在的问题

1. 探究学习活动的虚无化；
2. 探究学习活动的形式化；
3. 探究学习活动的浅层化；
4. 探究学习活动的绝对化；
5. 探究学习评价的片面化。

二、有效实施思想品德课探究学习的方法

1. 教师转变教学观念是有效实施探究学习的前提；
2. 合理的探究设计是开展探究学习的关键；
3. 适时调控探究学习过程，是提升探究学习质量的保证。

《基础教育研究》2009 年第 1 期

浅谈品德课程教学的求“实”观

韩华山

小学品德教学必须基于学生、为了学生，即必须从学生当前的生活世界出发，着眼于学生的未来生涯。我们关注学生品德形成过程的体验性、建构性、生成性。如果只是想用静止的、遥远的、外在的、完美的道德观念在学生头脑中演绎美好的精神、品德，而远离学生的思想实际、社会实际，那么，品德教学只能是空中楼阁。所以，要提高品德教学的有效性，就要从实、务实、求实，必须把品德的提升落实为其行为的规范和优化。在品德社会生活是河，学生的行为是承载品德教学的船。

1. 教学案例呈现生活的现实；
2. 教学互动吐露思想的真实；
3. 教学延伸重在行为的落实。

《教育实践与研究》2009 年第 11 期

初中思想品德进行时：快乐着学习着

刘志贞

当前，有些中学思想品德教师常常叹息“课难教，师难当”，而有些学生面对开放的试卷也一筹莫展。置身于新课程理念的天空下，重新审视这种现象，每位思想品德学科教师都应该认识到这正是思品课程教研的新起点。经过多年的困惑和突围，我明白了其终极目标其实很简单，不过是当提及思想品德课程时，学生们那一份平和的心态，一个闪亮的眼神，一个会心的微笑……那就是喜欢思想品德课！

《教育实践与研究》2009 年第 10 期

思想政治课中的小组合作学习的问题与对策

李明远　彭华清

在新课改中，“自主、合作、探究”理念使课堂小组合作学习成为一种备受关注的教学方式，是否运用这种方式已逐渐成为评价教学是否贯彻新课程理念的重要维度之一；课堂上学生主体地位逐步确立，民主和谐的气氛日趋浓厚，合作学习的方式不断丰富和发展。但是，受各种因素影响，目前的小组合作学习收效并不很大。我们应正视问题，研究对策，使小组合作这种学习方式在思想政治课程教学中真正发挥应有的作用。

一、小组合作学习中存在的问题

1. 组织小组合作学习随意化；

2. 小组合作学习的泛滥化；

3. 合作学习过程形式化；

4. 参与合作学习“精英化”；

5. 教师参与合作学习“边沿化”。

二、提高小组合作学习实效的对策

1. 组建合理的合作学习小组；

2. 精心设计合作学习问题；

3. 恰当把握合作学习的时机；

4. 教师应宏观调控合作学习过程。

《教育实践与研究》2009 年第 8 期

追寻学校德育活动的游戏精神

杨启华

学校德育活动实效性低下的问题引起人们越来越多的重视。当前学校德育活动存在的主要问题是：德育活动是教师的意愿与设计；德育活动的内容来自成人视阈，是空洞的、抽离的；德育活动的形式是制度化的；德育活动的发展与享乐的追求没有统一起来。解决这些问题的关键在于，在德育活动中注入游戏精神，即一种自成目的的精神，一种积极开放的精神，一种自由想象和大胆创造的精神，一种平等的精神，一种过程就是结果的非功利精神，一种不断自我生成、自我更新的精神，一种不断创新的精神。而其中，最核心的精神是自由的精神。就实践而言，德育活动应成为学生自主与自愿的活动；德育活动的内容应回归学生的生活世界；德育活动的形式应具有生成性与开放性；德育活动的发展与享乐的追求应统一。归根结底，改进德育活动在于以自由之精神培养自由之个体。

《教育科学研究》2009 年第 3 期

现代性背景下道德教育的“去信仰化”问题及应对

刘华杰

随着现代理性精神在精神领域的“去魅”，道德信仰缺失和道德教育的“去信仰化”成为普遍的现代性问题。“去信仰化”的道德教育抽离了道德和道德教育根基——作为内在约束的道德自律，个人随时都有滑向“不道德”的危险。对此，使道德教育“回归信仰”，也许是应对道德教育现代性问题的应然选择。

在整个社会普遍缺乏高位的精神信仰的今天，道德教育若不重视道德信仰对于个人道德体系构建的价值，不承担起培植信仰的时代使命，而是放任“去信仰化”的后果，显然无法体现道德教育的超越本质，发挥其应有的功能。要走出道德教育的“去信仰化”困境，必须“回归信仰”，重新赋予道德教育以“信仰”特质(终极关怀、普遍价值引导、超越性、情感陶冶)，进行道德信仰教育。需要在此强调的是，道德信仰教育，不仅是出于教育者本能地回应，也是对以往道德教育低效的纠偏，更是体现了道德教育所要不懈追求的至高境界。

《教育科学研究》2009 年第 12 期

感性智慧——当代道德教育的可能生成

何雪莲

在一个人心解放的时代，道德失去了过去统摄人心的力量；利益至上与利益争夺的事实，迫使道德不得不让位于利益权衡和策略选择。道德教育知难而退，向底线伦理收缩，并不能使人满意，因为人心的向善，始终是个问题，道德教育始终对此负有使命；而借着寻求个人幸福的目的，高调挺进，说得多做得少，则是某种不负责任。当前道德教育的最大问题，在于无视人的头脑，不足为信；漠视人的心肝，不足以动人。道德教育要重新获得生机和尊严，就要直面真实的生活，从“我—你”二人模式转向“我—你—他”三人模式，关注人的思想与情感，通过价值引导培养学生的道德判断力，由此致力于感性智慧的生成。

《教育科学研究》2009 年第 12 期

将人权教育融入中学德育课程之中

阎乃胜

人权教育是促进人权事业发展的重要战略。中学生已具备一定的人权意识基础。在中学德育课程中融入人权教育关乎中学生作为人而存在的尊严和价值及其健康成长环境的形成。我国现行中学德育课程中的人权教育具有贴近中学生的实际生活和旨在推进中学生人权观念的形成两大显著特点。我们需要回归学生生活，培养学生自由、平等和休戚与共的人权观，形式多样、多措并举，融人权教育于中学德育课程之中，以有效地促进中学生健康成长。人权问题弥散于实际生活之中，在中学德育课程中融入人权教育是一个宏大的系统工程。我们必须遵循道德教育的客观规律，从实际出发，求真务实，开拓创新，以正确的人权观来武装中学生头脑，培养他们维护人权的能力，从而有效地促进其健康成长。

《教育科学研究》2009 年第 9 期

学校德育之“德”如何适应社会之“道”

沈兆乾

社会道德现象的三维结构分别为实践经验、实践理性和实践假说，这三者之间既有内在的联系，又有层次的区别，各自承担着社会稳定和发展的作用。因此，学校道德教育要与社会实践相结合，培养学生的实践经验。同时，在实践经验的基础上，通过理性道德的实践教育和优秀文艺作品的熏陶，促成学生情感的转化，进一步形成高尚的道德人格和信仰信念，以满足社会之“道”的需求。

《教育科学研究》2009 年第 9 期

微型德育课：中学德育新亮点

罗　定　鞠晓斌

随着时代的发展变化，传统的德育模式已不适应社会发展、当代青少年身心发展的要求和新课程理念。江苏省扬州市邗江区蒋王中学与时俱进，根据学校实际，积极探索，开设微型德育课。这类课程有助于激发学生的自主意识，提升班主任的实践智慧，改进班主任考核工作，进而能提高德育有效性，实现师生、学校的共同发展。教育的不断变化发展、当代青少年身心发展的新特点等对学校德育提出了新的要求，如何主动适应这种形势，更新观念，探索德育工作的新路，是中学德育面临的重要课题。依据中央提出的德育工作要“三个贴近”的原则，江苏省扬州市邗江区蒋王中学根据学校实际，探索了新的德育模式，开设微型德育课。所谓微型德育课，是指以反映某一或某些具体的德育内容为中心而精心设计的一种对学生进行道德教育、思想教育、政治教育、心理教育和环境教育等多方位渗透的多功能课型，并非一般意义上的“课”，它既有学科课程之形，又具备活动课程之功能，是学科课程与活动课程的有机结合。学校微型德育课的实践使德育形式多样化，提高了德育效果。

《中国教育学刊》2009 年第 11 期

如何在高中政治教学中进行情境创设

李德胜

所谓情境教学，是指在教学过程中，教师有目的地引入或创设具有一定情绪色彩的、以形象为主体的生动具体的场景，使学生产生身临其境之感，扩大学生的知识视野，刺激学生思考的积极性，从而启发、帮助学生掌握、理解知识，提高分析问题、探求问题和解决问题的能力的一种教学方法，其核心在于激发学生的兴趣和情感。情境教学是一种能够促进学生情感体验，让学生在轻松愉快的气氛中学习，激励学生向知识领域不断探索的新型教学模式。在政治课堂教学中，如何让学生产生一种身临其境的亲切感受和情绪体验，激发起他们对复杂的政治现象及其内在规律的认知兴趣，发展学生的认知思维能力、空间想象能力及实践创新能力，是值得每位政治教师思考的重要问题。情境创设的方法多种多样，下面就当前高中政治课教学中如何创设情境谈谈笔者的体会。

1. 教学情境应着眼于现实生活、跟学生实际紧密联系；

2. 教学情境应设置为带有针对性的问题情境，以激发学生的探究；

3. 教学情境应保持价值中立，为学生留出更广的思维空间；

4. 应让学生参与创设教学情境；

5. 教学情境的形式应体现出多样性。

《新课程研究》(基础教育)2009 年第 12 期

重视政治课堂提问激发学生学习兴趣

张久红

高中思想政治课理论性强，原理抽象。能否让学生对枯燥的知识愉快地接受，轻松、主动、有效地学习，笔者认为，这与教师课堂提问设计有直接的关系。“问题是课堂的发动机。”问什么，创设怎样的问题情境，如何问，对于激发学生的学习兴趣和求知欲望有着较大的影响，对教师有效上课至关重要。

常言道：“兴趣是最好的老师。”教师在课堂提问中要善于把问题的“关节点”、思维的“兴奋点”结合起来，在实践中不断地总结、提高提问艺术，高度重视“问题”在激发学生兴趣中的意义，充分发挥问题的“引爆线”作用，引领学生积极参与到政治课堂学习中来，使学生的主体地位和教师的主导作用紧密配合，营造课堂气氛，打造教学实效。

《新课程研究》(基础教育)2009 年第 11 期

对高效政治课堂的探究——基于新课程的政治课堂教学改革思考

成　洁

伴随着新课程的推进，在教学实践中，广大一线教师逐渐接受了新课程的教育教学理念，教学思维、教学方式也都发生了相应的转变，使得政治课堂活力彰显、异彩纷呈。但在这热闹、繁华的背后，又出现了一些令人担忧的状况，例如，教师盲目追求新潮，导致教学方式浮躁虚华、三维目标难以落实，课堂教学低效甚至无效等。因此，在新课程实施的今天，仍然有必要重新审视课堂教学的有效性问题。笔者根据自己长期的教学实践及对他人课堂教学的观摩，认为要建设高效的政治课堂可以从以下几个方面进行尝试：

1. 挖掘生活资源，注意理论联系实际；
2. 师生交往平等化，构建融洽的课堂氛围；
3. 教学方法多样化，激发学生的求知兴趣；
4. 提高教师素质，保障政治课堂的高效性。

《新课程研究》(基础教育)2009 年第 12 期

初中思想品德课无痕教育之探究

杨卫东

新课改下，思想品德课教学需要关注学生的生活体验和感悟，把学生的生活经验作为教学的起点，挖掘学生生活中有意义的事件，让学生在生活中体验，在体验中感悟，在感悟中反思，在反思中建构，从而促进学生良好品德的形成和发展。“无痕教育”就是有效实现这一课程目标的重要举措和追求。“无痕教育”是相对“有痕”教育提出来的概念。在教育理念上，倡导“以学生为中心”；在教学方式上，它用情景诱导，活动体验，追求“润物细无声”的办法，以激发学生自我成长、自我完善的欲望，内化教育要求，促进其行为的自我矫正，从而达到“使学生受到教育并避免学生感觉有人在教育他”这种意境。“无痕教育”是一种生态化的教育，是教育的最高境界。

《新课程研究》(基础教育)2009 年第 11 期

初中思想品德课本插图处理技巧琐谈

吴湘华

初中思想品德课本中有许多精美的插图，这些插图是编者有意配合课文内容特意精选的，也是课程资源的重要组成部分。那么，如何将这些插图充分地利用起来为课堂教学服务呢？如何才能正确而艺术地处理这些插图呢？这应该是每一位思品课教师必须认真思考的问题。笔者认为可以从以下三方面着手，有效地提高教学质量。

1. 以图导课，激发学习情趣；
2. 以图设疑，加强自主探索；
3. 以图交流，改进学习方法。

思想品德课本中丰富的插图是重要的课程资源。作为思品课教师，学会恰当地运用这些插图，将会为课堂教学增光添彩，使有效教学真正落到实处。

《新课程研究》(基础教育)2009年第11期

让思想品德课堂回归生活

陈正飞

新课标指出思想品德课程具有实践性的特点，同时强调帮助学生过积极健康的生活是思想品德课程的追求。在新课标的指导下，思想品德新课程内容的设置贴近社会、贴近生活、贴近学生，让师生在共同学习的基础上共同生成人生体验，以达成课程的最终目的。由此可见，要构建充满生活气息的课堂，必须引领学生从生活中来、到生活中去，实现思想品德学科知识与生活现象、理论逻辑与生活逻辑的有机结合，从而树立正确的人生观、价值观。“问渠哪得清如许，为有源头活水来。”让思想品德课洋溢着生活气息，使思想品德课逐步走向生活化已成为教学改革的一种方向。作为思想品德教育的实践者，我们应积极投身于生活，用发现的眼光对待生活，用生活化的气息感染课堂，用人性化的思想塑造学生，真正领悟思想品德课的生命之源、生存之本、发展之基。

《新课程研究》(基础教育)2009年第9期

对政治课“过程与方法”目标的理解与实践

郝良群

“过程与方法”是实现新课程知识与技能目标及情感、态度、价值观目标的桥梁。新课程将“过程与方法”作为目标，很多人感到不理解，甚至以为这是犯了逻辑错误：目标是指要达到的结果，“过程与方法”是手段和工具，怎么会成为目标呢？这种看法不是没有道理，但它只道出了问题的一面。“过程与方法”既有工具属性，也有价值属性。也就是说，和学习的内容一样，学习的过程与方法也有其特定的存在价值，值得我们去努力追求。

《新课程研究》(基础教育)2009年第10期

政治教学语言特色初探

王荣军

当今教育，现代化教学手段迅猛发展，但语言仍然是教师完成教学任务的重要条件和基本手段。对于隶属于社会科学的政治学科，语言在其教学中更是发挥着举足轻重的作用。政治学科的内容理论性、逻辑性强，教师要把教学内容设计得形象生动，恰当有力，使之成为一种艺术信息传递给学生，绝非易事。所以，政治教师尤其应注重课堂教学语言特色的培养。

政治教学语言的立体性主要有四个方面的要求：

一、注重政治教学语言的立体性

1. 音美以感耳——注重声音的正确清晰、柔和优美；

2. 意美以感心——做到教学语言的准确美、意蕴美；

3. 情美以感人——情感在政治教学中的作用不可忽视。

二、注重政治教学语言的悬念性

三、注重政治教学语言的风趣性

四、政治教学语言的精炼性

《新课程研究》(基础教育)2009 年第 5 期

高中政治课研究性教学感悟

丁福莲

“高中政治研究性教学”是指：为达到研究性学习的目的，教师在充分研究政治学科知识基础上，联系实际，以问题为中心，创设情景，使学生更好地掌握知识、运用知识，以提高分析问题、解决问题能力的教学方式。高中政治课研究性教学要求以问题为中心，发挥学生的自主性，让学生大胆设想，小心求证，充分挖掘学生的潜在性创造能力。通过课堂教学与课外实践活动的有机结合，使学生在探索求知的学习过程中感受并体验知识产生的过程，将外在知识转化为内在经验，进而学会学习，培养学生的创新精神和实践能力，发展和完善学生的基本素质。高中政治课所采用的研究性教学一般分为四个阶段：理论学习、问题设计、课题研究、交流评价，每一阶段又由若干个环节组成。

《新课程研究》(基础教育)2009 年第 5 期

对思想政治课教学中合作学习的思考

狄敏娇

小组合作学习已成为思想政治课学习的重要方式。但目前存在“注重形式，忽视实质，缺乏实效”的弊端。本文分析了合作学习中存在的分组不科学、合作学习使用过度、合作情景营造不够合理、合作机会把握不当、合作分工不明确、参与度不够均衡等问题，并提出科学组建合作学习小组、培养良好的合作学习习惯、营造宽松的合作学习环境和选择良好的合作时机、精心设计探究问题等解决策略。

合作学习不仅是安排学生组成小组坐在一起，共同完成一个任务，而且是需要教师结合思想政治学科的特点，对小组活动过程的各个环节给予认真地思考和编排。小组合作学习是培养学生创新意识和动手能力的重要学习形式之一，也是促进学生学会学习、学会交往的一种重要途径，需要教师不断地进行深入的探索研究，以使这种学习方式更合理、更有效，成为每个学生发自内心的学习要求。

《新课程研究》(基础教育)2009 年第 5 期

惩罚教育与学生德育养成辨析

陈 波

在学生德育养成中，惩罚和奖励同样重要。从心理学的角度分析，一个人做一件事(理性的事)是因为为了奖励而去做，还是为了避免惩罚而去做，事实证明后者占主要因素。在提倡素质教育的今天，提倡惩罚教育不是失时或反教育，相反是教育的一种进步或更为理性的教育。当然学校教育中提倡惩罚教育不是一种威胁教育、唯师道尊严的教育。而是对学生不良行为及时纠正不姑息的教育。学生养成遵守学校的校纪校规的习惯，既是对学生某种行为的限制也是学生权力的体现。在这种行为养成过程中惩罚具有十分重要的作用，惩罚的目的是为了对违纪学生进行惩罚，旨在让他明白某些界限不可逾越，超越这界限就会受到惩罚。从而养成遵守校纪校规的习惯。我们反对脱离社会的学校教育，在学校教育中非常重要的一方面就是生存教育，必须要为适应社会的各种环境做准备，学校教育的惩罚教育就是从一个侧面告诫学生，如果不节制不良行为，就会受到惩罚，同时承担相应的责任。这种教育也是学生感受真实生活的需要，因为违反校纪校规的性质同违反法律法规是一样的，只是后果在量上的区别，如果以后走上社会违法乱纪也必定会受到惩罚，所以惩罚是学生体现对自己负责的重要手段。

《吉林教育》2009 年第 8 期

初中思想品德课学习情境创设的探索

张　影

学习情境是学生参与学习的具体的现实环境，它不是教学过程的自然伴随物，而是教师主动设计的产物。学习情境从广义上来理解，是指作用于学习主体，产生一定的情感反应的客观环境。从狭义上来认识，则是指在课堂教学环境中，作用于学生而引起积极学习情感反应的教学过程。“知识是在情境中通过活动而产生”，因此，在课堂教学中教师必须为学生的学习提供支持性学习情境。

一、创设课堂学习情境的基本原则

1. 愉悦轻松的体验性原则；

2. 师生平等的民主性原则。

二、创设课堂学习情境的几种实践形式

1. 启发探索的问题情境；

2. 轻松快乐的愉悦情境；

3. 积极主动的交流情境；

4. 丰富逼真的模拟情境。

《吉林教育》2009 年第 7 期

初中思想政治课中重视健康人格的塑造

洪鸣凤

《思想品德课程标准》要求，以学生的全面发展为本，从学生成长的需要出发，尊重学生学习和发展的规律，引导学生形成积极进取的人生态度，培养学生坚强的意志和团结合作的精神，促进学生人格健康发展。这就需要教师在传授知识的同时，教育学生自尊、自爱、自强、自律，教育学生树立正确的人生观和世界观，提高学生应对人生的能力。在中学教育中，政治学科本身就不同于其他学科，尤其在培养学生健康人格方面，政治教师担负着义不容辞的责任。那么如何在政治教学中塑造健康人格呢？具体途径有以下 4 点：

1. 教师要率先垂范，以高尚的人格形象来感染学生；

2. 教师要因材施教，针对学生不同个性特点因势利导；

3. 教师必须树立和学生在人格上平等的思想；

4. 教师还应该在课堂教学中自觉培养学生自我教育的能力，通过自我教育、自我塑造而形成完美人格。

《吉林教育》2009 年第 6 期

初中政治课堂教学初探

马启林

政治是一门充满人文精神、创新思维的学科。在新课改的大背景中，学生的自主学习，培养学生的创新能力，已成为教师关注的热点，为此，新课程提出“积极倡导自主、合作、探究的学习方式”。但在学校教研组活动时，教师们经常谈论政治课堂教学遇到的一些问题。

1. 学生缺乏“答”和“问”的热情，多数学生当“观众”；

2. 学生“自主”学习，教师对其缺乏信心；

3. 多媒体的过度使用，引人深思。

针对上述课堂教学问题的存在，我们在实际教学中强调，深入学生的认知世界，恰当地使用多媒体，给他们深刻的体验，从而提高政治课堂的教学效率。

1. 变“独奏曲”为“交响乐”——让学生参与到教学中来；

2. 降低调子——让教学内容深入进去；

3. 强化合作——养成学生的讨论习惯；

4. 恰当使用多媒体——提高政治课堂教学效率。

《吉林教育》2009 年第 6 期

创设情境提高思想政治课的效率

曹会东

1. 创设情境，导入新课。有效导入新课是课堂教学中的一个重要环节。导入新课的方法多种多样。新课的开头，巧妙设置与教学内容相应的教学情境，能吸引学生的注意力，激发学生的求知欲和思维创造力，而学生也会带着兴趣或解疑的需求，探索问题的思考，进入新课的学习。

2. 激发学生的创新潜能，引导学生自主学习。教师用多媒体创设贴近生活实际的生动情境，学生乐学、易学。

3. 理论联系实际，调动学生的积极性、主动性和创造性。在教学中，教师可以联系的实际是多方面的，包括时代的发展、国内外的政治经济形势、人物的变迁、学生熟悉的人和事等。

《吉林教育》2009 年第 3 期

高中思想政治课教学的语言艺术

杜素芳

作为政治教师担负着传道授业和培养学生人格品德的双重任务，高中政治课理论性强、比较抽象且有些枯燥，这就要求我们必须具备良好的语言素质、技能，从而更有利于传授知识和培养学生良好道德品质。语言是教师和学生交流沟通的工具，教师语言技巧运用的好坏，直接关系到课堂效果。因此，我认为作为政治教师应从以下几个方面掌握语言技巧：

1. 用语规范，科学准确；
2. 激情洋溢，奔放豪迈；
3. 深入浅出，生动形象；
4. 语言简洁，突出个性；
5. 抑扬顿挫，节奏和谐。

《吉林教育》2009 年第 6 期

论中学思想政治课教学的五大原则

吴育红

随着素质教育的不断深入，德育在青少年教育中更加受到重视。思想政治课作为德育的中心环节，关于其教学改革的探讨也随之进行。在进行各种改革尝试中，明确若干基本的教学原则，对于深入改革思想政治课教学工作，是有相当的积极意义的。本文在这一宗旨下对中学政治课教学原则作一初步探讨，以就教于同仁。

一、坚持理论联系实际原则，让学生的知识灵活起来；

二、坚持探索性原则，让学生自己解决问题；

三、坚持系统性原则，让学生的知识融会贯通；

四、坚持个性化原则，让学生学有特色；

五、坚持思想性和知识形态相结合的原则，让学生在潜移默化中转变思想。

《都市家教·教育交流》2009 年第 8 期

论高中思想政治课的研究性学习策略

邱学宗

高中思想政治新课程改革的一个基本理念，就是强调课程实施的实践性和开放性，指出“本课程要引领学生在认识社会、适应社会、融入社会的实践活动中，感受经济、政治、文化各个领域应用知识的价值和理性思考的意义；关注学生的情感、态度和行为表现，倡导开放互动的教学方式与合作探究的学习方式”。在中学思想政治学科中实行研究性学习，培养了学生的探究性学习能力、实践能力、创造能力和创新精神，实现了学生的“学历成长”与“人格成长”的双重使命，使学生的“智育”与“德育”相互协调地、平衡地发展。

《吉林教育》2009 年第 5 期

浅谈思想品德课教师的情感投入

范本春

情感教学是教师运用一定的教学手段，通过激发、调动和满足学生的情感需要，促进教学积极化的过程。热爱学生必须让学生通过情感体验和感悟，才能内化为学生发展的品德要求和自主选择。列宁说得好：“没有人的情感，就从来没有也不可能有人对真理的追求。”在思想品德课教学中，必须依赖情感的力量，重视对学生进行情感教育。把知识教学和情感教育结合起来，在思想品德课中注重情感教育，是上好思想品德课的重要途径。

1. 使学生对老师有可亲可敬感；
2. 使学生对知识有需求感；
3. 使学生对学习有成功感；
4. 创设情感教育情境。

《吉林教育》2009 年第 8 期

浅谈思想政治工作进公寓

张文辉　彭云霞

学生公寓已经逐步成为大学生学习和生活的重要场所，传统的学生公寓管理模式受到挑战。因此，思想政治教育进学生公寓，对高校思想政治工作提出了新的课题。思想政治工作进公寓的方法措施：

1. 以人为本，营造良好氛围；

2. 优化管理程序，提高管理水平；
3. 利用信息化手段设立网络辅导员；
4. 落实制度，辅导员进驻学生公寓；
5. 以活动为载体，推进学生素质全面发展；
6. 发挥学生党团组织作用；
7. 强化学生公寓自我管理组织职能；
8. 加强宣传教育载体建设。

《吉林教育》2009 年第 2 期

浅谈中学思想政治教育

靳　华

新课改强调“确保均衡性，促进学生全面、和谐发展”，并设置了“知识与能力、过程与方法、情感态度价值观”的三维目标，浓厚的人文精神气息弥漫其中，这是人文精神的回归和重新定位。

注重实践和正面教育相结合，是实现思想政治教育人文性的主要途径。

首先，要求教育者与教育对象在民主、平等、和谐、合作中相互作用、相互促进，教学相长共同提高；要求教育者要尊重人、理解人、关心人。尊重人就是尊重人的需求、兴趣、创造和自由，要平等待人，在平等的基础上双向互动，进行思想沟通，求同存异。

其次，既注重发挥教育者的教育主导作用，又注重发挥教育对象自我实践的能动作用，就是反省、反思。

最后，必须在坚持教育与自我教育有机统一的基础上强化自我教育。在思想政治教育过程中，搞好教育者与教育对象的关系。

《吉林教育》2009 年第 6 期

思想品德教学联系实际的思考

汪吉银

思想品德课的主要功能在于育德，目的是实现知行统一。因此课堂教学应向社会生活延伸，让课内课外相结合，使认知通过践行促进思想品德的形成与发展，实现知行的统一。构建生活化课堂，将生活化融入思想品德的课堂教学之中，有助于引导学生从生活中发现问题，启发学生结合理论分析生活中的问题，以及指导学生运用理论解决生活中的问题。联系学生的生活经验和社会实际，不仅可以调动学生的兴趣，还有助于学生走出课堂、步入社会后自觉运用理论知识，去关注周围的人与社会。

1. 教师根据课堂实际创设教学情境；
2. 运用课堂这个平台让学生进行讨论；
3. 选取益智活动激发学生学习兴趣；
4. 通过学生亲身体验理解教学内容。

《吉林教育》2009 年第 3 期

思想品德课创新教学探索

李召新

思想品德课是教学生如何做人的学科，其自身的理论比较枯燥，但教师若能充分挖掘教材的创新因素，收集相关材料，改变教学方式方法，精心设计创新情境，善于抓住探究式的教学契机，就能引导学生积极探讨研究问题，变枯燥为生机盎然，变沉闷的说教为热烈的探讨，使学生获得最佳学习实效。

1. 精心设计，营造创新情境；
2. 激励发问，倡导创新思维；
3. 引导实践，激发创新能力。

《吉林教育》2009 年第 7 期

思想品德课教学中如何促进学生学习方式的转变

冯淑玲

针对思想品德课来讲，我们必须倡导以自主学习、合作学习、探究学习这样新的学习方式，从而促进学生思想品德课程中学习方式的转变。从根本上转变学生的学习方式，才能适应当前新一轮基础教育课程改革的基本要求。为此，本人对新课改下思想品德课如何促进学生学习方式的转变有以下几点心得，以求共享。

1. 教师要确立新的教学观、转变教学方式；
2. 引导学生在情感体验中主动感悟道德认识；
3. 把课堂还给学生，使课堂充满生命的活力。

《吉林教育》2009 年第 8 期

思想政治课教学中学生自主学习能力的培养

张静敏

自主学习在教师的主导下，让学生自己读书、自己质疑、自己求索。目的就在于充分调动学习主体——学生的积极性。引导他们积极主动、生动活泼地学习，培养他们分析问题、解决问题的能力，进而学会求知，学会做人。经过一段时间的探索，我们认识到，要让学生积极主动、生动活泼地学习，必须做到：

1. 学生自己读书；
2. 学生自己质疑；
3. 学生自己求索。

不管课型怎样变化，都不能忘记学生是认识活动的主体，传统的灌输式教学及应试教育中的机械记忆的共同特点就是单向的信息传送，学生的所见所闻、所想所疑并没有得到交流，心中的疑团并没有得到解开，思想并没有得到升华。

《吉林教育》2009 年第 1 期

思想政治课堂多向互动和多层开放教学法

侯文敏

课堂教学中的多层开放，既指课堂内容的开放，也指学生思维的开放、学习方法的开放和学习目标的层次性，避免把教学内容静止化、学生思维僵化、学习方法单一化和培养目标唯一化，这样更适合学生的个性发展和新时代人才培养的要求。具体做法如下：

1. 目标引导，学案设疑；
2. 情境引路，自主合作；
3. 思维展示，体验领悟；
4. 归纳总结，知识升华。

总之，思想政治课堂多向互动和多层开放教学法，是符合中学生心理特点和认知规律的有意义的学习，在自主学习过程中，有利于学生学习的自主性、主动性和创造性的充分发挥，促进学生主体发展，达到主体性素质的全面提高，也使教师的教学能力和水平不断提高。

《吉林教育》2009 年第 4 期

思想政治课要注重发挥学生主体作用

刘拉群

新课程实施后，课堂教学逐渐冲破了传统的束缚，变得生动活泼。许多教师注重在课堂教学中与学生建立起一种互动、合作的关系，使学生的主体作用得到充分的发挥。让学生思考、让学生感受、充分尊重学生、鼓励创新。

《吉林教育》2009 年第 2 期

谈中学思想政治课教学应处理好的几种关系

柳茂林

思想政治课是中学的一门重要学科，本门课程是在学生逐步扩展的生活经验基础上，为他们正确认识自我、处理好与他人、与集体、国家和社会的关系，获得健康发展提供最必要的帮助。同时，思想政治课也是学校实施德育教育的有效途径，在实施新课改中，如何搞好中学思想政治课教学，笔者根据自己的教学实践，谈谈中学思想政治课教学中应处理好的几种关系：

1. 理论与实践的关系；
2. 思维与创新的关系；
3. 学习与做人的关系。

《吉林教育》2009 年第 4 期

浅谈中学思想政治教育中存在的问题及对策

肖　燕

中学思想政治教育是把中学生培养成社会主义事业的建设者和接班人的重要保证，直接关乎着国家的发展前途和命运。但目前我国中学思想政治教育实效性不强，提高中学思想政治教育的实效，已成为目前思想政治教育工作者应着力探讨的问题之一。中学生正处在从未成年人向成年人过渡的时期，具有很强的可塑性。改革开放以来，我国中学思想政治教育呈现出教育方法和教育途径多样化的局面，取得了一定的成效，但仍还存在着一些问题，这些问题影响着中学生的成长和发展。

《现代教育科学》2009 年第 8 期

小组合作学习在思想品德课教学中的初步探索

邵　山

合作学习作为一种“真正符合‘改革’这一术语的教育改革”，其终极目的不是为合作而合作，也不仅是通过合作完成教学任务，而是培养学生的创新精神、交际能力和合作精神，提高学生的自尊心、学习的自信心，激发学生的学习动机。

1. 采取多种办法激发学生的兴趣，让学生有合作的欲望；
2. 改变了课堂的空间形式，让学生便于合作；
3. 创建能够形成合作的学习小组，让学生有效合作；
4. 加强学生的合作指导，让学生会合作；
5. 学生能体验合作成功的快乐，让学生喜欢合作；
6. 积极探索小组合作学习评价工作。

《吉林教育》2009 年第 7 期

政治教学中情境创设的尝试和思考

徐　华

所谓情境教学，是指在教学过程中，教师有目的地引入或创设具有一定情绪色彩的、以形象为主体的生动具体的场景，使学生产生身临其境之感，以引起学生一定的心态和情感体验，扩大学生的知识面，刺激学生思考的积极性，从而启发、帮助学生掌握、理解知识，提高分析问题、探求问题和解决问题的能力，使学生的心理机能得到发展的一种教学方法。其核心在于激发学生的兴趣和情感。情境教学是一种能够促进学生情感体验，激励学生向知识领域不断探索的新型教学模式。在政治课堂教学中，如何让学生产生一种身临其境的亲切感受和情绪体验，激发起他们对复杂的政治现象及其内在规律的认知兴趣，发展学生的认知思维能力、空间想象能力及实践创新能力，是值得每位政治教师思考的重要问题。

一、情境创设的策略

1. 生活情境；
2. 问题情境；
3. 网络视频音频情境。

二、情境创设应注意的问题

1. 情境创设应注意符合学生的特点；
2. 情境创设应注意学习的有效性；

3. 情境创设应注意师生关系的和谐性；

4. 情境的创设应注意教学的目标性。

《吉林教育》2009 年第 3 期

政治教学中生活化教学策略初探

刘新权

“生活化教学”课堂教学探索策略的“模式”就是要创造条件去让学生体验某种事实，体验某种问题，体验某一个过程，体验某一结论；回归生活，在生活中学习，在学习中生活；在教师的评价中升华。

1. 导入生活，唤醒体验；

2. 感知生活，情景体验；

3. 发展生活，享用生活，实践延情。

生活化是新课改倡导的一种学习方式，这种方式改变传统的教学模式。高中政治课堂教学中，运用“生活化”的模式，让学生在学习中体验生活、在生活中学习、在学习生活中发展自我，从而提高学生的学科素质和在社会中的竞争能力。

《吉林教育》2009 年第 7 期

政治课教学的回家之路

李金花

把社会大课堂和学校小课堂结合起来，创设现实生活情景，启发、引导学生关注身边人，关心身边事，使学科知识与生活现象、理论逻辑与生活逻辑有机结合，使课堂成为生活化的课堂，这是每位政治课教师应追求的一种境界。

构建生活化课堂的三点教学启示：

1. 源于生活——教学素材生活化；

2. 高于生活——教学内容概括化；

3. 归于生活——教学内容实践化。

《吉林教育》2009 年第 9 期

政治课教学的人性艺术

朱向东

在新课程改革的今天，政治课教师把人性艺术用于教学，是思想品德教育的内在要求，是构建和谐社会的需要，它能美化学生的心灵，陶冶学生的情操，不断提高政治课的教学实效，使学生的思想觉悟和知识能力得到和谐的发展。作为一名政治教师，肩负着陶冶学生美好心灵、塑造学生优良品德的重任。政治课老师要了解学生的思想困惑，要放下作为教师的架子，真心实意地走到学生中间去，付出自己的情感，真诚地关爱自己的学生，理解、信赖、欣赏、赞美每一个学生，用爱心唤醒学生的爱心，萌发学生善良的美德和情操，用赏识和赞美让学生感受成功的喜悦和自身的价值。

《吉林教育》2009 年第 10 期

政治课堂教学管理四法

郭　江

在课堂教学中管理学生，主要是教师在教学过程中，采取间接控制或通过潜在力量影响学生行为和心理状态，对学生产生潜移默化的作用，从而增强教学的吸引力。在课堂上主要运用目光、动作、表情、情感四法来管理课堂教学的。

《吉林教育》2009 年第 3 期

政治课以人为本的教学观

郑书波

如何抓住教材特点，更新教学观念，改革教学方法，使思想政治课的教学适应现代教育的要求，成为亟待解决的问题。观念决定行为，实施素质教育，要求我们必须转变我们的教学观念，从应试教育的桎梏中解放出来，才能促使学生的个性潜能得到和谐、充分、全面的发展。因此，在课堂教学中，要确立科学的教学目标，突出能力培养，创立愉悦的课堂氛围，优化教学方法和手段：

1. 导读；
2. 导思；
3. 导议；
4. 导练。

上述“四导”是相互联系、相互影响、相互渗透、相互制约的，学生在这一过程中，充分发挥自身的特长，提高了参与意识，形成了学习的主体观念，真正成为学习的主人。

《吉林教育》2009 年第 5 期

政治学科应培养学生的辐射思维能力

胡冬生

所谓辐射思维就是对某一问题，从不同的角度、不同的侧面去观察、思考、想象，寻找解决问题的多种方法、方案或者假说，像辐射一样多向发散展开的一种思维方式。它能打破墨守成规的思维模式，能运用前所未有的新知觉去认识事物，提出新的创见，具有多向性和跨越性的优势，往往能为开拓提供新的机遇。因此，我们要培养具有独立思考、锐意创新的人才，就必须重视培养当前被忽视或者说较为薄弱的环节——辐射思维，努力提高思维辐射的能力。

1. 多种形式，灵活运用；
2. 营造愉悦的氛围，创设辐射思维的情景；
3. 增加辐射型提问的分量，选准辐射点。

《吉林教育》2009 年第 9 期

政治教材研究

《远离危险》课堂实录及反思

张东旭

教学目标

初步了解有关防火、防盗、防骗、防触电、防溺水等方面的安全知识；了解自护自救的基本常识。

教学重难点

培养安全意识，了解自护自救的基本常识。

教学准备

学生：搜集有关安全常识。

教师：准备课件、学生安全提示卡。

教学过程

1. 出示资料，谈话导入；
2. 模拟闯关，学习体验；
3. 总结全课，课外延伸。

新课程标准提倡教师有选择地运用教材，可以对教材进行筛选、调整和重组。本节课，教师注意从学生感兴趣的问题入手，从发生在学生身边的事例中提炼教学材料。在教学设计方面，教师巧妙地把教学过程转变成为“安全小卫士”达标闯关活动，寓教于乐，使学生兴趣盎然。利用央视《开学第一课》中的教育资源，既提高了教学实效，也增强了课堂的时代感。反思教学过程，应该加强“课堂教学向前延伸”的做法，课前让学生从生活周围、书报、杂志、互联网、电视、广播中，了解并搜集各种各样的危险事故和避险事例等相关资料，这样，他们了解的安全知识将更丰富。再者，关于面临危险情境时的逃生演练，从实际效果看，学生“演”的成分较大，没有必要的紧张感，在教学时应该加以强调，课后可以布置、组织全班学生进行专门的演练。

《小学德育》2009 年第 4 期

《学会宽容》课堂实录与评析

沈华弟　张雪平

教学目标

1. 从故事中了解宽容的重要性，知道宽容是人际交往的法宝；

2. 初步学会一些基本的宽容方法，尝试着宽容。

教学重点

了解宽容的基本方法，学着宽容。

教学准备

小针、白纸、多媒体课件。

教学过程

1. 课前交流，微笑暖心

[评析]导入环节可谓匠心独具：“微笑”既是宽容的有效方法和外在表现，又是营造宽松氛围的途径。精心选取的几个“微笑”镜头带来了视觉上的冲击和情感上的震撼，让学生体验到了微笑的魅力，使课堂教学在良好的气氛中渐入佳境，同时为接下来的话题讨论提供了方法的铺垫。

2. 倾诉苦恼，表白心情

[评析]在老师的真情话语及低沉语气的感染下，面对陌生的听课老师，学生说出自己的烦恼，情感之门悄然打开！而当学生畅谈了郁积烦恼的危害后，教师及时总结、强化，使学生产生了解决情感问题的强烈需求，激发了探究学习的兴趣与激情。

3. 故事引路，感受宽容

[评析]人们认识事物，总是将事物放在背景之上来观察、来认识。《负荆请罪》的故事能让学生深刻地体验到“宽容的力量真是无穷大”，成为反观生活事件的背景和参照。

4. 直面困惑，体验感悟

[评析]学生的情感体验具有直观性，针刺小实验无疑是加深学生情感体验的有效方法。而后一个事例的引导也是成功的，林肯的故事能让学生换位思考，体会到学会宽容就是善待自己。

5. 创设情境，实践宽容

[评析]道德情感的体验已有一定的基础，但这远远不够，还无法与道德行为相链接。所以在最后一个环节，教师创设了“学习名言，互送书签”的实践情境，引导学生化干戈为玉帛，既享受到了宽容的魅力，又体验到了交往的快乐，使情感体验得以内化。

《小学德育》2009 年第 1 期

快乐，原来如此简单——《拥有好心情》教学片段与反思

赵　强

教学目标

正确认识烦恼，知道烦恼是我们生活中的一部分，并积极寻求解决烦恼的方法，养成积极乐观的生活态度。

教学片段

片段一　众人话情绪

教师一开始就送给学生笑脸，调动了学生的积极情绪，为本堂课奠定了良好的情感基调。接着引导学生说说关于情绪的词语，知道我们每一个人都拥有不同的情绪。这种巧妙的设计让学生入情入境，在不知不觉中认识了自我的情绪变化。

片段二　说说我自己

[反思]学生在课堂中敢于展示自己的个性，大胆地说出自己一天的情绪变化，可见，他们已完全融入教师所创设的教学情境中。他们通过交流，获得了对自我生活的了解、认识，感受到了自己的真实生活表现。

片段三　谁来帮帮我

[反思]烦恼人人都有，可是正所谓“不识庐山真面目，只缘身在此山中”，帮助别人解决烦恼，每个人都乐于出主意，可当自己遇到烦恼时，往往却不知如何面对。该环节的设计之巧妙在于，让学生帮助他人解决生活中的烦恼的同时，自己也可从中受到启发。

片段四　学会自我调节

[反思]“抢凳子”的游戏旨在让学生从活动中体悟到，要解决烦恼最有效也最容易做到的办法，就是换个角度来看问题，这也是本课的教学重点之一。

《小学德育》2009 年第 3 期

《认识广告》教学设计

何　颖

教学目标

知识：初步了解有关广告的分类，广告的作用，简单了解《广告法》的有关内容。

方法与能力：能从众多的广告中获取有用的信息；能初步判断广告中的不实内容，巧用广告选购适合自己的商品；尝试自己设计广告；学会多角度看待社会事物。

情感态度与价值观：对广告不盲从，购物时有保护自身权益的初步意识。

教学过程

一、认识广告，了解分类

设计意图：本课的导入直切孩子们耳熟能详的电视广告，再引导他们从周遭的生活中发现大量富有真实感的广告媒介，从而发现广告“无所不在，无所不包”。值得一提的是，教师在广告媒介的介绍中渗透了分类的概念，这既是对媒体概念的再渗透，又是对广告铺天盖地的具体表达。

二、分析广告，多元思考

设计意图：品德教学不仅需要学习道德标准与社会常识，也需要思辨和智慧。因此，教师充分开掘课文蕴涵的教学价值，在注重价值观培养的同时，也关注思辨能力的培养。因而，学生的关注点并未停留在广告的数量和频度应该有限度上，而是进一步学会了多角度看待社会现象。

三、辨析广告，理智消费

设计意图：品德与社会课必须是开放的，教学中不能满足于课本上的范例，而是要帮助学生将他们的视野透射到社会生活的广阔范围。对话中教师适时概括学生观点，思考中学生适时概括广告的特点，这样，品德课堂才能真正引导学生认识社会。

四、创编广告，拓展认知

设计意图：回归生活是当今教育的一种主导性价值取向，而接纳广告已经成为教育主体现代生活的一部分。因此，在广告一课教学中，教师将创编公益广告纳入课堂视野，引入小组活动，借此使学生在知识与能力上得以拓展。

《小学德育》2009 年第 3 期

《怎样到达目的地》(第2课时)课堂实录与评析

执教：许健坤　评析：范顺明

教学目标

1. 懂得为了交通的便利，许许多多的人付出了艰辛的劳动；

2. 关注现实生活，关注交通的发展给社会带来不利的现实问题；

3. 学会辩证地看待交通问题，积极参与到构建和谐交通的行列中。

教学重点

激发对交通行业人士的尊重和热爱。

教学难点

自觉关注、理解交通发展带来的问题，从而更好地去适应生活，创造美好未来。

教学准备

学生：调查交通行业人士的工作情况；了解由于交通发展带来的问题；做一张有关交通话题的资料卡。

教师：制作多媒体课件。

教学过程

1. 心怀感恩——怎能忘记他们；

2. 由衷自豪——跨越世纪的两条铁路；

3. 直面现实——交通带来的问题；

4. 拓宽视野——交通资料展示会；

5. 总结延伸——让我们行动起来。

[评析]1. 重组教材，灵活运用；2. 创设情境，有效体验。

《小学德育》2009年第4期

《废旧物品再利用》教学设计与点评

执教：李　祎　评析：安子琴

教学目标

知识与技能：

1. 初步认识到废旧物品再利用的意义，提高环保意识；

2. 培养操作能力，初步尝试用多种废旧物品进行有创意的制作，感受动脑筋、有创意的生活。

过程与方法：

通过亲身体验、实践操作等方法，学会与同伴交流，初步培养合作意识与交流能力。

情感态度与价值观：

1. 体验变废为宝的乐趣，激发乐于尝试和保护环境的良好愿望；

2. 感受动脑筋、勤思考带来的愉快与成功。

教学过程

一、观察感知，激发兴趣

[评析]激发学生学习的兴趣，利用学生的好奇心，引导他们观察盒子里的废报纸等，初步感受废旧物品的概念。

二、活动体验，认知意义

[评析]这一设计充分调动了学生已有的生活经验，挖掘学生生活中的实例，让学生初步感受废旧物品再利用的意义。

三、作品欣赏，感受乐趣

[评析]学生通过看、摸、猜、想、思，体验废旧物品再制作的好处和乐趣，开拓了思维，激发了创新意识。同时教师以平等的姿态参与了课堂教学，充分利用自己所制作的板书，为教学活动的后续开展奠定了基础。

四、动手操作，培养创新

[评析]在宽松的氛围里，学生可以自己制作，也可以和同伴们合作，通过亲身体验，发挥想象力和创造性，感受动脑筋、勤思考以及变废为宝的成功与愉快。

五、作品展示，情感升华

[评析]学生利用自己喜欢的方式来展示作品，从中体会变废为宝带来的无限乐趣，同时也深刻感受到动脑筋、勤思考能够使自己有好的创意，感受动脑勤思的愉快。通过学生展示作品，教师也引导学生进一步体会了废旧物品再利用对环境保护的作用，加深了认识。

六、全课总结，课后延伸

《小学德育》2009 年第 4 期

《长大真好》课堂实录及设计说明

滕闽军

教学目标

1. 通过寻找自己成长的足迹和纪念物，发现自己的成长与变化，体验成长的快乐；

2. 欣赏自己的成长，展示自己的能力，产生成长的自豪感；

3. 体验家人的关心，尝试着用自己的行动来回报家人。

教学重难点

重点：感受成长的快乐。

难点：能比较全面地认识“成长”的含义。

课前准备

学生：搜集小时候的照片和用过的物品；和家人一起回忆成长故事。

家长：书写孩子的成长感言。

教学过程

一、实物交流，感知身体的成长

1. 猜猜他是谁；

2. 穿穿儿时的小鞋子、小衣服；

3. 读读出生证。

二、能力展示，感受成长的自豪

1. 自己的事情自己做；

2. 家务事帮着做；

3. 交流、展示学习和生活本领。

三、亲情体验，尝试爱的回报

1. 回忆成长小事；

2. 模拟表演；

3. 阅读“成长感言”。

四、全课总结

教学设计说明：

1. 解读教材，联系生活，确定教学目标；

2. 通读教材，根据目标，确定教学框架；

3. 以生为本，沟通生活，选择呈现方法；

4. 充分预设，灵动生成，考虑教学细节。

《小学德育》2009 年第 4 期

《世界之窗》(第 1 课时)课堂实录

执教：郁　明　点评：方丽敏

教学目标

1. 了解不同人种的外形特征，初步了解人种与地理环境的密切关系；

2. 知道世界三大人种的大致分布区域；

3. 知道人种没有优劣之分，初步树立种族平等的观念。

教学重难点

重点：知道世界三大人种的大致分布区域；了解不同人种的

外形特征，初步了解人种与地理环境的密切关系。

难点：了解不同人种的外形特征，初步了解人种与地理环境的密切关系。

教学准备

1. 多媒体课件；

2. 世界人种分布图；

3. 课前布置学生收集有关不同人种的图片资料。

教学过程

一、我们长得不一样

1. 我们的运动有差异；

2. 我们的体貌有差异。

二、世界三大人种的分布

三、研究人种特征与环境的关系

点评

这是一堂非常成功的课，给我们留下了十分深刻的印象。从目标层面来说，这堂课关注认知，落实技能，强调情感；从内容层面来说，这堂课基于话题，拓展教材，利用资源；从方法层面来说，这堂课创设情境，引导探究，鼓励参与；从个性层面来说，教者潜心课堂，注重提炼，突出风格——“自信、幽默、理性、探究”。当然，课无完课，该课如果在探究问题的设计上再精心些的话，效果会更加好。

《小学德育》2009 年第 3 期

《放眼现代世界》课堂实录与点评

执教：唐冰伟　点评：许　宏

教学目标

1. 胸怀宽广，从小树立面向世界的雄心壮志；

2. 懂得不同国家、区域、民族有不同的文化背景、道德规范、风俗习惯、宗教信仰，学会尊重，学会宽容；

3. 初步培养平等、友爱、公正、宽容的优秀品质。

教学准备

1. 学生做好课前调查和资料搜集等工作；

2. 教师准备课件、计分道具等。

教学过程

1. 录像导入，揭示课题；2. 聚焦奥运，放眼世界；3. 关注世博，全面了解。

点评

1. 探寻适切的学习方式："告诉我，我会忘记；分析给我听，我可能记住；如果我参与，我就会真正理解。"在这堂课的设计中，重点安排了知识竞赛的环节。竞赛前，先请学生有目的地进行交流讨论，把搜集的知识进行整合，为竞赛做准备。竞赛时，小组中人人参与，资源共享，智慧共享，更发挥了每一个学生的主体作用，体现了团队合作的精神。

2. 借助热门的时事新闻

当今的世界是各国各民族之间频繁交流的世界。这节课，教师以北京奥运和上海世博会这两大盛事为平台，一方面让学生感受各国各民族不同的特色文化，加深对各国文化礼仪的了解；另一方面让学生感受作为中国人的自豪感和荣誉感。课堂上，学生探究兴趣高涨，自豪之情溢于言表。

《小学德育》2009 年第 3 期

《好书大家看》教学实录

安子琴

教学目标

1. 知识与技能目标：初步感知图书给自己的学习、生活带来的乐趣，使学生从小感受到读书的好处，为其爱读书、会读书、读好书打下良好基础。

2. 过程与方法目标：(1)组织学生开展体验活动，逐步体验书籍给自己带来的愉快体验，初步体验到读书要有好方法；(2)通过介绍自己喜爱的书，与大家分享读书的快乐，从而培养学生乐于交流的好习惯。

3. 情感态度价值观目标：(1)通过读书带给自己的乐趣，培养学生爱读书的情感；(2)在"同读一本书"的活动中，在与同学交流的过程中，体会分享的快乐，乐于分享；(3)以为集体活动出力为荣，培养学生愿意为集体出力的情感。

教学准备

1. 通过课前发调查表、课间与学生聊天，了解学生阅读的情况；

2. 制作教学课件"图书大展示"。

学生准备

1. 填写关于读书情况的调查表；

2. 选出自己最喜爱的一本书，把这本书带来，用自己喜欢的方式介绍给大家。

教学过程

1. 通过“图书大展示”活动激趣，引入新课；

2. 通过“展示台——介绍我喜欢的书”活动，进一步激发学生爱读书的情感，并初步感悟读书的好处。

《小学德育》2009 年第 15 期

《保护眼睛》教学设计

刘　媛　潘学容

教学目标

1. 让学生知道眼睛在生活中的重要作用；

2. 了解正确的用眼常识，养成保护眼睛的好习惯；

3. 进一步提高学生对眼睛的自我保护意识。

教学重难点

1. 让学生懂得如何保护眼睛；

2. 怎样养成保护眼睛的好习惯。

教学准备

课件：毛巾(一张)、眼睛图、护眼卡(36 张)、橡皮筋。

教学过程

1. 游戏引入，感受眼睛的重要；

2. 联系实际，了解损伤眼睛的危害；

3. 联系生活，学会保护眼睛；

4. 强化对眼睛重要性的认知。

小朋友们是祖国的未来，有一双明亮的眼睛才能在今后做好各行各业的工作(出示课件：宇航员、老师、医生、解放军)，不管走上哪个岗位都要有一双明亮的眼睛才能给生活带来美好，为了我们更好的生活，保护眼睛非常重要。所以我们要保护眼睛，保护身体。

《小学德育》2009 年第 15 期

《假如我是人民代表》教学设计

文智云

教学目标

情感与态度：感受身为人民代表的责任感，培养公民意识和主动参与意识，培养主人翁精神。

行为与习惯：能主动关心国家和社会的发展，积极思考社会中存在的一些不合理现象，敢于提出自己的建议。

知识与技能：提高发现问题、分析问题与解决问题的能力。

教学重点

感受人民代表的责任感，了解人民代表的工作程序；通过模拟活动培养主人翁意识。

活动准备

拍摄采访人民代表的录像片段，制作多媒体课件；指导学生分组进行社会实践，观察社会上存在的不合理现象，并通过采访、收集资料等手段，了解引发问题的原因，思考解决问题的方法，并试写建议书；准备模拟代表证、通过审议的建议书公告栏。

活动过程

一、新闻导入

[设计意图]从贴近生活的实例入手，让学生对人民代表产生感性认识，亲身感受到人民代表所发挥的作用，激发对人民代表的尊敬与爱戴之情，使学生产生当一回人民代表的欲望。

二、采访人民代表

[设计意图]通过小记者采访人民代表的活动，让学生感受到人民代表就在我们身边。而由真正的人民代表介绍自己的工作情况和工作程序，更能增强真实感与说服力。

三、小提案，我来评

[设计意图]充分利用教材中的范例，引导学生初步掌握写提案的方法和步骤。通过评价、讨论，让学生明确写提案的要求及需要注意的地方。

四、“假如我是人民代表”模拟活动

[设计意图]让学生有充足的思考、讨论时间，老师巡视引导学生把问题的“口子”缩小，使问题更具体，切实解决一方面的问题，提高学生分析问题和解决问题的能力。

五、活动总结

《小学德育》2009 年第 15 期

《请到我的家乡来》教学设计

刘艳玲

教学目标

1. 知识目标：了解家乡的风土人情及各种土特产；

2. 能力目标：培养有目的地收集、整理资料的能力；能够在小组内合作学习，交流、展示自己所收集到的资料；

3. 情感目标：培养热爱家乡的情感。

教学准备

1. 学生分成四大组分别收集以下资料：家乡的历史名人、家乡的传说故事、家乡的自然风景名胜古迹、家乡的特产；

2. 学生向家里人复述所收集到的资料；

3. 指导“传说故事”组排练小课本剧《岳母刺字》。

教学过程

1. 古诗导入，揭示课题

[设计理念]名诗名句中饱含的爱家乡之情深深地感染着学生，能给学生美的享受。在此基础上提出本课的教学要求，用激励性的语言鼓动学生积极进行展示，能提高学习实效。

2. 出示要求，积极准备

[设计理念]学生在老师的指导下，通过图书、报纸、电视、电话、网络等途径收集资料，并学会将收集到的资料按要求进行整理、利用、交流。这也是学生自主学习的主要方式之一。

3. 甲骨动情，小报延情

[设计理念]最后的环节以极具地方色彩的活动来总结全课。老师先引出安阳最具代表性的文物甲骨文，在介绍的同时直接揭示本课情感目标——爱家乡，这样的设计紧扣主题，过渡自然。随后的制作手抄报活动，是在汇报交流后的又一次资料整理，而整理后的展示又是一次的交流，这样就充分利用了所收集到的资料，使学生对家乡的了解更全面，印象更深刻。

《小学德育》2009 年第 15 期

《让烦恼走开》教学设计与反思

王艾明

教学目标

知识：认识烦恼产生的原因，明白烦恼处理不当会给自己带来一定的危害。

能力、方法：学习处理各种不同的烦恼。

情感、态度、价值观：能以积极的态度面对自己的烦恼。

重点与难点

认识到烦恼的危害不在于烦恼本身，而在于我们对待烦恼的态度；学会一些处理烦恼的方法。

教学准备

1. 一棵健康树，黑红两色心形卡片每人各一张；

2. 准备一个消极对待烦恼的情景剧、两个名人克服烦恼的故事；

3. 磁带：爸爸妈妈的话、歌曲《幸福拍手歌》《请跟我来》；

4. 课件：虚拟心灵博士(卡通形象)。

教学过程

1. 激趣引入：快乐＝没烦恼？

2. 说出你的烦恼；

3. 让烦恼走开；

4. 名言激励；

5. 唱歌放松；

6. 导行作业。

反思

本课设计成功之处有两点：一是健康树的设计直观、形象、新颖，可操作性强，让所有的孩子都能参与到活动中来，在宣泄烦恼时有个承接的地方，摆脱烦恼时有个喜欢的载体。黑红两色卡片直观、巧妙地展示了本课的知识点——烦恼是一种消极情绪，积压多了会给自己带来一定危害(就好像树上全是黑色)，当我们能以积极的态度摆脱自己的烦恼时，才会有利于身心健康(就好像树上变成红色)。二是虚拟的心灵博士活泼、新颖、有趣，富有吸引力。心灵博士充当的是孩子们的大朋友和客人，完成的是老师的任务，但却多了一份朋友式的亲切，少了一份老师的威严与熟悉。他的"点子"孩子们更容易接受与信服。

《小学德育》2009 年第 15 期

她，让品德课程散发魅力

徐锦生　方丽敏　何菊仙　蒋雪飞　池昌斌　俞　李　滕闽军

邬冬星，浙江省教育厅教研室品德教研员，教育学硕士。现为中国教育学会小学德育研究会理事，浙江省教育学会小学品德教学分会副会长、秘书长，浙江省中小学教材审查委员。其个性档案主要有：

1. 追求的教研风格：研究型；

2. 对教研员的形象定位：研究、引领、服务；

3. 对品德课程和品德教育的理解：体验大于知识、情感高于认知、践行重于言语、生活比教学更有力量、用有品质的品德教育成就有品质的生活。

作为一名科班出身的教研员，邬老师对教研工作有着深刻而鲜明的认识："教研工作的起点是问题的发现，过程是问题的研究，核心是问题的解决；每一个教研员都可以成为一个问题研究者，每一个老师都应该成为问题研究的参与者。"正是基于这样的观点，浙江省的品德教研活动以"问题—主题式"研讨为主要形式，一个阶段一个重点，帮助老师们解决了课改中遭遇的一个个难题。

《小学德育》2009 年第 1 期

品德与社会课程　历史教育的理路

武宜娟

自 20 世纪初我国出现统一的学制课程以来，历史教育就在小学课程中占有举足轻重的地位。新时期的品德与社会课程中也包含着许多历史教育内容，对于促进学生良好品德的形成和社会性发展有着十分重要的作用。然而在课堂教学中，由于受到种种因素的影响与制约，老师们在对历史题材教学的理解和把握上与课程理念并不完全吻合，加之日常教学中的课前准备又普遍不足，教学效果并不理想。下面笔者以苏教版教材为例，对品德与社会课中的历史教育应遵循的理念和教学思路作一粗浅归纳，希望对老师们有所启迪。

1. 教给孩子"活着的历史"——活化历史；

2. 拉近历史与学生生活的距离——近化历史。

《小学德育》2009 年第 9 期

徜徉在品德教学的烂漫花海

李日芳

品德与生活(社会)是新课程中的"新课程"，自她诞生的那天起就受到广大教师的真诚欢迎。教师们大胆实践着新的课程理念，使品德课程进入了一个新的春天。日前，笔者有幸参与了中国教育学会小学德育专业委员会举办的"品德与生活(社会)课堂教学设计优秀课例征集活动"的评审，在第一时间欣赏到一个个精彩的教学设计。拜读着，赏析着，我仿佛穿越时空，徜徉于品德与生活(社会)教学的烂漫花海……

《小学德育》2009 年第 13 期

打造品德教学活动的三道"风景"

盛　璇

在品德教学中，要真正落实"活动性"理念，借助活动有效激活课堂学习，必须把握好活动中的情感体验、合作交往、探究思维这三个关键因素，打造三道亮丽的风景线。

一、营造情感体验氛围——心中悟出始知深情感是儿童道德成长的纽带。教师应充分利用教学资源，营造情感体验的氛围，努力激活学生学习的情感。

1. 回归生活，萌动内需；

2. 仿造真实，引发情感；

3. 换位移情，提升认知。

二、构建合作交往空间——同舟共济扬帆起

1. 找点空间，给点时间；

2. 组际竞争，多向交流；

3. 吸纳资源，加强互动。

三、生成探究思维状态——曲径通幽意更远

1. 利用教材，展开探究；

2. 创设情境，达成目标；

3. 抓住生成，鼓励探究。

新课程改革赋予品德与生活课程新的内容、新的形式，教师更应紧紧把握活动这个载体，引领学生用情体验、感悟，用心交往、探究，从而有效促进学生的全面发展。

《小学德育》2009 年第 24 期

品德与生活课程有效开展实践活动的策略研究

李继凤

由于低年级学生能力和经验的局限，品德与生活课程实践活动的开展困难重重。对此，我们一年级教研组展开了积极的研究，通过用心组织、有序安排、多方利用资源等，使活动精彩纷呈。精彩的活动现场；多元的活动策略。

一、把握目标——丰富活动设计

二、有序开展——让活动循序渐进

[案例分享]“水果拼盘”系列活动

活动一：了解拼盘；

活动二：家庭练习；

活动三：分工准备。

三、家校结合——让活动得到有力配合

[案例分享]“弹起花廊交响乐”活动通知。

四、学科融合——积极丰富活动内涵。

[案例分享]多元融合下的“欢奏跳蚤进行曲”

五、呵护意外——让活动散发生成的魅力

[案例分享]“谱写养蚕小乐章”活动生成。

1. 缘起；2. 生成课新鲜出炉；3. 生成课还在延续。

我想，品德与生活是一门德育内涵十分丰富的课程，只要我们持续深入地探索，课程的实践活动就一定会开展得更加有声有色。

《小学德育》2009 年第 22 期

高中时事政治的“四步”教学模式

王　旻

本人在教学实践中，围绕高中时事政治教学探索出一种目的在于培养学生创新精神和分析与解决问题的能力的“四步”教学模式。这种模式的基本特征可以概括为以知识为基础，以材料为依据，以学生为主体，以教师为主导，以能力为重点，以方法为核心，以提高素质为目的。具体阐述如下。强化高中时事政治教学的现实意义，时事政治“四步”教学模式的实施步骤：选题：说明时事选择依据；联结：激活学生思维；分析：预测事物的发展过程；归纳：引导学生充分“质疑问难”。落实时事政治“四步”教学模式的基本要求，“主导”与“主体”不可偏废。只有正确处理好二者的辩证关系，掌握好二者的“度”，才能收到最佳的教学效果。对“四步”教学模式的体会：“四步”教学模式有利于学生紧跟时代脉搏，实现思想政治教育的目标。任何教育都是“做人”的教育。思想政治课作为中学德育的一个重要组成部分，在教学中“不断提高学生的政治素质和道德素质”是一项重要任务。在思想政治教学过程中，通过必要的时事政策教育，有助于引导学生正确认识社会现实问题，逐步形成正确的立场、观点和方法，提高自身的政治思想觉悟。

《高教论坛》2009 年第 6 期

高中思想政治课“联动式”教学模式的认识和思考

晁继锋

发挥学生的主体作用和教师的主导作用我们已经提了多年，但由于缺少正确的方法和理论的指导，多数情况是流于形式。笔者认为“师生联动”的教学模式为我们切实有效地发挥学生的主体作用和教师的主导作用提供了非常好的范例，值得借鉴并推广。总之，“联动式”政治教学模式突破了以往教学的旧模式，教与学相互点击，师生互动，确保了新世纪思想政治课堂是一个活泼、有序、高效的课堂体系。因此，推广和实施“联动式”教学模式是思想政治课的出路，也是每位政治教师的必然选择。

《新课程研究》2008 年 11 月总第 143 期

浅谈高中思想政治课体验式教学的情境设计

苏　娅

体验式教学是一种以“实践”为中心的教学方式，通过参加社会实践或者通过教师教学设置典型情境，进行模拟实践，从而使学生获得生活经验，并主动观察、反思、感悟而发现问题、提出问题、解决问题，最终得到深刻的内化的知识，实现情感的升华。近年来，国内外教学界都非常推崇能让学生亲身参与的体验式教学。运用情境体验式教学法，可以使学生的学习变得丰富而有个性，把要求学生在教学中主动参与、合作探究的新理念落到实处，大大提高思想品德课教育的实效性，值得我们用心尝试。

《新课程研究》2008 年 11 月总第 146 期

高中思想政治课教材的使用策略

周荣斌

高中思想政治课教材的使用策略，主要是指以新课程理念为指导，依据高中思想政治课教材所采用的一系列可控的方法和过程的设计。

1. 锁定目标，纲举目张；
2. 变通路径，下学上达；
3. 问辩现象，揭示本质；
4. 盘活资源，引发兴趣；
5. 标注疑难，构建网络。

《教育理论与实践》2009 年第 10 期

浅谈思想品德课教学中问题的设置

李波俊

问题教学法是玉林市多年来在创新教育中实践应用的教学方法，已渗透到各个学科中。本人结合自己的教学实际也进行了一段时间的探索，这种教学法的精华在于问题的设置。设置好问题，利用好问题，应把握住以下几个要点。

1. 把教学目标转变为问题的形式；
2. 教学过程紧扣“问题”二字；
3. 运用问题进行课堂小结。

《基础教育研究》2009 年第 14 期

例析思想品德课时政教学的问题及对策

林红霞

初中思想品德课程具有时代性，我们的思想品德教师必须注意引导学生关注时事，培养学生时政素养，实现时政知识与教材内容的和谐统一。然而我们不难发现，老师的时政教学不能做到因时、因人制宜，导致了课堂教学的不和谐。那么为什么在教学中会出现这样的现象？主要有以下几点原因：

1. 教师自身的时政教学素养不够；
2. 教师对学生的认知水平了解不足；
3. 教师创设时政教学情景的能力不足。

这些时政教学中存在的问题，不仅会影响到我们教学目标的顺利实现，导致教学行为的低效或无效，而且也会使思想品德课教学流于形式，不利于学生良好时政素养的培养。那么，如何做到思品课时政教学的“因时、因人、因地制宜”呢？

1. 注重时效性，将国内外最新时事及时引入课堂，做到“因时制宜”；
2. 增强针对性，结合不同年段的不同教材，做到“因材制宜”；
3. 注意乡土性，充分利用本地实际，做到“因地制宜”。

《基础教育研究》2009 年第 7 期

谈谈政治教学中“社会主义和谐社会”的解说

池庆福

构建社会主义和谐社会的提出，深得党心、民心。虽然高三政治常识对社会主义和谐社会这个概念只是提及，没有详细介绍，但系统学习，却很有必要。那么，该如何使学生系统地学习“社会主义和谐社会”这个概念呢？

1. 引导学生掌握“社会主义和谐社会”概念的内容；
2. 引导学生了解这个概念提出的背景和过程；
3. 引导学生了解这个概念提出的理论意义；
4. 引导学生了解这个概念提出的现实意义。

《基础教育研究》2009 年第 6 期

初中思想品德开卷考试的应对策略

戎淑英

相对于闭卷考试而言，政治课开卷考试要求学生死记硬背的知识少了，而且随着开卷比重的增大，这类知识还会不断减少。但这并不意味着这种考试改革降低了教学的要求，相反，是提高了要求。因为这种考试模式注重的是考查学生的能力，即考查学生对所学知识进行归纳综合的能力，考查学生运用所学知识进行分析、解决时政热点问题的能力。这种试卷中的简答题、辨析题、分析题和论述题，往往以时政新闻、社会生活中的热点重点问题、国家大政方针为背景材料，要求学生从中分析、归纳、提炼中心思想进行分析答题。所以，要答好这些题目，没有对所学观点、原理的深刻理解不行，不会灵活运用也不行，没有平时培养起来的理论联系实际分析、解决问题的能力更不行。对这项考试改革，我们要有清醒的认识。这两年，有些师生在这方面存在错误认识，吃了亏，我们要从中吸取教训。思想品德学科“双开”注重考查学生灵活运用所学知识，分析问题，解决问题的能力，着重考查学生的思想品德素质，促使学生逐步形成正确的人生观、价值观。在教学过程中，要充分调动学生的积极性，提高学生的学习效率；引导学生在掌握教材基础知识的条件下，认真研究本年度的国内外时政大事；同时，还要广泛涉猎政治、历史、语文、地理等多学科的综合知识内容。只要帮助学生调整心态，迎接考试，就一定能取得好成绩。

《教育实践与研究》2009 年第 5 期

浅谈政治课教学中的导语设计

白艳枝

思想政治课就其内容而言，它既没有文学那样曲折的情节，也不像历史那样有具体的史实，较多的是抽象和理性的概括。使政治课变得生动，让学生爱学，一直是政治教师的努力方向。常言道：“好的开头是成功的一半。”好的导语对课堂教学的成功可以起到事半功倍的作用。

导语是政治课堂教学的重要环节，它是新课的引言。在整个课堂教学中，导语起着从旧知到新知的引导作用，起着诱发学生学习兴趣的作用。新奇的、富有艺术性的导语像磁石般紧紧地把学生吸引住，让他们产生对新知识的情趣和欲望。那么，如何设计导语呢？我在教学过程中是从以下三个方面入手的。

1. 导语的设计要有针对性；

2. 导语的设计要有趣味性；

3. 导语的设计要有启发性。

《教育实践与研究》2009 年第 2 期

农村小学"思品"新课程的主题活动重组研究

陈光全

在新课程实施中，"思品"课程"是以儿童直接参与的丰富多彩的活动为主要形式，强调寓教育于活动中"(《课程标准》)。而其课堂教学如何组织活动，教材所建构的活动能否完完全全照搬到课堂中来，这是教师在教学实践中需要认识和解决的关键的问题。反观以往的"思品"课，教学是跟着教材走的。教材上呈现什么内容，教师就教什么内容，学生就学什么内容。新课程的思品课当然不能再按照这种惯性思维运作。因为新课程"思品"教科书《品德与生活》《品德与社会》等不是儿童活动的"蓝本"，更不是儿童活动的"万用大全"，而"只是引发儿童活动的工具，是儿童开展活动时可利用的资源"；活动的运作还须与其他资源整合，需要考虑本地、本班儿童的实际。因而教师不能只是充当教材的"搬运工"，而应对教材设定主动活动的各个环节，进行"二次加工"和重组。

《教育实践与研究》2009 年第 2 期

《品德与生活》课堂导入探究

李英伟

一个精彩而成功的新课导入，是引导学生自主探究的关键，确有牵一发而动全身之妙，能激起学生强烈的求知欲，使学生兴趣盎然地投入到所要探究的活动之中。在教学实践中，怎样做到成功的导入呢？

导入的基本要求：

1. 简洁明快；

2. 新颖别致；

3. 精彩凝练；

4. 扣人心弦；

5. 准确恰当。

常用的几种方法：

1. 故事导入；

2. 游戏导入；

3. 电教媒体导入；

4. 语言导入。

《新课程研究》(基础教育)2009 年第 7 期

浅谈高中思想政治课体验式教学的情境设计

苏　娅

体验式教学是一种以“实践”为中心的教学方式，通过参加社会实践或者通过教师科学设置典型情境，进行模拟实践，从而使学生获得生活经验，并主动观察、反思、感悟而发现问题、提出问题、解决问题，最终得到深刻的内化的知识，实现情感的升华。近年来，国内外教学界都非常推崇能让学生亲身参与的体验式教学。运用情境体验式教学法，可以使学生的学习变得丰富而有个性，把要求学生在教学中主动参与、合作探究的新理念落到实处，大大提高思想品德课教育的实效性，值得我们用心尝试。

《新课程研究》(基础教育)2009 年第 4 期

浅谈使用高中政治新教材的几点建议

常立军

建构主义始终把教学过程视为学生主动建构知识的过程，这种建构是通过与他人的相互作用而实现的，老师与同学都是学生建构知识过程中的合作者。这一理论明确了教师、学生在教学中的地位与作用，对于使用好政治新教材具有一定的指导价值和现实意义。

1. 树立新的课程观；

2. 认真研读新课程实施建议；

3. 创新课堂教学设计；

4. 以理论逻辑为主线进行复习。

新教材的实施给教师提供了广阔的发挥空间，只要广大政治教师在教学实践中以新课程理念为指导，勇于探索，大胆创新，不断总结与反思，就一定能创造出一片新天地。

《新课程研究》(基础教育)2009 年第 4 期

例谈高中政治有效教学的误区与对策

陈美兰

新课程实施以来，我们惊喜地发现课堂教学发生了很大的变化，学生的个性得到了张扬，教学气氛异常活跃。但新的问题随之出现，如貌似实施了新课标，其实没有实效性；看似新颖、热闹的课堂场景，存在着一些有效性尚待检验的教学理念和教学方式。

误区一：教学信息量大意味着材料越丰富越好；

对策一：材料观点只有紧密结合才能相得益彰。

误区二：发挥学生主体作用意味着教师主导作用越少越好；

对策二：主体主导，只有相辅相成才能互动生成。

误区三：问题教学意味着教学问题越多越好；

对策三：教学问题只有精益求精才能突出中心。

总之，有效教学的核心就是教学的效益，要实现有效教学的目标，教师必须学会取舍，舍得舍得，有舍才有得，教师舍去的只是一些已知、易知的知识和自我表现欲，而学生得到的却是未知、难知、必知的知识，更重要的是得到了学习的方法和快乐；当然取舍是有条件的，一方面要充分考虑学生的主体作用和教师主导作用的结合；另一方面要围绕中心，突出重点。

《新课程研究》(基础教育)2009 年第 3 期

浅谈小学《品德与生活(社会)》的课堂模式

王丽萍

新课程背景下的品德教学应该给这些成长中的花朵以雨露和阳光，所以，品德教学应以学生日常的、真实的生活为基础，密切联系学生的生活经验，走进孩子们的心灵世界。《品德与生活(社会)》课程是以培养品德良好、乐于探究、热爱生活的儿童为目标的活动型综合课程。以往的品德课，学生的地位是被动的，课堂教学以传授德育知识为主，脱离学生的生活实际。要让如今的品德课能唤起学生对生活的体验，让学习成为一件愉快的事，笔者认为可从以下几个方面去做：

1. 让学生用心去捕捉真实的生活体验；
2. 精心为学生提供充分的探究空间；
3. 让学生在心与心的交融中流露真情；
4. 点燃学生心中智慧的火花。

新课程赋予《品德与生活(社会)》的内涵就是要关注每个学生的成长，培养他们有爱心、有责任感、有良好的行为习惯和个性品质。让我们从“心”开始，引领学生做生活的主人，引导学生创造更加美好的生活。“教育回归儿童生活”这已成为品德教学追求的一个基本理念。翻开全新的《品德与生活(社会)》教材，处处体现着浓浓的生活气息，教学已不再是简单的道德知识灌输，而是如何引导学生在生活中学习，在学习中生活。

《新课程研究》(基础教育)2009 年第 3 期

初中思想品德复习备考技巧

保　娟

随着新一轮课改的实施，各地中考改革的不断探索、完善，《思想品德》考试模式、题型也在不断翻新。考生考后往往感觉很好，任课教师也感到试题正中下怀，但考分一发布，师生又觉得不尽如人意。究其原因可能是多方面的，但从备考的主观方面看，同学们的基础知识不牢固，答题技能欠佳，思维过程方法单一，创新能力不够等应该是主要原因。开卷考试较大地提高了《思想品德》学科能力考查的层次，着力加强了思维能力的考查力度，减少了识记再认题的题量和分值，于是部分考生便产生了一种误解，以为只要在考试中翻翻书就可以找到答案，却忽略了翻书必备的条件——对教材的熟悉和整体上的把握，忽视了对基础知识应有的重视。其实，在知识和能力的关系上，两者是相互统一的；基础知识是能力的载体，能力的发挥是对基础知识的运用。开卷考试侧重于灵活运用知识，只有准确、牢固地记忆教材中的基础知识，才能熟练地拿来为我所用，用正确的观点分析问题、解决问题。所以，在复习的过程中，一定要认真阅读、理解教材，通过阅读教材、理解基础知识，从而熟练地掌握基本的观点，将教材装在脑海中。

《吉林教育》2009 年第 7 期

创设情境运用在小学《品德与生活》教学之中

张玉顺

课标指出“品德与生活课程是以儿童的生活为基础，以培养品德良好、乐于探究、热爱生活的儿童为目标的活动型综合课程”。这就明确地揭示了小学品德与生活课程的内容，源于儿童实际与儿童生活密切相关，在高度概括提炼归纳为彼此相关联知识体系的基础上，以培养儿童热爱生活、乐于探究、养成良好行为习惯为目标，以课堂为载体，通过复原生活再现生活场景让儿童置身于教学内容密切联系的氛围之中，所进行的师生双边活动。在品德与生活课的教学中，通过创设情境，利用设疑激趣、搜集、探讨、媒体演示等各种途径，以活动的形式再现生活场景，让儿童的主体意识凸显，在活动中求知，在体验中提升，在探究合作中激发他们创新的潜能意识和审美情趣，逐步提高认识能力、理解能力和辨别能力，落实为行为习惯。

《吉林教育》2009 年第 3 期

随风潜入夜，润物细无声——思想品德课堂即时评价之探索

鲍先冲

优化教学过程，提高课堂教学效益，这涉及很多方面的内容，课堂即时评价是其中必不可少且非常重要的一个方面。如果课堂即时评价运用得好，它对于创造学习氛围、调动学生积极思维、增强克服困难的决心，起着“润物细无声”的作用；相反地，如果课堂即时评价不当，有可能会使学生的积极性和主动性受到挫伤，会阻碍学生创造性思维，会削弱学生的自信心和进取心，其后果将是十分严重的。在今天动态生成的课堂中，学生在平等对话的过程中有机会自由发表自己的见解和疑难，由于学生学习过程中认识能力的差异性和学生思维的空前活跃等因素，教师对于课堂学习活动的预设性大大减弱，课堂教学的随机性和偶然性大大增强。因此，在教学过程中，我们越来越体会到教师的评价对课堂学习效果的影响，也对教师的即时评价提出了新的挑战和要求。

1. 评价语言：客观性；
2. 评价目标：针对性；
3. 评价对象：差异性。

《吉林教育》2009 年第 11 期

谈谈在政治教学中的做人教育

莫小英

在政治教学中进行道德教育就是让学生懂得遵纪守法、团结互助、尊老爱幼、爱国爱民，努力把学生培养成为新一代的四有新人。

1. 对学生进行诚信教育；

2. 对学生进行遵纪守法教育；
3. 教学生学会助人；
4. 教学生学会尊老爱幼；
5. 对学生进行爱国主义教育。

《吉林教育》2009 年第 10 期

新版初中政治教材“活动”教学原则浅谈

路　建

现行思想品德七年级教材是由课程教材研究所、思想品德课程教材研究开发中心编著的，全国中小学教材审定委员会在 2003 年初审通过的新版教材。新教材有别于以往教材的一个显著特点是每一章节的内容均通过各种各样的活动来连接。形式多样的活动内容的增设，大大增强了思想品德课的趣味性、形象性、可学性。其中有三大特点：一是活动内容均围绕本单元教学主题，通过活动达到消化和巩固所学知识的目的，寓学习知识于活动中。二是形式多样的活动内容符合七年级学生的认知特点、心理特点，激发了学生的学习兴趣和学习热情，使他们乐于学习，从而主动地活泼地发展自己。三是活动内容丰富，贴近学生学习生活的实际，对学生的思想行为有直接的指导作用，能达到学以致用的目的。因此，在课堂教学中教者如何充分、灵活、巧妙运用这些活动内容，直接关系到学生对所学内容的具体掌握和落实。

一、强化教师在活动中的主导性原则；
二、突出学生在活动中的主体性原则；
三、注重活动课的实效性原则。

《吉林教育》2009 年第 4 期

政治教学实践

整合品德教学资源　感受乡土文化魅力
——《民风民俗知多少》单元教学例谈

韩华山

丰富深厚的民风民俗文化，孕育了中华民族绵延五千年的文明史，造就了中华民族的精神传统和人文性格。走近民风民俗，弘扬传统文化，对增强中华民族的凝聚力，促进民族融合，有着十分重要的作用。浙教版《品德与社会》第 11 册第二单元安排了

“民风民俗知多少”这一教学主题，旨在让学生了解我国民风民俗形式的多样性、文化内涵的丰富性；知道家乡的民风民俗是中华民族文化中的特色文化，也是祖国传统文化的精髓。在教学中，在如何整合教学资源，让学生感受乡土文化魅力，激发其传承祖国传统文化的兴趣等方面，笔者做了积极有效的尝试。

1. 方言诵读歌谣，渲染乡土气息；
2. 评析剪纸作品，领略乡土魅力；
3. 组织读书活动，了解乡土风情；
4. 开展实践活动，品尝乡土风味；
5. 举办风俗论坛，创新乡土观念；
6. 开展课题研究，弘扬乡土文化。

《小学德育》2009 年第 8 期

品德与生活教学中开展实践活动的思考

吕小红

品德与生活是一门活动性综合课程。那么，我们该怎样为孩子搭建一个活动的舞台，让孩子对生活进行体验、认识和感悟，从而形成良好的道德品质呢？结合近年来的品德与生活教学实践，笔者谈谈自己的看法。

1. 开展适宜孩子参与的课前活动；
2. 组织贴近孩子的课堂活动；
3. 实施发展孩子品德的课外活动。

品德与生活课程是一门开放的、与时俱进的课程，它带给我们巨大的挑战，同时也为学生品德的发展带来了机遇。我们要充分利用这个舞台，开展各种有效的实践活动，拓宽学生的学习渠道，使学生在更为广阔的空间里学习生活、感悟生活、享受生活。愿在这个舞台上，孩子们都能绽放出属于自己的那份精彩！

《小学德育》2009 年第 11 期

历史题材品德课教学应体现四种意识

池昌斌

高年级品德与社会教材安排了大量国情、历史与文化教育题材，其中关于历史题材的教学成为近两年来品德教研的热点与难点问题。笔者近年来对浙教版《悲愤的吼声》与苏教版《筑起我们的血肉长城》这两课进行了深度研究，也形成了一些肤浅的认识，概括来说，即历史题材的品德课教学应体现四种意识：学生意识、目标意识、教材意识、情感意识。课后，有教师在评价这一教学设计时这样说：课在不知不觉中结束了，望着孩子们凝重、坚毅的神情，作为教师的我不断回味、揣摩那震撼人心的教学。我的心像被人用手紧紧地攥着，透不过气来。这是让不了解历史的孩子学习正视历史的一课，是给遗忘历史的我们警醒的一课。接受心灵洗涤的不仅有学生，更有我们这些在场听课的老师。

《小学德育》2009 年第 9 期

品德课程与语文教学整合浅探

吴　芳

品德与生活课程以儿童的现实生活为源泉，倡导通过儿童直接参与主题活动来落实教学目标。在教学实践中，笔者发现其丰富多彩的活动沟通了学生与生活的联系，促进了学生良好品德的形成。同时这些活动中的生活积淀，也是语文综合性学习的丰富资源。于是，我尝试着充分利用这些宝贵的资源，努力促进两门课程的有效整合。

1. 丰富体验，在语言学习中激发探究兴趣；

2. 开放课堂，在口语交际中丰富道德情感；

3. 加强实践，在写作训练中提升道德能力。

孩子们在观察、调查、访谈、展示、交流、思考等学习实践中，培养了创新意识和收集处理信息、分析解决问题的能力。同时，这样的实践活动加强了课内外联系，促进了课程间的融合，使语文学习更贴近社会生活，富有时代感，使学生对社会生活的感悟更加深刻。

《小学德育》2009 年第 11 期

让品德课程彰显人性魅力
——小学品德学科作业设计与布置的实践探索

毛丽娜

当前，在品德新课程的教学中，大多数老师关注了备课及课堂教学，却忽略了品德学科的作业设计及布置。为此，作为教师要想提高品德课程的实效性，努力改变以往那种说一套做一套的"两张皮"现象，就必须精心设计，布置多元化作业，构建知行统一的作业体系，为此，笔者结合多年的教学实践，谈谈如何设计与布置品德学科的作业。品德作业，从完成时间上可以分为课前作业、课中作业、课后作业。在作业设计上，还要结合不同时段来精心设计，突破难点。当然，品德作业如果没有及时的评价，将会流于形式，因此作业布置后还要及时做好评价。作业评价是学生评价的重要组成部分。

《小学德育》2009 年第 14 期

品德与社会教学中情感因素的投入与产出

黄坚定

在品德与社会教学中，教师如何帮助学生获得丰富的情感体验，运用情感来调动、激发学生的潜能，帮助学生全面发展，是值得深入探究的一门学问。

一、挖掘教材，以情唤情

二、创设情境，以情融情

1. 精心设计，激情导入；

2. 多种形式，丰富情感。

三、课外延伸，以情促情

1. 在日常生活中延伸；

2. 利用学校活动延伸。

此外，学校的晨会课、少先队活动等也是进行道德品质教育的好时机，我们应该整合品德与社会教材里的内容，积极开发和利用各种课程资源，创造条件让学生积极参与社会实践，体验社会生活，逐步提高认识社会、参与社会、适应社会的能力，促使学生的情感更全面、健康地发展。

《小学德育》2009 年第 23 期

精心预设把握生成——小学品德课活动教学的实践与反思

潘权威

小学品德课是一门实践性很强的课程，学生知识的掌握、能力的提高、素养的形成都离不开学生的实践活动。活动教学应成为品德课教学的主要形式。然而，活动教学是充满突发性和不可预定性的动态生成过程。学生们是一个个鲜活的具有丰满个性的生命体，课堂上的各种偶发事件难以预料，教师一旦处理不当，经常会出现“教师满腔期待地走进教室，却满怀遗憾地走出教室”的尴尬局面。为此，笔者联系小学品德课活动教学实践，列举教学案例进行分析，旨在让更多的品德课老师在活动教学中更加理性地预设生成，巧妙把握动态生成，提高教学实效。

《中国教师》2009 年 10 月总第 99 期

论思想政治课教学中学生创新素质的培养

刘志怀

创新素质是指通过对学生施以影响和教育，使他们作为独立的个体，充分发挥其主观能动性，能够善于发现和认识有意义的新知识、新事物、新方法，创新教学目的就是培养学生的创新素质。

一、打破思维定式，激发创新意识

二、创设教学环境，培养创新精神

1. 正确处理好教师与学生的关系，营造民主和谐的课堂教学氛围；

2. 正确处理教与学的关系，创设独立思考，主动求知的教学环境。

三、开展实践活动，培养创新能力

《中国教师》2009 年第 12 期

风景这边独好——谈思想政治课教学的艺术

解志琪

教学要讲求艺术。兵家云：“知己知彼，百战不殆。”不了解思想课本身，不了解教学的主体——学生，就至少证明不是一个合格的教师。思想政治教师不仅要有广博的知识面，还要有恰当的方法。什么样的方法才“恰当”呢？似乎人们常说教无定法。我在多年来的思想政治教学中总结了一些经验，提出来供大家参考：我的方法是：“树靶子”——目标清晰，兴趣盎然 、“轻松学”——亦庄亦谐，营造和谐氛围、“用得着”——深入浅出，理论与实际、“挽手行”——鼓励与督促并重。

《中国教师》2009 年第 S1 期

高中政治课教学如何培养学生的批判性思维

卢其文

当今的社会是竞争的社会，而竞争的核心是人的能力尤其是创造能力的竞争，从哲学的角度看，创造就意味着质变，意味着新事物新思想对旧事物旧思想的否定。对旧事物旧思想的批判是产生新事物新思想的必要前提，没有批判就没有创造，就没有新事物新思想。因此，培养学生创造性思维的关键在于培养学生的批判性思维能力和习惯，本文从政治课课堂教学方面谈谈如何培养学生的批判性思维。

《中国教师》2009 年第 1 期

从康德思想浅析高中思想政治课的效用

赵晓楠

本文用康德的三条道德命令：善良意志、人是目的和意志自律，来探讨高中思想政治课在当今社会的要求下，如何发挥其真正效用这一问题。认为高中教学要认清学生的自我特点，本着学生为主，最终达到对学生的思想政治教育的目的，这样的一个过程与康德的三条道德命令有着相同的道理。并希望能为新课程改革的研究作一点贡献。

《中国教师》2009 年第 S1 期

对新课改下思想品德教学的几点思考

周　军

1. 应切实认清思想品德课程的学科性质和特点；
2. 应真正分清思想品德知识体系中思想与品德的地位与作用；
3. 应完全弄清思想品德课教学的“三部曲”；
4. 应灵活运用思想品德教育的情感教育模式；
5. 应随时纠正学生的错误思想与品德。

《中国教师》2009 年第 S2 期

思想政治课教学中的情感教学探究

蒲　军

思想政治课教学是一种情感教学。教师在教学中能根据教学内容和学科特点，教学语言有激情；教学创设的情境有实情；教学过程中有真情。学生定能动情，师生间则能产生情感共鸣，从而达到提高教学质量之目的。

《中国教师》2009 年第 4 期

谈和谐思想政治课堂的生成

梁苑红

1. 教师的教学素养、教学水平是和谐政治课堂生成的基础；
2. 营造宽松、和谐的课堂气氛是和谐政治课堂生成的保证；
3. 创设教学情境是和谐政治课堂生成的核心。

《中国教师》2009 年第 7 总第 93 期

再谈激发初中学生学习思想品德课的兴趣

李　芝　赵明敏　王　军

1. 运用数学知识的逻辑性，激发学生学习思想品德课的兴趣；
2. 运用名言诗句来激发学生的兴趣；
3. 运用优秀古典文化知识，激发学生学习；
4. 运用丰富的历史知识，激发学生学习思想。

《中国教师》2009 年第 S1 期

做智慧型的“懒”班主任

王　华

1. 加强班级建设，以制度约束学生；
2. 培养得力的班干部；
3. 敢于放手，舍得放权；
4. 动员全体，人人参与。

《中国教师》2009 年第 S1 期

政治教学如何构建学生的积极心态

杨小宇

在教学实践中，经常可以听到有的思品课教师发出这样的感叹：“这个问题我都讲了好几遍，可学生还是理解不透，不知是怎么回事……”究其原因，这固然与教师的“讲”不无关系，但笔者认为，这与学生没有形成积极、良好的学习心态更有直接关系。作为思想品德课教师，要千方百计使学生的情绪处于热情、欢喜、愉悦、向上的状态，激发学生求知进取、奋发向上的动力和勇气，尽力使学生的记忆能力、理解能力、分析能力和应用能力特别是实践能力和创新能力进入最佳状态。就学生而言，学生自身潜力能否发挥，素质能否提高，关键在于有没有积极的心态。学生积极的心态集中表现为乐学、好学、要学，敢于苦学、善于苦学；学生消极的心态则集中表现为厌学、怕学，甚至逃学。思品课教师要成功地完成教学目标，不仅要使学生明确“学什么”“怎样学”，更重要的是培养和建构学生的积极心态。在新课改背景下的初中思想品德课教学中，思品课教师应如何培养和建构学生的积极心态呢？更新教学观念是前提；优化课堂教学是主渠道；个性化教学艺术是重要方式。

《教学研究》2009 年第 1 期

怎样提高高中政治课的网络教学水平

卫　东

随着网络的发展和普及，高中思想政治课教学也可以运用这一先进手段。鉴于高中思想政治课运用网络进行教学正处在起步阶段，笔者就当前高中政治课运用网络教学的有利条件、存在的问题以及如何优化等方面谈谈自己的一些看法。高中政治课运用网络教学的有利条件可以充分发挥网络的时效性、快捷性，有助于及时、适时引入最新时政热点材料。充分利用网络提供的资源，为学生创设了广阔自由的环境，有助于拓展学生的思维空间。充分利用网络的时空优势，突破了课堂时间和空间的限制，拓延了教学时空的维度。当前存在的问题是，师生之间的语言、情感交流和思想碰撞减少，学生的主体地位受到一定的忽视，学生的自主学习时间容易受不良因素干扰。我们需提高、优化高中政治课的网络教学水平，引导学生关注现实，体验、感悟生活，进行网络环境下的合作学习，引导学生实现自我、创新思维，进行网络环境下的探究学习。

《高教论坛》2009 年第 10 期

提高初中思想政治课教学质量的实践探索

殷煜晴

我们必须高度重视对思想政治教育方法的研究和探索，挖掘出更多更有效的思想政治教育方法，达到提高思想政治教学质量的实现。提高政治教学质量应先从培养学生的学习兴趣开始；以教学内容为主，理论联系实际，做好课堂教学的基础工作；要提高政治教学质量，老师的教学方式方法起决定性作用；建立思想政治教育教学资料库；积极迎对新课程改革下面临的挑战。

《高教论坛》2009 年第 5 期

思想道德修养与法律基础实践教学模式探析

韩迎春

“思想道德修养与法律基础”课（以下简称“基础”课）作为高校思想政治理论课程体系的重要组成部分，其突出特点是具有鲜明的实践性，强调理论与实践的结合和规范向行为实践的转化。然而目前高校中对“基础”课的实践教学由于受传统和条件的限制，主要还是以课堂教学为主，实践环节往往流于形式。因此，要实现这门课程的教学目的，取得良好的教学效果，必须加强课程的实践教学环节。

一、思想道德修养与法律基础课实践教学中存在的问题

1. 对实践教学重要性的认识不足；2. 实践教学流于形式；3. 实践性教学活动内容缺乏创新和深度；4. 实践教学的管理体制不完善；5. 没有相应的保障机制。

二、提高思想道德修养与法律基础课实践教学效果的途径

1. 树立正确的实践教学理念；2. 调动学生参与“基础”课实践教学的积极性；3. 构建多层次的实践教学体系；4. 建立有效的实践教学运行机制：(1)制订统一的实践教学规划与建立统一的领导管理体制；(2)实行合理的激励与评价机制；(3)建立立体化的实践活动体系。

《高教论坛》2009 年第 11 期

品德教育不留痕迹

裘扬飞

道德教育，除了抓好每一节思想品德课外，教师还应善于捕捉教育时机，关注细节，细致入微。如遇到偶发事件，要敏感地觉察到其中蕴涵的教育因素，并抓住时机有效地进行“不留痕迹”的引导。关注细节——细致入微；讲究艺术——教育无痕；体验活动——刻骨铭心。教育的美，美在理解，美在机智，美在创新。让我们关注孩子们成长的细节吧，用科学合理的方法，通过创造性的各种活动，使孩子们纯洁与真诚，让孩子们在蔚蓝的道德教育天地中茁壮成长！

《高教论坛》2009 年第 6 期

时政教育模式创新例谈

王刘平

时事政治教育是以国内外的政治、经济形势，党的路线、方针、政策和中心任务为内容的教育，是教材内容的补充和延伸，是重要的课程资源。在传统教学中，因其内容零散，时效性又极强，并且搜集难、整理难，系统化、完善化更难，使得教师教学比较棘手，学生学习也缺乏兴趣，那么如何改变这一现状呢？笔者在自己的教学实践中主要对几种模式进行了初步的探索。

《陕西教育》2009 年第 3 期

中学思想政治课激发学生兴趣的体会与实践

张淑云

兴趣是带有浓厚色彩的心理活动，是人对事物的一种向往、迷恋或积极探索追求的心理倾向，它可以给人以动力和毅力，激发人们主动学习的热情。托尔斯泰说过："成功的教育不是强制，而是激发学生学习的兴趣。"思想政治课要提高教学质量，使学生乐学、好学、勤学，就必须加强对学生学习兴趣的培养和激发。我就自己在教学中如何激发学生学习兴趣，谈几点粗浅的体会。

《陕西教育》2009 年第 4 期

思品课教学中学生创新能力的培养

折光明

创新是民族的灵魂，是国家兴旺发达的不竭动力。在初中思想品德课教学中如何培养学生的创新思维能力，成为摆在我们面前迫切需要解决的问题。总之，创新能力的培养是素质教育的核心，它是依据人的发展和社会的发展的需要，以全面提高学生的能力为根本目的，以尊重学生主体和主动精神，注重开发人的智慧潜能和形成人的健全个性为根本特征。我们应努力追求对学生创新能力的培养，以适应素质教育和社会发展的需要。

《陕西教育》2009 年第 4 期

初中思品课的"留白"艺术

王宏生

新课改的理念之一是以人为本，倡导学生的自主学习能力，培养学生的创新精神和实践能力。下面，我就具体谈谈我在思想品德课教学过程中就如何留出空白，还给学生自主学习的空间，唤醒学生的主体意识，激发学生自主学习的兴趣和能力所做的探索和实践。

《陕西教育》2009 年第 5 期

素质教育在思想政治课中的实践

工培军

素质教育的任务是让中、小学生在学校学习期间能掌握比较扎实的科学文化基础知识和技能，通过各类实践活动，健康地发展个性，全面提高素质，以适应现代社会生活、劳动和进一步学习的需要。下面仅就个人感受，谈及自己在思想政治教学中实施素质教育的实践。1. 全面提高教师的综合素质；2. 精心备课，敢于尝试；3. 创新能力的培养是时代的要求，是当今至关重要的教学任务。

《陕西教育》2009 年第 7 期

《品德与生活》课程教学的实施策略

袁雪莉

《品德与生活》是新一轮基础教育课程改革新增的课程。该课程对改变我国德育现状，解决原有课程内容之间的交叉重复，增强品德教育的针对性和实效性有重要作用。本文结合笔者使用教科版《品德与生活》教材的教学经验阐述该课程的教学实施策略。

策略一：活动引发人生的体验

在课程中让学生在体验中学习，是促进学生良好品德形成和社会性发展最有效的学习方式之一。让学生集体体验、自我体验、角色体验，注重团体内部的交流互动，提供给学生一个现实社会的缩影，使他们能把在团体互动中所获得的感受同日常生活经验相联系，并在安全、信任的气氛中尝试着去学习或改变行为。

策略二：开放带来自主的学习

为突破传统德育教材单一、封闭和静止的特性，教科版《品德与生活》教材重视采用引发问题、解决问题等形式对教学活动进行提示和预设，既体现课程目标对活动的指引，又为师生操作活动预留了很大的创造空间，有利于开放化教学方式的采用，使学生形成自主、合作、探究、负责的主体性素质。

《基础教育课程》2009 年第 4 期

品德课堂教学借鉴西方道德教育方法例谈

钱丹慧

自 20 世纪 60 年代起，西方国度美国、德国等国家，有关道德教育的有益尝试和理论探讨风起云涌，期间，出现了大批道德教育的学派与理论成果和由其衍生而成的众多的德育方法，如价值澄清理论、科尔伯格的道德两难讨论、杜威的个人经验诉诸、品格教育法、女性主义关怀取向道德观和建构主义道德心理学等。深入学习以上理论，借鉴其积极因素和有效方法，以使我们的品德课程日益接近智慧、道德和高效的发展取向，进而使每个孩子都能充分享受品德课程所带给的成长与收获。品德课程是落实道德教育的一门重要课程，从本质上讲，它应该是有利于学生身心健康、人格完满、生命美好和享受完整生活质量的课程，从事这门课程教学的品德教师，有责任为我们的品德课程建设成一门能让学生感到"学习道德是快乐的，做道德的人是幸福的"课程作出应有的贡献。既然这样，我们就要坚守这个信念：不断地学习、吸纳，不断地改善、改良！

《上海教育科研》2009 年第 2 期

浅析中小学生的思想品德教育

代文军

二十一世纪是一个人才竞争的世纪，二十一世纪的人才应该是德才兼备的高素质人才。这里所说的德，就是思想品德。当前中国正在深化教育改革，全面实施素质教育，这就要求我们必须把德育、智育、体育、美育和劳动教育等看成是一个不可分割的统一体，不可偏重或忽视任何一方面，尤其是德育，因为素质教育最关键的就是思想品德教育，它对其他教育(智育、体育、美育、劳动教育等)起着方向调控和动力支持的作用。加强中小学生思想品德教育，是学校、家庭与社会必须共同关注的课题。小学思想品德课的教学过程，实质上是通过教育因素的有效影响，促使小学生将思想品德规范逐步内化的过程，这一过程的核心是学生自主性和创造性的激发和发展。因此，小学思想品德课教学必须全面关注"人"的发展，将老师的注意力从纯道德意志的传授转移到道德主体的培养与发展上来。

《中小学电教》2009 年第 7、8 期

社会主义核心价值体系下思想政治教育的价值审视

王晓菲

社会主义核心价值体系是符合社会主义社会制度、伦理规范和发展要求的核心价值观。思想政治教育的价值是以主体的思想品德形成和发展规律为尺度的主客体关系，在建设社会主义集体主义为核心价值的社会主义核心价值体系的环境下，思想政治教育的价值也有了新的发展，并赋予了新内涵。在实现思想政治教育价值时，要不断完善受教育者的自身条件，加强广大青少年的思想政治理论教育，健全思想政治教育的手段，把社会主义核心

价值体系的内容融入高校思想政治教育中，从思想教育与养成教育的结合上培养社会主义新人。

在建设以社会主义集体主义为核心价值的社会主义核心价值体系的条件下，思想政治教育的价值有了新的内涵，当然其实现也有相应的具体途径：

1. 要不断完善内部条件，即不断完善自我条件；

2. 要加强思想政治理论知识教育；

3. 要加强综合管理；

4. 要健全思想政治教育的手段；

5. 把社会主义核心价值体系的内容融入高校思想政治教育中。

《教育理论与实践》2009年第10期

实习支教：在实践中加强大学生思想政治教育

王志连　辛文斌

在社会实践中加强大学生思想政治教育，是高等教育面临的重大课题。十余年来，忻州师范学院结合学校、学生和当地的实际，长期实施了实习支教，为学生构建了联系、了解社会，认识省情、民情，提高职业技能，磨炼意志品质的平台，增强了思想政治教育的针对性和实效性，探索出一条在实践中加强和改进大学生思想政治教育的有效途径，为深化师范院校的教学改革，加强思想政治教育工作，提供了实践经验。

1. 加强思想政治教育是实习支教的重要出发点；

2. 实习支教加深了大学生对国情的认识，增强了社会责任感和使命感；

3. 实习支教增强了思想政治教育的针对性和实效性；

4. 实习支教体现了德育的实践性本质要求。

《教育理论与实践》2009年第11期

思想政治课教学中"时政播报"模式的探索

董生辉

"时政播报"模式是利用每节思想政治课的前5分钟时间，师生相互交换最近以来的国际、国内热点新闻，并就某一个热点事件尽可能地从背景和发展趋势两方面进行深度探讨，尽可能用学科所学知识进行解释。在热点新闻交换的过程中，教师是热点事件的提供者，而学生则是实践探究的主体，由学生进行相关方面的讨论和解释，在学生探究的时候，教师只是一个倾听者和引导者，只有学生将询问的目光投向教师时，教师才给出自己的看法，甚至有时教师会有意将不恰当、不到位的看法提出来，启发学生进行辩论。对于一些不成熟或探究比较深入的热点，教师会留下来，供学生在课间或闲暇时间进行相互探讨。

《教育理论与实践》2009 年第 9 期

思想政治理论课实践教学基地及其德育因素浅探

李河水

加强高校思想政治理论课实践教学基地建设，挖掘其德育因素以强化实践教学，对于提升教学质量、提高学生思想政治素质和观察分析社会问题的能力，具有重要意义。中宣部、教育部《关于进一步加强和改进高等学校思想政治理论课的意见》明确指出："高等学校思想政治理论课所有课程都要加强实践环节。要引导大学生走出校门，到基层去，到工农群众中去。要通过形式多样的实践教学活动，提高学生思想政治素质和观察分析社会现象的能力，深化教育教学的效果。"选择革命历史纪念馆、农村建设与改革示范点、知名企业(集团)园区，建立思想政治理论课实践教学基地，并挖掘其德育因素进行思想政治教育，将会收到事半功倍的效果。

《教育理论与实践》2009 年第 10 期

贴着"童心"教——品德教学提效的实践与探索

王静娟

《品德与社会》课标中明确指出：这是一门以儿童的生活为基础，以培养品德良好、乐于探究、热爱学习的儿童为目标的活动型综合课程。怎样才能让我们的品德教学提效呢？笔者认为，贴着"童心"进行教学，这是实现品德教学提效的关键所在。贴着"童心"教是指：教师应站在儿童的立场，基于儿童的认知与生活经验，关注儿童的内心需要，体察儿童的行为表现；教学设计应充分考虑儿童的学习特点、心理需要。

1. 多元切入，触摸"童心"；
2. 整体把握，直面"童心"；
3. 用心关注，呵护"童心"；
4. 开展实践，塑就"童心"。

《基础教育研究》2009 年第 11 期

超越能力要求打造灵动的思想品德复习课

龚 伟

新课程对考试提出了“获取和解读信息、调动和运用知识、描述和阐释事物、论证和探究问题”四种能力目标与要求，但在初中思想品德课的复习课教学中，从考试的现实需要出发，许多教师所重视的能力往往是一种应试技能，这样复习课就偏离了正确的航向。要使新课程的理念和行为真正落到实处，必须正确理解这些能力要求，在复习教学中超越这些能力要求，打造灵动的复习课。

1. 超越获取和解读信息能力要求，培养生活化的学科意识；
2. 超越调动和运用知识能力要求，培养科学化的课程思维；
3. 超越描述和阐释事物能力要求，培养体验化的价值情感；
4. 超越论证和探究问题能力要求，培养质疑化的创新精神。

《基础教育研究》2009 年第 10 期

高中思想政治课灌输教育再认识

陆德光

灌输理论是马克思主义思想政治教育理论的重要组成部分，在我国改革开放进一步深化，加强培育社会主义“四有”新人的今天，马克思主义灌输理论并没有过时，探讨灌输在思想政治课教育中的作用有着重要的现实意义。

一、灌输教育在高中思想政治课教育中的意义

1. 促进青少年社会主义世界观、人生观和价值观的形成；
2. 促进青少年素质的全面发展；
3. 促进道德教育的自身发展。

二、当前高中思想政治课灌输教育存在的问题

1. 将“灌输”简单地等同于“强制灌输”的认识；
2. 灌输的内容缺乏与时俱进的创新；
3. 灌输的方式手段单一化。

三、高中思想政治课灌输教育的对策

1. 提高灌输主客体的主观能动性；
2. 丰富灌输教育的内容；
3. 积极改进灌输教育的方式。

《基础教育研究》2009 年第 8 期

创新德育工作机制提高德育工作实效

蒙　洁

目前在学校德育工作中，存在着创新意识不强、方式手段陈旧、教育效果不理想等问题。这些问题严重影响学校育人目标的实现，成为学校自我发展道路上的障碍。要解决这些问题，必须强化创新意识，创新德育工作机制。在德育工作实践中，牢固把握德育在素质教育中的“灵魂”地位，在德育的目标、内容、途径、手段、方式上探索更适合学生年龄与身心特点，更适合社会发展规律的新举措；按照“贴近生活，贴近实际，贴近学生”的教育原则，从理论学习、常规工作、教育形式、德育科研、心理健康教育等方面着手，创新工作机制，不断增强德育工作的主动性和实效性，使德育工作跃上新的台阶。学校德育工作，必须随着形势的发展，不断创新工作机制，才能适应学校持续发展的需要。

《基础教育研究》2009 年第 8 期

“两境”融通提高政治课教学的有效性

李国华

创设情境是活化知识，提高教学有效性的重要途径。因而思想政治新教材特别注重创设情境。但只有教材情境还不能充分发挥其作用，还需要教师对其进行改造，使教材情境能与本地、本校的真实生活融通，才能充分利用学生的生活经验在文本知识与学生思维之间构筑桥梁与台阶，使“给定的知识”能转化为学生“自己的课程”，使“文本课程”转化为“体验课程”，提高教学效果。根据笔者体会，以下方面应是“两境”融通的有效切入点。

1. 将不同地域的情境融通，拉近文本与学生的空间距离；

2. 将不同时期的情境融通，拉近文本与学生的时间距离；

3. 将不同人物的事迹融通，拉近文本与学生的思想距离；

4. 将静态的情境与动态的活动融通，拉近文本与学生的心理距离；

5. 将晦涩的知识情境与通俗的生活情境融通，拉近文本与学生的认知距离。

《基础教育研究》2009 年第 8 期

在思想品德教学中张扬学生个性

许战雄

新课程倡导“以人为本”的教学理念，它要求教师特别关注学生的个性，关注学生个性的差异，让每一位学生都有机会彰显自己的个性，展示自己的智慧与才华。在开放性较强的思想品德学科中对学生进行德育，要求教师在教学过程中运用这种新的观念去组织教学，多方面调动学生的学习积极因素，让学生的个性在新的学习方式中得到张扬，这样才能收到良好的教学效果。

1. 让学生在平等的对话中充分张扬个性；
2. 让学生在课前预习中张扬个性；
3. 让学生发表独特见解，发展求异思维；
4. 善于引导学生交流感悟。

总之，在思想品德课堂教学中要有效地使学生的个性得到张扬，就应以学生为本，创造和形成师生互动、平等和谐的课堂氛围，让学生独立思考、解决问题，探讨新的知识，发现新的问题，在自主探究中学习。

《基础教育研究》2009 年第 9 期

思想品德课“道德两难选择问题”的教学

蒙元恺

俄罗斯教育家车尔尼雪夫斯基认为：“真正的教育在于：要使世界上所发生的一切，你都能够加以评判。”为此，教师在处理“道德两难选择问题”时，不要简单地说出非对即错、非黑即白的“标准答案”，而要精心设计“两难”情景，创设说真话的舆论氛围，引导学生争论，刺激他们思考，让他们在讨论、交流中自己比较、作出自己的判断和行为选择。然而，许多时候，我们有的老师却担心学生在认知冲突的讨论中控制不了，或是担心学生在处理那些“道德两难选择问题”时会出现偏差，于是刻意回避这些问题。试想，如果不让学生在课堂上学习解决“道德两难选择问题”，我们又如何能够期待他们在现实生活中遇到较深奥的道德问题时，作出合理的判断呢？此外，需要注意的是，在进行“道德两难选择问题”的课堂教学时，重在引导过程，不要刻意追求效果而使教学环节虚伪做作；要让学生把不同的想法表达出来，讲真心话，这样才能帮助学生的道德观向着更健康的方向发展。

《基础教育研究》2009 年第 9 期

思想品德课教学如何"在生活中备课"

曾 维

陶行知先生说："没有生活做中心的教育是死教育。没有生活做中心的学校是死学校。没有生活做中心的书本是死书本。"思想品德课教学要求关注学生的日常生活，这就需要我们学会在生活中备课。为此我们必须努力做到以下几点。

1. 在学生的生活中备课；

2. 在教师的生活中备课；

3. 在广阔的社会生活中备课。

总之，思想品德课教学备课必须遵循学生的心理特点和认知规律，以学生道德认知、道德情感及道德实践水平为基础，选取学生关心的具有教育意义的现实生活和社会问题，有的放矢，循序渐进，这既是学生个体成长的需要，也是社会发展的需要。

《基础教育研究》2009 年第 7 期

浅谈新课程背景下思想品德课教学的"三个转变"

唐秀科

为了每一位学生的发展是实现新课程教育目的的核心理念，是组织教育教学活动的最主要依据。现就如何根据新课程理念，开展思想品德教学谈谈本人的几点体会。

一、新课程背景下如何做好教师角色的转变

1. 教师是学生学习活动的促进者；

2. 教师是学生学习活动的引导者；

3. 教师应成为学生学习活动的参与者。

二、新课程实施背景下如何做好学生角色的转变

学生学习的过程是在教师的引导下自我建构、自我生成的过程。学生的学习过程不仅仅是简单被动地接受信息，更多的应该是对外部信息进行主动地选择、加工和整理，从而获得知识的过程。所以教师应该提倡学生自主学习，努力转变学生角色，学生能做到的，教师决不代替。

三、新课程理念下如何做好教材使用的转变

1. 教材不等于教学内容，教学内容是教材的拓展；

2. 最大限度地为教材开创自由空间。

《基础教育研究》2009 年第 6 期

从中学生思想道德现状谈中学思想道德建设

曾　瑛

在现阶段，中学要坚决执行党的教育方针，切实改进和加强学校德育工作，才能真正把学校办成社会主义精神文明建设的阵地，为培养全面发展的社会主义事业的接班人发挥应有的作用。下面，谈谈应从哪些方面进行中学思想道德建设。

1. 爱国主义教育；

2. 中华民族传统美德教育；

3. 热爱劳动和艰苦奋斗的教育；

4. 努力学习和热爱科学的教育；

5. 社会主义民主与法制教育；

6. 时事政治教育；

7. 理想教育；

8. 心理和个性发展教育；

9. 科技道德教育；

10. 生态道德教育；

11. 经济伦理教育；

12. 网络伦理教育；

13. 合作精神教育。

《基础教育研究》2009 年第 6 期

浅谈思想品德课如何落实情感、态度、价值观目标

秦宗惠

思想品德课程目标分为情感、态度、价值观目标、能力目标及知识目标，情感、态度、价值观目标，是终极目标，是思想品德课的最高境界。在课堂教学中如何落实这一目标，成为教师的教学难题。笔者经过多年的教学实践，对政治课堂上落实情感、态度、价值观目标的意义、策略、方法和应当注意的问题作了一些探索，有如下一些体会。

一、落实情感态度价值观目标的状况

1. 重视程度不够；

2. 部分教师缺乏教学艺术和教学经验。

二、落实情感态度价值观目标的策略

1. 思想上重视；

2. 教学上与时俱进；

3. 加强经验积累。

三、落实情感态度价值观目标的方法

1. 创设情景法；

2. 活动教学法；

3. 实践教学法；

4. 生活教学法。

四、落实情感态度价值观目标应注意的问题

1. 注意调控课堂气氛；

2. 对学生的评价要多元化；

3. 借助学校、家庭、社会的力量，共同对学生进行情感、态度、价值观教育。

《基础教育研究》2009 年第 5 期

谈谈政治课学习兴趣的培养与保持

韦伦飞

兴趣是最好的老师。政治教师要培养学生对政治课的持久兴趣，激励学生持续较佳的学习状态，使他们乐学、善学、会学，学而忘我，乐此不疲，必须更新教学手段，用灵活多样的教学方法去组织课堂教学。

1. 把握良机，让多姿多彩的教学形式渲染课堂气氛，引发学生的兴趣与求知欲；

2. 潜心钻研，与时俱进，把政治课上得充满趣味，诱发学生学习的兴趣，并使之保持；

3. 开展形式多样、内容丰富的政治课课外活动，激发与保持学习兴趣。

《基础教育研究》2009 年第 3 期

在思想品德课教学中如何培养学生“问”的能力

梁　坚

我国教育历来重视问题教学。“学起于思，思源于疑”，古人早已认识到问题对学习的价值。古希腊苏格拉底善于用问答方式来激发和引导学生自己去寻求正确答案，这种方法被称为“产婆术”，说明教师在引导学生探求知识过程中起着助产的作用。现代教育理论认为：教学进程既是学生在老师的指导下的认识过程，又是学生发展能力的过程。新课程问题教学法就是教师在新课程实施中，通过创设情景，善导问题，引导学生积极主动地在自主、合作、探究的学习过程中努力地发现问题、提出问题、探寻解决问题的途径和方法，获得终身学习的必备的基础知识和基本技能，学会学习并形成正确的价值观，从而完成一个教学过程的方法。下面，谈谈本人在思品教学中，以问题为主线组织教学的一些体会。

1. 营造良好的情景，让学生想问；

2. 多鼓励学生，让学生敢问；

3. 拓展学生提问的空间，让学生会问；

4. 教给学生"善问"的方法，提高学生问的质量。

《基础教育研究》2009 年第 4 期

我国道德教育领域中"比较研究"状况的回顾分析

胡金木

采用内容分析法，以《比较教育研究》《全球教育展望》和《外国教育研究》等三种期刊中关于道德教育的研究论文为样本，分析改革开放以来我国道德教育领域中"比较研究"的状况、特点与趋势。通过分析发现，我国教育研究者对国外道德教育理论与实践的研究日益深入，但在研究深度、研究视野、研究内容等方面还有许多问题需要我们关注。

面对当前我国比较教育研究的不足，我们应该吸收多元现代性等思想，使我国比较教育研究走出西方中心主义，"走出以往以单一国家为中心的研究模式，转向以世界和国家为对象的两个基本范围"。基于此，我们应在以下方面努力：

1. 从关注发达国家转向全面借鉴，加强对广大发展中国家德育理论与实践的研究，探讨发展中国家在德育理论与实践上的成功经验与失败教训；

2. 继续加强对同属于东亚儒家文化圈的国家和地区的德育理论与实践的研究，探明儒家文化与西方现代化进程中的道德冲突与教育经验等；

3. 加强国际对比研究，关注不同发展水平国家间的对比研究，具体而深入地探讨德育理论与实践研究的主要理论基础、方法模式、评价体系等；

4. 深入研究发达国家道德教育的内在机制，如文化机制、心理机制等，对研究国家的道德教育与其历史传统和政治、经济、文化背景的关系要有深入的分析与把握；

5. 积极研究道德教育的时代精神，加强道德教育理论与实践的冰点和热点研究，探求世界德育改革的变化趋势和特点等。

《教育科学研究》2009 年第 9 期

例谈德育中的“等待”

洪进步

中学生已具备一定的反思能力和较强的可塑性，也追求独立，教育学生时不能操之过急、简单粗暴，而是要耐心等待。因为等待是一种对学生的尊重、是一种无声的鼓励、是促进学生自我反省的过程。所以，教师要学会倾听——倾听花开的声音；学会等待——等待花开的耐心；学会欣赏——欣赏花开的美丽。在等待中，德育的效果得以提升，学生得以自我完善、发展。

教育工作者在做学生思想工作时，必须把受教育者当做活生生的生命体来看待，引发其内心反省，促进其自我成长。教育方式有很多，如果急于求成、缺少耐心、一味指责，学生迫于压力，也许暂时能作出一些让教师满意的反应，但不能真正起到教育作用，即使有些教育效果，也是短时间的。教育只有在达到内心深处后，才能发挥它的作用。所以在教育过程中，教师要耐得住等待，给予关怀。在等待过程中，教师要用鼓励的目光、真诚的微笑、激励的话语消除学生的不安，用自己真诚的期待为学生创造宽松的成长环境。

《中国教育学刊》2009 年第 11 期

提升中学政治课教学有效性探索

王　坚

伴随着基础教育课程改革的前行脚步，有效教学的理念日益深入人心。然而，长期浸入在传统思维中低效的政治课堂却以其惯性力量顽固地存在着。高效、人文、和谐的政治课堂的构建成为人们关注的焦点，它的实现需要教师们注意以下四方面：

1. 点燃学生智慧的火花，营造课堂思辨的氛围；
2. 渗透人文精神，引领课堂理性的激情；
3. 重视日常生活，释放课堂实践的灵性；
4. 关注学生情感，闪耀课堂人性的光辉。

坦率地讲，新课改之初由新教材和新思路的快速“嫁接”所带来的“轻松活泼”的“快乐课堂”有很多是“泡沫教育”下的虚假繁荣。更多时候，课堂依然是本应生动的知识却被教师用枯燥手段予以灌输的乏味场所，是大量教辅资料与试卷的集聚地，是充斥着无数考试的主战场，是教师通过公开课和竞赛课登上领奖台的功利性表演场。这样的课堂如果持续存在，学生的学习与实践能力将被钝化，教师的专业成长与创造力将被消磨。以中学政治(思想品德)课为例，它的德育功能以及启迪、反思、警示功效，绝不是让学生记住一大堆“条条框框”的知识点就能实现的，其怡情知性的魅力更不是通过将学生训练成“应试型人才”和考出一大批所谓“高分”生就能体现的。中学政治(思想品德)课教学有效性的提高需要教师善于调动学生积极性，能够将人文、情感等理念渗透于课堂之中，最终使其在快乐、和谐的氛围中掌握知识，实现知识的内化。

《中国教育学刊》2009 年第 10 期

模块化管理：学校德育工作实践探索

季　霞　关　强　白云阁

随着新课程改革的不断深入实施，“以人为本，德育为先”的教育理念已逐渐深入人心；但德育效果仍不尽如人意。为提高学校德育实效性，辽宁省抚顺市第二中学结合学校实际，探索出模块化德育管理模式，主要包括综合实践活动、文体艺术课程、生命教育、校园文化建设、家长资源的开发等模块。学校实施模块化管理以来，德育工作取得显著成效，学生整体素质也得到不断提升。新课程改革背景下，学校教育教学改革探索工作都在如火如荼地进行。增强德育实效性，培养德才兼备的可持续发展人才，是教育的根本。

《中国教育学刊》2009 年第 8 期

思想政治课的三个“突破”

屈玉刚

新课程要求学生必须走出课堂、走进生活、走向社会，与社会实践相结合。尤其是“社会实践活动”和“研究性学习”要求学生必须走向社会，通过调查、走访、问卷等方式获取一手资料，在实践中增长知识、培养能力、提高觉悟，获得终身发展。教室的空间毕竟很有限，教材不过是个“载体”，仅仅是个“例子”，教师的任务是要用“活”并超越教材。加上政治学科本身是门实践性非常强的课程，它需要与社会现实和学生的生活实际紧密地联系在一起。通过“实践活动”和“研究性学习”课的开设，打破政治课原有课堂结构，引导学生积极主动地与实践相联系。

《陕西教育》2009 年第 4 期

增强思想政治课的吸引力

时先元

如何调动学生学习积极性、增强吸引力，是思想政治课教学中需要认真研究的问题。笔者结合多年工作经验，在这方面作了些尝试并收到些效果，在此与广大同行共同探讨。首先，改进、丰富教学内容，增强吸引力。其次，创新教学方法，增强吸引力。第三，善于利用激励艺术，增强吸引力。

《陕西教育》2009 年第 6 期

浅谈以学生为中心的思想品德课教学

刘全珍

为了适应新课程改革的要求，提高课堂教学实效，落实初中思想品德课程的教学目标，贯彻“以学生为本”的教育理念，笔者在参加课程改革的教学实践中，结合教科版教材的特点，进行了构建思想品德高效课堂教学模式的探究和尝试。

1. 采用情境教学法，调动学生学习积极性；
2. 教活知识、教活教材，让学生“玩”起来；
3. 在实践中运用巩固，迁移拓展。

《基础教育课程》2009 年第 4 期

从“公私领域相分离”谈我国当前的道德教育

余维武

在我国当前的学校道德教育当中，既不可以把道德教育局限在公德领域，也不可对学生私人生活所应该具有的德性完全不予关注。在公共领域与私人生活领域相区分的情况下，我国当前公共领域的道德规则应明确要求公民自觉遵守，而个人美德只能够提倡，即“公德要求，私德提倡”。在学校教育中，同样应该如此。

《教育理论与实践》2009 年第 7 期

德育的诗意与诗意德育的建构

冯铁山

诗意德育是弥补知性德育的不足而提出的一个重要概念。正确认识其基本内涵与理论根据，是进行诗意德育理论研究的起点和实践操作的基础。在工具理性的视阈，德育成为社会规则教化的同义语，丧失了应有的诗意魅力。从实践美学的角度审视，德育的诗意实质就是人的自然化和自然的本真化、人的社会化与社会的向善化以及自然与社会的审美化。所以，从理论与实践两个层面建构诗意德育，就是要从本体论的高度尊重学生思想品德发展规律，采用有魅力的言说方式，让德育富有生命的质感和活力。

《教育理论与实践》2009 年第 5 期

唱响思想政治课教学的生活旋律

祁建军

教学应融入生活，润物无声，让学生在不知不觉中掌握知识。更为重要的是在老师的引导和点拨下，学生能以探索者、研究者的身份，独立地、全身心地参与教学活动，在情趣中进行学习，在愉悦中克服困难，在满怀热望中不断取得成功。教师的教学只有走生活化之路，才能使课堂的生命活力得以充分彰显，学生的思维和智慧得以竞相迸发。根植生活沃土，生命芳香四溢。普通高中思想政治课程标准中这种独具匠心的课程模块设置，不言而喻地告诉我们：教学应该立足于学生现实的生活经验，引导学生紧密结合与自己息息相关的经济、政治、文化生活，经历探究学习和社会实践的过程，切实提高参与现代社会生活的能力。所以，思想政治课教学要为人所用，就必须打通教学与生活之间的屏蔽，从传统的"一言堂""金字塔式"的教学中走出来，源于生活，面向生活，为生活服务。

《新课程研究》(基础教育)2009 年第 10 期

拨动学生的思想情感之弦
——谈思想政治教学中情感态度价值观落实的策略

侯　颖

人生观、价值观的课堂。在不同学科中，"情感、态度与价值观"的取向和内涵有所不同。思想政治课是学校德育教育的主要途径，在思想政治课中引入"情感、态度与价值观"目标，比其他学科有更特殊的意义和价值。那么，究竟怎样落实这一目标呢？结合教学实践，笔者认为可以从以下四个方面来进行：

1. 营造民主氛围，在课堂参与中落实情感态度价值观目标；

2. 立足学生生活，在亲身体验中落实情感态度价值观目标；

3. 创设教学情境，在情感共鸣中落实情感态度价值观目标；

4. 改进学生评价，在激励反思中落实情感态度价值观目标。

《新课程研究》(基础教育)2009 年第 10 期

基于中学政治新课标下的教学过程优化研究

周时文

实现思想政治课堂教学过程的最优化，是提高课堂教学效率的重要途径，本文针对当前新课程的要求，从目前思想政治课教学过程中存在的弊端来阐述如何实现对教学过程的优化。

概括说来，新课程主要有以下几个特点：

1. 在功能选择上体现了知识与能力，过程与方法，情感、态度与价值观的“三维一体”；

2. 在课程结构上强调目标内容与实施的综合性、均衡性与可选择性，强调师生关系的民主、和谐和开放性，认为交往是教学的本质；

3. 在学习方式上，强调探究性学习；

4. 在课程实施过程中，强调课程资源的整合；

5. 在教学评价上，强调评价工具的多样性、评价指标的多元性。

而教学过程和设计的优化就是新课程体现的一个极其重要的环节和内容。那么在新课程的要求下，针对目前学校政治课教学中存在的弊端，应该从哪些方面来优化教学过程呢?

1. 加强学生的主体性，培养学生自学能力；

2. 让学生带着社会责任感自觉接受思想政治教育；

3. 教会学生在运用中学习和培养能力；

4. 优化课堂结构，提高教学整体效益。

《新课程研究》(基础教育)2009 年第 8 期

如何把情感融于政治课的教学之中

夏　畅

在传统的教学模式下，有的教师上政治课时从走进课堂就开始“夸夸其谈”，用一套完整的理论模式，把一个知识点从含义到原因再到意义、结论全都讲述一遍。对于学生而言，被剥夺了思考的权力和机会，更不要说使学生发挥自己的思维和想象空间了，只有消极被动地接受。对于政治课的教学，既是传授知识的认知过程，更是开启学生心灵的情感过程，学生如果对课程没有感情、兴趣，就不可能形成乐观、探索的学习精神，更不可能真正深入到知识里面，从而灵活、准确、全面地掌握知识，提高学习效果。所以，要提高学生的学习积极性，提高教学效果，政治课教学就必须重视情感的融入。德国哲学家康德认为："道德情感的特征是冲突的心理因素体验，一方面是压抑各种自私自利而产生出不快与痛苦；另一方面又因之感到自豪、高尚。"因此，道德情感不是一种自然好恶之情，而是一种理性情感。在教育教学中，要特别注意运用情感的自我调节能力，来增强教学效果。政治教师在教学中要用自己的积极的情感情绪去诱发和激励学生的情感因素，营造良好的课堂环境，收到良好的教学效果。也只有以情感培养情感，才能把爱洒向学生，从而使情感在教学过程中发挥最大的魅力。

《新课程研究》(基础教育)2009 年第 8 期

高中思想政治教学中研究性学习实践反思

郁宏军

眼下而言，虽然研究性学习已经自上而下地渗透进高中政治教师的日常教学，但是，在专家学者对研究性学习高唱赞歌的时候，不少一线教育工作者则大声疾呼："研究性学习，想说爱你不容易。"事实上，作为研究性学习的一个本质特点——问题性，长期被教者所忽略，于是忽略了对问题的发现、探索、解决过程，没有真正让学生由被动的接受者转变为主动的研究者、探索者。寻找问题的喜悦感、钻研问题的挑战性、解决问题的成就感就不能转化为激发学生学习的强大动力，于是，大多数教师依然把传统的、以掌握课本知识为全部教学任务的思维视为常态，而将发掘学生想象力和创造力的方式方法视为一种补充，这样的结果，自然是越研究越浪费时间。

在整个探究活动中，我们还要处理好一些基本关系：正确处理政治学科课程与研究性学习的关系；正确处理有效引导和放任自流的关系；正确处理知识结构和主干知识的关系等。高中政治课的研究性活动更要贯穿必要的针对性、程度性、时效性等基本精神。

《新课程研究》(基础教育)2009 年第 7 期

对中学思想政治课教学的思考

柳茂林

传统的思想政治课教学模式忽视学生创新思维和实践能力的培养，导致学生学习思想政治课的兴趣不高，笔者根据自己教育教学实践及研究成果，从创设和谐的学习环境、引导学生自主参与、巧妙设疑激发学习兴趣、注重联想和想象诱发学生创新思维四个方面，阐述了在新课改背景下如何培养学生创新思维。思想政治课的生命力在于创新。政治教师必须转变观念，给学生一个空间，让他们自己去选择、去竞争、去锻炼、去体验、去创造、去设计未来，去做他们想做而且应该做的事。因此，思想政治课教师要积极培养学生的创新思维，使他们真正成为创新型的人才。

《新课程研究》(基础教育)2009 年第 7 期

“情感”因素在思想品德课中的运用

杜立寿

课堂教学活动并不是单一的认知信息的传递过程，而是一种师生情感不断升华与交流的过程，这就需要教师在组织课堂教学的过程中充分认识和考虑认知因素的同时，善于思考与运用人的情感因素的积极作用，以此实现自己的教学目标，增强课堂教学的实效性，这就是情感教学最根本的内涵。情感对于一个学生的思想品德的形成起着重要作用。如果只给学生讲一些道德知识、道德规范，而没有伴之以必要的情感体验，那么，这样的思想品德教育只能存之于脑、停之于口，而不能转化为相应的道德行为。只有启动学生的情感，才能增强他们内在的动力，并进而运用这种动力，最有效地去开发自身潜能，促进学生认知的发展和良好品德的养成，推进学生社会化的发展和审美能力的提高。所以，思想品德课中的情感教学不容忽视。那么，如何加强思想品德课中的情感教学呢？

1. 挖掘教材情感因素，以情感激发情感；
2. 教师真情相呼，以情境激发情感；
3. 热情评价，以爱心激发情感；
4. 扩大范围，以行为实践激发情感。

《新课程研究》(基础教育)2009 年第 4 期

新课改下高中政治课教学存在的问题及思考

赵　琨　贾林祥

伴随着新课程的启动和实施，作为课改的前沿阵地，高中政治课教学出现了很多新的突破。但在新课程的实践过程中，如何更好地开展课堂教学仍然是我们必须讨论的重要问题。本文仅就当前高中政治教学中普遍存在的三方面问题进行分析，并提出改进的可行性建议。

一、新课程资源的开发和利用问题

1. 严格遵照新《课程标准》进行教学，充分利用课本已有知识和材料，激发学生学习兴趣；

2. 扩展教材内容，注重事例教学；

3. 整合相关课程，完善教学体系；

4. 教师要做教材的开发者和践行者。

二、促进课程三维目标整合的问题

在高中政治课的目标体系中，情感态度、价值观目标被列为三维目标之首，这是因为知识的传授、技能的培养最终必须落实并体现在学生的情感态度和价值观上。为此，在教学中要注意以下三点：

1. 用事实说话，以理服人；

2. 相互尊重，平等对话；

3. 情感教育，师生共鸣。

三、构建高效互动课堂的问题

教学是教师的教和学生的学的统一。学生是教育的中心，学校为学生而设，教师为学生而教。新课程强调，教师在教学过程中应与学生积极互动，协同发展，使教学的过程成为师生之间、生生之间相互对话、合作和沟通的过程。

《新课程研究》(基础教育)2009 年第 3 期

新课标下思想政治课教学刍议

林洪清

随着课改的深入发展，课堂教学方式的变革成了一个突出问题，这不仅关系到教学效果，更关系到学生学习品质的形成。依据新课程标准的相关内容，本文从师生互动与生生互动两个层面，立足于学生实际，结合实际教学案例，阐述《高中思想政治课》教学中如何引导与激发学生的思维，从而达到活跃课堂气氛、培养学生创新能力的目的。以学生为主体的课堂教学，事实上是对教师的教学能力提出了挑战。为迎接这个挑战，教师就要不断地充实自己，并在提高自身教育教学理论水平和教学技能的同时，以师生平等的观念投入到学生的学习生活当中，以满腔的爱心和教育者的责任感细心呵护每个学生，让他们体验创造性教学活动的过程，并在师生互动和生生互动的教学氛围中享受教育人生。

《新课程研究》(基础教育)2009 年第 1 期

当代德育变革的理性审思：必要的人文关怀

任永泽

审视当下德育的现状依然问题重重，德育实效性低下一直困扰着德育实践工作者。虽出现了生命德育、情感德育、希望德育、信仰德育、生活德育等众多西方思潮的涌入和学习、借鉴与模仿，给学校德育及德育实践工作者曾带来了一丝希望，但德育的探索与改革之路仍旧举步维艰，虽苦苦挣扎但其实效性仍难令人满意。德育现状的改善需要我们从新的视角予以重新思考，德育变革路在何方的追问需要我们更加深入地理性反思。德育是一项关涉学生建构和发展精神世界的活动，予其以必要的人文关怀乃德育变革与发展的应然选择。可以说，德育变革的人文关怀追问，才能真正回归德育的本真，改善目前德育实践的困境。予德育以必要的人文关怀，不仅是德育变革的新追求，而且也是德育实践变革的新方向。相信，只有予德育以必要的人文关怀，德育的超越之路才能由应然走向实然。只有赋予德育实践真正的人文关怀，才能使德育摆脱尴尬之境，从而焕发出强劲的生命活力，人的完善才能成为可能。

《吉林教育》2009 年第 12 期

对初中思想品德课教学的几点思考

吴洪文

新课程改革必须坚持老师为主导、学生为主体的教学原则，改进教法，创设良好的课堂教学环境，通过教师的语言艺术性把教师的世界观、道德观念、思想感情、知识积淀综合创新发挥，以情为纽带，以思维为核心，科学地优化课堂教学模式，提高课堂教学质量，培养学生创新能力、实践能力和心理机能全面和谐发展。现结合本人的教学实践，对初中思想品德课教学做如下几点思考，以期共同探讨，提升教育教学水平。

1. 思想品德课教学要重视“爱”的传递与共享；

2. 思想政治课教学应注意语言艺术；

3. 思想品德课应追求“快乐教学”；

4. 思想政治课“案例——活动”教学法具有强大的课堂生命力；

5. 如何搞好思想政治课教学的“导首”与“尾伸”。

《吉林教育》2009 年第 9 期

对中小学德育低效原因的若干思考

楼蒋良

中小学德育的效果不很理想，成为整个教育改革中最薄弱的环节，存在许多问题。中小学德育效果低下既有外部客观原因，也有德育本身的因素。

1. 德育功能的片面理解；

2. 师生角色错位；

3. 社会、家庭和学校协作的缺失。

中小学德育不仅仅是学校的事情，更是家庭和社会的事情，只有三方面协调一致，才能取得预期的效果。

《吉林教育》2009 年第 5 期

对中学政治教学的一点体会

何　强

政治是中学的重要学科，也是进行社会主义教育的重要阵地。但是由于政治课内容一般比较抽象、理论性强，很多学生往往在课堂上缺乏学习热情，或者把政治课的内容作为“考查记忆力”的方式来学习，一定程度上影响了政治课教学的效果。那么，怎样来提升学生在课堂的学习热情呢？笔者作为基层政治教师试对此进行探讨。

1. 从明确课程目标着手；

2. 注重生活化教学；

3. 适当改变教学模式。

《吉林教育》2009 年第 4 期

高中思想政治课堂教学的有效性探讨

陈梅珍

新课程的改革正在如火如荼地展开，对课堂教学有效性的思考，是目前大家比较关注的话题。所谓有效的课堂可以从多方面理解：在教学任务上突出目标意识；在教学过程中突出主体意识；在教学活动氛围上突出情感意识；在教学效果上突出效能意识。笔者认为教学目标是课堂教学的灵魂，从根本上说，课堂教学的有效性就是指教学目标有没有实现。

首先，从教学目标的确定上来看有效性；

其次，从教学目标的实现上来看有效性。

《吉林教育》2009 年第 7 期

高中政治课综合探究式教学的切入点

沈慧伶

促进学生发展是新课改的主题。《思想政治课程标准》课程性质和理念中提出："初步形成正确的世界观、人生观、价值观，切实提高参与现代社会生活的能力，为他们的终身发展，奠定思想政治素质的基础；关注学生的情感、态度和行为表现，倡导开放互动的教学方式与合作探究的学习方式；使学生在充满民主气息的教育过程中，提高自主学习和发展的能力。"这些要求，集中体现了《思想政治课程标准》和高中政治综合探究式教学的学生培养目标，即提高创新意识和实践能力，为终身发展奠定坚实的思想政治素质基础。要实现上述目标，高中思想政治综合探究课中必须准确把握好以下三个切入点：

1. 调查研究学生需要，因材施教，提高创新意识和实践能力；

2. 灵活运用教学方式，开拓创新，激发求知欲望和学习潜力；

3. 综合探究教学内容，把握取向，使学生形成良好品质，促进终身发展。

《吉林教育》2009 年第 12 期

构建生活化的思想品德课堂

刘明珍

新的课标要求初中思想品德课课堂教学中，应以情感培养为核心，以学生实际生活为载体，以观察、体验、感悟为主要途径，从学生的生活经验和已有生活背景出发，联系学生的生活世界，把生活问题化为学习的内容，使学习问题生活化，从而帮助学生正确认识自我，学会正确处理与他人、集体、国家和社会的关系，感悟人生意义，逐步形成正确的世界观、人生观、价值观和基本的善恶、是非观念，做负责任的公民，过积极健康的生活。

1. 正确确定思品教学生活化目标；
2. 优化、生活化思品课的教学素材；
3. 倡导“体验生活”的教学方法；
4. 形成新颖的思品生活化学习评价。

《吉林教育》2009 年第 8 期

关于高中思想政治探究式教学的思考

蔡华军

新课程改革倡导学生自主、探究、合作学习。其实，学生自主学习就是独立主动地探究问题的学习；合作学习就是学生与学生之间、学生与教师之间共同参与问题的探究学习。因此，自主、探究、合作三者的核心与关键是探究，探究统领着自主与合作。在新课程背景下，在高中政治教学中，教师能否有效地实施探究式教学方法，对促进学生能力的培养、提高政治课堂效率的最大化有着举足轻重的作用。

在高中思想政治课教学中实施探究式教学需遵循的基本原则：

1. 主体性原则；
2. 方向性原则；
3. 过程性原则。

在高中政治教学中实施探究式教学方法，真正实现知识、能力、觉悟三者统一，教师要善于启发引导学生独立思考，创设积极思考的教学氛围，使整堂课充满新意，以激起学生的创造精神。

1. 激活探究；

2. 引导探究；

3. 内化应用。

《吉林教育》2009 年第 3 期

关于小学思想教育教学方法分析及现存问题和对策

柯建勋

在小学课程中，一门典型的育人课程是思想品德课，作为对学生实施公民道德教育的主要途径，探讨其教学过程中的教育教学方法，在提高思想品德教育实际效用的方面，有着非常重大的意义。本文同时对小学思想品德教育的现状提出问题，并提出了对策。

一、教学方法的运用

1. 通晓事理法；

2. 情绪感染法；

3. 模范示范法；

4. 实践锻炼法。

二、现阶段在小学思想品德教育中，依然面临着许许多多的问题

1. 重成绩轻品德观念的作祟；

2. 网络的冲击；

3. 小学生思想品德教育的过度社会化；

4. 独生子女的教育问题。

三、应采取的对策

1. 不断更新思想品德教育观念；

2. 不断改进思想品德教育方法；

3. 不断完善教师的自身修养；

4. 充分建立良好的师生关系；

5. 努力促进学校、家庭和社会教育合力的形成。

《吉林教育》2009 年第 9 期

激发兴趣，提高政治课教学质量

王晓荣

兴趣是最好的老师，美国心理学家布鲁纳说："学习最好的刺激乃是对所学学科的兴趣。"如果学生对学习产生兴趣，那么他就会积极主动地学习；反之，则启而不发，学而不进，很难达到预期的效果。长期以来，政治课教学一直是上课时教师讲空道

理，交代知识要点，复习时学生背要点，考试时力争一字不差地答要点，挫伤了学生学习的积极性。因此，激发兴趣，对提高政治课教学质量尤其重要。

1. 巧设导语，引发兴趣；
2. 发挥优势，激发兴趣；
3. 电化教学，培养兴趣。

《吉林教育》2009 年第 10 期

加强学生思想道德教育夯实现代精神文明基石

李国萍

党的十七大报告提出：“要全面贯彻党的教育方针，坚持育人为本、德育为先，实施素质教育，提高教育现代化水平，培养德智体美全面发展的社会主义建设者和接班人。”“建设社会主义核心价值体系，增强社会主义意识形态的吸引力和凝聚力。”这就为新时期学校德育工作确定了教育目标和教育内容。为完成这一艰巨而又崇高的历史使命，就需要学校德育工作者不断创新思维，对学生开展多方面、多层次的思想道德教育，使之真正成为“有理想、有道德、有纪律、有文化”的社会主义建设者和接班人。教育不仅是创造现代精神文明的基石，而且也是创造现代精神文明的重要源泉。作为教育工作者，必须以高度的政治责任感和历史使命感，不断创新思维，积极探索和实践，全面提升广大青少年的思想道德素质和科学文化素质。

《吉林教育》2009 年第 6 期

践行以生为本，活化政治课教学

陆国华

新课改追求的是“以学生发展为本”的美好人文理想，实现理想的“阵地”是课堂。在课改实验中，我们努力朝着“创设新课堂，促进每一个孩子的进步与发展”的目标去尝试、探索、实践，不仅仅将眼光投注在教材教法上，而且努力在课堂上关注学生，激发学生的潜能，促使他们每一个人获得成功。本着“把课堂还给学生，让课堂充满生命活力”的原则，创建新型课堂核心的理念，需要通过教师日常教学行为的跟进来实现，努力构建以生为本，师生互动共生的新型课堂。

政治课堂教学必须坚持“以学生为本”的思想，体现人文精神，让学生在平等、开放、自主、合作、创新的氛围中学习，促进学生素质的全面发展。政治教师要切实更新教学观念和行为，学会思考，这样才能生存，才能进步，才能领先，才能成功，才能师生共同创造出课改的精彩。

《吉林教育》2009 年第 11 期

将政治教学生活化进行到底

缪新德

我国著名教育家陶行知先生曾提到“生活即教育”“社会即学校”“没有生活做中心的教育是死教育”等观点。确实，教育要通过生活才能产生力量成为真正的教育。政治课理论性强，要让学生听懂、理解，并学会运用，要求教师讲究一定的方法。笔者根据自己的教学经验，认为政治课要扎根于生活，讲究“三化”，即理论问题通俗化、抽象问题具体化、枯燥问题趣味化。

上述做法可以根据教学的实际情况，采用生活中的事例，灵活应用，或用于导入、或用于分析、或用于知识总结。用于导入可以先声夺人，富有吸引力；用于分析引人入胜，激活思维；用于总结，会形成联想，巩固记忆。这无论对于教师授课质量的提高还是学生能力的培养、学习效果的增强都有积极的意义。

《吉林教育》2009 年第 9 期

恰当运用时事教育搞好初中思想政治课教学

刘记清

初中思想政治课有一个显著的特点就是它同时事教育紧密联系。只有把课本教学同时事教育紧密结合起来，才能完成好初中思想政治课的教学任务。在初中政治课中运用时事教育，提高教学实效是有依据的。

首先，它符合思想政治课教学内容的要求。马克思主义、毛泽东思想和邓小平理论的本质要求是学习它时必须与现阶段面临的形势、任务及党的方针政策结合起来。

其次，它是符合当代中学生心理特点的。教学中恰当运用时事教育，能吸引学生的注意力，激发他们的学习兴趣，提高自己的认识。

再次，它是符合认识的发展规律的。运用时事教学，材料比较直接，比较具体。在教师的指导下，把理论和实际相结合，由个别到一般，由具体到抽象，有利于学生理解和掌握教材中的基本观点。

此外，还符合初中思想政治课的教育教学原则。恰当运用时事教学，能密切联系国际社会和我国社会主义现代化建设的实际，联系学生关心的热点问题，引导他们运用马克思主义、毛泽东思想、邓小平理论、“三个代表”重要思想及科学发展观等理论的观点和方法，分析解决有关社会政治、经济现象，思考世界观、人生观、价值观的问题，既符合理论联系实际的教学原则又具有知识性和思想性。

思想政治课是一门现实性、社会性很强的学科。只有教师结合教学内容，及时补充富有时代气息的材料并恰当加以运用，才能搞好初中思想政治课教学。

《吉林教育》2009年第6期

浅谈初三政治课教学中语言的运用

姚梅梅

教师授课是通过有声语言来传授知识、是教与学的一个桥梁和纽带。一个合格的政治教师除了专业理论知识外还应有掌握和运用语言艺术的能力。语言的优劣，常常是教学活动成败的关键。可以说，好的课堂语言是把钥匙，能打开学生心灵的窗户；是火炬，能照亮学生的未来；是种子，能深藏在学生的心田中，日后开花结果。因此，初三政治教师必须加强语言的修养，自觉运用好语言。

1. 课堂语言要具有简洁性；
2. 课堂语言要有整合性；
3. 课堂语言要有可记性；
4. 课堂语言要有激励性；
5. 课堂语言要具有生动性和艺术性。

《吉林教育》2009年第4期

浅谈初中思想政治课教学

臧金霞

一、把握好学生学习接受的能力

中学思想政治课是中学生进行科学世界观、人生观、价值观教育的课程，既有严密的科学性又有高度的思想性。作为政治课教师，要搞好思想政治课教学，增强学生思想教育的针对性、实效性，必须正确把握好学生学习和接受的方向。

二、培养学生创新精神

要培养创新精神，首先要激发学生的创新意识，只有思想观念更新了，有了创新意识才能焕发出创新的热情和动力。

三、激发学生的学习兴趣，加强学法指导

四、运用现代教学手段，打破传统教法

《吉林教育》2009 年第 11 期

浅谈如何走出思想政治课教学认识的误区

张忠良

如何提高思想政治课的教学质量，是每一位思想政治课教师的头等大事。本文就如何提高思政课的教学质量和教师们经常出现的认识误区，谈一下自己的看法。

1. 应改变师生关系，营造良好的课堂氛围，充分发挥学生的主体作用；

2. 巧设教学情境；

3. 面向全体，抓两头、促中间、积极转化和辅导差等生。

《吉林教育》2009 年第 12 期

浅谈在政治课教学中实施赏识激励的教学策略

米荣珍

初中政治课的教学是我们教育工作者不可忽视的一个重要学科。它既担当着教育学生掌握一定的政治课的知识，提高素养的任务，又担当着塑造学生自我形象的重任。初中政治课不仅要教会学生如何养成良好的个人行为习惯，还要教会学生如何做人、如何做事、如何与人共处、如何在成长的过程中去塑造自我。

赏识激励的教学策略，是以挖掘、激发、调动学生内驱力为主旨，使不同差异学生都能在愉悦的学习状态中茁壮成长的一种教学策略。它的主要特点是以心灵沟通激活内心需要，用内部正因素战胜负因素以挖掘个性潜能，体现了教育对被教育者关系的理性处理，体现了两种对立要素的艺术处理。

对于一名政治课教师来说，给予学生赏识激励很重要，在赏识激励之后，及时给学生创造一个克服缺点、改正错误的机会，并引导学生从中进行自我反思、体验和感悟，赏识激励的教学效果会更理想。因此，不只是老师的赏识激励就可以改变一切，只有学生用事实，用实践把教师的赏识激励转化为自己真切的体验与感悟，才能清晰地发现自我，准确地认识自我，有效地控制自我，才能使内驱力稳定发展，促使学生健康成长。

《吉林教育》2009 年第 4 期

巧用教学资源提高思想品德课教学实效

余　娜

对于课程资源的开发和利用，新课标强调："应建立融合、开放、发展的课程观，充分发挥课程资源的人文教育功能，优化教学资源组合，有效实施教学目标"。这就要求思想品德课教师在有限的课堂教学时间里，充分施展教育智慧，巧妙利用、整合、优化各种教学资源，切实提高思想品德课教学实效。

在学校大力倡导开发校本课程的基础上，经过近几年新教材的教学实践，笔者总结以下自己在运用教学资源、提高教学实效方面的尝试：

1. 捕捉教育契机；
2. 教师现身说法；
3. 关注学生体验；
4. 发掘乡土资源。

《吉林教育》2009 年第 6 期

情景创设在初中思想品德有效性教学中的运用

丁访文

随着新课程改革的不断深入，在品德教学中，教师们为了体现新理念，调动和发挥学生的主体性，安排了大量课堂活动。但实质上，有的活动忽视了学生的生活经验，脱离学生实际，缺乏真实性；有的活动没有考虑学生的心理特征和情感需求，无法达成对学生情感、态度、价值观的培养目标。在课堂中，学生对活动所呈现的"生活"理解不透，体验不深，也很难做到学以致用。因此，在教学中必须充分考虑活动的有效性，讲究活动的真实性，注重情境创设在思品有效性教学中的运用。

创设情境的方法很多，有活动情境法、问题情境法、媒体情境法、故事情境法、主题讨论法、课外阅读法、诗歌名言法。方法的选用因人、因时而异，同时也要靠教师的经验和教学规律来选定。

《吉林教育》2009 年第 6 期

情景教学法在初中思想品德课教学中的运用

王明珠

初中思想品德课是通过教学的方式来对学生进行爱国主义教育，培养学生良好的道德品质和行为习惯。在实现这一过程中，教师往往会采用一些教学方法来激发学生的学习兴趣，其中情景教学法就是一种常用的方法。"情景教学法"是教师在教学过程中根据课本所描述的情景，借助鲜明的图画、生动的语言、富有感染力的音乐等，把课本中所描述的情景现实的反映在学生面前，使学生更加真实的体会和理解课本讲述的内容，使得思想品德课不再枯燥乏味。一般来说，情景教学法分四个步骤："情景导入——情景认知——情景理解——情景运用。"

《吉林教育》2009 年第 2 期

让思想品德课焕发出更强的生命力

潘　涵

长期以来，思想品德课教学奉行的是以知识传递为价值取向的教学观，教师以讲授法为主要教学形式。存在着"填鸭式""满堂灌""一言堂""说教式"的弊端，教师是一张嘴和一支粉笔包打天下。这样的教学模式严重地忽略了学生的主体性，影响了学生学习的积极性。学生学习的积极性、主动性、创造性不能得到充分发挥，忽视了创新精神和实践能力的培养，不符合当代社会对人的要求。怎样才能让思想品德课教学"活"起来，让思品课成为学生们所关心的一门课，使学生在学习过程中逐步形成正确的世界观、人生观、价值观和基本的善恶、是非观念？

1. 诱发学习动机，激发学习兴趣；
2. 善于将课堂生活化、社会化；
3. 教学与生活的随机教育相结合；
4. 筛选、调整和重组教材。

《吉林教育》2009 年第 11 期

新课程理念下高中思想政治课教学创新途径刍议

黄道青

当前，在新课程理念下高中思想政治课中，学生不再是知识与原理被动的接受者和被灌输的对象，学生是在"主动"中学习，在"合作"中增知，在"探索"中发展。在这种形势下，高中思想政治课教师一定要高度重视教学方式的创新，积极营造适合学生进行学习的环境，时刻把握以学生发展为本这根主线，从而更好地实施创新性教学途径，提高高中思想政治课的教学效果。

1. 教材建设应和课程建设同步进行；
2. 传统教学方法应向研究性学习方法过渡；
3. 正确发挥思想政治教学中多媒体的作用。

《吉林教育》2009年第1期

新时期学校德育任务和模式探索

侯英奇

新时期学校德育工作任务是艰巨的，模式的构建还需要我们在实践中加以完善。只要我们遵循德育工作规律，结合学生的特点不断研究和探索，学校的德育工作就能取得理想的效果。

在认识上，由于受传统教育的影响，对学校德育的重要性认识不足。说起来重要，做起来次要，忙起来不要，出了问题大喊大叫；在目标上，缺乏时代性、科学性和层次性；在内容上，往往脱离实际，大而全，模棱两可；在方法上，灌输与说教仍占主导地位，不易入耳、入脑；在途径上，学校、家庭和社会教育配合不够；在形式上，呆板生硬，“成人化”，缺乏针对性和吸引力，只重视活动次数，忽视活动效果，形式主义严重；在原则上，忽视学生的主体地位及他们在品德形成中的体验、选择、内化等因素，学生仍处于被动受教育地位；在评价上，仍停留在单纯考知识和千人一面的操作评定上，有的即使有了一些新的评价措施，由于各种原因也是落得不实，过硬的师德队伍建设仍有待于进一步加强。

从学校德育工作特点出发，应该做到“四个加强”，即加强爱国主义教育、加强艰苦朴素教育、加强遵纪守法教育和加强基础道德教育。

新时期学校都面临着艰巨的德育工作任务。要圆满地完成自身所承担的任务，培养和造就适应新时期需要的具有创新精神和实践能力的社会主义建设者和接班人，学校的德育工作就必须遵循德育规律和自身特点构建自己的模式。

《吉林教育》2009年第6期

新形势下高校大学生思想政治教育刍议

吕 敏

当今的大学生是“跨世纪的一代”，他们在21世纪将成为中国历史舞台上的主宰者，扮演着重要角色。在人才竞争日益激烈的趋势下，高等学校也都把培养人才摆在了首要地位。我国市场经济需要大量人才，对人才的需求又是全方位、多角度的，不仅重视专业知识，更注重能力，因此，高素质的复合型人才在社会中越来越有优势。努力增长知识，希望成才是高校师生的共同愿望。高校思想教育也都始终围绕成才这个中心来开展工作。本文从以下三个方面进行一些初步探讨。

1. 大力开展理想信念道德教育；

2. 优化校园文化环境；

3. 建设一支高水平辅导员队伍。

《吉林教育》2009 年第 4 期

医学院校大学生思想政治教育的现状及对策

杜 妍

医学院校大学生思想政治教育已越来越引起教育者的重视，由于医学专业的特殊性，容易出现“重专业，轻德育”的现象，因此，学校一定要高度重视医学生的思想政治教育工作，采取行之有效的措施，切实加强医学大学生思想政治教育，为培养德智体全面发展的医学人才作贡献。加强和改进医学院校大学生思想政治教育的对策：

1. 统一思想，提高认识，加强领导；

2. 抓好高校党建工作；

3. 切实加强医学生的教育和管理；

4. 认真做好医学院校贫困生帮困助学工作；

5. 加强思想政治教育队伍建设，提高他们的思想政治素质和工作能力。

《吉林教育》2009 年第 5 期

以“动态生成”教学模式适应新课程背景下的高中思想政治课教学

陈 晖

动态生成教学模式，是富有创新精神的人文课堂，是进行创新性思维训练的最佳场所，学生可以从中体会到创造性思维的快乐和在幸福中实现自我。

在具体的教学实践中我认为需要从以下几方面去促成生成：

1. 创造条件让学生敢动，这是促进生成的前提条件；

2. 实现课堂知识和生活知识的联动，促进生成；

3. 以问题为驱动载体，激发学生探索，促进生成；

4. 注重课堂密度，追求实质互动、有意义互动，促进有效生成。

《吉林教育》2009 年第 7 期

用倾听助力思想政治教学

王迎春

学生对于知识和学习的态度，在很大程度上取决于他们对老师的态度。在课堂教学中，教师更要善于倾听，构建和谐的师生关系，营造良好的课堂氛围，激发学生学习的主动性。

1. 耐心倾听，了解学生的实际，有效引导学生的学习；

2. 细心倾听，让学生拥有的信息丰富课堂教学；

3. 真诚倾听，尊重学生的表达，提高学生学习的积极性；

4. 睿智倾听，解开学生的困惑之结。

《吉林教育》2009 年第 11 期

中学思想政治课教学中的激励教学法

刘永玲

在政治课教学中，教师合理、适当运用激励教学法，能激发学生学习的愿望和动机，变被动为主动，化压力为活力，能更好地发挥教师的主导作用和体现学生的主体地位，让思想政治课充满生机和活力，发挥应有的作用。

1. 多加赞扬，少予批评；

2. 在评价中要尽量做到公正、全面、适度，以情动人，以理服人；

3. 原则性与灵活性相统一。

《吉林教育》2009 年第 10 期

中学政治教师的课堂语言

曹建辉

教学语言也是一门教学艺术，是课堂教学中师生之间进行交流思想的重要工具。教师通过教学语言，把知识传授给学生。从表面上看只是口才问题，实质上是教师学识与修养的体现。一个教师在教学中如果能根据不同的教材内容，根据学生的特点，采用随机应变、因势利导的教学艺术，运用多样化的教学语言，不仅能活跃课堂气氛、引人入胜，而且能激发学生的学习兴趣，启迪学生科学的思维，强化教学内容，从而收到高效的教学效果。政治教师要掌握运用语言的艺术，捕捉最佳的教学时机，提高课堂教学质量。

《吉林教育》2009 年第 7 期

中学政治教育教学探索

张洪倪

随着新课程改革的全面推广，作为普及教育中的基础学科——中学政治教育教学，怎样把握和开展好就成了摆在每一位政治学科教师面前的不能回避且必须明确解决的问题。到底应该怎样把握和进行中学政治教育和教学呢？新课改的中学政治教育和政治教学并不只是应采用什么现代手段来完成某一知识点和某一节课的简单形式问题，而应看成是一个长期的系统工程。政治教育应根据社会需要提出和规定政治教学的内容纲要和目标。政治教学是一连串既独立又相互联系的旨在完成教学大纲规定的教学内容的具体活动。政治教育和政治教学是相互联系和相互促进制约的，单纯的政治教育和单纯的政治教学一样都将是不成功的。

由于中学政治教育是一项教育工程，初中阶段属于前期工程，高中阶段是后期工程。前期工程完成的质量好坏直接影响后期工程的施工和质量。后期工程要出成果，必须要重视前期工程，必须重视与前期工程的有机衔接。在教育教学过程中必须对整个工程进行统一指挥和协调，不能把初中政治教育教学活动与高中政治教育教学活动割裂开来。高中政治教师应熟悉初中政治教育和教学内容，初中政治教师应了解高中政治的内容和知识体系。初中政治教学务必坚持以培养兴趣和树立信心为指导思想。初中、高中的政治教师应携手协同战斗，才能保证整个中学政治教育教学这个系统工程整体顺利成功地完成，才能实现全面提高全民科学文化素质的目标，才能为高等学校的高等教育培养出大量的优秀生源，才能为社会提供大量懂科学用科学的人才。

《吉林教育》2009 年第 6 期

政治教学评价

例谈小学品德教育中的情感生成

谢衍庆

小学品德与生活、品德与社会课程标准指出，课程目标的三个方面是一个有机结合的统一体。教师在教学过程中应全面把握目标，改变过去偏重知识学习，忽略能力和情感、态度、价值观培养的教学观念，通过多种教学活动，帮助学生获得丰富的情感体验、形成积极的生活态度、养成良好的行为习惯、提高适应和参与社会的能力，掌握必备的基础知识，从而整体地实现课程目标。在品德教学的过程中，教师应当首先关注学生的情感生成。

1. 明确以情感生成为目的的实践活动设计；
2. 模拟促进情感态度生成的具体情境；
3. 有效借助媒介引发情感体验。

总的来说，品德的形成归因于情感的生发，因此，品德课教学不论以哪种方式进行，都必须以情感生成为基础，只有这样，道德的种子才会真正植入学生的心间，并真正落实到学生的日常行为之中。

《小学德育》2009 年第 17 期

品德教学：行走在美丽长卷　畅游于生命课堂

顾雪飞　张中伟

翻看一册册品德与生活、品德与社会教材，走进精彩纷呈的品德课堂，我们会发现，这里是情的海洋，美的矿藏，处处都饱含着真善美。让我们做教材和学生的知音，深挖教材中的每一个美丽细节，每一个情感因素，把自己对于教学、对于生活、对于人生的每一份感悟传递给学生。

一、行走在教材长卷，捕捉美丽，做教材的知音

1. 感受语言之情美；
2. 欣赏图片之精美；
3. 塑造形象之壮美；
4. 发掘内容之广美；
5. 实践活动之行美。

二、畅游于生命课堂，心灵碰撞，做学生的知音

1. 亦师亦友——是师生更是朋友；

2. 向生学习——三人行必有我师；

3. 寻找知音——乐为课堂欣赏者；

4. 创意无限——巧做第三方主持；

5. 开放时空——课内课外巧沟通。

创设一个自由、和谐、灵动的生命课堂，让学生在美好的心灵世界里徜徉着、体验着、想象着、创造着、发展着，这才是真正直达学生心灵的品德教学。

《小学德育》2009 年第 2 期

努力做合格的品德课教师

刘艳玲

课程改革将过去小学思想品德课改为了小学低年段的品德与生活，中高段的品德与社会。这种改变，不仅仅是字面的改变，更体现出课程性质、课程理念的改变，由此也对教师的教学素质提出了更高、更全面的要求。

一、它要求教师具有正确的价值观

二、它要求教师具有基本的哲学思想

三、它要求教师具有营造对话氛围的能力

1. 能抛话题；

2. 能“火上浇油”；

3. 善于推波助澜；

4. 善于提升总结。

四、它要求教师具有开发教学资源的能力

1. 让文本真正成为资源；

2. 让学生生活成为资源；

3. 让家庭成为一种资源；

4. 让地域文化成为资源。

总之，品德与生活、品德与社会是新课程的重要组成部分，对学生的全面发展起着举足轻重的作用。为了上好这门课程，让我们共同努力，做个合格的品德课教师。

《小学德育》2009 年第 2 期

学科教学中道德教育之积弊例析
——对几个学科教学活动案例的审思

孙　健

学校教育以培养全面发展的人为使命，对于学校教育主要形式的学科教学而言，关注与促进人的全面发展应是其自觉追求。但在实践中，由于多种因素的存在，导致人们往往过多地关注学科自身，忽视了学科间的关联。学科教学中的道德教育，俨然已成为学科教师实践之难点、抱怨之焦点。本文拟从学科教学中的几个案例出发，试析学科教学中道德教育的积习之弊，并期待学科教学中道德教育的改善与提高。学科教学与道德教育不能机械割裂，道德教育应是学科教学的自觉追求。学科教学中的道德教育，从时空来说是内在于整个学科教学活动过程中的；从方式来说，是间接无痕、潜移默化而非刻意为之的。忽视这些特性，学科教学中的道德教育必然遭遇尴尬；如若墨守成规，习以为常，自然也就成为积习之弊。

《小学德育》2009 年第 3 期

例谈道德叙事在小学低年级品德教育中的运用

王晓燕　梁春珍

小学语文教材中的课文都是经过编者们精心挑选出来的，许多作品展开的都是故事主体的叙述，字里行间无不蕴涵着丰富的思想教育因素，这就为语文教学渗透德育提供了很好的载体。因此，采用道德叙事的方式，化抽象为具体，化呆板为生动，能使品德教育“随风潜入夜，润物细无声”地渗透在语文教学的各个环节中，融入学生的血液里。本文试结合三则案例，谈谈道德叙事运用于语文教学，对学生进行品德教育的重要性和实效性。笔者通过对三个案例的分析，大胆对教材进行“拨乱反正”，将“负面暗示”调作“正面”，对学生进行了一次富有成效的人文精神的熏陶。没有传统的说教，却取得了很好的教育效果：学生懂得了大方、热心地帮助有困难的人，是一种快乐，一种美丽。

《小学德育》2009 年第 3 期

品德课堂活动教学有效运用的思考

叶美飞

品德课程教学需要活动，尤其是有效的活动。我们在让学生学得快乐，学得开心的同时，更要关注他们在活动中是否有明确的认知、深切的感受、鲜明的态度，能否培养学生良好的能力和习惯。在此，笔者结合自己的实践谈谈体会。

一、把握目标——活动求实

1. 活动设计要围绕教学目标展开；2. 活动实施中要时刻具有目标意识。

二、贴近生活——活动求真

1. 将教学内容与学生生活经验结合起来；2. 将教学内容与社会生活结合起来。

三、重视体验——活动求效

1. 体验是活动教学的核心；2. 体验活动的设计要合理。

活动给品德课注入了新的活力与生机，活动的设计、实施、效果直接关系到一节品德课的成败，需要我们在实践中反复琢磨、不断探究，让学生真真切切地感受生活的脉搏，体验成长的快乐，促进道德的生成和发展。

《小学德育》2009 年第 6 期

品德课程社会调查方法例谈

李碧涌

品德课程强调“学生通过探究生活获得对世界的真实感受”，“提高学生搜集、整理、分析社会信息的能力，形成符合社会规范的价值观”。因而，教学《热闹非凡的市场》《走进工厂》《农产品的家园》《话说社区》等具有很强社会性的主题内容时，往往需要开展实地参观、调查，让学生在观察、体验、感动中快乐地学习，学有所获。下面，笔者试以浙教版《品德与社会》四年级上册《漫话邮政》一课为例，谈谈品德教学中怎样高效地组织开展社会调查活动。

1. 编写采访提纲，预见调查过程；

2. 主体分工参与，广揽信息资源；

3. 多元描述交流，分享调查成果。

社会调查好比一湾水渠，引得生活这股源头活水，潺潺地淌过学生心田，丰富着学生的社会认知，激荡着学生的情感体验，发展着学生的实践能力。它让学生享受探究的乐趣，获得课堂的自信和活力，是对传统钢筋水泥式教育的挑战，有待广大教师触类旁通、举一反三。

笔者在近几年的品德课教学中，努力追求高效而又简约的品德课堂，认为提高品德常态课的实效可以从以下两方面入手。

一、良好的积累习惯

1. 学会阅读。每个学校都配备有阅览室，为老师们提供各种各样的书刊杂志和网络阅读条件。

2. 观察生活。品德教学与生活有着密切的联系，天气变化、四季更替、世界动态都可能是我们的教学内容，所以，做个生活的有心人，看一看、听一听、记一记，用心收集生活素材，会使我们的品德课堂更加真实，也更加充实。

3. 统领全册。熟悉教材可以大大提高教师的课堂驾驭能力。因此，每学期初制订品德课教学计划时，我会一课一课地把教学内容大致了解一番，既为资源整合做统筹安排，又为相关资料的收集作准备。

二、良好的准备习惯

1. 课前预习两分钟；

2. 课后布置两分钟。

品德课程是生活化的综合课程，只要我们的教师学会做一个热爱生活、关注生活的教师，只要我们养成良好的积累习惯、准备习惯，上好品德课并不难，而是一件幸福的事。

《小学德育》2009 年第 7 期

落花有情　马蹄留香——品德教学中有效交流之引领策略

谢林燕

课堂教学的实质，就是师生之间的信息交流。古人云："水木无华，相荡乃成涟漪；石本无火，相击而生灵光。"只有师生之间、生生之间不断进行思维的交流、智慧的碰撞、感悟的传达、体验的分享，才能使课堂呈现出缤纷的色彩。反观我们的品德课堂，常常出现交流的障碍和低效，那么，我们能采取哪些对策，走出种种尴尬局面呢？交流遭"偏离"时——反弹琵琶，一石激起千层浪，小学生的智力发展尚处于初级阶段，他们的思维具有较大的盲目性和随意性，常常导致交流主题的偏离。这时，教师不能求全责备、简单否定，而要适时当好"扳道工"的角色，将学生牵引到正确的教学轨道上来。[案例 1]《集体处处有规则》教学片段；[案例 2]《心中有他人》教学片段；[案例 3]《竞争与合作》教学片段；[案例 4]《生活中的电视》教学片段；[案例 5]《我的家乡在哪里》教学片段；[案例 6]《父母——我特别的朋友》教学片段。

课堂是一个充满智慧的旅程，是一个学生思维放飞的旅程，课堂交流变化万千，它需要教师适时归纳，画龙点睛，切中肯綮；需要教师适当引申，纵横发散，左右逢源；需要教师及时指正，由表及里，指点迷津；需要教师敢于突破，走出定势，另辟蹊径；需要教师针对个体，循循善诱，启智激思；需要教师面向全体，以石激浪，各抒己见，从而引领学生发现求知道路上“别有洞天”，真正达到“落花有情，马蹄留香”的无痕境界。

《小学德育》2009 年第 18 期

科学实施中小学心理健康教育

王定华

2009 年 7 月 8～9 日，全国中小学心理健康教育工作研讨会在广东省佛山市南海区召开。此文根据教育部基础教育一司王定华副司长在会上的发言整理而成。本次会议成果主要有以下几个方面：

1. 提高认识，增强心理健康教育的使命感；
2. 摸清现状，体现心理健康教育的针对性；
3. 加强研究，把握心理健康教育的规律性；
4. 重在落实，突出心理健康教育的实践性。

《小学德育》2009 年第 17 期

“入乡随俗”——有效整合品德课程教学资源

万蕴慧

品德课程资源丰富多元，教学活动中，教师常常会围绕教学内容，选取自然、社会和学生生活中有价值的内容，通过寻找知识体系的内在联系，将其融入品德课堂，从而促进学生良好品德形成和社会性发展。但是，课程资源如何整合才真正有效呢？笔者认为，品德课程资源的整合只有“入了乡，随了俗”才会有效。入的是这个地区、这所学校、这个班级的“乡”，随的是这班学生、这位老师、这个课堂的“俗”。在此，笔者想着重谈谈品德课程资源整合时应如何“随俗”的问题。

1. 课程资源的整合要反映学生的学习生活；
2. 课程资源的整合要展现教师的教学风格；
3. 课程资源的整合要注意利用课堂上的动态生成。

教学过程中形成的对教学起支持作用或具有潜在教育价值的事件，就是动态生成的课程资源。此种课程资源尽管看起来是一些不起眼的小事，却具有巨大的教育价值。

《小学德育》2009年第18期

新课程改革背景下的教师德育素养

史晓荣　赵　燕

基于道德教育过程中教师素养存在的问题，新课程改革背景下，教师应该在以下几个方面作出努力，提升自己的德育素养。1. 教师的良好品德是进行道德教育的前提；2. 深厚的德育理论修养是教师深入开展德育工作基础；3. 与时俱进的德育观念和合理的德育方法是教师进行德育的关键；4. 合理的评价标准是实现德育有效性的保障。

《中国教师》2009第8期

德育工作中的同伴调解

王萍兰　郭　维

所谓同伴调解，是指在教师的指导下，以同伴调解规则和学校规章制度为依据，对学生中出现的问题和冲突进行说服教育、规劝疏导，促进冲突者之间互谅互让、平等协商，从而自愿达成协议，制止问题或冲突的进一步发展。同伴调解的基本内容：同伴调解的任务。(1)领导小组的任务：①考察同伴调解的基本情况；②了解学校解决争端的惯例及其奖惩制度；③了解同伴间相互协助的情况；④制订并公布一个简洁明了的解决争端的方案。(2)调解人的主要任务：①在学校范围内建立一个成年人核心小组以实施并模拟实施调解程序；②监督调解人的挑选、培训，给予鼓励并听取汇报；③以训练有素的调解人身份启动，并推动调解程序；④制定推选和吸收调解人的协议；⑤为具体事件挑选调解人并制定时间表；⑥记录项目实施情况并通过简报、网站等定期向各方汇报。

《中国教师》2009年第85期

浅谈思想品德课怎样实现由知到行的飞跃

韩会芹

1. 解开思想疑点，把握学生思想脉搏，使思品课发挥实际效应；

2. 教学中注意培养学生的自我教育能力；

3. 将课堂学习的理论知识与课外活动联系起来，实现课堂明理，课外导行。

《中国教师》2009 年第 S1 期

生活中的德育教育

晁瑞芳

幼儿园教育是基础教育的重要组成部分，是一个人终身发展的开端，道德教育是幼儿成长的核心部分。那么，怎样培养幼儿良好的道德品质呢？我们的做法是：

1. 争做“礼仪”小标兵；
2. 学会运用正确的方式与人交往；
3. 每周一次分享日；
4. 给幼儿自由合作的机会和空间。

《中国教师》2009 年第 S2 期

政治“三探法”教学策略的探索

王丽娟

在思想政治课教学中如何利用问题情境来引导学生进行探究性学习？“三探法”是很好的教学策略。三探法即：自探，学探，再探。

第一步：自探。“自探”即自主探究，指学生在教师的指导下，在一定时间内对学习内容进行自主学习、主动探索、发现问题、提出解决问题的方案。

第二步：学探。“学探”即共同研究，是指师生、生生之间的对话过程，在这个过程中，每个学习者的思维成果为全体学习者所共享，通过学探，学生对探索的结论进行归纳总结，从而使问题得到解决，实现知识的内化。

第三步：再探。再探是指在自探和学探的基础上，通过进一步的探究教学，实现学生知识、情感、能力三方面的进一步提高。

《中国教师》2009 年第 S2 期

初三政治复习教学中的“五要”

姚中银

1. 要有课标，切忌“骑瞎马”；
2. 要讲整体，切忌“打游击”；
3. 要讲联系，切忌“漫撒网”；

4. 要讲方法，切忌“炒剩饭”；
5. 要有针对，切忌“题海战”。

《中国教师》2009 年第 S2 期

在中学政治教学中如何发挥学生的主体作用

甘邦强

主体性教育是以培养和发展受教育者主体性为主要目标的教育，是塑造和建构学生主体，发展学生主体性的教育。在整个教学活动中，中学生是特定的认识主体和信息交换的主体。学生主体思想已被大多数教师所接受，但在具体的思想政治课教学过程中学生主体作用的发挥往往很不理想，主要原因在于教师习惯于“满堂灌”或“一舀堂”，习惯于让学生跟着自己的思维转。这样学生成了学习的机器，缺乏主观能动性，没有自觉性和创造性，只是一种被动接受，与发挥学生的主体性、提高学生素质的要求是很难适应的。因此就需要广大政治教师在教学实践中，真正树立起学生主体的思想，并落实到具体的教学过程，尊重、相信学生主体，让学生积极参与课堂教学。以下是我在教学实践中的一些做法，与同行们商榷。

《中小学电教》2009 年第 2 期

礼仪教育：培养学生美德的基石

王 琰

学生礼仪素养的缺失是学校道德教育实效性不足的表现。近年来，我国学生礼仪失范的现象日益严重，小至缺乏起码的礼仪常识，大至行为放荡，甚至有的触犯法律。其行为主要表现为：一是礼仪意识与礼仪行为的不和谐，即主观愿望、礼仪动机与行为方式、效果之间相脱节相矛盾；二是礼仪素养诸要素发展水平的不平衡，即礼仪的认识、情感、品质、言行四者之间，有的成分超前，有的成分滞后，有的成分逆向发展。从教育的角度来看，礼仪失范的原因可以说是多方面的，它与教育者在德育实践中忽略对学生进行必要的礼仪教育不无关系。在道德教育中，对学生往往是在概括性道德发展方面要求得多，对行为养成强调得少；空泛的大道理讲得多，操作型的技能、技巧讲得少；道德的知识性传授得多，扎扎实实的行为训练少，这样就使得一些学生不知道该如何把社会普遍提倡的道德转化为个人的具体行为。因此要注重培养学生富有社会意义和道德意义的礼仪教育，准确把握礼仪教育的重要功能，让礼仪教育真正成为学生美德的基石。

《教育理论与实践》2009 年第 6 期

青少年网络道德失范的社会学检视

陈文心

网络信息传播的全球化让青少年在扩大知识视野的同时，也面临着网络道德失范的危机。从社会学角度检视，当前青少年网络道德失范的现象比较普遍，危害较为严重。因此，学校应注重中国优秀传统文化的传承，帮助青少年树立体现社会主义核心价值观的网络道德，塑造青少年的网络人格，促进网络时代道德文明的发展和进步，进而使青少年在文明的网络文化环境中健康成长。

青少年网络道德失范的矫正对策：

1. 树立“社会主义核心价值观”的高尚网络道德；
2. 彰显“国学文化”底蕴的人文网络情怀；
3. 养成“未来接班人”应有的自律网络人格。

《教育理论与实践》2009 年第 4 期

和谐社会建设背景下的小学德育工作探析

马文敏

教育改革也是建设和谐社会的重要内容，而德育则是教育改革中极其关键的部分，不容忽视。当前小学德育工作仍普遍存在目标理想化、缺少层次性，内容泛化、缺少针对性，方法简单化、缺少多样性，评价概念化、缺少科学性的问题。和谐社会发展观对新时期的德育教育有了新的要求，我们必须大力增强小学德育目标的实效性、德育内容的针对性、德育方法的多样性，以及德育评价的科学性。

一、和谐社会建设背景下小学德育工作的新观念

1. 德育目标的实效性；
2. 德育教育内容的针对性；
3. 德育教育方法的多样性；
4. 德育评价的科学性。

二、和谐社会建设背景下小学德育工作的具体内容

1. 理想信念教育；
2. 爱国主义教育；
3. 法纪道德教育；
4. 心理健康教育。

三、和谐社会建设背景下提高小学德育工作实效的对策

1. 明确目标，突出内容；

2. 创新方法，多种途径。

《基础教育研究》2009年第6期

谈思想政治课教学如何实施素质教育

庾兆然　陈剑芬

长期以来由于受应试教育的制约，思想政治课教学同样远离了培养全面发展的人的素质教育的轨道，非改革不可。在思想政治课中如何实施素质教育，我们认为应从以下几个方面着手。

1. 提高教师素质，适应素质教育要求；
2. 教学要与德育接轨，注重提高学生道德素质；
3. 研究学习方法，教会学生学习；
4. 运用灵活多样的教学形式，营造良好的教学氛围；
5. 做到理论联系实际，学以致用；
6. 发挥课堂教学主渠道作用，提高课堂教学效率。

《基础教育研究》2009年第6期

生活道德教育之体系构想

杜金玉

生活是道德教育的基石和源泉。生活道德教育，即把道德教育真正奠基于生活的基石之上，让道德教育紧密围绕生活，在生活中，结合生活、通过生活来展开师生间的主体性对话，充分体现道德教育的生活性本质，最终实现预期的教育效果。生活道德教育是基于生活的道德教育。无论从历史、逻辑、现实还是价值的角度来看，生活都是道德教育之不可分离的基础。所以，生活道德教育就意味着以真实的人为依据，以现实的、完整的人生为目标，才能让人在生活中成为道德的人。

《基础教育研究》2009年第4期

中学思想政治课程价值的误读及矫正

周　荣

在新课程教学实践中，不少教师由于缺乏经验、缺少研究、缺失辩证思维等原因，对思想政治课课程价值存在着种种误读。也因此课程价值所蕴涵的内在精髓并没有内化为这些教师自身的智慧，所以，课堂教学往往是在“新”的外衣下，掩盖着内在精神

和文化价值的贫瘠，从而导致新课程教学在实践上存在着种种偏差。我们必须牢记：青少年思想政治、思想品德的培育对全社会精神文明建设具有基础性的作用。教育的功能不仅是知识与技能的传授，也是传承和培育文化传统、思想意识、道德品质和价值观念的过程。思想政治课程是以实现教育的后一个功能为主要任务的。我们应该把着力提高全民族的思想道德素质和科学文化素质，培育一代又一代有理想、有道德、有文化、有纪律的“四有”公民，作为基础教育的根本任务。

《基础教育研究》2009 年第 2 期

政治课教学中如何提高学生的参与度

贾春梅

教学过程是教师和学生共同参与的双边活动过程。有效的课堂活动需要双方的共同参与。而在传统的政治课课堂教学中只注重教师的作用，学生的积极性得不到应有的发挥，学生只能跟着老师的思维走，只能被动地接受知识没有独立思考问题的机会，学生学习没有兴趣，课堂气氛死气沉沉，教学效率难以提高，教学目标难以真正实现。如何提高学生在政治课课堂教学中的参与度，是政治课课堂教学改革中值得我们深思的一个问题。笔者结合十几年的教学实践，谈一些粗浅的认识。

1. 构建平等、民主、和谐的师生关系，创造良好的参与氛围；

2. 重视学生的学法指导，提高学生参与教学过程的能力；

3. 选择适当的教学方法，调动学生参与教学的积极性；

4. 恰当地设计问题，提高参与的效果。

《教育实践与研究》2009 年第 7 期

初中思品课调动学生学习积极性之我见

陈俊英

教师只有充分调动学生学习的积极性，通过现代教学媒体、社会实践、作业批语以及教育观念、教学模式的改革等，为学生创设自主学习的氛围，使学习成为在教师指导下的主动、积极、富有个性的过程，才能实现通过思品课培养负责任的公民、过健康有意义的生活的教学目标。

那么如何才能调动学生学习的积极性呢?

1. 转变教育观念，调动学生学习的积极性；

2. 运用现代教学媒体，调动学生学习的积极性；
3. 引入“讨论型”课堂，调动学生学习的积极性；
4. 组织多形式社会实践活动，调动学习的积极性；
5. 巧借作业批语，调动学生学习的积极性；
6. 公正对待每一个学生，调动学生学习的积极性。

《教育实践与研究》2009 年第 7 期

现代价值困境与道德责任感的培养

梅　萍

现代社会的价值困境迫使人们通过道德责任重新确立生命的意义和目的。承担道德责任，需要重建责任主体，在理性自觉中体悟责任价值；面向生活，在活动体验中增强责任践履能力；尊重介入，在学会关心中体验责任情感；把握层次，在循序渐进中升华责任境界。最终目的是培养学生崇高的责任感和使命感。道德责任，是指道德主体因其公民资格所赋予的并得到内心认同的，对国家、对社会、对他人的道德义务和道德使命以及对其自身行为后果的善恶的担当。作为社会个体间联结的纽带和社会良性发展的道德基础，道德责任感的培养始终在我国的道德建设中占有重要的一席之地。从孔子的“当仁不让”到孟子的“舍我其谁”，从张载的“为天地立心，为生命立民，为往圣继绝学，为万世开太平”到顾炎武的“天下兴亡，匹夫有责”，无不显示着对国富民强的崇高责任感。“道德之所以是道德，全在于具有知道自己履行了责任这样一种意识。”构建社会主义和谐社会的新型伦理秩序，消除现有的价值困境，培养人们的道德责任感是历史的必然。

《教育科学研究》2009 年第 8 期

价值多元共生时代道德教育的新使命

冯建军

当今时代不仅是一个“价值多元”的时代，而且是一个“价值共生”的时代。我们既要看到多元价值的“差异”，还要看多元价值的“共生”。价值的多元共生，要求道德教育既要维护价值多元，培养学生的主体道德人格；又要进行普遍价值的教育，培养学生的公共理性。其双重任务，缺一不可。价值的多元共生要求学校道德教育要树立一种开放的道德观念，确立协商、对话的教育方式，发挥教师在道德协商、对话中的引导作用。随着社会的发展和改革开放的不断深入，在全球化、信息化浪潮的冲击下，古今文明、中外文化主流与非主流价值观不断撞击，思想领域因此呈现出多元价值观并存甚至冲突的局面。对于当今社会中的价值，我们不仅需要看到多元价值的“差异”还要看到多元价值的“共生”。这个时代不仅是一个“价值多元”的时代，而且是一个“价值共生”的时代。道德教育是传递社会价值的活动，价值的多元共生必然赋予道德教育新的使命。

《教育科学研究》2009 年第 5 期

中学德育领域的延伸与深化：现代公民教育

章文丽

加强公民教育，增强公民意识，是提高民族素质的重要途径，其中学校教育是非常关键的一环。目前我国对公民教育的研究尚停留在探讨层面，缺乏可操作性，且没有在中小学中真正实施。根据国际国内背景以及当今中国社会变革对教育改革的迫切需求，提出将公民教育作为学校德育工作的延伸和深化，并分析其缘由、内涵和实施步骤，探讨如何在学校德育领域将认知层面的构想真正转化为可操作的实际行动，以期能顺利推进公民教育，培养合格公民。加强公民教育，增强公民意识，是提高民族素质的重要途径。合格公民既要有积极的生活态度，又要有参与政治的热情和与其他公民、社会组织搞好合作的能力。换句话说，合格公民教育同时就是“好公民”(virtuous citizen)教育。好公民不是先天的，而是通过教育、熏陶、模仿而习得的，其中学校教育是非常关键的一环。在一定程度上，学校进行怎样的教育，决定着未来会有怎样的公民。

《教育科学研究》2009 年第 5 期

学校德育变革 30 年：困境与突破

周　彬　高星原

学校德育从“政治教育”中走出来后，在德育目标的确定上经历了多次反复，最终从政治化的“接班人”转向更富有生活色彩的“四有公民”；在行为规范上始终在从传统要求与外在规范向社会生活与内在自由靠拢；学校德育课程整体上在向学生日常生活渗透，以此提高课程学习的实效性；德育管理已经自成体系，但这种越来越独立的模式，反而让学校德育工作越来越孤立。

《教育科学研究》2009 年第 3 期

浅析当前如何对小学生进行思想道德品质教育

卢贵飞

新课程改革目标指出："新课程的培养目标应体现时代要求，要使学生具有爱国精神、法制意识、具有强健的体魄、良好的心理素质，成为有理想、有道德、有文化、有纪律的一代新人。"这一目标明确地指出了我们教育的目的，明确地给出了我们当前教育的任务，阐明了思想道德建设事关和谐稳定地建设社会主义的千秋大业，是学校教育的一项重要内容，是当前学校教育中的重要任务之一。

一个人道德的形成不是一两天的事情，而是一个长期、复杂、曲折、循序渐进的发展过程。因而在小学阶段，思想道德品质教育尤为重要，它对学生的道德品质形成起着至关重要的作用，是掌握社会规范、社会道德准则的阶段，在整个德育形成过程中有其特殊的作用和影响。那么，如何对学生进行思想道德品质教育呢？在此，笔者结合自己在教学工作中的实际经验，谈谈自己的体会。

1. 努力提高自身道德素养，充分做好表率示范作用；
2. 抓住日常细节，重视小学生的良好品德的形成；
3. 正确把握《思想品德》教材，充分利用教材培养学生的良好品德；
4. 把学生的思想道德品质教育融于整个教学过程中。

总之，提高学生思想道德品质，是教师教学的重要组成部分，我们只要认真地钻研，就会发现更多行之有效的教学方法和途径。

《新课程研究》(基础教育)2009年第9期

浅谈政治课上学生辩论能力的培养

陈樱霞

辩论式教学是近几年新课程实施以来多数教师用到的一种教学方式之一，但纵观课堂多数只是重形式而轻效果，重表现而轻实质，因而出现了许多不尽如人意的地方。而笔者认为要让辩论真正焕发其自身的魅力，关键是：建立平等、和谐、民主的师生关系使学生"乐"辩；选择恰当的"论题"使学生"能"辩；恰到好处地引导，使学生"善"辩。

把辩论赛引进课堂只要进行恰当的引导组织是可以收到较好

的教学效果的，它能给学生以施展才能的机会。对于辩手来说，受益匪浅；对于学生听众，新颖的课型使他们增加了学习的乐趣，引起共鸣与思考。相信各位教师只要能做一个有心人，辩论定能以其自身不可取代的优势，迅速融入课堂，成为课堂中一道亮丽的风景线，定能让课堂焕发出独有的生命力。

《新课程研究》(基础教育)2009 年第 6 期

如何“激活”小学品德课堂

吴　朋

品德课是一门以儿童社会生活为基础，对儿童进行道德品质教育的课程，它以态度、情感和行为的改变为主要目标。因此，它的成败与否，直接影响着学生思想道德的发展。这就要求教师必须多维度地激活品德课堂，为课堂注入活力，营造充满活力的思品课堂教学氛围，以促进学生知、情、意、行的全面和谐发展。根据个人体会，“激活”小学思品课堂教学可以从以下几方面着手：

1.“激活”文本；

2.“激活”学生；

3.“激活”教师；

4. 巧用多媒体。

在品德课堂教学中，文本、学生、教师、多媒体这四个要素是共同互动的，只有使四者都“活”起来，才能从根本上“激活”小学品德课堂教学，才能让学生的道德意识与自觉行为统一起来，才能使小学品德课堂中的素质教育真正落到实处。

《新课程研究》(基础教育)2009 年第 4 期

基础学校德育工作实效性缺失的成因及对策

罗志敏　黄明东

近一段时期以来，基础学校的德育工作却远未发挥出应有的作用，在校学生中存在着许多令人担忧的问题。其表现为：厌恶学习、顶撞老师、损害学校财物、欺辱弱小、迷恋网吧、校园早恋、盲目崇拜、追星等，有的学生还出现了严重的心理障碍。有统计资料表明，近年来未成年人犯罪率呈上升趋势，且犯罪的成人化倾向严重，手段残暴、恶劣。

一、德育工作实效性缺失的成因

1. 现代社会对未成年人的影响增大；

2. 德育课程体系陈旧和德育考核机制模糊；

3. 学校德育工作方法的缺失；

4. 素质教育未得到足够重视。

二、增强基础学校德育实效性的对策

1. 全员，全方位，全过程；

2. 目标低一点，步子小一点、实一点；

3. 开展特色教育；

4. 加强学校与家庭、社会的合作。

基础学校德育工作必须重内容、重形式、重方法，必须抓住点点滴滴的机会，来滋润未成年人的心田。这是一项细致入微的工作，也是一项艰苦卓绝的工作，更是一项泽被后世的工作。当前，我们要结合社会主义荣辱观的教育，注重实践，注重科学性，在社会各方面的共同努力下，不断探索基础学校思想道德教育工作的新特点新规律，切实把未成年人的德育工作提高到新水平，从而促进中华民族未来整体国民素质的提高。

《新课程研究》(基础教育)2009 年第 4 期

提高山区高中政治课德育功能的对策

张祖祥

政治课教学担负着教书育人的双重任务，它不仅要给学生提供认识事物的工具和方法，更重要的是要铸造学生的灵魂，帮助学生树立正确的世界观和人生观，培养和造就中学生健全而高尚的思想道德素质。但是，由于我国经济文化发展的不平衡，山区教育显得相对落后，在严峻的考试压力下，高中阶段政治课德育功能缺失现象十分突出。因此，如何搞好山区高中政治课教学，提高政治课的德育功能，是一个值得研究和思考的问题。

一、目前山区高中政治课德育功能缺失的主要表现

1. 在教学内容上忽视学生实际，注重从“大”处着眼；

2. 在教学方法上“灌输”多于“启发”；

3. 课内课外脱节，校内校外脱节。

二、山区高中政治课德育功能缺失的原因分析

1. 在思想认识上，应试观念未转变；

2. 山区高中缺乏必要的教学资源；

3. 山区高中学生缺乏良好的家庭教育配合，家庭与学校互动的难度极大。

三、强化山区高中政治课德育功能的实践与对策

1. 在政治课教学内容安排上突出“四个加强”。

(1)加强自强、自立教育；

(2)加强诚信、自信教育；

(3)加强爱心、责任心教育；

(4)加强艰苦奋斗、勤俭节约教育。

2. 在政治课教学过程中遵循“四个原则”。

(1)尊重德育规律，显性德育和隐性德育有机结合的原则；

(2)知识性与思想性相结合原则；

(3)理论联系实际，开展新型社会实践的原则；

(4)突出德育的主体，注重个性化教育的原则。

3. 在教育要素上要做好“四项优化”。

(1)优化教育环境；

(2)优化班级管理；

(3)优化教师队伍；

(4)优化学校管理。

《新课程研究》(基础教育)2009 年第 2 期

如何提高初中思想品德教学的有效性

谢八生

新课程的实施不仅是教学内容和教学形式的改变，更是实际效果的变化。因此，课堂教学有效性就成为衡量课堂教学质量的一个重要标准。如何提高初中思想品德课堂教学的有效性，让思想品德课课堂焕发生机和活力呢？下面笔者就结合教学实践，谈谈自己的几点看法。

1. 建立融洽的师生关系，创建良好的学习氛围；

2. 激发学生的学习兴趣，使学生主动去学习；

3. 创造合作学习，达成有效互动。

提高思想品德课的有效教学，就要把课堂变成一个关注学生成长的乐园，使学生在探索中成长，在成长中探索，同时要把重心转移到促进学生学习方法的掌握和学习能力的培养上，这样，课堂教学一定能真正达到教学目标，课程改革也一定能朝着健康有序的方向前进。

《新课程研究》(基础教育)2009 年第 2 期

探索思想品德课活动体验式学习

姜美月

初中思想品德课实施“活动体验”式学习实现了人类经验和个体经验的融合、情感和理性的直接对话。教育要真正走进学生的内心精神世界，在学生的心灵与人生中留下有意义的痕迹，实现其精神构建和个性形成，促进其健康成长。

思想品德的形成与发展，需要学生的独立思考和生活体验；社会规范也要通过学生自身的实践才能真正内化。让学生在体验中学习，在体验中陶冶情操、升华人格、发展能力、提高觉悟是初中思想品德课新课程反复强调的基本理念。那么，什么是活动体验式学习呢？活动体验式学习是以经验为基础，以活动为载体，对经验的升华和超越的一种学习方式。它体现了学生由感性认识到理性认识、由现象到本质的认知规律，体现了以人为本和促进学生自主发展的教育理念。笔者在教学实践中，根据学生身心发展的特点，充分发挥学生的主体地位，引导学生有效参与课堂教学活动，让学生在活动中学习、在活动中体验、在活动中收获、在活动中发展，帮助学生提高道德素质，形成健康的心理品质，树立法律意识，增强社会责任感和社会实践能力，逐步树立科学的世界观、正确的人生观，促进学生全面发展，这是实现课程目标的一种有效的课堂教学模式。

《新课程研究》(基础教育)2009 年第 1 期

德育生活化背景下中小学生品德评价新探

胡用春

德育生活化背景下，单从中小学生品德评价的层面考量，必须改变传统的低效甚至负面的做法。从评价的主体来看，学生品德评价提倡多元互动方式；从评价的内容看，学生品德评价主张多维立体的全面评估；从评价的过程看，学生品德评价注重动态的过程性跟踪；从评价的方法上看，学生品德评价倡导多样化、质性化评价。

《吉林教育》2009 年第 6 期

关注"封闭式"学校的思想品德教育

于永江

学校迫于升学的压力和对学校及其领导的评价机制，思想品德教育被束之高阁，边缘化的现象越来越严重。"封闭式"学校的学生，在思想品德的修养上已普遍存在着一些缺陷。这种不良的表现有越来越严重的趋势，并已对基础教育产生了一定的影响，希望能引起人们的关注。这主要表现在以下几个方面。

1. 缺少与家人的亲情感；

2. 缺少远大理想目标；

3. 缺少对外部世界的了解与民族自豪感，缺少对生存危机的认识。

没有必要把中小学生长时间的封闭在学校里，让他们没有必要的消耗时间和生命。可以用更多的时间让学生在各种课外活动中培养兴趣和爱好，发展他们的智力和增强他们的体质。让生命鲜活起来，让我们的基础教育同时代的发展一样，更加人性化，充满和谐。

《吉林教育》2009 年第 5 期

浅谈提高中学政治教学的实效性

裴廷梅

中学政治课教学的内容和特点决定了政治课是中学德育的主渠道，但由于多种因素的影响，政治课的功能受到阻碍。从政治课的教学内容看，政治课教学的基本理论和原理与社会现实严重脱节，政治课变成了空洞的说教。学生很难信任政治课内容的正确性。从教学实践来看，中学政治教学受高考指挥棒的影响，以知识传授和灌输为主，课堂教学是主要途径，学生和家长更看重的是考试成绩，政治课的德育效果很差。

提高教学的实效性要求按照当前中学思想政治课的课程设置来实现。调查显示，当前中学思想政治课的课程设置在提高学生的思想政治素质上，发挥的作用是比较明显的，是其他课程不可替代的。政治教育、思想教育与道德教育、法律意识教育和心理品质教育是密不可分的，是相互联系、相互渗透的。在中学思想政治课程中，应当按照全面提高学生思想政治道德素质的要求，把马克思主义常识教育同其他必需的社会科学常识教育相结合，把政治教育、思想教育同道德教育、法律意识教育、心理品质教育有机结合起来。

《吉林教育》2009 年第 4 期

浅谈现阶段农村中学德育教育

林志华

一、现阶段农村中学德育工作状况

现阶段，农村中学德育取得了不少的成绩，学校在德育课程常规教学上逐渐形成自己的一套体系，大的社会舆论环境逐渐形成，农村中学德育工作已呈现出良好的发展态势。但是，德育忽视自身的“本职”工作也是客观存在的，使得德育举步维艰，效果不佳。德育存在的主要问题可归结为如下几方面：

1. 重智育轻德育；
2. 重理论轻实践；
3. 重形式轻效果；
4. 重校内轻校外。

二、改善当前农村中学生德育现状的思考

1. 提高认识，坚持正确的思想导向；
2. 狠抓德育课程建设；
3. 打造一支高素质的教师队伍；
4. 强化社会实践活动环节；
5. 校内外联手，共同打造良性的德育环境。

《吉林教育》2009 年第 4 期

如何在思想品德课教学中发挥学生的主体性

刘　坤

处于当今教育，正从多方面探索实施素质教育的理论和方法。素质教育从本质上说，是以提高全民族素质为宗旨的教育，是为实现教育方针规定的目标、着眼于受教育者群体和社会长远发展要求的教育，是以面向全体学生、全面提高学生的基本素质为根本目的，以注重开发受教育者的潜能，促进受教育者在德智体诸方面生动活泼主动地发展为基本特征的教育。推行素质教育是教育的自我完善，是克服“应试教育”弊端的总对策，更是迎接新世纪挑战的战略举措。素质教育包括方方面面，其中关于如何培育和发挥学生主体性，怎样为促进学生主体性发展创设条件，正在成为不少人关注的焦点，也是本学科实施素质教育的研究重点。

1. 对思想品德学科在实施素质教育中的地位、作用取得共识；
2. 对当前思想品德课现状中符合素质教育要求之处，给予认同；
3. 教学方法多形式，教学设计多层面。

《吉林教育》2009 年第 6 期

如何做好小学德育教育工作

潘玉兰

在学生的小学学习阶段，在学生形成人生观、价值观的过程中，一定要把德育工作放在首位，并且方方面面、时时刻刻地贯穿于孩子成长的全过程。笔者认为学生良好的道德和品行最终形成，必须通过教育者组织适合受教育者品德成长的价值环境，促使受教育者在“德”的方面不断建构和提升的教育活动来完成，具体有如下几种有效途径：

1. 优化校园德育环境；
2. 开展节日主题教育活动；
3. 重视开展实践活动；
4. 德育要“寓教于乐”；
5. 德育要“家校一体化”；
6. 构建德育教育的社会网络。

《吉林教育》2009 年第 4 期

上好初中思想政治课的点滴体会

张洪倪

1. 学生对思想政治课有兴趣，是上好思想政治课的前提；
2. 情感在思想政治课教学活动中成为教学成功的催化剂；
3. 巧用激励性的评价，能激励学生乐学进取；
4. 具有捕捉新知识、形成新观念的本领。

新形势下的思想政治课教学值得全体政治课教师去深入研究。只要我们用心去教书，将课本知识与学生具体情况结合起来，并灵活选择教育教学的方法。那么，就能充分的调动学生学习的主动性、积极性和创造性。就能增强课堂教学的艺术魅力，提高教学的实效性。

《吉林教育》2009 年第 6 期

思想政治工作要注重人文关怀

吴晓梅

一、思想政治工作注重人文关怀的重要意义

所谓人文关怀，就是对人的主体地位的肯定和尊重，对人的需求、生存状态和生活质量等的关注和重视。通俗地说就是尊重人、关心人、爱护人。

1. 注重人文关怀是马克思主义的基本特征；

2. 注重人文关怀是思想政治工作贯彻落实科学发展观的具体体现；

3. 注重人文关怀是构建社会主义和谐社会的内在要求。

二、思想政治工作中注重人文关怀之实现

1. 转变思想观念，树立以人为本的服务理念；

2. 提高思想政治工作者人文素质；

3. 切实转变教育方式；

4. 着重解决民生需求；

5. 加强心理健康教育。

《吉林教育》2009 年第 7 期

在初中思想品德课教学中强化学生的自我教育

潘世林

自我教育能使学生形成良好的思想品德，是自觉进行思想转化和行为控制的有效活动。它在学生的思想品德形成与发展的过程中起着重要的作用。教师在思想品德教学的全过程中要有意识地进行自我教育的能力培养，积极主动地接受教育。通过多年教学认识如下：

1. 教好活动课是提高学生的自我教育的有效方法；

2. 情感教育的培养能激励学生的自我教育；

3. 在指导道德行为中强化自我教育。

自我教育能力是初中思想品德课追求的最高目标，也是思想品德能力最高境界的体现。如果能够让学生自己教育自己，我认为这就是教育的成功，但这种能力的形成不是一朝一夕就能实现的，所以我们教师应当耐下心来，反复实践，持之以恒地教育学生，使我们的思想品德教育成为学生健康成长的坚实基础。

《吉林教育》2009 年第 3 期

怎样在思想政治课的教学中培养学生自主学习能力

顾素华

培养学生的自主学习能力，能够很好地调动学生学习的主动性和积极性，锻炼思维、增强创新意识和开发潜能。只有这样，才能够体现素质教育的根本目标，才能够提高学科教学的实效性。因此，在教学中培养自主学习能力是实施素质教育和深化课程改革的需要。

1. 提高学生对自学能力的认识；
2. 引导学生养成预习的习惯，以提高学生的自学能力；
3. 引导自学归纳；
4. 教会学生自学的方法；
5. 充分利用期望效应，激发成就动机；
6. 进行挫折教育，培养学生自学的习惯。

《吉林教育》2009 年第 2 期

展示政治知识魅力激发学生学习兴趣

王荣军

政治知识并不缺少价值，缺少的是发现其价值的眼睛。中学政治教师要潜心挖掘政治知识的价值，展示政治知识的魅力，激发学生学习政治的兴趣。笔者认为要重点关注政治知识以下三个方面的价值：

1. 政治知识是人们认识世界、改造世界的重要力量；
2. 政治知识是人们启迪思维、开发智慧的重要工具；
3. 政治知识是人们提高道德素质，全面发展的思想武器。

《吉林教育》2009 年第 3 期

致力构建学校德育工作模块化

赵宇婷

所谓学校德育工作模块化，是指围绕学校德育工作的主题，组织相关内容，整合德育资源，并对德育内容进行细化、分层，加强德育内容之间的连接，最终实现德育工作的综合化。它的设计原则就是通盘考虑，整体设计，以主题来组织内容的模块。它是由相对独立的几部分内容模块组成，最终通过几部分内容模块的分别实施来达到模块化，从而实现德育工作的最大有效性和最终目标。本文就构建学校的德育工作模块化学校德育资源模块化是由现实社会教育资源模块、学科教育资源模块、节日教育资源模块和德育生活化模块等所构成。

1. 利用现实社会的德育资源模块，激发学生的爱国之情；
2. 利用学科教材的德育资源模块，熏陶学生的爱国心境；
3. 利用重大节日的德育资源模块，拓展学生的爱国热情；
4. 利用德育生活化模块，塑造学生的爱国心灵。

《吉林教育》2009 年第 5 期

中职学生政治课学习兴趣的培养

胡　生

政治作为一门文化课，近年来可以说是越来越不被学生重视，学生上课兴趣不大，积极性不高已经成了政治课教学的一大问题。如何激发和培养职高生思想政治课学习兴趣，唤起学习热情，这是政治教师当前普遍关注和都在探索的一个问题。笔者认为，要提高思想政治课教学的德育功能，教师就要以愉快的心境、高昂的情绪去感染学生学习政治课的兴趣。融洽的师生关系也可以有效提升学生的学习兴趣。能否激发学生的兴趣，与教师的教学方法也有着密切的联系。我们还要采取多种手段来调动学生的学习兴趣。教师的爱心教育，对巩固学习兴趣起着重要的作用，学生爱教师，也会爱学教师所教的课。

《吉林教育》2009 年第 2 期

课程资源开发与利用

论思想政治教育生态的五大观念

刘华景

观念是思想的结晶，是行动的向导。思想政治教育生态观念是当代中国为了建立起人与自然、人与人、人与社会的和谐关系，实现思想政治教育的良性发展，促进人文价值的提升而做出的新的理性认识和思考。树立正确的思想政治教育生态观念，对于缓解人文价值与科学价值的冲突，化解思想政治教育过程中出现的生态性危机，实现思想政治教育的创新和系统化，都具有重要的意义和作用。

1. 思想政治教育生态系统观；
2. 思想政治教育生态互动观；
3. 思想政治教育生态人文观；
4. 思想政治教育生态和谐观；
5. 思想政治教育生态资源观。

《高教论坛》2009 年第 4 期

小学思想品德课教学探索

陈爱霞

小学思想品德课是我国小学开设的一门德育课。新形势下怎样才能上好这门课？通过一段时间的教学实践和研究，我总结出了一些想法，下面就小学思想品德课教学谈谈个人体会。

一、课堂教学要体现新的学生学习方式

1. 体现学生主体地位；

2. 鼓励学生大胆尝试。

二、注重情感熏陶与行为习惯养成相结合

三、以丰富的活动激发学生学习兴趣

四、让思想品德课回归生活

《高教论坛》2009 年第 3 期

思想政治理论课研究性实践教学实施困境与选择

凌小萍

本文就已在思想政治理论课中开展的研究性实践教学进行相关的探讨。

一、开展思想政治理论课研究性实践教学的必要性

1. 开展思想政治理论课研究性实践教学是高校培养具有创新精神和实践能力的高级专门人才的需要；

2. 开展思想政治理论课研究性实践教学是优化思想政治理论课的现实需要。

二、当前思想政治理论课研究性实践教学的实施困境

1. 部分教师在思想政治理论课的教学中“重理论灌输，轻实践教学”；

2. 部分教师知识结构不完善，对教学内容缺乏整体把握，无法对研究性实践教学进行系统的指导；

3. 研究性实践教学缺乏稳固的教学实践基地；

4. 研究性实践教学缺乏相应的组织保障；

5. 研究性实践教学缺少有效的考核评价体系。

三、加强思想政治理论课研究性实践教学的途径

1. 努力提高思想政治理论课教师素质；

2. 建立稳固的教学实践基地，完善教学组织机制；

3. 完善研究性实践教学环节的评价体系。

《高教论坛》2009 年第 2 期

思想政治课程资源开发与利用的基本理念

韦柳霞　赵锋泓

课程资源是新一轮基础教育课程改革所提出的一个重要概念。缺少课程资源依然是当前基础教育的一个突出问题。思想政治课程资源的开发与利用是为了适应新课程改革的需要，改变旧的传统教学模式下过于注重课本进行知识传授的倾向。新课程的理念是：对中学生系统进行公民品德教育和马克思主义常识教育的必修课，是中学德育的主要途径。它对帮助学生确立正确的政治方向，树立科学的世界观、人生观、价值观，形成良好的道德品质起着重要的指导作用。高中思想政治课的教学，以建设中国特色社会主义理论为中心内容，简明扼要地讲授马克思主义。单单依靠课本传授知识已经不能满足青少年身心发展的需要了，开发利用课程资源势在必行。

1. 思想政治课程资源的开发与利用要突出德育功能；
2. 课程资源的开发与利用要立足学生全面发展的需要；
3. 处理好虚拟道德情境和实际道德情境冲突的关系；
4. 处理好认知和能力的问题。

《高教论坛》2009 年第 1 期

教学案在初中思想品德课教学中的应用

许进木

在素质教育发展的今天，初中思想品德课的教学越来越受到重视，这就要求我们思想品德课教师在教学过程中，主要讲究教学方法，推陈出新，让学生爱上思想品德课。《新课程标准》告诉我们：关注学生情感，营造宽松、民主、和谐的教学氛围对学习至关重要。因此，在思想品德课教学中我们可以实行科学的一体化教学案来提高课堂教学效率。

《中小学电教》2009 年第 11 期

多媒体技术应用于政治教学的思考

马艳芬

多媒体广泛应用于教育教学，必将推动教育的发展，多媒体恰当地运用于课堂教学，也将推动教学质量的提高。但是，在新课程大力提倡使用多媒体服务于教学的过程中，有的教师盲目追求教学手段的现代化，不注意“因材选媒”，以致滥用多媒体，影响教学效果，也影响到新课程的实施。总之，多媒体教学手段的运用，极大地拓展了教学空间，丰富了课堂教学手段和教学资源，给教学带来了生动活泼的新局面。但无论计算机技术如何完善，它都不能完全替代传统教学方式，这就要求教师不仅要有扎实的学科知识和基本功，还必须掌握和熟悉多媒体技术，正确认识多媒体，真正发挥多媒体在教学中的作用，使现代信息技术在政治课教学中发挥功效。

《中小学电教》2009 年第 9 期

中学思想政治课 CAI 优势分析与对策研究

王从利

伴随新课程改革的深入和计算机的广泛应用，多媒体教学在现有的教学活动中发挥着越来越重要的作用，这也是教学理念、教学方法和教学手段的又一深刻变化。当今中学思想政治课更应该积极应用多媒体鲜活的资源以更好地激发学生学习的积极性和创造性，提高其参与社会、解决问题的能力。而从近几年的多媒体教学实践来看，不少教师对多媒体辅助教学的功能认识仍不够清晰，应用上也存在误区。本文试图结合多媒体教学的特点，谈谈如何在新形势下更好地开展多媒体教学，从而避免误区，更好地发挥其优势。

《中小学电教》2009 年第 12 期

延伸思想政治教育的有效平台——博客

李章龙

博客是 Blog(全称是 Weblog)的英译名，可解释为“在网络上发布和阅读的一种流水式记录”，也可以理解为记录网志的人。博客随即被誉为继电子邮件、BBS、ICQ 之后互联网的第四块“里程碑”。由于使用博客比电子邮件、讨论群组更简单和容易，在信息时代和知识经济社会，与他人进行经常性的沟通以及共享资源已成为一种日益重要的趋势。对专门从事教学和科研工作的教师而言，博客的兴起和广泛应用为他们的工作提供了此种便利。而对于突出思想政治教育功能的中学思想政治课而言，利用博客的个性化、生活化和互动化，使它可以成为教学活动中交流与协作的有效工具，又可以作为师生课后在网上充分研讨与沟通的交流平台，也可以作为学生之间研讨与分享的交流平台，有利于提高思想政治课教育的亲和性、开放性和实效性。

《上海教育科研》2009 年第 7 期

把心理健康教育渗透于思品教学中

高海珍

小学思品课作为学校德育的主阵地，在教学过程中，如何在提高学生的道德认识水平、培养其良好行为习惯的同时，培养他们健康的心理和健全的人格呢？我的体会是：一、结合教学内容，强化健康心理体验；二、挖掘教材内容，渗透健康心理教育。

《陕西教育》2009 年第 6 期

浅谈高中思想政治课与多媒体技术的整合

余咏芳

现代科学技术的快速发展为教育不断提供各种技术支持，多种现代教学媒体进入教学领域，给教育教学带来了生动、活泼的局面；以多媒体技术为标志的最新教育技术又使教育的教学步入了一个更高的境界。我国的现代教育正逐步摆脱传统的“教师——黑板——教科书——学生”的教学模式，提出人力发展素质教育，提倡培养学生的积极主动性、创新能力及自主学习的能力。为适应学生学习的需求及教育发展的需要，多媒体电脑走进了我们的课堂。

《中小学电教》2009 年第 2 期

多媒体技术在政治课教学中的运用

崔志国

随着知识经济时代的来临和信息社会的飞速发展，信息技术在教育领域中扮演着越来越重要的角色，促进了传统教育手段走向现代化的教育技术，形成了以多媒体、网络、人工智能等为核心的现代教育技术。多媒体以丰富的网络资源为思想政治课坚持理论联系实际原则提供了十分便利的条件。视听形声结合的现代化的高效率政治课教学方式，代替了传统的思想政治课的灌输模式，给学生提供了研究性探索学习的条件，极大地激发了学生的学习积极性，在深化课堂教学改革、优化教学结构等方面也起了很大的作用。在此，我结合自身体会谈几点看法。

《中小学电教》2009 年第 2 期

高中政治课问题驱动法中电教化手段的应用

王福洪

问题驱动法力图改变以往政治课教学课堂原驱动力单纯来自教师课前的教学设计的现象，构建一个既充分尊重学生的主体作用，又不忽视教师主导作用的多方互动教学模式，把政治教学变成思维的课堂、探索的课堂，让学生在参与中学习、在实践中提高。

《中小学电教》2009 年第 10 期

在中学思想政治课教学中渗透新课程理念

吴　丽

一、新课程理念对中学思想政治课的要求

新课程强调以人为本，以学生发展为本，为此，中学思想政治课教学必须结合本学科的特点，运用先进的教学理论，为学生的终身发展奠定基础。

1. 开放式教学；

2. 多元化教学；

3. 案例式教学；

4. 互动式教学。

二、新课程理念在中学思想政治课中的落实

中学思想政治课是全日制中学的一门主要学科，是对学生进行马列主义、毛泽东思想、邓小平理论、“三个代表”重要思想和科学发展观教育的重要课程。它对于帮助学生树立正确的政治方向，培养学生社会主义思想品德起着奠基性的作用。要提高中学思想政治课教学的实效性需从以下几个方面入手：

1. 春风化雨，言传身教；

2. 润泽桃李，授之以渔；

3. 师生互动，学生为本。

《教育理论与实践》2009 年第 12 期

反向思维增分值——也谈高中政治主观题的答题技巧

李垂强

高中学生进入高三以后，针对高考，总免不了要参加多次模拟考试或文科综合测试，但是测试的结果尤其是文科政治主观题的答题方面，总是不尽人意，他们的答题方式不是聊天式的答法，就是答非所问，或者是罗列式答题，往往得不到高分，甚至可能得零分，究其原因是他们不知如何答题。

答题之前记要求(五要求：字要好、号要标、段要分、点要明、料要进)：

1. 审题分清经哲政；
2. 关键设问标识好；
3. 设问材料找要点；
4. 组织答案先理论；
5. 联系实际莫空谈；
6. 查漏补缺不放过(联系国家目前的方针、政策等)。

《基础教育研究》2009 年第 12 期

叩开学生思维之门提高政治课教学实效

王锦飞

课堂教学的有效性是一个历久弥新的话题，中学政治课教学的有效性，我们可以从多个维度去衡量与评价，而其中的一个重要方面就是课堂中学生是否在进行有效的思维。因此，我们追求有效课堂教学的一个重要路径就在于在教学中通过各种方式方法叩开学生的思维之门。对此，笔者结合当前中学政治课教学的现状，作些粗略思考。

1. 在具体与抽象之间把握政治新课程的编写特点，理解政治课学习的基本内容；

2. 考练试题的设问中注入具有政治学科特色的思维含量，培养学生的思维能力；

3. 思维的“统一性”与“个性化”之间给学生留有选择的余地，积极倡导学生富有个性特征的创造性思维。

《基础教育研究》2009 年第 11 期

思想品德课兴趣教学的探讨

林桂昌

许多教师觉得初中思想品德课难教，激不起学生的积极性。究其原因，有客观的，也有主观的。有来自社会的不良思想的影响，也有来自教师自身的思想片面、方法简单等因素的影响。教学是师生的双边活动，教师只顾自己讲课，忽视学生非智力因素的开发，没有调动学生的学习积极性，这是造成思想品德课难教的重要原因。如何在思想品德课教学中调动学生的学习积极性，使他们感兴趣，笔者从以下几方面进行了探索。

1. 讲好开头和结尾，引起学生的注意；
2. 培养学生探求知识的兴趣；
3. 活跃课堂气氛，增强学习兴趣。

《基础教育研究》2009 年第 11 期

优化高中政治课课堂结构例谈

赵东梅

作为一种实施研究性学习的"问题探讨模式"是指在课堂上通过对典型的、能给人启迪的问题(或案例)的分析与探讨，寻求问题解决的方法与技巧，培养学生思维能力的一种教学模式。高中政治课堂教学中开展研究性学习，关键是要充分发挥学生的主体作用，结合政治课教学内容，让学生在教师指导下自主地发现问题、探究问题、获得结论，而不是把现成结论告诉学生。其实施有两个显著特征：一是教学内容问题化(即以问题为中心组织教学)；二是教学过程探索化(即强调学生主动探究、发现知识和解决问题)。基于以上认识，在课堂教学中开展研究性学习，首先，要以问题为中心，问题源于教材，具有启发性和趣味性，做到知识、能力和觉悟的统一。其次，要在教学过程中创设一种类似科学研究的情境和途径，发挥学生课内外的自主性，让学生大胆设想，认真求证，主动地探索、发现和体验，充分挖掘学生潜在的思考力和创造力。再次，教师要当好组织者，做到教而不乱，活而有序。

《基础教育研究》2009 年第 11 期

思想品德学科中考后期复习之我见

全利民

近几年中考试题都体现了教育部《关于初中毕业、升学考试改革的指导意见》的"立足基础、考查能力、加强应用"的中考指导思想，大致有以下特点：一是知识考查基础化；二是题材选择生活化；三是能力要求层次化；四是思维模式开放化。这就要求我们必须扎实有序地开展复习工作，提高思想品德学科总复习的质量和效益。下面就如何抓好思想品德学科后期复习工作提出一点粗浅的看法。

1. 确定和把握好复习教学的重点；
2. 掌握开放性试题特点并加强训练。

《基础教育研究》2009 年第 3 期

浅谈思想政治课的情感参与教学

梁　越

要激发学生的学习兴趣，一种行之有效的办法就是实施学生主体参与型教学模式，让学生参与到课堂教学中。然而，有些教师在实施学生主体参与型教学模式的过程中有误入歧途之虞。他们很重视学生课堂上的参与，经常组织课堂活动，让学生辩论、表演、讲解等。这些原本是很值得提倡的教学方法，但如果只是一味地为了追求形式的多样，忽略了教学的效果，这样的学生参与就有些变味了。笔者以为，学生主体参与不能仅仅理解为主体行为的参与，我们应该把学生主体参与分为主体行为的参与和主体情感的参与两个层面。

所谓主体行为的参与，指课堂上学生以行动参与到教学中，完成教学。

相比较而言，情感的参与是作为行为参与的前提而存在的，有意义的行为参与必然包含学生情感的参与。

情感参与作为一种教学模式，其中具体方法的运用因人而异，这里笔者结合自己的教学经验，略谈几个方面。

1. 认真钻研教材；
2. 创设问题情境，吸引学生；
3. 挖掘教材知识的兴趣点，吸引学生；
4. 引导学生关注社会热点问题。

《基础教育研究》2009 年第 2 期

浅论思想品德新课程中的对话教学

祝晓琴

教学活动中的教与学不仅形成了教师与学生之间的关系，也形成了学生与学生、师生与文本、师生自我之间的关系。思想品德课的对话教学就是在这种网状关系中进行的。正确认识对话教学的过程模式，有助于消除课堂对话教学中形式问答化、目标虚泛化、过程形式化等误区，改变思想品德课教师的独白状态，使思想品德课教学充满生命活力。

1. 师生对话：互动交流；
2. 生生对话：合作探究；
3. 生本对话：视界融合；
4. 自我对话：反思重建。

《基础教育研究》2009 年第 1 期

政治课教学设计的创新策略

姚　蕾

一、教学设计理念创新

1. 角色转变：变“师本设计”为“生本设计”；

2. 多维思考：变“教参套用”为“多元参照”；

3. 基本建构：变“一般性设计”为“乡土化设计”。

二、教学设计形式创新

1. 显性和隐性教学设计共存，提倡隐性教学设计；

2. 详案、简案共存，提倡简案；

3. 纸质和电子教学设计共存，提倡电子教学设计。

三、撰写过程创新

1. 教学设计弹性化：精心预设，即时生成鼓励二次设计；

2. 一课多案。

四、教学设计评价创新

1. 评价指标的多样化；

2. 评价主体的多样化；

3. 评价对象的多样化。

《基础教育研究》2009 年第 1 期

浅谈高中政治教学的情境创设

刘永芳

在高中政治课教学中，教学情境如何创设？笔者认为，其基本思路应该是：遵循学生的认知规律，以让学生充分参与为前提，通过教学情景的创设，达到促进学生智力开发、能力培养、学习质量提高的目标。现就创设教学情境的具体操作谈几点体会。

1. 着眼于现实生活，紧密联系学生实际；

2. 设置带有针对性的问题情境，激发学生的探究欲；

3. 保持价值中立，为学生留出更广的思维空间；

4. 让学生参与创设教学情境；

5. 教学情境的形式应体现出多样性。

《基础教育研究》2009 年第 1 期

构建高中思想政治教学网络平台的必要性

董秀绿　高延娥

当前，教学理念和教育手段的巨大变革猛烈地冲击着人们的教育观念，这必然引起教学方法和教学结构的改变，最终导致教学模式的变革。因此，如何构建新的政治教学模式，是当今这种背景下思想政治课程教学研究的一个重要课题。笔者以为，构建高中思政教学网络平台(以下简称“网络平台”)，提高思政课课堂效率，是十分必要和比较理想的。我们要在当今多元文化的信息时代，面对全球化、对外开放、市场经济、利益关系和分配方式等不断变化的新形势，根据“高中思想政治课程标准”作出的准确定位及其内容的规定性、时效性、逻辑性、实践性和开放的课程呈现方式，来进行高中思想政治课程教学，这样的网络环境的确是最适当、最高效的教学平台。

《教育实践与研究》2009 年第 8 期

体验式教学法在思想政治课中的运用

吴智育　李树青

思想政治理论课程是帮助学生们树立正确的世界观、人生观、价值观、道德观、法制观，打下思想道德和法律基础，提高自我修养的课程，对于促进学生德智体美全面发展具有重要意义。这是大部分学生都认同的观点。但是，有的学生反映，道理我们理解，可在现实生活中用不上。这种困惑是学生的道德认知、道德情感、道德行为不能有机统一造成的。因此思想政治课不仅要让学生理解理论，更要让学生在情感上认同，在实际生活中践行，做到知行统一。根据多年的研究与教学实践，我们把体验式教学法应用于思想政治课教学，收到了较好的效果。体验式教学法对教师有更高的要求，它不仅要求教师有深厚的思想政治教育的理论功底，还要有一定的现场活动的组织管理能力，以及较强的应变能力，而且需要教师在课程设计上具有较强的创新能力、在情感上有较强的感染力和吸引力。愿我们的教师在教学中不断探索，加强实践，与学生共同成长。

《教育实践与研究》2009 年第 7 期

中学思想政治课教学如何实践以人为本的教育理念

黄少波

思想政治课作为中学德育课程，是对学生进行思想政治教育的主渠道，中学思想政治课教学改革虽然取得较大进展，但其教学的实效性和说服力依然不强。为提高思想政治课教学的实效性，就必须冲破传统教学模式的禁锢，把“以人为本”的教育理念引入到这个学科之中。要从根本上树立以人为本的教育理念，在教学中努力实践以人为本理念，必须做到以下几点：

1. 深入研究学生；
2. 紧贴学生切身利益；
3. 发扬民主的教学作风；
4. 改变传统评价方式。

《新课程研究》(基础教育)2009 年第 11 期

新课程标准下的政治教学刍议

孙　彪

新课程要求课堂教学的开放性，师生关系的民主性，教学模式的多样性和教学手段的现代化，从而为教学带来新的机遇和挑战。作为政治课教师，在教学中更应充分把握好机遇，在以“学生发展为本”的理念指导下，注重发展和培养学生的主体性，把课堂教学的着眼点放在关注学生的可持续发展上，把教学的目标放在学生的知识和能力的综合提高上。因此，在教学中要做好以下几方面的工作：

一、坚持“以人为本”的非指导性教学策略；

二、注重培养学生的创新能力；

三、引导学生掌握正确的学习方法。

学生创新能力的培养是素质教育的核心，它依据人的发展和社会发展的需要，以全面提高学生的能力为根本目的，以尊重学生的主体和主动精神，注重开发人的智慧潜能和形成人的健全个性为根本特征。在政治教学中要掌握正确的学习方法，努力追求创新能力的培养，来适应知识经济和社会经济发展的需要。

《新课程研究》(基础教育)2009 年第 6 期

引入故事和时政知识激活思品课堂

吴本香

在思想品德课教学中，引入故事和适时地结合时政内容，既能吸引学生，又会使学生受到多方面的思想感染。

一、引入故事，激活课堂；

二、引入时政，激活思品课堂。

《新课程研究》(基础教育)2009 年第 6 期

《品德与生活》和《品德与社会》课程教育资源的开发与利用

孙小燕

什么是教育资源？概括起来讲，各学科教材课本、新闻媒体及耳闻目睹的一些社会现象、自然环境，学生学习的方法、态度、能力，教师的教育教学观念、个人修养、施教手段等，都可以称为对学生实施教育的资源。从我国目前的教育改革的趋势来看，凡是有利于促进学生主动学习、和谐发展的资源都应该加以开发与利用。而《品德与生活》《品德与社会》是以儿童的生活为基础，以培养品德良好、乐于探究、热爱生活的儿童为目标的活动型综合课程，它承担着学生品德形成和社会性发展的重要任务，其课程资源不限于传统意义上的教材。要使学生广泛地接触和了解社会，就必须充分开发、利用校内外的各种课程资源，这样才便于课程目标的实现。

教师应该充分开发利用好各种教育资源形成多种格局的学习环境，以丰富学生学习的经历与学习经验，使学生能够在学习过程中带着兴趣、好奇心克服学习中的困难，让学生能在课堂学习中“学得”，在课外实践中“习得”，从而切实提高课堂教学效果。

《新课程研究》(基础教育)2009 年第 6 期

小学《品德与社会》与初中《思想品德》教学方法的衔接浅谈

赖桂桂

小学思想品德在学校教学中被认为是所谓的“副科”，而笔者认为一个人的良好品德的形成应该从小抓起，因此思想品德的教育在小学与初中的衔接过程中更为重要。而小学《品德与社会》与初中《思想品德》教学方法的衔接又是至关重要的。

初一学生的思维方式仍保留着小学生那种以直观、形象思维为主的特点。学生进入中学后不适应，其中一个重要因素是不适应初中的教学呈现方式。面对这个矛盾，教师一方面要加强情景的创设；另一方面也要认识到并非所有的思想品德课内容都适合从现实情景中引入。

教师要引导学生尽快熟悉初中教法，搞好教学方法上的衔接。

1. 查漏补缺，搭好阶梯，注意新旧知识的衔接；
2. 多比较，积极调整教学方法；
3. 激发学生的学习兴趣；
4. 从具体到抽象，特殊到一般，因材施教，改进教法；
5. 针对学生特点，注重认知规律。

《新课程研究》(基础教育)2009 年第 5 期

《思想品德》课“互动——探究”教学策略的实践与探索

毛万里

《基础教育课程改革纲要(试行)》提出了转变学生的学习方式，促进学生在教师指导下主动地、富有个性地学习，倡导学生主动参与、乐于探究、勤于动手，培养学生收集信息和处理信息的能力、获取新知识的能力、分析和解决问题的能力以及交流与合作的能力，促进学生创新意识与实践能力的发展。互动——探究性学习指教学过程是在教师的启发诱导下，以学生独立自主学习和合作讨论为前提，以现行教材为基本探究内容，以学生周围世界和生活实际为参照对象，为学生提供充分自由表达、质疑、探究、讨论问题的机会，让学生通过个人、小组、集体等多种解难释疑尝试活动，将自己所学知识应用于解决实际问题的一种教学形式。探究式课堂教学特别重视开发学生的智力，发展学生的创造性思维，培养自学能力，力图动用科学方法通过自我探究引导学生学会自主学习，为终身学习和工作奠定基础。教师作为探究式课堂教学的引导者，其任务是调动学生的积极性，引导他们自己去获取知识、发展能力，做到自己能发现问题、提出问题、分析问题、解决问题；教师还要在学生自主探究的同时，为学生的学习设置探究的情境，建立探究的氛围，促进探究的开展，把握探究的深度，评价探究的成效。学生作为探究式课堂教学的主人，主要是根据教师提供的条件，明确探究的目标，思考探究的问题，掌握探究的方法，敞开探究的思路，交流探究的内容，总结探究的结果，反思探究的得失。由此可知，探究性学习是以学生为中心，教师为主导的师生共同参与的活动，他们都将以导师和主人的双重身份进入探究式课堂。

《吉林教育》2009 年第 8 期

多媒体技术在思想品德课教学中的作用

李如意

思想品德课是对学生系统进行思想品德教育、国情教育和法制教育的主渠道和主阵地，在思想品德教学中如何提高学生兴趣，切实加强教学的时效性、针对性，真正做到入耳、入脑、入心，离不开处于核心地位的现代教育技术——多媒体教学技术。我通过利用多媒体信息技术进行思想品德课的教学设计，优化了课堂教学模式，激发了学生学习兴趣，增加了学生获取信息的渠道，加速和改善了学生对知识的理解和运用，大大提高了教育教学效果。

1. 多媒体技术能够充分发挥教师的主导作用；

2. 授课情境因多媒体更加精彩；

3. 多媒体优势强化了思想品德课的德育功能和实施，完善交互功能；

4. 多媒体丰富了教学资源，以全、新、快的优势满足学生的求知欲望。

《吉林教育》2009 年第 3 期

漫谈新课改形势下的思想品德课堂

陈天明

向课堂要质量，早已成为广大教育工作者的共识。在实施新课改的今天，思想品德教学活动迫切地需要整合，形成一种既能突破传统统一的教学模式的束缚，又能够实实在在地指导课堂教学实践活动的新的课堂教学理论体系，使得课堂教学活动形成应有的生机和活力，教师和学生的生命价值在课堂教学活动中能够很好地得到体现。

新课改形势下的思想品德课堂，其教学功能的充分体现，关键是课堂教学过程中主体(教师与学生)观念的重新确立。实现课堂教学中师生的共同参与、互相合作，对教师而言，首先就是要在教学中“目中有人”和“心中有人”。充分尊重学生的人格，充分尊重学生作为一个社会人所应有的权利、尊严、思维方式和自身发展方向。师生之间，学生之间沟通理解、彼此信任、共同合作，营造师生平等交流的课堂教学环境，为每个学生创造参与课堂教学活动的机会，积极鼓励学生在与教师、与同伴的平等交流中，展示自己的能力和才华。其次，在课堂教学活动中要关注每个学生的心理特点、认识能力、社会化程度等方面的特征及其差异性；重视课堂教学活动中的情感、动机、信念等人格因素的价值。再次，要激活知识，激发学生的活力，充分运用教师自身教学艺术的魅力和力量，创设常教常新的教学情境。

《吉林教育》2009 年第 7 期

品德课网络化教学探索

丁访文

近年来，随着计算机网络技术的成熟和发展，网络化学习已成为现代信息技术在教育中运用的必然趋势，因此，网络教学也就应运而生。网络教学与传统教学相比，它的教学环境具有开放性、交互性、共享性和实时性等优点，同时，网络以其传播信息的容量大、速度快、范围广的特点，被日益广泛应用于各学科教学中，以其特有的图文并茂、声形俱佳和丰富的教学资源强烈地吸引着我们。

1. 利用网络能更好地创设教学情境，激发学生学习兴趣；

2. 网络提供了丰富教学资源，扩大了信息的交流空间；

3. 网络能构建开放、独立的学习空间，培养学生的创新意识和创新能力。

多媒体网络环境下的品德教学，以其独特的优势，增强了课程的趣味性、开放性、实践性和生成性，使师生双边活动充满激情活力。丰富多彩的网络传播形式，触发了师生的灵感和创造力，使教师和学生两个主体之间借助于此，产生情感的交互作用，由此带来了心灵激荡、思维碰撞、生命体验的过程，使品德教学变得富有生气和乐趣。网络环境下的品德教学使学生真正成为学习的主人，成为知识的主动建构者，为学生从小形成良好的思想品德奠定基础。

《吉林教育》2009 年第 6 期

浅谈高中政治课程资源开发利用的现状与策略

章雅仙

为了保证高中政治课程改革的顺利实施，广大高中政治教师必须充分地开发和利用思想政治课程资源，这既是严峻的挑战又是不可多得的机遇。本文正是基于这一背景，分析了高中政治课程资源开发的特点和内容，评价了当前高中政治课程资源的开发现状，并在此基础上提出了切实可行的开发策略。

1. 充分开发教师中的课程资源；

2. 努力开发学生中的课程资源；
3. 合理利用校内外课程资源；
4. 充分开发和利用网络资源；
5. 精心设计学习问题，创新课程资源。

《吉林教育》2009年第6期

浅谈品德课课程资源的开发

陈慧玲

《课程标准》明确指出："品德课承担着学生品德形成和社会性发展的重要任务，课程资源不限于传统意义上的教材，要使学生广泛地接触和了解社会，就必须开发、利用校内外的各种课程资源，以利于课程目标的实现。"因此，我们必须以学生发展为本，努力开发和利用学生身边的课程资源，让品德课课程资源丰富起来，使品德课课程更具生活性、活动性、开放性。

1. 在生活中寻找课程资源；
2. 在大自然中发现课程资源；
3. 在多媒体的应用中开发课程资源；
4. 在课堂生成中捕捉课程资源。

《吉林教育》2009年第6期

社会转型期的学校德育

赵宏宇

在当今社会转型的过程中，人们的思想道德观念呈现出多元化、复杂化，社会影响的积极作用和消极作用并存，青年学生受到的是来自四面八方、各种思潮的冲击，必然会有一种迷惘、困惑的感觉，这就使学校德育面临前所未有的新情况和新问题，遇到严峻的挑战。在新形势下，学校德育如何对青年学生思想观念的形成发挥主渠道作用、导向作用和规范作用，已成为德育理论家和工作者思考的重要课题之一。这不仅是对学校德育的严峻挑战，同时也是改革德育最好的机遇，德育工作者必须振奋精神、确立信心、开拓前进、共同努力把学校德育工作做得更好、更出色。

1. 学校德育观念和内容要现代化。
2. 注重德育基地的建设，强化德育实践。
3. 注重构建学校、家庭、社会三位一体的教育体系。

《吉林教育》2009年第1期

思品教学中小组讨论的几点建议

张　军

课堂小组讨论是学生运用已有知识经验参与课堂教学获取新的知识，培养创新思维和创新能力的一种有效方法。但教学中也要避免“满堂论”的现象。过多地使用课堂讨论，只会流于形式，反而降低课堂效率。要实现小组有效讨论，主要应从以下几个方面入手：

1. 合理划分小组，明确各自职责；
2. 明确讨论内容，精心设计问题；
3. 发挥教师主导作用，调控学生讨论过程；
4. 教师及时进行点评，激发学生学习热情。

《吉林教育》2009 年第 10 期

思品教学中引导学生自主阅读的探索

裘东霞

培养和提高学生的自主阅读能力是思品教学中一项长期的工作，但在实际操作中，我们可以抓住课前、课堂、课后三个环节，加强自主阅读的引导，从而使学生真正成为学习的主人，促进学生智力的发展和能力的提高。

1. 课前引导，重在培养阅读习惯；
2. 课堂引导，重在学会阅读方法；
3. 课后引导，重在提高阅读能力。

《吉林教育》2009 年第 1 期

思品课中学生人文精神的培养

丁运河

使学生具有初步的人文素养，这是新课程的目标之一，也是时代发展的要求。《思想品德课程标准》明确指出该课程具有“人文性”，课程“注重以民族精神和优秀文化培养学生”，因此，在知识与技能、过程与方法、情感态度、价值观等多元目标建构和实现中我们应积极促进课程教育与人文精神的有机融合，探索和实践培养学生人文精神的方法和途径。

1. 前提：营造良好的人文氛围；
2. 实质：积极探索人文精神与学科教学的支点；
3. 关键：革新教学方法，构建开放式教学模式；

4. 保障：构建科学评价机制。

《吉林教育》2009 年第 1 期

优化思想政治课，提高课堂效率

贺瑞宝

在新课程改革的背景下，政治教学必须摒弃过去的落后的传统做法，吸收当代先进的教学教法，优化课堂教学。只有这样，才能提高政治课的课堂效率。

在新课程改革的背景下，如何优化思想政治课，提高课堂教学效率，是当前政治教学中亟待解决的问题，笔者在教学实践中经过多年的探索，认为要提高思想政治课的教学效率，必须优化课堂教学，为此应做好以下几方面：

1. 调动主体，激发学生的积极性；

2. 联系生活实际，突出学科的实践性；

3. 活跃课堂气氛，加强教学的情趣性。

《吉林教育》2009 年第 7 期

阅读教学在高中思想政治课教学中的应用初探

韩　阳

思想政治课教材因为立足生活实际，再加上行文通俗、生活化，可读性强，便于学生阅读和理解，所以更适合进行阅读教学。阅读教学有多种方式，本文强调的是一种应用理解策略的阅读教学模式，它以培养和应用阅读理解策略为目标，倡导通过有结构的对话来促进学生对教材有效阅读和理解、共同完成知识建构过程的教学方法。应用理解策略的阅读教学模式不仅可以达到促进学生认知能力的提高和获得新知，更重要的是它让学生在这个过程中学会阅读、学会思考、学会交流、学会合作。随着高中新课改的进一步推进，相信这种有效的教学模式一定会被越来越多的教师所重视，在教学实践中也一定会发挥它越来越重要的作用。

《吉林教育》2009 年第 6 期

运用新理念，构建有效的初中思想品德课堂

颜玉辉

初中思想品德教师努力促使学生形成自觉的、积极的学习态度，使学生得到健康的发展，使思想品德课真正达到有效教学。

下面本人结合自己的教学实践谈谈一些肤浅的认识和做法。

1. 教师要改变教学模式，引导学生探究性学习；

2. 教师要善于为学生创设宽松的学习环境；

3. 教师要善于发现和利用课程资源。

提高思想品德课的有效教学，就要把课堂变成一个关注学生成长的乐园，使学生在探索中成长，在成长中探索，同时要把重心转移到促进学生学习方法的掌握和学习能力的培养上。

《吉林教育》2009 年第 11 期

运用新理念让思想品德课堂展现魅力

吕吉主

新课程对于思想品德教师来说，是一个难得的提高学习的机遇。积极学习、解读、领悟新课程中蕴涵的思想理念，充分挖掘教材本身的内涵，开展符合学生特点的活动，真正把新课程的理念落实到课堂中，又是一个富有挑战性的研究课题。

1.“以生为本”，充分发挥学生的自主性和创造性；

2. 开展体验性教学，增强活动的实效性，发挥学生的潜能；

3. 灵活运用教材栏目，活跃课堂气氛；

4. 引入时事、动漫、美文、音乐，激发学生兴趣。

《吉林教育》2009 年第 4 期

学 科 动 态

会议与交流

社会转型中的中国农村教育发展
——中国农村教育改革30周年回顾与展望学术研讨会

时间：2008年10月30～31日

地点：江苏省盐城市

参加人员：来自联合国教科文组织国际农村教育研究与培训中心、北京师范大学农村教育与农村发展研究院、华东师范大学、东北师范大学、英国布里斯托大学、盐城师范学院等十多所大学和研究机构的专家，关注农村教育的学者，还有一部分教育行政管理部门负责同志以及出版机构和新闻媒体代表60余人。

会议内容：本次会议以总结农村教育改革30年为契机，以大会主题发言、分组学术研讨、中青年学术论坛、赴江苏省大丰市中小学实地考察等方式，围绕农村教育改革成果、存在问题及如何实现农村教育从量的普及到质的提高等议题，进行了深入的研讨与交流。农村教育是国民教育的重中之重。研讨会上与会者热烈的讨论表明农村教育受到了越来越多人的关注。联合国教科文组织国际农村教育研究与培训中心主任朱小蔓在会议总结发言中指出，与其他领域相比，农村教育可以说是后发的，是新兴领域，以后会定期举办各种农村教育的学术研讨会，促使大家相互交流经验，关注农村教育发展的新课题、新思路，为农村教育的发展作出贡献。农村教育的发展不仅要靠本国的力量，还需要借助他国力量来发展。

中国教育学会第21次全国学术年会暨纪念改革开放30年研讨会

时间：2008年11月8～9日

地点：浙江省杭州市

参加人员：江苏省人大常委会副主任、原教育部副部长王湛、中国教育学会会长顾明远、国家总督学顾问、中国教育学会副会长陶西平，中国教育学会常务副会长谈松华、郭振有、郭永福，浙江省教育厅副厅长、中国教育学会副会长张绪培，中国教育学会副会长韩绍祥、张民生、叶澜、唐盛昌、副秘书长马建华，以及杭州市教育局局长徐一超，以及各高校、各地教育学会、科研单位、地方教育行政部门和部分中小学代表共计 200 余人参会。

会议内容：会议以“中国基础教育改革开放 30 年回顾与展望”为主题，旨在全面、系统地总结改革开放 30 年来基础教育所取得的巨大成就和基本经验，深入研讨如何坚持解放思想、进一步深化教育改革、实践科学发展观、推动基础教育又好又快发展。江苏省人大常委会副主任、原教育部副部长王湛在会上作主题报告，中国教育学会会长顾明远致辞，概括改革开放 30 年的教育成就，分析进一步深化教育改革问题。部分会长在会上做了发言。由杭州市教育局承办的这次会议，大家围绕改革开放 30 年来基础教育领域课程与教学改革、校长的时代使命、教育行政体制改革、现代学校制度建设等问题，从理论与实践相结合的角度展开广泛交流和深入研讨。

第二届中国小学校长大会

时间：2008 年 11 月 17～19 日

地点：天津市

参加人员：全国人大常委会副委员长、民进中央主席严隽琪、教育部副部长陈小娅、中国教育学会会长顾明远、天津市人民政府副市长张俊芳、中国工程院院士、天津大学教授王静康、中国教育学会副会长朱永新、陶西平、郭振有、郭永福、李烈，副秘书长马建华，天津市教育委员会主任靳润成、天津师范大学校长高玉葆、天津市教育学会会长李闻玺、天津市人民政府办公厅副主任殷向杰等，以及各省、自治区、直辖市及新疆生产建设兵团教育学会、计划单列市教育学会、有关地(市)教育学会(协会)以及各分支机构、教育改革试验区、有关教育科研单位的专家学者和小学校长 1200 余人参会。

会议内容：由中国教育学会、天津市教育委员会、天津师范大学共同主办的“第二届中国小学校长大会”在天津召开，本次大会的主题是：学校科学发展与校长时代使命。三个分论坛的专题为：校长成长与自身建设；以人为本与制度创新；课程改革与高效教学。全国人大常委会副委员长、民进中央主席严隽琪出席开幕式并致词；教育部副部长陈小娅出席大会并讲话；中国教育学会会长顾明远致开幕词；天津市人民政府副市长张俊芳致欢迎词。中国工程院院士、天津大学教授王静康出席大会并作专题报告。天津市教育委员会副主任黄永刚、天津市河西区教育局副局长孙惠玲分别以《合理配置资源，加强校际合作，倡导高效教学，促进小学教育的科学发展》和《建立新型校际合作机制，促进区域教育均衡发展》为题介绍了当地教育改革发展的做法和经验。本次大会是由中国教育学会小学教育专业委员会、天津市教育学会承办的，并得到教育部基础教育一司、教育部教育督导团办公室、教育部基础教育课程教材发展中心的大力支持。

中国教育学会召开 2009 年度工作会议

时间：2009 年 3 月 28～29 日

地点：北京市

参加人员：中国教育学会会长顾明远、教育部政策法规司司长孙霄兵以及中国教育学会相关人员等。

会议内容：这次会议的中心议题是，围绕《国家中长期教育改革和发展规划纲要》调研工作交流体会，为教育改革发展献计献策。中国教育学会会长顾明远致开幕词，教育部政策法规司司长孙霄兵就制定《国家中长期教育改革和发展规划纲要》涉及的有关重大问题交流了看法。在此次《国家中长期教育改革和发展规划纲要》研制过程中，中国教育学会有 5 位会长分别在推进素质教育研究、教育公平与协调发展研究、教育改革与制度创新研究、教师队伍建设研究 4 个调研专题组担任正副组长，学会本身也承担了其中的专项调研任务。

课堂教学改革创新与学生主体性发展研讨会

时间：2009 年 5 月 10～11 日

地点：北京市

参加人员：教育部有关部门负责人，部分高校专家、学者及实验单位代表 260 余人。

会议内容：本次研讨会的目的和任务是，全面梳理、总结课堂教学改革创新方面的理论与实践成果，促进学校教学改革深化发展，为国家基础教育改革决策提供依据；结合各项目成员校所展示的观摩课，结合与会代表提交的科研论文，结合以海淀区为龙头的主体教育实验区 10 年来的经验，形成学校课堂教学创新的新思路；按照教育部有关指示，部署《我国学校教育创新研究》项目结题工作；各项目成员校校长及相关负责同志参与讨论教育部《中小学常规管理条例》讨论稿。“我国学校教育创新研究”课题主持人裴娣娜教授在致词中强调，本次研讨会要聚焦反思总结、升华提升，形成学校教学创新实质性推进的思路；聚焦课堂，读懂学科、读懂教师、读懂学生，促进学生超常规发展；形成进一步深化课堂教学改革的基本思路，以切实提高中小学学科教师对教材处理与课程资源开发能力、教学行为设计与反思能力。历时两天的会议采取学术报告和专题研讨相结合的方式，与会代表分为校长组、语文组、数学组、外语组、科学组五个小组进行了专题研讨。各项目成员校提供研讨课，供会议代表观摩。专题研讨和观课后，各学科专家和会议代表进行研课交流。本次研讨会是由国家哲学社会科学研究重大攻关项目“我国学校教育创新研究”课题组、北京师范大学教育学部、北京市海淀区教育委员会联合主办的。

第三届两岸青少年社会教育研讨会

时间：2009 年 8 月 17～18 日

地点：北京市

参加人员：原全国人大副委员长何鲁丽，中央统战部副部长、中国宋庆龄基金会副主席黄跃金，中国教育学会会长顾明远，中国教育学会常务副会长谈松华，台湾省教育会理事长郭添财，台湾教育参访团顾问、亚洲大学讲座教授杨国赐等领导与专家，以及来自两岸数十所中小学的校长、教师及多名大学教授。

会议内容：主议题会议上，中国教育学会副会长张民生、东北师范大学校长史宁中、台湾亚洲大学讲座教授杨国赐、台湾淡江大学教育政策与领导研究所教授兼所长吴明清等专家围绕“因人施教，适性扬才，探究‘以人为本’的教育理念与实践”这一主题，与会议代表分享了各自的认识。在分议题会议上，来自两岸数十所中小学的校长、教师及多名大学教授从教师的启发式教学，学生的主体性学习，学校的组织、管理与社会的支持、参与等角度展开了互动交流。同时，与会者还参观了北京昌平职业学校、北京市第十一中学及中关村第四小学等学校。本次交流活动由中国宋庆龄基金会、中国教育学会及台湾省教育会主办，中国和平出版社承办。

中国教育学会“十一五”科研规划课题交流会暨《中国教育学刊》2009年度工作会议

时间：2009年8月22～23日

地点：广东省广州市

参加人员：中国教育学会会长顾明远、常务副会长谈松华、郭永福，副秘书长马建华，广东省教育厅副巡视员文传道，广东省教育学会常务副会长刘劲予、秘书长郭鸿，广州市教育局局长华同旭等有关单位领导，以及来自全国各地的近150名代表。

会议内容：“十一五”期间，中国教育学会立项课题900多项，会上，18项课题的主持人或主要参与人介绍了课题开展情况。这些课题均从我国教育处在“转型”“变革”“创新”这种大的背景下，紧紧围绕当前我国基础教育改革和发展需求、着力从解决本地区本校实际问题入手，进行立项和研究，并将研究、学习、行动相结合，形成中国教育学会课题的独特研究路径。北京师范大学教授、浙江师范大学杰出教授裴娣娜，广东教育学院教授施铁如作科研指导专题报告。会上，大家充分肯定了《中国教育学刊》2009年从形式到内容所做的进一步调整，并希望《中国教育学刊》不断提高办刊质量。与此同时，来自省市教育学会的代表表示，《中国教育学刊》是学会系统重要的宣传阵地和学术交流平台，要大力支持学刊的工作，要积极促进学刊的发行，把这项工作作为各自学会的一项重要内容抓好。本次会议由中国教育学会主办、广东省教育学会承办、广州市教育学会协办。

中国教育学会第22次全国学术年会

时间：2009年10月24～25日

地点：湖南省长沙市

参加人员：湖南省人民政府顾问、湖南省人大常委会党组成员唐之享，湖南省教育厅厅长张放平、中国教育学会会长顾明远，中国教育学会常务副会长谈松华、郭永福，中国教育学会副会长韩绍祥、副秘书长马建华，湖南省教育学会常务副会长张学军等，来自各省市教育学会的负责人、各地教育专家、教育行政人员及中小学校长、教师350余人。

会议内容：会上，中国教育学会会长顾明远致开幕词，与会人员围绕“办好每一所学校，教好每一个学生”的主题展开讨论。大家畅所欲言，彼此交流与分享经验，为我国基础教育改革和发展建言献策。本次会议由中国教育学会主办、湖南省教育学会承办。

全国基础教育课程改革经验交流会

时间：2009 年 10 月 30 日

地点：江苏省南京市

参加人员：教育部副部长陈小娅、教育部总督学顾问王湛以及江苏省南京市的领导，江苏、北京等 8 个省(市)以及大连、重庆綦江县、广东省深圳中学、东北师大 12 个单位代表，全国 31 个省、自治区、直辖市教育厅和新疆生产建设兵团教育局以及计划单列市教育部门、部分师范大学和普通高中校长。

会议内容：为期一天半的会议全面总结了 8 年来基础教育课程改革取得的成效和基本经验，部署了下一阶段深化课程改革的重点任务。教育部副部长陈小娅出席会议并讲话。她指出，基础教育课程改革是党中央、国务院为迎接知识经济时代的到来，应对日益激烈的国际竞争，立足于全面提高国民素质，提升综合国力作出的重大战略决策。她回顾了 8 年来课程改革走过的不平凡历程，指出基础教育课程改革在党中央和国务院的直接领导下，在各级党委和政府的正确领导下，各级教育部门锐意改革、开拓进取，广大中小学校勇于探索、大胆实践，高等院校和科研机构积极参与、大力支持，取得了明显成效。初步建立了新的基础教育课程体系，新的课程体系更加符合素质教育要求；推进了人才培养模式变革，学生的综合素质明显提高；评价与考试制度改革取得进展，注重学生成长过程和全面发展的考核机制正在形成；促进了教师素质的提高和专业发展。课程改革是一项涉及上亿学生、千万教师的广泛而深刻的改革，深化改革仍然面临着环境与观念转变、制度完善、教师提高、投入和条件保障等方面的问题与挑战。必须充分认识深化课程改革的重要性，进一步增强责任感和紧迫感，各级教育部门和中小学要以科学发展观为指导，以对党和国家，对民族未来高度负责的精神，积极应对新挑战和新要求，把基础教育课程改革作为有效推进素质教育的载体，努力把课程改革推向新阶段。另外她就深化课程改革的主要任务和重点工作进行了部署。一是要健全组织机构，完善科学决策程序。教育部将成立由部长负责的课程改革领导机构，研究制定基础教育课程改革的规划和重大政策，加强对课程改革工作的领导。同时，将成立国家基础教育课程专家审议委员会，吸收各方面的专家担任委员，加强对课程教材的审核把关，保证课程教材体现国家意志、正确的政治方向和科学性。全面修订课程标准和教材，进一步健全国家、地方和学校三级课程管理制度，鼓励地方和学校大胆探索。二是开展大规模教师培训，提高教师专业化水平。要进一步加大对农村教师的国家级培训力度，加大教师教育的改革创新，继续完善以校为本的教研制度，高度重视深化课程改革对教师编制和教师结构的新要求。三是深化考试评价制度改革。进一步完善综合素质评价的科学方法和基本程序，使综合素质评价成为学校常规管理制度的基本内容和教师的岗位职责。加强对中考改革方案的评估和指导，进一步完善以能力为核心的命题改革，强化综合素质评价结果在高中招生录取中的作用。积极稳妥地推进高考改革，坚持分类考试、自主招生、多元录取，把综合素质评价和学业水平考试作为高校招生录取的重要依据，积极引导中学重视学生全面素质的培养。四是深化人才培养模式改革，着力培养学生的创新精神和实践能力。在课程改革过程中要深入研究教学规律和学生认知规律，创新教学方式；积极推进现代信息技术在教学中的科学应用；做好普通高中选修课程建设规划，大力推进高中选修课的多样化，促进学生个性的充分发展和优秀学生的脱颖而出。五是重点加强农村课程改革，提高农村基础教育质量。加大对农村课程改革工作的指导和支持力度，在经费分配、资源建设和专业指导等方面向农村倾斜。运用信息化的手段和方式，引入优质教育资源，实现农村教育的跨越式发展。陈小娅最后要求，各地要加强组织领导，统筹规划好课程改革，针对一些重大问题和薄弱环节提出切实可行的政策措施，以保障课程改革的顺利推进。要加强规范管理，为深化课程改革创造条件。

参会代表考察了南京市的 8 所中小学，深入课堂进行教学观摩，与师生进行了互动交流。参会代表表示，这次会议内容丰富、翔实，集中展示了 8 年基础教育课程改革的成果和学校的深刻变化，充分证明了党中央、国务院推动课程改革的决策是英明的，课程改革的方向是正确的。

江苏省基础教育外事工作座谈会

时间：2009 年 11 月 3 日

地点：江苏省苏州市

参加人员：江苏省教育厅有关处室和单位负责人，南京、苏州、扬州等 13 个市教育局分管外事工作的局长和国际处负责同志近 40 人。

会议内容：座谈会上，各市教育局负责同志及外事处长们畅所欲言，坦诚交流，分享经验，共同探讨。大家认为通过教育对外开放，学习和借鉴国外先进的教学理念和方法对提高我省中小学校教育质量和办学水平有着重要的作用。大家肯定了近年来我省不断加强重视推进基础教育外事工作，特别是江苏中小学校长国际论坛的搭建有力地促进了各市县区域开展教育国际交流合作。南京、盐城、苏州等地教育局代表做了经验交流发言。

丁晓昌在听取了各市局代表发言后指出，开展教育国际交流与合作是我省推进素质教育改革发展的重要组成部分。各地市教育部门要深入认识当前我省各地基础教育发展不平衡的形势，结合目前我省基础教育的发展优势，以素质教育改革发展为切入点，学习国外个性化，让每一位学生快乐学习、快乐成长的教育理念，学习国外先进的课程设置、教学方法等教育教学管理制度，推进基础教育快速、健康、和谐的发展。

丁晓昌强调，历经五届的中小学校长国际论坛已经成为我省教育国际合作与交流的重要平台，受到各界的一致好评。希望经过厅相关处室的大力支持和与会代表的共同努力，把论坛办成为我省基础教育阶段中外合作交流的品牌。他要求各地要积极参与论坛，借助这一平台，与国外教育行政官员、中小学校长及教育专家相互交流，寻找差距，全面探讨，不断开创江苏基础教育国际化发展的新局面。

全国推进义务教育均衡发展现场经验交流会

时间：2009 年 11 月 6 日

地点：河北省邯郸市

参加人员：中共中央政治局委员、国务委员刘延东以及教育部有关部门负责人、部分高校专家、学者及实验单位代表。

会议内容：中共中央政治局委员、国务委员刘延东在出席全国推进义务教育均衡发展现场经验交流会时强调，要深入贯彻科学发展观，坚持以人为本，采取有效措施，大力推进义务教育均衡发展，让更多学生享受高质量教育，让广大人民群众共享教育改革发展成果。

刘延东指出，推进义务教育均衡发展是社会主义制度的本质要求和党执政为民理念的体现，是贯彻落实《义务教育法》、促进教育公平的必然要求，是办好人民满意教育的现实需要，是实施素质教育的重要保证。要以内涵发展为导向，推进素质教育，推动教学内容和方法改革，减轻学生课业负担，增强学生身体素质，全面提高义务教育质量。要加大对农村、贫困地区、老区、边疆民族地区的支持力度，提高农村义务教育发展水平，保障困难群体平等接受义务教育，不断缩小区域、城乡发展差距。要推动区域内教育资源合理配置，建设高素质教师队伍，促进优质资源共享，努力办好每一所学校。要推进体制机制创新，完善质量评价体系和督导制度，形成促进义务教育均衡发展的长效机制。

刘延东强调，各级政府要高度重视，采取措施，把推进义务教育均衡发展作为公共服务的重要职责，作为重大民生工程，切实抓紧抓好。要加大投入，完善经费保障机制。要加强指导、监督和检查，促进学校教学质量、管理水平、特色文化和校风学风建设实现新提高。要大力宣传义务教育均衡发展的政策措施和先进典型，营造良好社会舆论氛围。

重大课题介绍

历史沿革

1978 年，党的十一届三中全会的召开，标志着我国进入历史的转折时期，进入了社会主义现代化建设的新时期。中学政治课建设与国家的改革开放同行，进入了一个新的发展阶段。二十多年来，大体经历了四个发展阶段。

第一阶段

1978～1984 年。中学政治课在新的形势下经过拨乱反正之后，得到恢复和发展，并逐步走上了正确的轨道。1978 年，教育部颁布的《全日制十年制中小学教学计划实施草案》规定：五年制中学政治课初一、初二年级设“无产阶级革命和无产阶级专政(课本名称为《科学社会主义》)”，初三设“社会发展简史”、高一设“政治经济学常识”，高二设“辩证唯物主义常识”。1979 年 4 月，教育部召开全国中小学思想政治教育工作座谈会，提出由人民教育出版社组织有关单位编写新教材，初步恢复了正常教学秩序。1980 年 9 月教育部在总结我国开设政治课二十多年经验的基础上，发出《关于印发〈改进和加强中学政治课的意见〉的通知》，要求从五个方面改进和加强思想政治课：即明确中学政治课的地位和任务；改进课程设置、编写教材，保证教学时数；改进教学，提高教学质量；加强教师队伍的建设；加强政治课教学的领导，并把中学政治课的课程基本稳定在《青少年修养》《政治常识》《社会发展简史》《政治经济学常识》《辩证唯物主义常识》五种课程上。这为中学政治课对学生系统进行马克思主义基础知识教育和政治思想教育创造了有利条件。1984 年党和国家提出学校要端正办学指导思想，要求各级党组织加强对思想政治教育的领导，在学校中设立政教处，健全中学思想政治课教师队伍，努力提高思想政治工作的经常化、系统化、制度化。这使学校的思想政治教育普遍得到强化。

第二阶段

1985～1991年。1985年8月1日颁布的《中共中央关于改革学校思想品德和政治理论课程教学的通知》，对改革的方针、方法、步骤、措施作出了一系列明确指示，为中学政治课改革指明了方向。1986年，为适应我国改革开放的新形势，国家教委根据中共中央《关于教育体制改革的决定》和《中共中央关于改革学校思想品德和政治理论课程教学的通知》精神，制定了《中学思想政治课改革实验教学大纲(初稿)》，在原有基础上进一步完善课程的设置，决定增设《中国社会主义建设常识》和《政治常识》两门课。《法律常识》不再单独设课，而是采取相对集中和分工相结合的方式，在各年级的教学内容中有机渗透法律常识内容。为适应这个变化，特将初一的课程改名为《公民》。同时高中一年级在保留原《辩证唯物主义常识》中有关方法论内容的前提下，增加人生观的教育内容，并将课名改为《共产主义人生观》。根据这个教学大纲，组织了北京、天津、上海、广东、吉林、贵州和北京师范大学(与人民教育出版社合作)七个单位负责编写新教材，中学政治教材的编写实行“一纲多本”。

1991年，江泽民强调对中小学生乃至大学生由浅入深、坚持不懈地进行近代史、现代史及国情教育，体现了中央对中学思想政治教育的关怀和期望，也进一步明确了中学政治课的教学内容，为中学政治课课程内容改革提出了具体的指导意见。

第三阶段

1992～1995年。1993年，国家教委在总结《中学思想政治课改革实验教学大纲(初稿)》实施经验的基础上，重新制定和颁发了《全日制高级中学思想政治课教学大纲(试用)》。根据大纲规定，全日制高级中学各年级不再分列课名，统称“思想政治”。这能较好地体现思想政治教育的性质，各年级的教育内容既可相对集中，突出重点，又可纵横考虑，综合安排整个教学体系，有利于进行思想政治教育。同1986年编订的改革实验大纲相比较，试行大纲强调教材要突出基本事实的引入和可读性，更强调课程的整体安排。但教学内容方面仍带有当时政治形势的色彩，突出了不同社会制度的比较。

党的十四大以后，中国社会主义现代化建设进入了新的历史阶段。为促进学校德育工作适应21世纪世界经济政治发展的需要，1994年8月颁布的《中共中央关于进一步加强和改进学校德育工作的若干意见》，明确提出了新时期思想政治课要重点进行教学内容和教学方法改革的任务。1995年12月，国家教委下发了《关于进一步加强和改进中学思想政治课教学工作的意见》，把制定思想政治课的课程标准作为落实若干意见的一项重要举措。

第四阶段

1996年至现在。1996年5月和1997年5月《全日制普通高级中学思想政治课课程标准(试行)》和《九年义务教育小学思想品德课和初中思想政治课课程标准》相继颁发。为了加强对教材编写的领导，国家教委组织了小学思想品德课和中学思想政治课教材编写领导小组，并确定领导小组的任务是：依据新编订的课程标准组织编写一整套高质量的“两课”新教材。课程标准的制定和实施是对中学思想政治课学科整体设计的创新，它首次采用课程标准的方式规范教学行为；较为有效地表述了教学内容的范围和程度，突出了认知目标与能力目标的融合和相互支撑；首次把九年义务教育作为一个完整阶段规划，并与高中阶段相衔接，比较明确地划分了递进层次；在课程设置、教学体系、教学内容、教材形式等方面均有新的建树，重塑了学科的新形象。根据课程标准改革调整后的思想政治课程设置方案于1997年开始在天津、山西、江西三省市实验，并于1998年在全国实施。

经过调整后的中学政治课的教学内容更加切合中学生的实际需要。初中思想政治课在小学以“五爱”为中心内容的思想品德教育的基础上，对学生进行公民的良好品质教育、健康心理素质教育、法律意识教育、社会发展常识和国情教育，帮助学生形成良好的思想品德，使他们对社会发展方向和我国社会主义现代化建设的实际情况能有正确的认识，逐步树立社会责任感。高中思想政治课在初中教育的基础上，以邓小平理论为指导，简明扼要地对学生进行马克思主义有关经济、哲学、政治的基本理论观点教育和必需的社会科学常识教育，帮助学生逐步形成分析问题、观察社会、选择人生道路所必须具有的科学世界观、人生观和价值观，使他们具有参加我国社会主义现代化建设必备的思想政治观念和一定的分析问题和解决问题的能力，确立为建设有中国特色社会主义奋斗的政治方向。

根据上述安排，初中阶段的思想政治课具体课程的设置如下。

初中一年级：系统实施心理素质的培养教育，开设心理素质和思想方法课程。

初中二年级：系统实施法律素质的培养教育，开设法律常识教育课程。

初中三年级：系统实施政治素质教育，开设社会发展常识教育和国情教育课程。

高中思想政治课课程具体设置如下。

高中一年级：系统进行马克思主义经济学说基本观点的教育，讲述与公民的经济生活密切相关的知识，开设经济常识课程。

高中二年级：系统进行马克思主义哲学基本观点和毛泽东重要哲学思想的教育，突出世界观、价值观和人生观的教育，并与建设社会主义市场经济体制的新要求密切联系，开设哲学常识课程。

高中三年级：系统进行马克思主义政治学说基本观点的教育，讲述我国的国家制度和其他重要的政治制度以及公民参与政治生活的有关知识，开设政治常识课程。

初中思想政治课的内容是按照德育基本内容的类别和有关知识的类别，比较系统地进行心理素质、道德素质、法律素质、政治素质教育，建立分类实施教学的课程体系，具有相对集中和比较系统的特点。高中思想政治课则按经济、哲学、政治学科分类方式设置课程，强调知识的常识性，把树立观点、形成观念的要求寓于传授知识的过程中。

2000年12月14日，中共中央办公厅、国务院办公厅颁布《关于适应新形势进一步加强和改进中小学德育工作的意见》强调："要把思想政治教育、品德教育、纪律教育、法制教育作为中小学德育工作长期坚持的重点，遵循由浅入深、循序渐进的原则，确定不同教育阶段的内容和要求。""中学德育工作的基本任务是把学生培养成为热爱社会主义祖国的具有社会公德、法制意识、文明行为习惯和遵纪守法的公民，引导他们逐步树立正确的世界观、人生观和价值观，不断提高爱国主义、集体主义和社会主义思想觉悟。中学特别是高中阶段要注重有针对性地对学生进行马列主义、毛泽东思想和邓小平理论基本观点教育，辩证唯物主义和历史唯物主义基本观点教育，要加强国情教育，帮助学生了解我国改革开放以来取得的巨大成就，正确认识当前存在的矛盾和困难，以及党和政府努力解决这些问题的决心和措施，进一步坚定社会主义信念。”这对深化中学政治课改革起着重要的指导作用。

2001年，教育部根据1999年全国教育工作会议和中共中央办公厅、国务院办公厅《关于适应新形势进一步加强和改进中小学德育工作的意见》的精神，对初中思想政治课课程标准作了修订并重新颁布，并要求各地依据修订后的标准修订教材。教育部根据2003年高考提前一个月的要求，删减了高中思想政治课课程标准中的有关内容。

关于这个时期中学政治课课程设置的情况详见下表。

1977～2004年中学政治课课程设置情况表

时间	初一	初二	初三	高一	高二	高三
1977～1979年	社会发展简史	科学社会主义		政治经济学常识	辩证唯物主义常识	
1980～1985年	青少年修养	社会发展简史	法律常识	政治经济学常识	辩证唯物主义常识	
1986～1992年	公民	社会发展简史	中国社会主义建设常识	科学人生观	经济常识	政治常识
1992～2004年	初中思想政治(一)	初中思想政治(二)	初中思想政治(三)	高中思想政治(一)	高中思想政治(二)	高中思想政治(三)

进入新世纪，教育部根据社会发展的需要着手进行面向21世纪的新课程体系和新教材的改革。2001年6月教育部颁发的《基础教育课程改革纲要（试行)》，决定大力推进基础教育课程改革，调整和改革基础教育的课程体系、结构、内容，建构符合素质教育要求的新的基础教育课程体系。2002年8月，教育部启动思想品德课和思想政治课新的课程标准的编订工作。根据教育部的安排，初中定名为思想品德课，高中定名为思想政治课。初中和高中新的课程标准分别于2003年和2004年颁布，根据新课程标准编写的新教材经教育部审批后也已经在实验地区使用。

教育部1996年5月颁布的《全日制普通高级中学思想政治课课程标准》及据此组织编写的高中思想政治教材，于1997年在天津、山西、江西实验，1998年秋季在全国铺开。思想政治课首次以课程标准的形式进行学科的总体设计，是中学政治课教学改革的重大成果，它标志着思想政治课的学科建设提升到一个新的高度，获得社会较好的评价。据全国各省政治教研员普遍调查反馈的意见，对这一轮思想政治课课程标准和新教材的肯定意见是主要的，认为它同以往的中学政治课的教学大纲和教材相比较是一个很大的进步；教材的可读性较好，学生对现行教材的喜爱程度远比以往高；对教材注意从生活实际出发的特点给予积极的评价；等等。华中师范大学和华南师范大学分别承办的“教育部中学政治课教师国家级骨干教师培训班”中的来自全国二十多个省市的学员一致认为，政治课课程标准对推动中学政治课的教学改革功不可没，它促进了学科走上科学化、规范化的轨道。

但是，面对新世纪教育发展和基础教育改革深化的需要，观照我国现行德育课程与国外德育课程的差距，我国高中思想政治课无论在课程设置、教学体系，还是在内容组织和教材形式等方面仍存在许多不足和缺陷。根据广东省中小学课程设置改革方案课题组大规模在全省各地进行调查得出的材料表明：初中学生对应保留现有学科的态度，中学思想政治课仅占 76%，高中学生对应保留现有学科的态度，中学思想政治课仅占 71.2%。这些数据在一定程度上反映了该学科存在的不足。毫无疑问，现有的各种不足既制约着中学思想政治课自身的发展与提升，也影响着中学德育的整体质量。改革和完善中学思想政治课仍存在广阔的空间，改革的任务重，难度大，亟须在重构课程体系、优化知识结构、更新教学内容、改革教育方式和学习方式等方面花大力气。

2009 年政治学科重大课题介绍

从灌输型到情感型：思想政治教育的实践指向

韩迎春，邹小华《湖北社会科学》2009 年第 9 期 186～189

基金项目：教育部人文社科项目《后物欲时代的道德困境与思想道德教育创新》成果之一（编号：08JA710023）；江西省社会科学研究“十一五”（2008 年）规划项目重点项目《和谐社会视阈中的和谐文化及其建设》成果之一（编号：08ks01）

主体间性视阈下的思想政治理论课教学

汪建兵《思想教育研究》2009 年第 2 期 14～17

基金项目：新疆维吾尔自治区教育科学规划课题（课题编号：070135）成果

学生怨恨滋生与道德人格扭曲

杜时忠、刘德林《华中师范大学学报》（人文社会科学版）2009 年第 6 期 130～135

基金项目：教育部人文社会科学重点研究基地南京师范大学道德教育研究所经费资助“青少年思想道德素质的实证研究”(DYS060602)

试论当代社会思潮影响的内在方式

《思想教育研究》2009年第11期27～32

基金项目：2009年度上海学校德育理论研究课题“社会思潮对青年学生价值观的影响研究”的阶段性成果之一

和谐社会视阈中思想政治教育的利益原则

《毛泽东邓小平理论研究》2009年第2期21～26

基金项目：国家社科基金项目“关于构建社会主义和谐社会的几个重大理论问题研究”(08BKS019)阶段性成果之一

思想政治教育的社会学研究

《成都大学学报》(教育科学版)2009年第2期1～4

基金项目：2008年度江西省人文社会科学研究课题“思想政治理论教育的社会学研究”(项目编号：SZ0809)的阶段性成果之一

论人生信仰的生命意义与生命教育

《天津师范大学学报》(社会科学版)

基金项目：国家社会科学基金“十一五”规划国家重点项目(AEA060005)

互联网：德育制度变革的教育场域

《学术论坛》2009年第1期189～193

基金项目：2007年度湖南省哲学社会科学基金立项项目“制度与德育的关系研究”(07YBB173)的相关成果

思想政治教育的本质规定及其把握

《马克思主义与现实》2009年第1期175～178

基金项目：2008年度上海市哲学社会科学规划系列课题“思想政治教育的理论和方法创新研究”的阶段性成果，课题编号：2008XAI004

构建青少年主流意识形态认同的战略选择

《思想教育研究》2009年第6期38～41

基金项目：2007 年国家社科基金项目“我国当代主流意识形态认同研究”（项目编号 07BKS040）阶段性成果

草根性：现代思想政治教育的新视角

《武汉理工大学学报》（社会科学版）2009 年第 3 期 115～120
基金项目：国家社会科学基金“现代思想政治教育学范畴研究”（06KBS037）

儒家德育范式的理论建构

《河北师范大学学报》（教育科学版）2009 年第 5 期 124～131
基金项目：上海市教育科学研究重点课题“构建和谐社会与中国基础教育改革发展中的文化传承研究”（课题编号：A0710）的研究成果之一

科学发展观视角下的个人品德建设

《学校党建与思想教育》2009 年第 6 期上 24～26
基金项目：东北林业大学哲学社会科学研究基金课题“科学发展观视角下的个人品德建设研究”的研究成果之一

论思想政治教育的认识根源

《江汉论坛》2009 年第 10 期 126～130
基金项目：2009 年度国家社会科学基金项目“思想政治教育发生问题研究”（09CKS022）的阶段性成果

论思想政治教育生活化的发展向度

《思想理论教育》2009 年第 7 期 28～31
基金项目：黑龙江省教育厅人文社会科学委托专题研究项目“改革开放 30 年黑龙江大学生思想政治教育发展研究”的阶段性成果

思想政治教育的社会稳定作用
——基于思想政治教育功能拓展和运用的分析

《探索》2009 年第 2 期 116～121
基金项目：河北省社科联 2008 年度社会科学发展研究课题《思想政治教育的社会稳定功能研究》（200802103）

日本教育改革中的道德教育演进历程

《学术交流》2009 年第 8 期 198～202

基金项目：黑龙江省人文社科重点研究基地项目

西欧思想政治教育特色探析

《思想政治教育研究》2009 年第 1 期 55～57

基金项目：河海大学“十一五”一期教育教学改革项目（科教［2007］40 号）

现代性视野下的道德教育形态变迁

《思想理论教育》2009 年第 18 期 4～9

基金项目：全国教育科学规划课题 2007 年国家青年基金课题“责任与对话——学校道德教育的现代性思考”（CEA070192）的阶段性成果

道德脱离的机制及其对青少年道德教育的启示

《教育研究与实验》2009 年第 4 期 76～81

基金项目：教育部人文社会科学重点研究基地重大项目（05JJDXLX002）阶段成果

教师继续教育

河北省中小学政治骨干教师培训班

时间：2009 年 11 月 6 日

会议地点：衡水学院

参加人员：河北省中小学骨干教师

会议内容：12 月 8 日，河北省中小学骨干教师（思想政治课）培训开班典礼在图书馆学术报告厅举行，衡水学院院长李奎良教授、副院长陈亮教授亲自到会。李奎良院长作了重要讲话，陈亮副院长主持典礼。李奎良院长代表学院向前来参加培训学习的中小学教师表示热烈欢迎。他首先介绍了衡水学院的历史和现状；其次，分析了教师培训、中小学教育的新形势；再次，对参加培训的教师提出了几点希望；最后，要求衡水学院承担培训任务的相关部门切实加强领导，严格按照培训工作计划，认真组织好教学、研讨和交流活动。参加开班典礼的还有法政系和继续教育部的领导。

湖州中学政治教师暑期理论学习班

时间：2009 年 8 月 21 日

参加人员：市、县（区）思想政治（品德、社会）学科教研员、中心教研大组成员、全市初、高中学校思想政治（品德、社会）学科教研组长等 117 人

会议内容：开班仪式由市教育局副局长钱旻主持，市委宣传部副部长沈宝山作动员讲话，他指出：宣传部作为意识形态的主管部门，一向关心中学政治教师的成长，和教育局一起，20 年坚持举办中学政治教师暑期理论学习会，帮助大家更好地了解当前党的工作重点和方针政策，了解当前国际国内政治经济形势，拓宽视野。之所以这样做，是因为政治教师具有双重身份，担负双重任务，不仅是一名学科教师，向学生传授知识，完成智育任务，更是一名德育教师和思想政治教师，负有推进马克思主义大众化的重要责任，要向广大青少年传达党的声音，对学生系统进行思想品德教育和初步的马克思主义常识教育，宣传党的路线方针政策，应有崇高的使命感和庄严的责任感，充分认识到马克思主义教育是自己的使命和责任。为此，他向政治教师提出三点要求：一是要当爱读书读好书善读书的表率；二是善于用马克思主义中国化最新成果为青少年解疑释惑；三是坚定中国特色社会主义信念，学习宣传好“六个为什么”。

培训班提供了丰富的理论材料，包括中宣部《社会主义核心价值体系学习读本》、中宣部理论局《六个“为什么”——对几个重大问题的回答》、湖州市委宣传部《三十年三十事——湖州改革开放最具影响力典型事例》、湖州市社科院《湖州蓝皮书 2008、2009》和湖州市委宣传部《湖州历史文化丛书（上、下）》等，安排了《湖州经济形势与转型升级》《世界金融危机与中国机遇》《学校反邪教》《六个为什么与核心价值体系建设》等专题报告，还组织赴义乌进行参观考察。

苏州市吴中区中学政治新教师培训活动（二）

时间：2009 年 12 月 16 日

活动地点：苏州市吴中区临湖第二中学

参加人员：各中学政治教师

活动内容：本次活动采取案例与讲座相结合的培训方式，以临湖二中新上岗教师的一堂公开课作为案例。围绕此课，老师们进行评课，在评课活动中，各校教师纷纷发言，畅谈听课感受，气氛活跃和谐。来自各校的 19 位老师参加了本次活动并一一作了细致的点评。吴中区教研室王颖老师亲临现场听课、评课，给新教师们提出了许多建议和点评，通过评课和讲座引领新教师的

成长，激发新教师直面教学的勇气，唤起新教师专业发展的理性自觉，引导新教师作出应景的教学行为，理性践行教育理想。本次活动后，开课的新教师做了自我反思，收获很大，启发颇多。通过教学反思，必将推动政治新教师快速成长，促使他们的教学工作上新台阶。

上海市嘉定区中小学政治教师法制培训班

时间：2009 年 9 月 15 日

会议地点：嘉定区

参加人员：全区 66 名中学政治教师

会议内容：为了深入推进法律进校园工作，进一步提升教师的法律素养，同时大力促进中学法制教育进第一课堂工作，日前嘉定区教育局举行了中学政治教师法制培训班开班仪式和第一次培训。教育局党委副书记朱灵出席了开班仪式。

朱灵副书记作了开班动员，她希望参加培训的老师，一要明确意义，提高认识，充分认识到加强教师法制教育是五五普法工作的重要组成部分，是培养德智体美全面发展的社会主义建设者和接班人的必然要求，也是提高教师职业道德的需要；二是主动参与，学法知法，在培训期间处理好教学和培训矛盾，力求取得良好的培训效果；三是积极实践，学以致用，通过课堂教学来检验自己培训的成果，同时积极成为校园中学法、用法的带头人，成为推进中学法制教育进课堂工作的骨干力量。

开班仪式结束后，嘉定公安分局的沈燕忠警官给全体中学思品教师作了《预防未成年人犯罪》的主题讲座。他分析了中学生行为偏差生的七种表现，并且以案例的形式对七种行为的处理方法、处罚形式、赔偿的依据作了具体阐述和分析，同时还向与会教师推荐了两本书。沈警官的讲座深入浅出，使教师们受益匪浅。

会上中学政治（法制）教研员唐剑影老师具体解读了本次法制课程培训的方案。

开班仪式由教育局德育科长陆咏梅主持。

吉林省延吉市全市中学政治课教师培训会

时间：2009 年 10 月 22 日

会议地点：市教师进修学校

参加人员：全市 74 名中学政治课教师

会议内容：10 月 22 日全市中学政治课教师培训会在市教师

进修学校四楼会议室召开，74名中学政治课教师参加了培训会，教师进修学校中教部教研员金顺福做了“教改前后的杜郎口中学”的专题讲座。

金顺福老师用诙谐的语言结合自己杜郎口学习心得描述了杜郎口中学从教改前远近闻名的薄弱学校，被县里划入撤并学校的行列，到教改后在一无资金、二无好的师资、三无优秀生源、四无专家引领、五无现成经验可借鉴、六无民办学校灵活办学机制的条件之下，缔造了“零作业与100%升学率”的教育神话的艰辛改革过程，详细解读了杜郎口中学“三、三、六”自主学习模式的内涵、价值、教学感悟和关注生命、关注实践的教育观等内容。

与会教师表示通过学习杜郎口中学教改经验，杜郎口中学的教育教学成果令人感到深深的震撼，课堂教学的与众不同，使我们对素质教育，学生的主体地位，教师的主导作用的理解觉得更加深刻了。

杜郎口中学的成功启示我们：在教学中，要给学生一个足够的空间，从而体现他们的主体地位。教师在日常教学中，要充分挖掘学生的潜力，就要把课堂让给学生，让他们在学习中获得成功的快乐。进一步激发求知的欲望，从而提高学习效率。

相信，只要我们转变思想，大胆进行课程改革，我们的学生也会像杜郎口的学生般如此的快乐，课堂如此的高效。

台州市中学政治骨干教师培训活动

时间：2009年5月6日

活动地点：新河镇中学

参加人员：台州市中学政治骨干教师

活动内容：活动分为三部分内容：首先听取了新河镇中学郭海英老师和台州初级中学胡春景老师的汇报课；其次是骨干教师讨论评课；最后听取了玉环教育局教研室冯根水老师的“如何上好一节课”，石塘中学黄良平老师做“政治教师的专业发展”的报告。

奉化高中政治学科主题研修暨新教师培训活动

时间：2009年12月15日

活动地点：奉化中学

参加人员：全体高一、高二任课教师，政治学科名教师，2004～2007年参加工作的教师活动内容：本次活动是一个主题二次研修系列活动之三。即课堂提问艺术的研讨。为此安排：1. 主题讲座（主讲者：奉化高级中学邬满君老师）；2. 示范课（教学内容为："经济生活第八课第二框'增税与纳税'"执教者：奉化中学俞侃老师）；3. 反思与评价（名教师、课堂观察员）。

山东省济南市高三思想政治教师培训会

时间：2009 年 8 月 23～25 日

会议地点：济南市灵岩宾馆

参加人员：高三思想政治教师

会议内容：会议的主题是：总结 2007～2009 年高考，策划 2010 年备考；研讨在推进素质教育、深化课程改革背景下，促进教师"教好、教会"和学生"学好、学会"，提高思想政治高考复习质量和效益的有效途径和策略方法。会议的主要内容有：进行高考分析，备考经验介绍，高考专题讲座，分组研讨和大会交流。共有 20 位教师、教研员在会上做了精彩发言，还有 30 多份经验材料进行了大会交流。

济南市教研室蔡宝树书记、唐锡炳主任出席了会议并作重要讲话。参加会议的有各县（市）区思想政治教研员和各普通高中高三思想政治备课组长等 50 人。会议历时三天。8 月 23 日下午，济南市教研室蔡宝树书记作重要讲话。蔡书记在讲话中对"教好、教会"的内涵和教与学的辩证关系进行了深入的分析，并对本次会议和提高高三教学质量提出了希望和要求，使大家很受鼓舞。

8 月 24 日上午，济南市教研室唐锡炳主任作了题为《关注学情，科学备考，切实做好高三应考工作》的报告。唐主任对 2009 年高中教学、教研等工作进行了回顾，提出了目前存在的主要问题，并对今后教学工作提出了的建议，他要求高三老师要认清形势，科学备考；开展有效教研，构建高效课堂；降低难度，以不变应万变；面向全体，分层推进；树立信心，调整状态；加强课堂教学检测，提高课堂教学效益。

8 月 24 日上午，济南市教研室思想政治教研员刘廷祥老师作了题为《济南市文综·政治高考分析》的报告，对 2007～2009 年济南市文综·政治高考和高三教学情况从四个方面进行了全面分析：一是贯彻新课程理念，坚持新高考方向，全面分析了三年来山东卷文综·政治试题的基本特点；二是培养学生的综合素质，促进学生的全面发展，着重分析了三年来文综·政治考生答卷的基本情况；三是合理有序的组织高考复习，全面总结了三年来全市高三思想政治教学和复习的主要经验；四是坚持素质教育，贯彻课改理念，提高复习质量，提出了下届高三思想政治教学和备考复习的基本策略和建议。

8月24日下午，济南市高中思想政治学科带头人黄万强（省特级教师）老师和赵炳勇老师分别作了题为《应考复习之浅见》和《探究高考文综政治试题的命制》的专题报告。黄老师就考点知识、现实生活、能力训练、学生教育四个维度提出21个观点，供全市高三教师借鉴学习。赵老师分析了文综政治高考题目的四个命制要求，即政治性要求、公平性要求、科学性要求、规范性要求；探究出文综政治高考题的设计思路：目标立意（能力立意）→确定问题→寻找情景→进行设问→组织答案等，对于高三政治老师来说，这有利于开阔视野，有利于深入了解高考试题的命制，为制定科学的高考复习策略、提高高考复习质量提供了宝贵的经验。

8月25日上午，为巩固、消化、提高前两天的交流成果，并进一步吸收各校的高考复习经验，围绕会议主题和开展有效教研两个问题进行了分组研讨和大会交流，由五个组的代表将分组研讨的成果向大会汇报。

8月25日下午，由济南市思想政治教研员刘廷祥老师作会议总结。刘老师在会议总结中进一步部署了下届高三教学和高考复习工作，并对一些具体问题作了强调说明和解释。本次会议内容充实，经验丰富，节奏快，效率高，是富有成效的会议。会议要求会后各校要认真做好本次会议精神的汇报、传达和落实工作。本次会议的材料将挂在市教研室政治学科网络平台上。

重庆市初中政治学科培训者市级培训

时间：2009年4月28日

培训地点：重庆教育学院

参加人员：初中政治学科教师

培训内容：此次培训活动以“遵循党的十七届三中全会精神，学习实践科学发展观，贯彻落实重庆‘314’发展战略和国务院3号文件”为指导，以“打造我市思品、思政学科教学骨干，培养和增强学科培训者正确的培训教育理念，更新、拓展专业知识，为推动学科教师全员培训作出示范”为目标，内容主要包括“师德与使命感升华教育、社会转型期师生人格研究、教师培训的变革与发展；思品课程改革成就与缺失的反思；考察、观摩与研训成果或感受交流”三大板块，并采取多种形式进行培训。

工商管理系安排了教育科研、师生情感与学科课程教学、青少年法律意识及行为培养、转型期学生人格化习惯培养研究等15个研训专题。活动中，学员们观摩了市110中学原生态思品课堂教学，考察了第二外国语学校的教学工作，深刻认识到中学思品课的重要性及竞争机制的促进作用。

学员们一致认为，此次培训活动内容丰富，形式新颖，针对性强，具有较强的实效性。

无锡市高中新课程政治学科培训活动

时间：2009年8月23～25日

培训地点：无锡市第一中学

参加人员：无锡市各校政治学科年级备课组长、骨干教师、各市区教研员

培训内容：在三天时间里，教研室组织安排了丰富多彩的培训活动。既有骨干教师结合实际课例的经验介绍、案例分析，又有江苏省政治学科知名专家的专题讲座。其中，苏州市教研室张主任围绕如何实施政治课有效的课堂教学，从树立正确的目标、采用科学的方法和现代的教学手段等方面进行了系统的阐述，其精辟的见解使教师们深受启发。省教研室杜老师首先给教师们介绍了江苏省高中政治课改的历史、现状和存在的问题，并结合江苏省高中课改的最新理念和精神与大家探讨了应对之策。杜老师还结合近几年学业水平测试和高考试题的变革给大家详细介绍了高中政治课评价考试的改革情况以及高考改革的最新进展，提高了教师们对新课程、新教材和新高考的认识与理解，让在座所有教师感觉到受益匪浅。南京金陵中学的特级教师王鼎宏则以“师德修养与政治教学”为主题，结合自身的经历畅谈了一位政治教师如何才能成为“教育能手”“教学高手”和“科研枪手”，他充满激情的演讲不仅赢得教师们的阵阵掌声，还为这次培训活动画上了圆满的句号。

短短三天的培训虽然结束了，但它留给所有参加培训教师的思考却是长远的。教师们在培训总结时纷纷表示这次培训活动所提供的与专家学者们面对面的交流以及与同行们的思想碰撞与探讨，让广大参训教师对实施高中新课程改革有了更深的认识。大家将把这次培训的感悟和收获带回自己的学校，认真总结和反思自己的课堂教学工作，努力创新教学方法，提高课堂教学的实

效，为高中政治课课改的进一步推进打下良好的基础。

上海市南汇区政治工作室活动计划

时间：2009 年 4 月

参加人员：中学政治骨干教师

计划内容：

（一）指导思想

为适应推进南汇区思想政治学科中学名师培养工程，加强中学政治学科骨干教师队伍建设的要求，本工作室要认真贯彻落实《南汇区教育局名师（学科）工作室工作条例》的要求，紧密联系中学政治课程二期课改的实践，坚持以现代教育心理学、学习心理学、现代教学论为理论基础，以学习教育科研的理论和方法为内容，以课题研究为载体，坚持自主学习、课题研究与岗位实践相结合，努力使学员在教学理论素养方面获得提升，在教育教学研究和教学实践方面的能力获得提高，在课改实践中形成一定的教学特色，为学员成长为在全市、全区思想政治学科领域有知名度的名师奠定坚实的基础。

（二）课程设置

本研修班共有学员 16 名，其中支持人员 1 名（教研员，区名师工程人员），骨干学员 1 名（区名师工程学科带头人），青年学员 4 名（其中 2 名为名师工程课堂新星和青年骨干，2 名为教研组长）。调查显示，学员专业基础普遍比较扎实，具有丰富的教学经验，迫切要求进一步提高教学理论素养，加强二期课改理念引领下的课堂教学实践研究，进一步提高教育教学理论素养，逐步形成个性化的教学特色或风格。

根据学员的实际情况和工作室培训需求，按照“专题、实践和自主发展”三个模式设置三类课程，共 40 课时。

1. 学科专题模块：8 课时。

以专家讲座形式安排 2 次专题讲座，共 8 课时。以导师与学员互动研讨的形式，在自主读书、研修的基础上组织 2 次专题研讨活动。

学科专题讲座：8 课时。

（1）中小学德育课程加强针对性提高实效性研究（4 课时）

主讲人：李春生（华东师范大学）

（2）课堂教学方式改革研究（4 课时）

主讲人：方佩君（复兴高级中学特级教师）

专邀研讨活动：8 课时。

（1）二期课改理念转化为教育教学实践的探讨（4课时）

（2）转变学生学习方式的探讨（4课时）

2. 岗位实践模块：12课时。

（1）课堂教学观摩和岗位实践。

观摩优秀教师示范课（2课时）；

课堂教学案例分析（2课时）；

学员教学岗位实践（12课时）。每位学员上1节研究课，评3节课。

（2）参加市或区的课堂教学交流。（计划另订）

3. 自主发展模块：12课时。

自学《教学模式论》（钟启泉主编，上海教育出版社出版）讨论与交流（3课时）。

由学员根据本人的实际情况，自主确定研究课题，在工作室指导下开展教育教学实践研究。

（1）讨论自主发展规划（1课时）

（2）讨论课题研究计划（1课时）

（3）交流阶段性研究成果（1课时）

（4）论文初稿研讨与交流（1课时）

（5）自主发展收获总结（1课时）

（三）培训方式和要求

1. 采取“集中学习和按需施教相结合、集中学习和学员分散研修相结合、理论学习和岗位实践相结合”的培养思路，突出专家的专业引领，加强导师带教和指导，重视学员的自主发展和岗位实践。

2. 加强培训的针对性，每个学员在自我诊断的基础上制定个性化的自主发展规划。根据学员的具体实际，加强学员的理论学习与行为跟进，注重学员的讲课评课和教学特色的提炼。

3. 学员研修成果的内容和目标：围绕“以学生发展为本，深化课堂教学改革，提高思想政治教育实效”的主题，开展课堂教学改革实践研究。要求每一位学员在课题研究的基础撰写一篇反映教学改革成果的论文；撰写一篇体现二期课改理念并经导师评点的教学设计，拍摄一节研究课教学实录，整理两三篇体现教改探索的教学案例。教学改革实践探索，力求体现一定的教学特色或风格，研究论文力求达到市级刊物或出版社（论文集）公开发表水平。

（四）工作室组织和管理

1. 在区“名师工程”领导小组的领导下，本学科工作室积极发挥本市有关方面专家在培训上的专业引领和指导作用。邀请华东师范大学、上海市教委教研室、上海市教育科学研究院和中学政治特级教师参与本工作室的指导工作。

2. 工作室请彭春喻（上海南汇中学教师）任网站管理员，负责工作室活动的组织与日常管理工作。其余各项事务请各位学员分工负责（参见附表）。

3. 本工作室的研修活动，以学员自主读书、研修为基础，工作室活动通过专题讲座、专题研讨发挥专家引领作用。

（五）培训活动安排

本工作室周期为2年，2009年4月～2011年4月。每一月活动一次，每次4课时。培训时间一般安排在周二。教学观摩和岗位实践活动的具体时间另定。

2009年6～9月，学员在自我诊断的基础上制定个性化的自主发展规划。

2009年10月～2010年2月，以公共模块培训为主，适当穿插学科专题模块、实践考察模块和自主发展模块培训活动。

2010年3月～2010年7月，以学科专题模块培训活动为主，适当穿插岗位实践模块和自主发展模块培训活动。进行中期评估小结。

2010年9月～2011年2月，着重开展岗位实践和自主发展模块培训活动。

2011年3～4月，每一位学员完成两篇教学论文、一篇教学设计和4篇教学案例的撰写。完成工作室总结，报区教育局。

中国及国外课程动态介绍

国外思想政治教育的特点及启示

尹学红　张小杰　李雪莉

思想政治教育是人类社会实践的一个重要方面，自阶级形成和国家产生以来，这项实践活动就是一种客观存在。世界各国的思想政治教育既有其特殊性又有共同性，研究国外思想政治教育的特点，借鉴其中合理成分，可以为我们改革和创新思想政治教育提供新的视角与思路，对于发展中国特色社会主义的思想政治教育有着非常重要的借鉴意义。文章首先论述了以下四个国外思想政治教育的特点：高度重视思想政治教育工作，思想政治教育的重要性得到广泛的认同；坚持意识形态化，强化国家意识，突出思想政治教育的政治功能；注重“灌输与渗透”相结合，重视显性教育，更加注重隐性教育；注重社会广泛参与，重视教育的合力作用，强化思想政治教育的整体性、实践性。然后由此得出三点对我国思想政治教育的启示：坚定不移地巩固思想政治教育的战略地位，毫不动摇地坚持马克思主义的指导思想；增强思想政治教育的时代性、实践性和政治理论的科学性、可操作性；更新教育观念，创新教育方式、方法，增强思想政治教育效果。

《理论前沿（Theory Forefront）》2009 年第 5 期（下）

宗教教育：美国思想政治教育的重要形式

杨 兰

宗教教育是美国思想政治教育的重要形式，在美国的家庭教育、学校教育、政治活动和社会生活中随处可见，并发挥着独特的作用。对美国宗教教育的研究，不仅有助于了解美国思想政治教育的现状，而且有助于拓展我们对国外思想政治教育研究的视角。文章第一部分通过美国的历史为纵线介绍了不同时期宗教教育在美国思想政治教育中的重要地位。第二部分介绍了现代美国社会的宗教教育。其中着重介绍了在当今的美国，宗教教育渗透于社会生活的各个方面：家庭生活中的宗教教育，学校教育中的宗教教育，政治活动中的宗教教育以及在教会活动和社会生活中的宗教教育。第三部分介绍了宗教教育在美国思想政治教育中的作用。宗教教育在美国思想政治教育中的作用主要有以下三个方面：首先，具有意识形态教育的作用。其次，引导和规范人们的思想和行为。再次，为国民提供心灵慰藉和精神信仰的支撑。最后，作者指出对现代美国人而言，他们对宗教的信仰已不再是简单虔信某种教义或信念，更多的则是寻求心灵的寄托和精神上的支撑，指导生命价值的实现。

《高教发展与评估》2009 年 5 期

英美思想政治教育的特点及规律研究

高桐杰

研究思想政治教育必须要借鉴国外有价值的经验和做法，寻找思想政治教育的特点和规律。由教育部社会科学研究与思想政治工作司组编的《思想政治教育案例分析》一书，在国外思想政治教育动态部分里，介绍了英美思想政治教育的发展情况，令人深思和回味。它对于我国的思想政治教育具有一定的启发，这里仅就其特点及规律做一综述。文章首先介绍了英国思想政治教育的特点：英国的思想政治教育，往往冠以“公民教育”的名称来进行，其目的是培养人们做个好公民，或者说，是教育人们做一个合格的为国家和社会服务的人。英国的“公民教育”主要是通过道德教育、宗教教育、政治教育以及大众传播媒介来进行的。学校德育是英国“公民教育”的主要阵地。英国学校的道德教育表现为以下几个特点：(1) 道德教育与学生指导相结合。(2) 道德教育与各科教学相结合。(3) 道德教育与家庭教育相结合。在英国，道德教育也被视作家庭的主要职责。文章第二部分介绍了美国思想政治教育的特点。美国是一个市场经济高度成熟的资本主义国家。政府的一切活动都为获取最大利润，为资本主义制度的巩固和发展服务。但他们并不因此否定思想政治教育的重要，而是十分重视对国民进行思想政治教育，并认为这是政府行为的重要部分。文章第三部分论述了英美思想政治教育的启示：第一，在大力发展经济的同时，不能忽视学校的德育。第二，注重思想政治教育的开放性。第三，加强公民的道德素质教育。第四，加强渗透性，寓教于乐。

《教学与管理》2010 年第 3 期

国内外思想政治教育工作的比较思考

江　萍

文章首先介绍了国外思想政治教育工作发展态势。在经济一体化和经济全球化发展形势下，不同制度的国家之间广泛地开展了经济、科技、文化方面的交流。不同制度的国家在这些交流、融合中，不但没有淡化思想政治教育，反而更加重视，并把它作为巩固本阶级政治地位和促进社会进步发展的重要手段。积极从本民族的传统文化中汲取营养，强化本国的意识形态，以期在世界意识形态领域中占领主导地位。

1. 思想政治教育在学校教育体系中居战略地位。

2. 重视政治功能，倡导爱国主义。

3. 教学方式由灌输式转向灌输式与渗透式相结合。

4. 思想政治教育参与的广泛性。

其次介绍了国内思想政治教育工作发展现状及问题：1. 思想教育工作一直备受重视。2. 重“显性教育”，轻“隐性教育”。3. 社会参与不充分。文章最后论述了国外思想政治教育工作对我们的启示：我国传统思想政治教育的目的主要是以说理和灌输为主要手段，通过学校、社会和家庭的教育来实现。与世界各国思想政治教育涌动的改革潮流相比，我国还存在着一定的差距。但是我们必须正视这些差距，然后根据我国的实际情况对症下药，来逐步促进我国学生思想政治工作的有利改革。

1. 求同存异，正视中西差异。

2. 实事求是，结合国情进行教育。

3. 与时俱进，应对未来挑战。

我国正进入经济腾飞的时代，而且受西方价值观的影响，个人主义、享乐主义、拜金主义在一定程度上有蔓延之势，这给我们思想政治教育敲响了警钟。我们应该按照党的“十七大”指引的路线，极力倡导与时俱进的先进方针，走一条有中国特色的思想政治教育道路。

《福建论坛（社科教育）》，2009 年第 2 期

论国外思想政治教育方法的主要特点及启示

孙海彬

思想政治教育是我们党的优良传统，但它并非我国独创。在中外文化相互激荡、科技突飞猛进、竞争日益激烈的今天，其作用引起了世界各国的普遍重视。有比较才能有鉴别，有鉴别才能有优化和提高。因此，在新的历史条件下，研究与比较世界各国思想政治教育方法的特点，为加强和改进我国思想政治教育工作提供借鉴和启示，无疑具有十分重要的现实意义。经济全球化使各国交往日益频繁，各国在发展经济的同时不断加强其思想政治教育，为其经济发展和社会进步创造稳定的环境。当前，我国正处在社会转型期，面对市场经济大潮，人们的价值观念、思维方式等各方面都受到强烈的冲击，所以思想政治教育实效性的落实受到质疑，而国外对思想政治教育方法的认识和探索在很多方面取得了明显的效果。因此，我们有必要结合我国的具体情况学习和借鉴外国的先进经验，进一步提高我国思想政治教育的实效。

一、国外学校思想政治教育方法的主要特点

1. 互动性；

2. 实践性；

3. 渗透性；

4. 校园环境的影响性。

二、国外学校思想政治教育方法的启示

尽管思想政治教育具有强烈的时代性和民族性，每个国家的思想政治教育都是从自己国家的实际出发确定目标、任务和方法，并在各自国家和民族的发展中发挥作用。但是，思想政治教

育也具有普遍性，因此，在发扬民族传统的同时，我们可以借鉴其他国家的先进经验和方法，丰富和完善我国思想政治教育体系，从而提高思想政治教育的实效。

1. 尊重学生的主体地位，充分发挥学生的主体性作用；

2. 加强学生的社会实践，切实提高思想政治教育的实效性；

3. 重视间接教育，将德育教育渗透到各科教学与学术活动中；

4. 加强校园环境建设，优化德育环境。

《南通航运职业技术学院学报》2009 年第 1 期

港澳台侨学生国情教育探讨

何丽明

港澳台侨学生由于其生活环境的特殊性，对大陆的政治、经济、文化、社会生活等现状了解不够。因此，让他们在接受专业知识教育的同时，也需要对他们进行国情教育。武汉大学在结合港澳台侨学生成长的环境、知识结构、思维方式、价值观念等方面的因素，采取了多种多样的教学方法和教育手段，将国情教育融知识传授、能力培养、素质教育为一体，开设有特色的国情教育课程。采用多种教育手段和形式开展国情教育。国情教育工作成果斐然。对广大港澳台侨大学生的教育，主要目的是让他们了解祖国，认识社会，尤其是了解祖国在改革开放 30 年来的巨大变化以及在各领域取得的成就；明确他们的国民身份，激发学生的民族自豪感和自信心，树立中华民族的民族认同感和对祖国建设的责任感；引发他们对现实社会的关注和思考；让他们了解我国在建设社会主义现代化国家方面取得的成果，也了解建设祖国的长期性和艰苦性。具体而言，体现在以下方面：

1. 增加了港澳台侨学生的民族认同感，培养了他们的国家意识；

2. 加深了港澳台侨学生对国情的了解。港澳台侨学生由于其成长环境的特殊性，历史原因以及以往国情教育的缺失，他们对祖国的很多情况并不了解；

3. 增进了学生的爱国热情。培养学生对祖国的深厚情谊，是国情教育的基本任务和核心准则；

4. 引发学生对现实问题的思考，培养学生的社会责任感；

5. 国情教育对塑造港澳台侨学生的政治信仰也起到一定的作用；

6. 加深了学生对学校的了解，增进了学生对母校的感情。

开展港澳台侨学生的国情教育工作，是武汉大学的一次尝试，将围绕国情教育的目标，不断创新国情教育教学方式，丰富教学内容，进一步将国情教育融知识传授、能力培养、素质教育为一体，有序地构建港澳台侨学生国情教育模式，充分发挥国情教育的综合效应，更好地做好港澳台侨学生的国情教育工作。

《现代商贸工业》2009 年第 12 期

中学名校、名师

中学名校

安徽省

安庆第一中学

安徽省安庆第一中学，前身为 1906 年（清光绪三十二年）创办的安徽全省师范学堂，学堂由近代启蒙思想家严复倡议主办，首任监督为桐城派后学大师姚永概。后经分合变迁。先后易名为安徽省立第一师范学校、安徽省立第一中学等，至 1956 年始定为今名。1959 年确定为省首批重点中学，1988 年确定为国家教委直接联系的学校，1999 年确定为省示范高中，2001 年确定为全省高中理科实验班承办学校。1958 年，毛泽东主席亲临学校视察。2007 年 3 月被评为“安庆市师德建设年活动先进集体”，2008 年 4 月被评为“省未成年人思想道德建设示范学校”。

淮北一中

安徽省淮北一中建校于 1958 年，1978 年首批确定为省重点中学，1998 年被教育部命名为全国现代教育技术实验学校，2000 年评为省级示范高中，2006 年被省教育厅确定为安徽省新课程实验样本校。学校的硬件建设和教育教学管理水平均位于省重点中学及示范高中的前列。突出的教育教学成绩，使淮北一中在安徽省基础教育界享有很高的声誉，先后被国家、省、市授予“全国群众体育先进学校”“联合国教科文组织俱乐部成员校”“省电教设备一类达标学校”、连续四届省级“文明单位”、安徽省“厂（事）务公开民主管理先进单位”、省“园林式学校”“全市教育工作先进集体”等多种荣誉称号。

北京市

北京市第四中学

北京市第四中学创建于1907年，现属北京市示范性高级中学。90多年来，四中为国家培养了近3万名学生，其中不少人成为著名的科学家、文学家、艺术家和企业家，绝大多数成为党、政、军以及各行各业的领导干部和高级技术人员。四中以自己的办学成就在海内外享有盛誉。北京四中的教育理念是：以人育人、共同发展。具体可以概括或表现为：以（教师的）行为影响（学生的）行为；以（教师的）品德培养（学生的）品德；以（教师的）能力培养（学生的）能力；以（教师的）理想培养（学生的）理想；以（教师的）情操陶冶（学生的）情操；以（教师的）境界提升（学生的）境界；以（教师的）人格塑造（学生的）人格。四中大力倡导以“爱岗、敬业、爱生”为核心的“北京四中教师职业精神”，以教师的行为、品德、能力、理想、情操、境界、人格去影响、感化、培养和教育学生，促进学生“自主发展”与“和谐发展”。自主发展：通过有效的教育教学活动，不断激发学生的潜能和内驱力，使学生树立理想和目标，产生自我认知、自我教育和自我设计的主观要求，形成主动学习和终生学习的意识和热情，并获得必要的知识与能力。和谐发展：在全面发展的基础上形成健康的个性特长。使学生根据其自身的特点，来构建最适合自身特点的知识与能力结构。

中国人民大学附属中学

中国人民大学附属中学是教育部直属重点学校，北京市首批示范高中校。它创办于1950年4月，位于北京市中关村高科技园区的中心地带，校园占地142亩，与北京大学、清华大学、中国人民大学和中国科学院相邻，具有良好的人文地理优势，是一所环境优美的花园式学校。在50多年的办学历程中，特别是改革开放以来，人大附中在校长刘彭芝的领导下，与时俱进、开拓创新，创造了辉煌的成绩。学校先后被教育部、北京市授予“全面育人，办有特色”“全面育人，培养学科特长生成绩显著”“全国劳技教育先进校”“北京市科技示范校”“全国现代技术教育示范校”“全国培训高水平体育后备人才优秀学校”“全国体育卫生工作先进学校”“北京市首批示范高中校”“全国网络文明工程绿色网络示范学校”等荣誉称号。

北京师范大学附属实验中学

北京师范大学附属实验中学是北京市首批示范高中校，是教育部和北师大进行中学教育改革的实验基地，是培养优秀中学生的摇篮。学校创建于 1917 年，前身为师大女附中，有着优良的教育教学传统和深厚的文化积淀，以治学严谨，育人有方享有盛誉。1983 年学校率先进行德育工作改革探索，构建以学生发展为本、以学生为主体、学生自主参与的学校德育工作新模式。1984 年学校率先在北京市进行课程改革，自编的语文教材经国家教委审批后在全国使用。1995 年起，经市教委批准，学校高中进行新一轮课程改革，课程结构为必修＋专修＋选修＋活动课。通过专修课来实现“基础分流”，通过选修课与活动课来充分发挥学生的个性特长，以便更好地体现教育的发展功能。“以人为本，服务社会，追求发展，追求卓越”的办学宗旨，已经成为全体师生的共同教育价值观。尊重学生个性，满足学生发展要求，使全体学生在生动活泼的教育教学活动中得到主动的、充分的发展成为教育教学改革的永恒主题和教育追求。注重学科基础，培养学生良好的科学素养是学校教学的重要特色。注重品德培养，关注学生心理健康和人格发展是全体教师共同的认识。学校人才培养目标是：“会做人，会求知，会办事，会生活。”学校的校训是：“诚信、严谨、求是、拓新。”

北京大学附属中学

北京大学附属中学成立于 1960 年。作为北京大学“小学—中学—大学—研究生院”四级火箭培养模式的重要组成部分，北大附中从成立开始就受到北京大学的高度重视和全力扶持。建校初期由北京大学教务长兼任附中校长并从大学各系抽调骨干教师 43 名直接到附中任教。40 多年来，北大附中全面贯彻党的教育方针，坚持“育人为本、质量第一、突出特色、全面发展”的办学思想，伴随着几代教师的辛勤耕耘和历届学生的成长，北大附中在教育事业上取得了累累硕果并已形成自己独特的风格和优秀的传统，赢得了社会的赞誉、家长的信赖和学生的热爱，成为“英才辈出的摇篮、名师成长的沃土、教育科研的基地”。北大附中教育教学环境宽松，提倡和鼓励创新精神，各学科教育改革旨在促进学生素质培养和全面发展，形成了“四重一主”（重基础、重个性、重能力、重发展；充分尊重发挥学生主体性）的办学特色。20 世纪 80 年代起开设“小论文”写作课程，坚持近 20 年，成果丰硕，获北京市首届基础教育成果二等奖。“学校心理教育模式研究”“‘青年英才’中学阶段培养措施研究”“大学与中学一体化贯通教育研究”“高中综合实践课研究”“素质教育与校园文化”“素质教育与高校招生改革”等一批区、市、全国级研究课题促进了学校育人模式、课程结构、教学方式的革新和发展。

重庆市

重庆南开中学

重庆南开中学是由南开系列学校创办人，伟大的著名爱国教育家，倡议中国举办奥运会第一人的张伯苓先生于 1936 年创办的。学校因抗战而生，因爱国而名。位于重庆著名文化区沙坪坝，是全国重点中学、重庆市教委直属重点中学，年年被评为“中国百强中学”且名列前茅。重庆南开中学创办 70 余载，被千百万重庆人称赞为“人才的沃土，院士的摇篮”。重庆南开中学以“中学里的大学”为模式办学。其“大”，不局限于数百亩的宏阔校园，不仅仅在于错落有致、巍峨雄俊的大楼，也不止是培养了数以百计的大师、大家，而更在于它大气、大度的精神气质和像大学那种开放式的学习氛围。辉煌的办学成果使南开中学早就闻名海内外，从南开走出的学子都满怀“今天我以南开为荣，明天南开以我为荣”的荣誉感与使命感！

重庆巴蜀中学

从 1933 年建校以来的 70 年时间，人才辈出，群星璀璨。学校培育出遍布海内外数以万计的各类英才，有两院院士、将军、博士生导师、高级工程师、自然科学和社会科学的各类专家、学者，有艺术家、运动健将、企业家、劳模、英雄，有省市级直至中央的领导，有为国捐躯的热血男儿和在平凡岗位上无私奉献的劳动者。特别是 1997 年重庆市直辖以来，教育教学科研和改革创新硕果累累，教育质量突飞猛进，铸就了巴蜀中学教育历史上的一个又一个丰碑。与时俱进的巴蜀中学从历史名校跨入 21 世纪现代中华名校，独具巴蜀特色与风范，被誉为重庆普教战线的一面旗帜。重庆巴蜀中学是重庆市教委直属重点中学。确定以“人的发展”为核心的“三本”理念：教育以人为本，校长以教师为本，教师以学生为本，核心是注重人的终身可持续发展。学校对素质教育有独特的理解，素质教育以发现发掘学生潜能，培养学生个性爱好及特点为出发点，注重学生人格塑造和情商开发，张扬个性又有团队合作精神的教育。

西南师范大学附属中学

西南师范大学附属中学隶属于教育部直属重点综合大学，国家“211”工程重点建设学校西南大学（原西南师范大学和西南农业大学于2005年合并而建）。学校在践行“学校教育必须立足学生终身发展”的办学理念中，叩问教育本质，实施严谨而大气的通才教育，形成了“求真、向善、唯美”的校风、“勤学、笃行”的学风和“为范、求实”的教风。学校在教改科研、骨干教师培养、师德师风建设、推进新课程改革、规范办学行为、支援贫困地区教育、扶持薄弱学校等方面发挥了辐射、示范作用。

学校突出德育的文化指向，深入研究学生的需要和情感，立足学生主动发展，让学生个性更加灿烂，积极倡导和实践“以生为本”的学校德育及校园文化理念，变化的、发展的、宽厚的、弹性的大德育观正深入人心。

重庆一中

重庆一中建校于1931年，是一所市教委直属省级重点中学。学校具有悠久的历史和光荣的革命传统。在新民主主义革命时期，学校广大师生高举“四·二一”火炬，成为重庆市爱国学生运动的一面旗帜。学校具有明确的办学理念和教育思想，即“学校的一切为学生的发展而存在”。为了学生的发展，重庆一中在教育教学上加大改革力度，要求教材要更科学，课程要更合理，手段要更先进，形式要更灵活，教学要更民主。在教学上要从以教师为本转变到以学生的发展为本。根据“让每一个学生都发展得更好”的办学思想，学校首先从课程设置上突破，实现了课程设置的多元化，开好了五门课程：活动课程、综合课程、实践课程、潜在课程和研究性课程。其次，学校重视学生的分层教学和分类指导，让进入一中的学生“能飞的飞，能跑的跑，不能跑的推上一把”，让每一个学生发挥个性特长，得到更好发展。“为学生的发展而教”已成为一中教师的共识和教学行为准则，同时也是学校办学的出发点和归宿。

福建省

福州第一中学

福州第一中学是福建省教育厅唯一直管的中学，是原国家教委确认的中国名校，其前身可追溯至清嘉庆二十二年（公元1817年）创建的“凤池”书院和同治九年（公元1870年）创建的“正谊”书院，1901年清政府谕旨各省要改书院、设学堂，1902年两书院合并，更名为“全闽大学堂”，是福建省最早的一所公立学校，1951年定为现名，迄今已有193年的历史，长期以来一直是福建省基础教育的一面旗帜，学校以办学理念先进、师资力量精良、校风常抓不懈为特色并成为立校之本和强校之路。学校名师荟萃，教风以“严、实、活”著称，一批学者型、专家型的教师已经构成师资的核心力量，特级教师25人（含已退休），高级教师已占教师总数的46%。长期以来，福州一中历任校长都始终坚持着当时最先进的办学理念，知名的校长中有前清溥仪的帝师陈宝琛，有被联合国亚太教科文组织列为当代教育家的陈君实。20世纪80年代初，学校即以“基础教育必须展望二十一世纪，教育必须进行全面改革”为指导思想，确立为未来培养创造性的劳动者，培养具有优良素质和健全人格的经济、政治、科技、文化、军事精英人才为目标，提出以培养基本行为道德规范，从自然人转变为社会人，学会关心，学会共存，作为育人之本；在教学方面，则提出变“双基”为“三基”，增加了“基本科学思维方法”的训练要求。学校严格控制学时数，学科严格控制作业量，在正常的课业负担下，使学生能积极主动、生动活泼地得到发展。学校历年高考成绩都稳居福建省前茅，向全国重点高校输送了大批优秀毕业生；学生参加全国各项竞赛屡获佳绩，并已夺得两面国际奥赛金牌、入围INTER国际科学与工程大奖赛；在中学生体育赛事中，已连续多年团体夺冠；学校音乐会向社会公演，受到广泛赞誉。为此，以“今日我以一中为荣，明日一中以我为荣”口号激励自勉的福州一中学生不仅以高升学率引人注目，更以基础知识扎实、知识面广、德智体美全面发展，受到了高校的广泛欢迎，赢得了社会的高度赞誉。

厦门一中

厦门一中创办于1906年，1953年定为省重点中学，并选定厦门市区东部白鹤岭南坡建筑新校舍。系福建省首批办好的重点中学暨福建省普通中学一级达标学校，是福建省省级文明单位。并选定厦门市区东部白鹤岭南坡建筑新校舍。“勤、毅、诚、敏”是学校的校训，“创新、务实、团结、奋进”是学校的校风。学校遵照邓小平同志“三个面向”的指示精神，全面推进素质教育，以培养创新精神和实践能力为重点，加大教育创新力度，科技教育、艺术教育、体育教育、德育教育等办学特色日益鲜明。与厦门火炬学校合作，探索九年一贯制教育实验；与北师大海沧附校合作，携手创新；与市青少年宫合作，探索大艺术教育；与中国人民大学合作，创办少年新闻学院厦门分院；与市体校合作，开设游泳课、形体课；创建全省第一家校园学生电视台。成功举办了全国数学奥赛冬令营。教育教学手段现代化水平居全省前列。该校是全国青少年科技人才培养实验项目基地校，该项目在全省仅福州一中和该校有资格参与。

福建省莆田第一中学

福建省莆田第一中学，简称莆田一中，位于福建省莆田市城厢区城厢东大路217号（旧校区位于莆田市解放东路1259号），创办于1906年，是福建省首批重点中学、省一级达标学校、省级文明学校、省德育先进学校、国家基础教育外语实验校和人民教育出版社多媒体教学实验基地校。莆田一中历来以“办全国一流学校，育社会一流人才”为办学目标，以办“优质加特色”学校，育“素质加特长”学生为办学宗旨，以“团结、进取、勤奋、创新”为校训，教风严谨，学风优良。

福建省上杭第一中学

福建省上杭第一中学（简称上杭一中），地处风景秀丽的汀江河畔，创办于1912年，是福建省一级达标学校。办学理念：为学生成才奠基，为教师成长铺路，为学校发展增辉。近年来，在上级党政的正确领导和社会各界的关心支持下，上杭一中励精图治，开拓进取，全面贯彻党的教育方针，全面推进素质教育，以“办成全省一流，全国知名的山区示范性高中”为办学目标，以“为学生成才奠基，为教师成长铺路，为学校发展增辉”为办学理念，形成“依托红土地，开展革命传统教育，促进学生全面发展”的办学特色，严谨求实，努力做强做大优质高中。多年来，学校重视“三风”建设，培养了“团结、勤奋、求是、创新”的优良校风，形成了“厚爱、敬业、博学、求真”和“砺志、勤奋、守纪、笃行”的优良教风和学风。高考连年喜获丰收，文理科成绩均居省市前列。2000 年以来，共有 41 名优秀学生考入了北京大学和清华大学，在各级各类比赛中有千余人次获奖。

龙岩市第一中学

龙岩市第一中学（简称龙岩一中）是福建省首批办好的重点中学、首批一级达标中学和示范性高中。学校创办于 1903 年，培养了三万多名优秀学子。学校坚持“创全面发展之优，示素质教育之范”的办学方向，连续六届获得省文明学校称号。近年来学校获得省级以上表彰有 55 项，其中包括全国校务公开工作先进单位、全国体育卫生工作先进单位、全国艺术教育先进单位等国家级表彰 20 项。近年来教师中有 600 多人次获得全国模范教师、全国优秀教师、省三八红旗手等县（区）级以上表彰。学校被确定为“福建省中学德育基地”，形成了以革命传统教育为龙头，以爱国主义教育为主线，以养成教育为重点，以激励成才为目的，以喜闻乐见形式为载体的鲜明德育特色。

甘肃省

甘肃省兰州第一中学

甘肃省兰州第一中学创建于 1902 年（清光绪 28 年），是一所具有百年历史的省属省级示范性高中。甘肃省兰州第一中学在长期的教育实践中为国家培养了大批优秀人才，形成了独特风格和优良传统。坚持以“弘毅”为校训，培养学生有远大的理想、坚强的意志，团结勤奋，求实创新，全面发展，学有所长。甘肃省兰州第一中学的教育理念是“养德、开智、健体、立美”。甘肃省兰州第一中学的办学目标是：以升学预备教育为主，兼创名校特色，全面理解贯彻党的教育方针，稳步科学推进素质教育，因材施教，发展特长，不断提高学生的综合素质，培养学生的创新精神和实践能力，为学生升入高一级学校打下坚实基础，为高一级学校输送合格人才。

西北师范大学附属中学

西北师范大学附属中学，源起于北平“五城学堂”，前身为北平师大附中，1937 年 9 月西迁办学，迄今已有 102 年的历史。兰州办学以来，先后被省教育厅命名为省级重点中学和省级示范性高级中学。西北师大附中辉煌的办学历史，优良的办学条件，科学而严格的管理，高水平的教育教学质量，源源不断地吸引着省内各地的优秀初中毕业生来这里享受优质高中教育，一届一届的附中人，时刻牢记着“勤、慎、诚、勇”的校风，不断创造新的辉煌。

广东省

华南师范大学附属中学

华南师范大学附属中学于 1952 年由中山大学附中、广东省文理学院附中、岭南大学附中、华南联合大学附中合并而成。1982 年由华南师范学院附属中学改为现校名。1978 年被定为省重点中学。属省教育厅、华南师范大学双重领导。华南师范大学附属中学是广东省一所全面贯彻党的教育方针，坚持改革创新，办学成绩卓著的中学。截至 2004 年，华南师范大学附属中学有高中、奥校初中共 36 个班，学生约 2000 人，教职工 200 余人。华附师资力量雄厚，名师众多，有广东省杰出教师 4 人，特级教师 17 人，高级教师 81 人；获得省以上表彰的教师达 200 多人次。华南师范大学附属中学在各级领导的关怀鼓励和师生的共同努力下，办出了自己的特色：一是面向全体，因材施教；二是注重基础，鼓励冒尖；三是合理负担，讲究效益；四是内外相促，教学相长；五是民主决策，科学管理；六是坚持改革，着眼未来。

执信中学

执信中学是孙中山先生于 1921 年为纪念近代民主革命家朱执信先生而亲手创办的纪念性、示范性学校，在中国现代教育史上，他曾率先推进新学制，开中国现代教育之先河。早在 20 世纪 20 年代，执信中学就是国内 37 所重点中学之一。1978 年再次定为省市重点中学，1994 年被评为广东省一级学校。建校以来，执信中学与时代风雨同舟，荣辱与共，虽历尽沧桑，依然挺拔峥嵘，莘莘学子，足迹遍布祖国和世界各地。改革开放以来，曾多次承担和出色完成多项国家和省市级的教育科研任务，培养了一支团结奋斗、励精图治、师德高尚、治学严谨的教师队伍。特别是近年来，学校全面贯彻党的教育方针，全面推进素质教育，从学校实际出发，确立了以学生发展为本的教育思想，努力构建有利于创新教育实施的新型管理模式，注重对学生的技能思维的训练，逐步开发以培养学生创新精神和实践能力为重点的学校课程，为推进和深化素质教育闯出了一条新路子。与此同时，学校还建立了科学的管理机制，使学校管理严谨、高效，保证了办校水平持续稳定提高。

广东仲元中学

广东仲元中学始创于1934年春，是为纪念孙中山先生的得力助手、著名民主革命家邓仲元先生而命名的一所纪念中学。学校全面贯彻党的教育方针，重视学生素质培养，科研兴校，科研促教，先后承担了多项国家、省、市级研究课题，其中学生心理健康研究课题，被中央教科所评为全国一等奖。学校先后获“广东省普教系统先进单位”“全国体育传统项目先进学校”“广东省群众体育先进单位”“广州市文明单位”“全国百强中学”。2008年，该校更荣获“北京2008奥林匹克示范学校”称号，也是广州市教育系统唯一获得此项荣誉的学校。

广西壮族自治区

南宁市第二中学

广西壮族自治区南宁第二中学创建于1906年，是广西壮族自治区首批重点中学，首批示范性高中。1992年被列为中国名校，2005年获“中国百强中学”称号，在区内外享有很高的声誉。在近百年的办学历程中，它形成了“以人的发展为本，师生员工与学校共同发展”的办学理念，确定了以“办知名学校，造福一方；创优质教育，回报社会”的办学宗旨。为国家输送了数以万计优秀毕业生。

柳州高级中学

柳州高级中学创办于1907年，1926年中共柳州市第一个党支部就是在柳州高中成立，1959年被教育部定为广西壮族自治区重点中学，2001年通过全区示范性学校立项建设，2003年被确定为“科技创新人才培养实验学校”。学校全面贯彻党的教育方针，坚持“让学生受到最好教育”，“做人格健全、自主发展的现代人”的办学理念，传承“励志报国、爱岗敬业、文理并举、不甘人后”的学校传统，积极推进素质教育，促进学生全面发展。柳州市高级中学素以革命的摇篮和人才的摇篮而备受赞誉，成为享誉八桂、蜚声海内外的一所名校。

南宁市第三中学

南宁市第三中学创建于 1897 年，学校占地 18.1350 万平方米，拥有 33 个教学班，1907 名学生，1959 年被首批确定为广西壮族自治区重点中学。多年以来，南宁三中以其先进的办学模式、现代化的教学设备、一流的教师队伍、显著的教育质量而享誉区内外。多年来，南宁三中以“勤奋学习，立志报国”为校训，以“从严、律己、求实、存真”为校风，以“团结、实干、创新、求精”为教风，以“勤学、多思、明智、上进”为学风，形成了以“真爱教育”为特色的办学思想。在大力推行教育改革的过程中，南宁三中取得了令人瞩目的成就：连年高考综合成绩名列全区前茅，先后被评为“全国现代教育技术实验学校”“全国文教系统先进单位”“全国群众体育运动先进单位”、“全国青少年课外科技活动先进单位”“全国活跃的中学生活动先进单位”“南宁市一级学校”等，培育出原全国人大常委会副委员长甘苦、原百色起义领导人之一、左右江革命根据地苏维埃政府主席雷经天、原解放军装甲部队政委和全国人大常委莫文骅将军、美国航天部总工程师吴公治、著名音乐指挥家陈传熙等各行各业的优秀人才。

柳州铁路第一中学

柳州铁路第一中学创建于 1946 年 12 月 8 日，当时校名为扶轮中学，校址在刘三姐的故乡宜山九龙岩。1950 年学校迁到柳州，更名为柳州铁路职工子弟中学，1969 年 8 月改名为柳州铁路第一中学，至今已有 60 多年历史。柳铁一中是广西壮族自治区重点中学，也是全国铁路系统重点中学之一。2002 年被广西教育厅确定为全区首批示范性普通高中。学校师生恪守“立德、启智”的校训，形成了“勤奋、深思、求实、创新”的学风；“准确、严格、耐心、善诱”的教风和“文明、友爱、俭朴、健康”的校风。严格的校训和良好的“三风”融入师生教育教学活动中，教学质量逐年提高，赢得了社会的广泛赞誉。先后被评为全国群众体育先进单位，全国读书育人特色学校，自治区文明单位，自治区德育先进单位，自治区体卫先进单位，自治区课外活动先进单位，自治区劳动技术实验学校，自治区继续教育先进单位，自治区中小学现代教育技术实验学校，自治区科技教育示范学校，自治区中学计算机网络建设实验学校，自治区“绿色学校”，广西基础教育科研工作先进学校等光荣称号。

柳州市第一中学

柳州市第一中学 1947 年建校，始称柳江县中河南分校，次年定名柳江县第二初级中学。曾易名柳州市第二初级中学，柳州市第一完全中学，柳州市龙潭中学，1961 年起用今名。1956 年设高中部。学校领导班子始终坚持社会主义办学方向，坚持德育为首，教学为主的办学思想，解放思想，实事求是，大胆改革，勇于实践，积极探索中学素质教育模式，逐步走出了自己的办学路子，即：以全面提高教育教学质量为核心，以抓好教师队伍建设为根本，以搞好教育科研为先导，以大力推行现代化教育技术、深化教育教学改革为突破口，以倾斜设备投资、完善硬件建设为保障条件，以改革和强化内部管理为关键，构建“以课堂教学为中心，课内打基础，课外求特色，以家庭社会为依托”的全面实施素质教育整体框架，着力拓展富有一中特色的办学内涵。

海南省

嘉积中学

嘉积中学创办于 1917 年，原名“崇实学堂”，历经传承演变，1923 年改称“广东省立第十三中学”，是当时海南岛唯一的省立中学，也是当时海南最高学府。嘉积中学办学特色鲜明，艺术教育成果显著。学校紧紧依托琼海市“三色文化”，坚持特色兴校，走艺术特色的办学之路，坚持普及与提高相结合，课堂教学与课外活动相结合，把加强学校艺术教育作为实施素质教育的有效突破口，全面贯彻教育方针，坚持面向全体学生提高审美素养。嘉积中学艺术团成绩斐然，曾获国内外多项大奖，两次参加全国中小学生艺术展演均获一等奖，并荣获中央电视台全国电视舞蹈大赛铜奖，获邀赴维也纳、悉尼、泰国、中国香港、中国澳门等地演出，享誉海内外。嘉积中学的教育教学质量已经得到了各级领导和社会各界人士的一致肯定，教育部周济部长等曾专程到该校视察工作，并给予了高度评价。

河北省

河北衡水中学

河北衡水中学创建于1951年，是河北省首批示范性高中。近年来，学校按照“以人为本、科学管理、求真务实、质量第一”的指导思想，恪守“追求卓越”的校训，遵循“以学生发展为本”的办学理念，大力倡导“尊重的教育”，积极推进以“教会学生学习”为目标的教学改革。学校还构建了“高站位决策、低重心运行、近距离服务、走动式管理”的运行模式，极大提高了管理效益，为学校的可持续发展提供了有力保障。

石家庄二中

石家庄二中（河北省实验中学）创建于1948年9月，是河北省首批办好的重点中学、省对外开放窗口学校、省体育传统项目学校。学校先后荣获“全国教育系统先进集体”“全国德育先进学校”“全国群众体育先进集体”“全国精神文明建设工作先进单位”“河北省文明单位”等国家、省、市级荣誉称号40余项。学校办学经验作为优质教育品牌入选“清华大学校长职业研修中心”优秀案例。建校六十年来，学校坚持“以德立校，以人为本，从严治校，质量第一”的办学宗旨，形成了“坚毅、勤奋、诚朴、健美”的优良校风，“敬业、爱岗、团结、奉献”的两种精神，“志存高远，德业并进”的校训和“民主平等，尊师爱生，教学相长”的新型师生关系，实行尊重和赏识的教育，营造出独具特色的校园文化。

河北正定中学

河北正定中学直属石家庄市教育局，始建于1902年，由当时的正定府学和恒阳书院改设而成，坐落在国家级历史文化名城正定，是河北省历史最为悠久的首批重点中学和示范性高中。在百年的进程中，学校始终站在时代发展的前列，以培养人才、振兴中华为己任，以“明德、笃学、强身、报国”为校训，形成了“崇德尚学，育才报国”的优良校风，为国家培养出了以中科院资深院士张香桐、石家庄工人运动领袖高克谦、率部打响全国抗战第一枪的何基沣、著名诗人公木等为代表的一大批杰出人才。

石家庄十大名人中的张晓楼、高克谦、何基沣、公木均出自该校。

河北邯郸市第一中学

河北邯郸市第一中学始建于1945年10月2日，原名“邯郸中学”“河北省立邯郸中学”，是抗日战争胜利后我党在冀南地区创办的第一所中等学校，是晋冀鲁豫边区政府的直属学校，在解放战争及抗美援朝中起到了宣传队、干部预备队的作用。“文化大革命”后，是河北省首批命名的24所重点中学之一，河北省首批优先装备的13所重点中学之一，河北“岁月如歌声声远，事业如棋局局新”，这是邯郸市一中历史和现实的写照。六十年风雨里程，赢得桃李满天下。学校按照“一教会学生做人，二教会学生做学问”的育人目标，为新中国的诞生和社会主义建设事业培养了数以万计的优秀人才。原黑龙江省委书记岳歧峰、原中国驻联合国教科文组织秘书长贾学谦、原河北省文化厅厅长韦野、原河北省军区参谋长郎景书、现河北省副省长付双健、清华大学党委副书记杨振斌、中国加入世贸组织首席翻译袁园等都是他们当中的突出代表。如今，邯郸市一中已成为数以万计莘莘学子梦寐以求的学府和走向成功的殿堂，已成为邯郸市八百万人民心中的骄傲，有“邯郸小清华”之美誉，被市委、市政府命名为“邯郸市对外开放窗口学校”。省首批内部管理体制改革的3所试点校之一，河北省首批示范性普通高级中学。

河北定州中学

定州中学位于河北省定州市中心街，是河北省重点高级中学。定州中学始创于清乾隆三年（公元1738年），校名几度更迭，1986年随县改市，由省教委命名为“河北定州中学”。学校狠抓教育教学管理，坚持法制建设和道德建设相结合，依法治校和以德治校相结合的原则，向管理要质量，向管理要人才。在调查研究和广大教职员工酝酿、讨论的基础上，制定了一整套科学而有序的管理制度，从教职工到学生，从后勤到教学，从常规管理到质量管理，从过程管理到终结目标管理，都做到了有章可循，有规可依。并以此开展了评选师德标兵、学生最爱戴的教师、优秀青年教师、模范班主任和三好学生、优秀团员等活动。

河南省

河南师范大学附属中学

坐落在河南省新乡市的河南师范大学附属中学作为河南省教育厅直属学校、中国教育学会实验学校、河南师范大学教育实验与教育实习基地，河南教育学院教育干部培训考察基地，中央党校中共青少年党史教育活动基地，是一所具有示范性和实验性的全日制完全中学。创建于 1954 年。河南师大附中有着深厚的文化积淀，先进的办学思想，良好的办学传统，丰富的办学经验，精良的师资队伍，过硬的育人质量，在完成“两段走”发展战略第一阶段任务后，已进入第二发展阶段的关键时期。为了进一步提升办学层次，提高办学品位，打开学校事业新局面，学校以人为本立校、树人启智为办学理念，高举“三个成功”办学旗帜，积极深化教学改革，全面提高教育教学质量。

郑州一中

郑州一中创建于 1949 年 3 月 5 日。由当时的市立一中、二中、三中及私立明新中校高中部在书院街合并而成，定名“郑州市立高级中学”，由市委宣传部长漆鲁鱼同志兼任校长。有近 80 个教学班，近 5 000 名在校生。特级教师 5 人，高级教师多人。学校长期坚持全面贯彻党的教育方针，本着“以学生为本，培养学生自主发展”的教育思想，以增大学生学习自由度，改革教学内容和教学方法为理念；以提高课堂效率，减轻学生负担为切入点；以培养学生的创新精神与自主发展能力为方向。自 1998 年以来，郑州一中荣获“全国高中化学竞赛先进集体”“全国青少年体育工作先进集体”“河南省文明单位”“河南省依法治省先进集体”等省级以上荣誉称号 60 余次。在高考中，郑州一中从 1998 年以来，每年升入重点高校的毕业生都在 60%以上，其中每年被清华、北大录取的新生有 15 名左右。2002 年学科竞赛更是全面丰收，在数、理、化、计算机等学科竞赛中，获省一等奖的有 45 人，有 43 人被保送到清华、北大等全国重点院校，3 人被吉林大学外语专业特招录取。

南阳市第一中学

南阳市第一中学是河南省首批示范性高中。学校的前身是乾隆十六年（公元1752年）兴办的宛南书院，1903年光绪皇帝诏改书院为学堂。南阳市一中的校训是“博文约礼，成德达才”，它高度精辟的浓缩概括了一个学校的文化，成了南阳市一中文化发展的统领，它宏观的、永久的指导着学校全体成员应当怎么想，怎么做；指导着学校文化向什么方向发展；宏观地勾勒出学校的文化概貌、精神核心、风格气度和经过奋斗所能达到的高度、广度、精彩度。在学校中形成学生成长发展的浓厚的舆论氛围。利用中华民族五千年的光荣传统和民族精神，挖掘各学科材料中的德育内容，利用典型的人、事、纪念日及共建基地等资源，挖掘该校百年历史中的文化精髓，开展形式多样的德育活动。让学生通过活动体验、思考、模仿、吸纳、内化，培养浓厚的爱祖国、爱集体、爱社会主义的感情；懂得真、善、美的标准，提高辨别是非的能力；清楚在人格、情操、理想、抱负上应追求什么；获得抵御不良影响、诱惑和侵袭的能力。从而，使学生在自主性发展中得到精神动力上的保障和方向道路上的定位。

开封高级中学

河南省开封高级中学是由清末的“河南省大学堂”和“开封府中学堂”两所学校沿革而来的。河南省大学堂创建于1902年，1903年改为河南省高等学堂，1913年改称为河南省立第一中学，校址在开封前营门。开封府中学堂创建于1904年，1913年改称为河南省立第二中学，校址在开封大纸坊街。1927年这两所学校合并称“大一中”，及“河南省立第一中学”，校址在前营门和大纸坊街等地。开封高中秉承传统，注重创新，以“全面推进素质教育，为国培养高尖人才”为宗旨，培养了大批优秀毕业生输送到各类高等院校，十余年间我市涌现出的李纲、乐翔、周建民、柳超、孟进五位高考省状元，均为开高学生。学校特别注意高尖人才的培苗工作，竞赛成绩在河南省一直名列前茅，仅1992～2005年就有七百人次获市、省、国家级一等奖，其中石长春同学获第23届国际物理奥林匹克竞赛金牌，毋为庶、张伟分获全国中学生物理竞赛第一名和全国中学生力学竞赛第一名。每年都有一批优秀学生被清华、北大等高校提前录取。开高高尖人才培苗工作取得很大成绩，在清华、北大、在中关村，在哈佛、麻省理工、在硅谷，处处都活跃着开高莘莘学子的身影。

黑龙江省

哈尔滨师范大学附属中学

哈尔滨师范大学附属中学创办于1958年，是黑龙江省首批办好省重点中学之一。1999年被教育部确认为华夏基金会资助的“全国示范性普通高中建设项目学校”（全国四所之一）。2000年9月，首批通过了省级示范性高中评审验收。是享誉全省，在全国有一定影响的高级中学。“校风好，硬件全，观念新，师资强，质量高，特色明”是社会对哈师大附中的评价。哈尔滨师范大学附属中学是全军模范典型人物——苏宁的母校。多年来，学校把“吃苦、奉献、学习”的苏宁精神作为广大师生前进的精神动力，以“公、诚、勤、毅”为校训，采取评选“苏宁班”“校园之星”“文明班级达标”“五四优秀学生表彰”等形式，开展“学生值周”“学生校长”等活动，使学校呈现政令畅通，管理高效，人心思进的总体风貌。并进而形成了“团结务实、拼搏进取、崇尚卓越、追求一流”的校园精神和“刻苦、求实、生动、活泼”的校风。在此良好校风的熏陶下，离开校门走向全国的附中学生在各行各业都取得了突出的业绩，并获得广泛的社会赞誉。在新的教育形势下，哈师大附中的领导和教师，不因循守旧，不故步自封，始终站在教育改革的前沿。以“一切为学生成才而奠基”为办学理念，坚持“全面发展，学有特色”的办学思想，使广大教职员工认识到今天的教育是为学生的明天做准备，树立一切为学生未来发展的教育观，树立教育是发现并发展学生潜能的学生观，树立教育是涵盖于学生成长的每一步的德育观。向学生提供优质教育，满足学生的个性发展，并把学生看成资源人，挖掘学生潜能，塑造健全人格，使学生变得更善于思考，更有洞察力和追求成功的理想，能够在未来的竞争中，不断开拓。

大庆实验中学

大庆实验中学创建于1985年，1992年晋升为省重点中学，2000年首批晋升为省示范性高中。现为亚洲第二大高中。学校十分重视德育工作，充分发挥学校中学生党团校的阵地作用，不断强化学生的思想政治教育。先后有34名学生在校光荣地加入了中国共产党，2004年有4名学生被推荐为市优秀学生干部、二年级十二班（宏志班）被推荐为市先进班集体，1名学生被团省委评为“优秀团干部”、有12名学生被评为省“三好学生”、6名团员被市教育系统评为“优秀团员”、有3人光荣地加入了中国共产党；校团委被团市委授予“市模范团委”“青年志愿者杰出集体”“市先进基层团组织”、国家“五·四”团委等荣誉称号，并且在全省中小学团队工作会议上做典型汇报，受到了一致好评。全体教职工精诚团结，以把大庆实验中学“建成全国一流高中”为总体努力目标，以“永远追求职工生活的高品位、永远追求学生发展的高素质、永远追求教育教学的高质量”为座右铭，学校上下牢固树立“领导为教职工服务、教职工为学生服务、机关后勤为教学服务”和“学生至上、质量第一”的思想观念。学校的办学理念是：以人发展为本，激发生命潜能。

大庆第一中学

大庆第一中学位于黑龙江省大庆市龙南地区，是大庆石油会战初期（1961）成立的最早一所石油职工子弟中学，是大庆市首批办好的重点中学之一，黑龙江省重点中学，黑龙江省首批示范性高中。建校40多年来，“以大庆精神办学，以铁人精神育人”铸就了学校昔日的辉煌，曾数十次荣获原石油工业部先进教育集体和黑龙江省文明单位标兵等荣誉称号。学校始终坚持以大庆精神办学、以铁人精神育人的德育传统，凸显爱国主义教育主题，注意挖掘德育资源，发挥德育手段现代化优势，抓住德育目标和学生精神需求的结合点，使德育内容入脑入心，增强德育的针对性和实效性，培养出了全国学生标兵、大庆市“十大学雷锋标兵”等大批优秀学生。

鹤岗市第一中学

鹤岗市第一中学始建于1950年3月，1963年被省列为施行国家教育部颁发《全日制中学暂行工作条例（草案）》的重点中学，1980年被省批准为首批办好的重点中学，1992年在全省重点中学评估检查中，被评为省先进重点中学，1998年被省委、省政府命名为省级文明单位标兵。2000年首批跨入省级示范性高中行列。2004年被评为全国绿色学校。2005年被评为全国文明单位、全国百强中学。在改革和加强德育工作中，学校提出了以教会学生做人为主的德育目标，创立了“五自、四敬、三不”的德育总体要求，在管理内容上做到“四化”，即特色化、层次化、多样化、社会化，确立“温馨德育，和谐校园”的崭新德育工作理念，从而使该校思想品德教育工作逐步由封闭型转变为开放型，充分发挥了各方面的教育功能，使广大学生坚定了建设社会主义信念，逐步树立起正确的人生观、世界观和价值观，学生的思想面貌为之一新，近十年来有 64 名优秀学生加入中国共产党。

湖北省

华中师范大学第一附属中学

是全国著名的重点中学、湖北省政府命名的唯一窗口学校。学校前身中南实验工农速成中学，创建于 1950 年 9 月。1985 年改名为华中师范大学附属中学，前国家主席李先念为学校题写了校名。1997 年评为省级示范学校，2005 年学校整体搬迁新校区(武汉东湖开发区汤逊湖北路特一号)。2005 年 10 月通过湖北省示范学校复评。建校以来，学校坚持正确的教育方针，严谨治校，办学水平不断提高，并形成了优良的校风。形成了“发展教育”的办学特色。学校秉承“追求卓越，永争第一”的华师一附中精神，凝练出了“厚德博雅、笃学敏行”的新校训。学科竞赛、高考成绩连续十余年雄居湖北省第一或前列，德育、心理教育、科技、体育、艺术活动卓有成效。1988 年以来，学生获国际中学生奥林匹克竞赛化学、物理、计算机、生物学金牌 12 枚，银牌 2 枚，铜牌 1 枚，全国一等奖累计 500 多人次。

黄冈中学

湖北省黄冈中学坐落在美丽的长江之滨，巍峨的大别山南麓，与优美的西山风景区相望，与著名的东坡赤壁相邻。学校创建于 1904 年，早在 1953 年就被湖北省政府首批确定为省重点中学，办学历史悠久，文化底蕴深厚。巍巍青云塔，承载着文人学士的济世情怀，坐落在黄冈中学的临皋亭，留下了北宋文学家苏东坡的诗人风雅。在各级领导的亲切关怀下，学校先后获得“全国教育系统先进集体”“全国德育先进学校”等荣誉称号，三次被评为“全国精神文明建设先进单位”，两次被评为“全国百强中学第一名”，并荣获“全国五一劳动奖状”“湖北省先进基层党组织”等荣誉称号。黄冈中学全面贯彻党的教育方针，全面实施素质教育，积极推进教育教学改革，形成了“博观约取，厚积薄发”的教学理念。这一理念把“博”与“精”“知”与“行”有机结合起来，成为指导教育教学的指南。提出了“宽而有度，和而不同”的办学思想，宽容而不失规范，和谐而不失个性。先进的教育理念，极具特色的办学思想，树起了“全国普通中学的一面旗帜”，引领学校成为“英才基地，国手摇篮”。

武汉钢铁集团公司第三子弟中学

武钢三中全称是武汉钢铁集团公司第三子弟中学，坐落在武汉市青山区长江之滨。1978 年被命名为首批湖北省重点中学，是“中国数学奥林匹克协作体核心学校”、华中科技大学“艺术人才培养基地”，中国百强中学。学校全面贯彻教育方针，奋发进取，锐意改革，办学理念先进，培养目标明确，逐步地构建起了“自主创新教育”模式，形成了自己的办学特色。办学理念：着眼于学生的终身发展，着重于学生的全面发展，着力于学生的个性发展。培养目标：培养素质全面、基础扎实、个性优良、特长突出的具有发展潜质和创新品质的二十一世纪新人。

黄石二中

始建于 1955 年，1978 年确定为“湖北省重点中学”，1994 年成为湖北省首批四所“示范学校”之一。1998 年由天津路老校区整体迁入现址。学校坚持“以人为本，和谐发展”的办学理念，以“全省起示范，国内创一流，国际争影响”为目标，坚持“自主发展，民主管理”的办学特色。在多年的探索和创新过程中，黄石二中逐渐形成了自己独具特色的教育体系和教学风格。突出德育，是黄石二中教育的核心基础，学校先后制定了《德育工作纲要》《德育工作实施细则》《各年级德育工作目标及实施方案》等制度，在不同年级开展主题不同的教育活动，使有针对性的德育贯穿学生校园生活的始终，学校重视对学生进行法纪教育、思想教育和道德教育，学校积极与当地驻军、企业建立联系，开展警校共建和多种社会实践活动，学校还创办了家长学校，建立起了学校、家庭、社会相结合的德育网络。

襄樊市第五中学

襄樊市第五中学是湖北省重点中学，坐落在汉水中游的古襄阳城。学校始建于清光绪 28 年（公元 1902 年）。在教学实践中，该校大力实施素质教育，积极推进教学改革，积极进行“理想的教育”的办学模式实验，力求让每一个学生的潜能都能够得到充分的发挥，让每一个学生都能够得到成功的体验，让每一个教师都能够享受到教书育人的乐趣。通过实施这一实验，让学生形成“崇尚礼仪、崇尚科学、崇尚创造、崇尚第一”的品格，把学校办成“先进教育理念的实验园、先进教学技术的示范园、先进人才的百花园”。

沙市中学

湖北省沙市中学（原沙市三中）创办于 1941 年 11 月，多年来学校坚持全面贯彻教育方针，不断弘扬以“上善若水”为内核的习坎精神，赢得了诸多荣誉。学校一贯重视德育，把学生思想政治工作放在学校工作的首位。从 20 世纪 80 年代以来，学校对德育工作进行了认真的总结和探索，建立了一整套科学的德育体系。《人民教育》《光明日报》曾分别报道了学校德育改革的经验。

十堰东风教育集团第一中学

建校时间：1978 年 5 月 11 日。学校前身：第二汽车制造厂第一中学、东风汽车公司第一中学、十堰东风教育集团第一中学。在东风高中，先人们的经典诗词歌赋被镌刻在花坛的周围，时刻提醒着学子们要以璀璨的中华文化为荣，且不要忘记祖国过去的耻辱，要立志报国！建校三十多年来，东风高级中学以其骄人的业绩在鄂西北，乃至荆楚大地迅速崛起，先后被授予“全国百强中学”“省级德育工作先进单位”“省级经贸系统先进单位”“东风汽车公司最佳文明单位”“省级教改名校”“省级校园管理先进单位”“省级园林式学校”“市级花园式学校”“市级军民共建先进单位”“十堰市五一劳动奖状”等光荣称号。

湖南省

雅礼中学

雅礼中学是一所历史悠久、质量一流、特色鲜明、具有国际影响力的百年名校。一百年前，正值科举废弛，新学兴张的教育变革时期，美国耶鲁大学民间团体雅礼协会远涉重洋来到长沙，于 1906 年 11 月 16 日在长沙西牌楼创办了“雅礼大学堂”。“雅礼”之名既来自《论语》“子所雅言，诗书执礼”，又是“yale（耶鲁）”之音译。一百年间，雅礼中学先后历经长沙私立雅礼中学、湖南私立雅礼中学、解放中学、长沙市第五中学等阶段，校名几易，1985 年 8 月经湖南省委省政府同意复名为“长沙市雅礼中学”。学校坚持全面实施素质教育，关注学生的全面发展，重视学生的能力培养。2004 年，《科技导报》以“一个理念，三大策略”为题对雅礼中学的办学育人成绩做专题报道。2006 年 5 月，《人民教育》以“让学生成为个性的海洋”为题报道学校育人情况。2006 年 9 月，《长沙晚报》以“全人格教育熏陶雅礼气质”为题，推介雅礼育人经验。

长郡中学

湖南省长沙市长郡中学系省重点中学，位于长沙市黄兴南路 309 号，学校占地 58 亩。学校创立于 1904 年，当时正值清朝末年，废科举，兴学堂，长沙知府颜钟骥创办长沙府中学堂，是当年唯一的府立中学堂。1912 年，民国建立，废除府制，长沙府所属各县有识之士倡议，集中人才、物力、财力办府中学堂，定名为湖南长郡公立学校。1914 年采各县联合办学方式，改名湖南第一联合县立中学。此后又先后更名为长郡公学、湖南第一联合县立中学、湖南长郡联立中学校、长沙市第一中学、长沙市第二中学，1984 年恢复为长郡中学。改革开放以来，学校认真贯彻党的教育方针，全面实施素质教育，在继承传统的基础上，遵循办学规律，按照“改革、实验、示范、高质量、现代化、有特色”的办学思路，积极推进教育教学改革和学校管理体制的改革，向教研教改要质量，从而使学校工作得到整体推进，办出了规模，也办出了特色。

衡阳市第八中学

衡阳市第八中学是衡阳市一所完全中学，始称湖南私立成章中学，1907 年创建，1953 年更名为衡阳市第八中学。该校素有湘南名校之称，曾四次定为湖南省重点中学，1993 年成为湖南省挂牌重点中学。附属初中为衡阳市成章实验中学。八中的目标是把八中办成全国示范性高中。办学思想：全面育人，科学育人，质量为本，和谐发展。八中教风：严谨精业，合作创新。八中学风：博学慎思，明辨审问。八中精神：自信自强，团结奋进，敢当第一，勇创一流。八中校训：从高从严，求真求美。领导作风：民主团结，务实高效。

浏阳市第一中学

浏阳一中创办于 1929 年，始称浏阳公学，其办学历史可以追溯到维新先烈谭嗣同于 1895 年创办的新算学社。1963 年学校被评为湖南省首批重点中学，1996 年通过湖南省重点中学重新评估验收，2004 年被授予“湖南省示范性高级中学”称号。校园环境优美，文化底蕴深厚。校园内古樟掩映，绿树成荫；植物园曲径通幽、鸟语花香；小桥流水和亭台轩榭相得益彰，古典建筑与现代楼宇交相辉映。江南第一文庙——浏阳文庙，昭示着中华文化的源远流长；谭嗣同新算学馆，开创了湖南新学之先河。谭嗣同倡导“自强不息，敢为人先，西体中用，兼容并包”的革新思想，构成了校园文化的精髓。学校聚山水之秀，钟人文之气，地处闹市而无喧嚣，校居繁华而享幽静，是理想的治学育人、求学成才之地。学校建立了“以德育人、全员参与、自主管理、三位（学校、社会、家庭）一体”的德育工作体系，为学生的健康成长创设了一个良好的育人环境；形成了“以人为本、激励创新、人尽其才、充满活力”的人事管理机制，为广大教师提供了一个不断进取、施展才华的发展平台。质量立校，科研强校已成为全体教职工的共识，学校教育教学质量在全省名列前茅。

宁乡一中

宁乡一中历史悠久，1912 年，由伟大的民主战士、革命家、教育家朱剑凡先生毁家兴学，创办于长沙市古稻田，并亲任校长，时名为湖南省省立第一女子师范学校。1938 年长沙大火后，学校搬迁至湘潭，后辗转娄底、安化等地，1941 年更名为“省立五中”。1951 年搬迁至宁乡，1952 年定名为湖南省宁乡县第一高级中学。一个世纪以来，学校几迁校址，几易其名，历尽艰难，但一中人精神永驻，栉风沐雨，奋斗不息。学校以“育人为本，培养真人、能人、超前人”为办学理念，以“两全面”（全面贯彻党的教育方针、全面实施素质教育）和“四学会”（学会做人、学会学习、学会生活、学会健体）为办学思想，以“升学预备教育”为办学模式，秉承“诚、信、勤、朴”的传统校训，保持和发扬严谨规范的校风、敬业乐群的教风、勤学多思的学风，形成了“全面＋特长”的办学特色。

吉林省

东北师范大学附属中学

东北师范大学附属中学创建于1950年。学校现有自由、青华和明珠三个校区，包括小学、初中、高中三个学部，总占地面积97900平方米。全校有一线教职工572人（含外聘教师和职员），146个教学班，8654名在校学生。学校第一任校长为我国著名教育家陈元晖先生，现任校长李桢博士，党委书记史亮同志。20世纪80年代末，学校以“研究型”“实验性”的特色，跻身于全国知名重点中学的行列，成为全国“教育系统先进集体”和“德育先进校”。21世纪初学校获得“长春市模范集体”“吉林省模范集体”“全国五·一劳动奖状”“国家级体育传统项目学校”“全国教育科学‘十五’规划重点课题研究基地校”“现代教育技术实验学校”“全国学校对口支援工作先进单位”等称号。

吉林省实验中学

吉林省实验中学始建于1948年，是省教育厅直属的省首批办好的重点中学。学校在教育教学实践中形成了“笃学、践行、求是、创新”的校风；“严谨、多思、善诱、精深”的教风；“刻苦、灵活、互助、进取”的学风。提出了“以学生发展为本，为学生终身负责”的办学理念，确定了强化教育科研，打牢知识基础，发展创造思维，培养创新人才的教学目标。确定了培养“基础扎实、特长明显、身心健康、素质全面的创新型人才”的育人目标。学校已成为吉林省基础教育战线的旗帜学校、全面贯彻党的教育方针的示范学校、教育教学改革的实验学校。2003年3月，龚玲校长光荣当选为十届全国人大代表。

江苏省

南京师范大学附属中学

南京师范大学附属中学是一所发展中的百年老校，是江苏省重点中学、江苏省模范学校、首批国家级示范高中，其前身可以溯源至清末两江总督张之洞1902年创办的三江师范学堂的附属中学堂。在一个世纪的办学过程中，学校十易校名，六迁校址，以慎聘良师、锐意实验、校风诚朴、善育英才而著称。进入21世纪，学校正在构建“塑造创造性人格”的育人模式，推动高层次、高质量的素质教育，使学生的素质得到全面均衡又富有个性的发展。

苏州中学

公元1035年，北宋政治家、文学家范仲淹在今苏州中学校址上创办苏州府学，首开东南兴学之风。从公元1035年至今，苏州中学走过了近千年的历程，提出并强调“让更多的学生有更好的发展，以科学的方法求和谐的发展”以及“融合东方文化与西方文化，融合现代文化与传统文化”的教育理念。形成并落实“将素质教育与教育质量落实于每个人每件事”的工作思路和“管理重心到年级、德育重心到班级、教学重心到个人（教师和学生）”的重心下移管理策略。提出“有底蕴，更要有底气”“历史只能证明过去，我们要证明自己”以及“今天我们以历史为荣，明天要让历史以我们为荣”的创新历史观。提出“师德带动生德，教风引领学风”以及“爱校如家，爱生如子”的教师精神，并倡导以“职业快乐”为主题的教师人生观价值观教育，进一步提升教师团队的精神面貌和整体素质。在新课程的背景之下、在不加班加点的状态中，学校坚持遵循教育教学规律，以科学方法提高教育质量，尤其注重探索科学的教学管理方法，并将其转化为过程管理、目标管理、个体管理等三个方面，通过实施“学生学业水平自我评价”来促进学生的自主学习、主动学习、智慧学习，最终力求借助控制论思想形成生机勃勃的内动力系统。在强调落实教学“六认真”的同时，提出并强调把握教学“七适度”，以此促使教师的教学态度和教学科学水平的不断提高。强调“主动、创新、科学、细致、到位”的十字管理精神，并努力使之成为全体教职员工的工作精神，成为学校新时期的教风。确立理想学校的愿景，全体师生员工共同追求，责任感：一种从校长传递到主任、传递到教工、传递到学生，大家都具备的高度的责任心，对自己负责、对他人负责、对集体负责、对学校负责、对社会负责、对国家负责。幸福感：一种从家庭美满、从身体健康、从理想实现、从人际和谐、从工作成就、从转变学生、从帮助别人、从解决难题中都能获得的非物质的非狭义的幸福观。成就感：一种从自身发展、学生发展、学校发展中去获得自信、获得成功、达成目标、实现理想的积极人生观。

常州高级中学

江苏省常州高级中学，创办于1907年，1953年被确定为江苏省首先办好的十四所中学之一，1960年在全国文教群英会上荣获“全国先进单位”称号，1984年成为全省12所大改试点学校之一，是江苏省首批创建的国家级示范高中，先后多次被评为江苏省文明单位、江苏省模范学校。现有班级34个，学生1565人。省常中的办学理念是：全面推进素质教育，确立先进的教育价值取向，积极探索社会主义市场经济要求和符合教育自身规律的现代办学体制，实施品牌教育，提高学校的发展力和凝聚力。崇尚民主和科学的管理模式，建设敬业精神和专业素质兼优的教职工队伍、塑造科学素质和人文精神兼备、创新精神和实践能力并存、具有较强自主发展意识和能力的优秀人才，把学校办成和谐发展的开放型学习化组织。学校坚持以人为本，全面发展，学有特色，是江苏省德育先进学校，省青少年科技教育特色学校，全国、省体育卫生工作先进集体和先进单位。学校重视教育现代化硬件建设，提高数字化的利用效率，是全国现代教育技术实验学校。学校加强与国内外高校、教育研究机构的合作交流、重视各类教育资源的整合，不断深化教育改革，发挥重点中学的实验、示范、辐射作用。学校向教改要质量，向科研要效益，重视研究性学习、自主性学习的开展和评价，努力促进学生潜能的发展。严谨、科学的教育教学结出了丰硕的成果，多年来，各学科竞赛和高考本科进线率均在全省名列前茅，2000年、2001年分获第41届世界中学生数学奥赛金牌和第13届世界中学生信息学奥赛铜牌。

启东中学

江苏省启东中学创办于1928年，现占地260.14亩，建筑面积10.5万平方米，1990年4月，成为江苏省首批办好的重点中学；1997年更名为江苏省启东中学；1998年4月，顺利通过“国家级示范性普通高中”的评估验收，2003年12月成为江苏省首批四星级学校。教学质量一流。学校坚持“面向全体学生，促进全面发展，培养特色人才，为学生的终身发展奠基”作为自己的办学理念，高考连续十多年名列江苏前茅，每年都有15人左右考取清华、北大。

海门中学

创建于1912年，是全国最早在当时的教育部注册备案的私立完全中学之一。1954 年，学校被江苏省人民政府正式确立为江苏省首批省属重点中学；十一届三中全会以后首批重新恢复为省重点中学；1990 年首批通过江苏省重点中学检查验收；1998 年，首批通过江苏省国家级示范性普通高中检查验收。近年来，学校坚持社会主义办学方向，以全面贯彻党的教育方针、坚持面向全体学生、促进学生全面和谐发展为宗旨，遵循教育规律，深化教育改革，推进素质教育，大力实施教育现代化工程，在科学管理、人本师训、校本课程三个方面取得了突破性进展，形成了“现代化、高质量、示范性、有特色”的办学风格。1990 年以来，学校获省部级以上表彰 21 次，先后被评为全国贯彻《体育卫生条例》优秀学校、全国勤工俭学先进集体、全国电教示范学校以及江苏省德育、党建、治保、群体、劳技、教科研、绿化、校园、电教示范、勤工俭学等先进学校，2 次被评为江苏省模范学校，连续 6 次被评为江苏省文明单位。

泰州中学

江苏省泰州中学始于 1902 年在宋代著名教育家胡瑗讲学旧址上创立的泰州学堂，是一所历史悠久、文化底蕴深厚、具有优良办学传统的百年名校，是中国百所知名中学之一。学校先后被评为省属重点中学、国家级示范高中、省四星级高中。在长期的办学实践中，学校逐步形成了“和谐、求实、进取”的校风，“忠诚、谨业、创新”的教风，“好学、善思、致用”的学风和“平和从容，博雅大气”的办学风格，办学实绩硕果累累，为国家培养了大批优秀人才。近几年来，学校确立了“明理达用”的校训、“倡导负责任的教育”的办学理念、“领袖风范、领军人物”的育人目标，彰显“精品化、多元化、现代化”的办学特色。作为“全国首批百所高中特色建设项目学校”，泰州中学大力加强教育教学管理与创新，深化素质教育，教育教学质量和学校美誉度不断提升，高考成绩省市一流，每年有一大批优秀学子录取清华大学、北京大学、中国人民大学、复旦大学、南京大学、香港大学及国外知名高校，成为全国 39 所中学首批获得北京大学“中学校长实名推荐”资质学校之一。在扩大国际交流方面，先后接待了来自美国、澳大得亚、日本、韩国、英国等国家的代表团，并与澳大利亚特拉蕾根中学结为友好学校，正常进行师生互访交流活动。学校已先后开办雅思英语班、苏教国际班、韩国留学生班等班型。

江苏省如东高级中学

江苏省如东高级中学创建于1938年，是一所闻名遐迩的国家级示范性普通高中。该校坐落在美丽富饶的长江三角洲平原，东濒浩瀚南黄海，南饮甘甜长江水，毗邻国际化大都市上海，隶属于“近代第一城”南通市。学校以先进的办学理念，现代化的教学设施，雄厚的师资力量，显著的办学实绩，赢得众多的荣誉，成为中国大地上一颗璀璨的教育明珠。在长期的办学实践中，学校德育工作形成了机构健全——课程渗透——活动强化——环境熏陶——实践养成——科研深化——管理保证的运行机制，形成了具有自身特色的“三校三课”立体教育格局，多方位引导学生树立正确的世界观、价值观和人生观。

江西省

江西师范大学附属中学

江西师范大学附属中学坐落在南昌市北京西路立交桥东侧，是江西省优秀重点中学。创办于1954年9月，原名江西师范学院附属中学，建校近五十年来，附中以其师资力量强，教学质量高，校风优良，人才辈出而在高等院校和社会各界中享有很高的声誉。学校始终把德育工作放在首位，积极引导学生在德、智、体、美、劳诸方面健康成长。以教育学生学会做人为中心，培养学生“做有责任的中国人”，开展内容丰富、形式多样、格调高雅的系列教育活动，有效地激发了学生崇尚科学、追求真理、刻苦钻研、大胆探索的求知热情和参与意识，同时，调动社会各种教育力量协调配合，形成了学校、班级、家庭及社会齐抓共管的思想教育工作网络，教育学生树立正确的世界观、人生观、价值观，教育学生立志成为祖国的栋梁之材。长期以来，师大附中坚持德育为首，坚持依法办学、以德立校。做人、学习及各方面良好习惯的养成、能力的培养、人格的塑造，是附中教育最注重的，教育教学不仅对学生中考、高考负责，更是对学生的一生成长和进步负责。附中在长期的德育实践中已经形成了“一个校训、三个好、四个有、五个方面”的人才培优观。一个校训是：做有责任的中国人，“三个好”是：做人、学习、生活做到习惯好、方法好、心态好，“四个有”是：为人处世要体现有礼节、有思想、有方法、有品位，“五个方面”是：优秀人才成长表现为身心强健、基础厚实、人格健全、勇于创新、善于进取。附中倡导全体学生“科学学习、全面成长”。

南昌市第二中学

南昌市第二中学的前身心远中学创建于1901年，与天津南开、长沙明德同为当时中国三大私立名校之一。中国近代思想先驱严复，与心远创始人熊育锡过从甚密，互致信函一百余封，亲为商讨办学大计，推荐教师，撰写校歌，题写校训。1949年9月10日，改名为江西省立第二联合中学。1953年中学改市级建制，正式定名为南昌市第二中学至今；成为教育部在全国重点联系的30所中学之一。学校明确教学目标任务，实施能级管理。学校管理工作，围绕学生“健康、成人、成才”的目标，以德育为主导，以教学为中心，以质量为根本，沿着教师和学生两条系统展开。注重教师与学生共同发展，以教师的发展促进学生的发展，以教师的提高确保学生的提高。

白鹭洲中学

学校前身为江南四大书院之一，公元1241年创建的白鹭洲书院，是中国连续办学史最长的学校之一。悠久的办学历史形成了“崇尚气节，建功立业”的优良校风，培育了民族英雄文天祥、著名诗人刘辰翁、革命家曾延生、陈正人、黄欧东和中科院院士王梓坤等数以万计的仁人志士。悠久的文化和独特的风姿，吸引了徐霞客、郭沫若、田汉等古今文人墨客及国内外友好人士来此览胜。该校坚持以生为本，依法治校，以德育人，科研强校。师生志行高洁，教风正、学风浓，校园秩序井然。学校德育具有鲜明特色，拥有白鹭洲书院遗址、中山院、文山院等人文景观，继承和发扬了白鹭洲书院以来的办学理念，并将其概括为校训：“崇尚气节，建功立业”，以此激励学生。

新余市第一中学

江西新余市第一中学建校于1943年，现有专任教师360人，6 000余名在校学生，是全国“现代教育技术实验学校”、江西省“现代教育技术示范学校”、江西省首批“优秀重点中学”、“江西省德育示范学校”、连续九届“江西省文明单位”。1983年以来共获得20余项国家级、40余项省级集体荣誉。新余市第一中学是江西省优秀重点中学，江西省文明单位，在省内外均具有较高知名度。多年来，新余一中围绕“创一流学校，育一流人才”的办学目标，实施科学规范的管理，营造了学校以育人为本、教师以敬业为荣、学生以成才为志的良好校园氛围，并以优良的校风、教风、学风和一流的教育质量享誉省内外。新余一中现已列入江西省首批示范性高中评估验收单位。

辽宁省

东北育才中学

东北育才学校于 1949 年建校。现在是直属沈阳市教育委员会管辖的一所辽宁省重点中学。改革开放以来，东北育才学校贯彻邓小平同志教育思想和战略思想，坚持改革、发展、创新，树立了"现代教育是面向全体学生，尊重个性，承认差异，允许选择，因人施教，因材施教，人尽其才的教育"的教育观念。创建了为高层次创新型杰出人才培养打基础的中学素质教育模式，取得了突出的办学成果，1999 年被省政府评为省先进集体，省模范学校。近几年来，东北育才学校深入进行了教育教学改革，全面实施素质教育。在德育工作中实施了《东北育才学校德育系统工程》，使德育成为硬性实体，形成立体教育网络，达到知识性德育，养成性德育和情感性德育有机的统一；在教学工作中进行了研究性学习、双语教学、分层次教学、考试评价改革、信息技术与学科教学整合、高中学分制、导师制、建立科学研究实验室等多项教学改革实验，取得了很好的成果。

辽宁师范大学附属中学

辽宁师范大学附属中学创建于 1952 年，1960 年被确定为辽宁省首批重点高中，2003 年又被确定为辽宁省首批示范高中。学校坐落于大连市星海湾畔的黑石礁，地处高新技术园区，依山傍海，自然环境优美。原辽宁省省长薄熙来题写的校训"做新世纪的主人"，于植元先生题写的"自强不息"，匠心独运的校园小品：振衣、思源、方圆、他山之石，以及"团结、求实、勤奋、创新"的校风、"律已、爱生、严谨、奉献"的教风、"博学、善思、刻苦、进取"的学风，形成了浓郁的校园人文气息。

阜新市实验中学

阜新市实验中学坐落在煤电之城阜新市区，是辽宁省教育百花园中的一朵奇葩。学校始建于 1942 年，经过半个世纪的风雨历程，以其骄人的成绩蜚声省内外。阜新市实验中学是辽宁省重点中学，是辽宁省政府命名的十所模范学校之一，是辽宁省委、辽宁省政府命名的文明单位，是全国百强中学，是省教委命名的电化教育先进校和教育部命名的全国培养体育后备人才试点学校。学校在不断继承、吸收和创新中，形成了严谨、勤奋、求实、创新的学风；刻苦钻研，甘于奉献，追求卓越的教风和全心服务教学，作风民主，务实公正、廉洁、自律的领导作风。集 50 年的办学经验，学校制订了全面打好基础，发展个性特长、培养创造才能，鼓励奉献精神的培养目标，确立了实验性、示范性、高优质、有特色的办学思想。

内蒙古自治区

呼和浩特市第二中学

内蒙古呼和浩特市第二中学坐落在呼和浩特市呼伦南路，地处市中心。它始建于 1942 年，为私立奋斗中学。1942 年初建时，仅有两个初中班、学生不足百人、教工 10 人、两间借用的房屋，设施简陋。发展到今天呼市二中有高中 45 个班、学生2 700余人、教职工 220 余人，仅教学和办公用房即达21 268平方米，设施完善而先进。学校始终贯彻执行党的教育方针，坚持“以人为本”的教育思想，把“依靠一流的师资、实施一流的管理、培养一流的学生、办成一流的学校”作为办学的奋斗目标，教育教学质量逐年提高。先后获得“全国教育系统先进集体”“国家奥林匹克教育示范校”“全国体卫工作先进学校”“全国五四红旗团委”“教育部劳动技术教育先进学校”“十五国家级重点课题德育科研先进学校”“全国外语教研示范校”“全国绿色学校”“内蒙古自治区文明单位”“内蒙古自治区普通高中管理先进学校”“内蒙古自治区科研实验基地”“内蒙古自治区德育先进学校”“内蒙古自治区绿色学校”等称号，并首批跨入“内蒙古自治区普通高中示范校”行列。在 2007 年高考中，该校学生金朦、高鹏同学分获自治区文理科状元。

杭锦后旗奋斗中学

奋斗中学是一所历史名校，由著名爱国将领傅作义先生1942年在抗日烽火中创办。学校以“强化管理，增加内涵发展，打造师资队伍”为指导思想，坚持“全面＋特色，合格＋特长”的办学目标和“学生为本、教师强校、科研兴校、品牌立校”的办学理念。十六字方针是蕴涵着管理为先，以管理为条件的潜藏意义，在对学生、教师的管理上，我们引入了ISO9001服务意识、满意度测评的先进管理理念，并且明确了管理的新思路，即管理＝规范＋培养发展＋服务意识，让管理超越了“管人”的狭窄范畴，开拓了管理的视野。

山东省

山东师范大学附属中学

山东师范大学附属中学是位于山东省济南市的一所省级重点高级中学，创立于1950年，前身为山东省第一工农中学，是山东省首批重点高级中学。学校目前有两个校区，有教学班80余个，学生5 000余人，教师约300人。学校的校风是“文明、勤奋、求实、创新”，学风是“刻苦、勤奋、谦逊、进取”，教风是“教书育人、治学严谨”，校训是“爱校、爱教、爱学”。学校每年学科竞赛报送人数及高考入学率方面均居济南市和全省前列。学校以鲜明的办学特色和卓越的教学成绩备受社会赞誉。

青岛二中

青岛二中始建于1925年，由一所小学（现青岛江苏路小学）内设女子中学班发展而来。第一批录取的学生共有25人，校长是连索兰卿女士。在学校八十年的发展历史中，二中始终坚持以人为本，全校师生以“敬教、乐学、育人、报国”为校训，形成了“勤奋、严谨、团结、朴实”的校风，不断取得新的办学成绩，不断丰富着二中的文化底蕴。进入新世纪，二中人又响亮地提出了“深化素质教育、优化教育资源、凸显办学特色、创建国际名校”的办学目标和“造就终身发展之生命主体”的育人目标，逐步形成了“开放·自主”的办学特色。学校始终坚持按照教育规律办学，大力推进“成功园丁模式”“创新教育模式”“学生自主发展模式”和“开放办学模式”。这使得新时期的青岛二中，更加理性明智地思索自身的办学追求。

潍坊市第一中学

山东省潍坊市第一中学创建于1913年，前身为潍县县立中学，1952年正式更为现名，并被确定为省重点中学，1978年被确定为山东省首批办好的重点中学，1994年被评为山东省规范化学校、山东省首批艺术教育示范学校。2000年4月，通过国家级示范高中省级验收，成为目前山东省唯一一所通过省级验收的国家级示范性中学。2004年被确定为山东省新课程改革定点联系校。学校认真贯彻党的教育方针，全面实施素质教育，大力推进课程改革。多年来，学校为国家培养了数以万计的优秀人才，每年都有一批学生考入国内外著名高等学府，每年都有一批学生因各类竞赛全国获奖被各著名大学提前保送录取。学校以办学理念先进、教育教学设施一流、师资力量雄厚、管理规范、教育教学质量高而誉满齐鲁，是全国知名的人才摇篮，先后获“全国中小学德育工作先进单位”“全国电化教育科研学校”“全国体育传统项目学校”“全国奥林匹克竞赛数学、物理金牌学校”等全国、省市荣誉称号逾百个。

寿光现代中学

寿光现代中学创办于1999年，位于弥河西岸，占地460亩，建筑面积18万平方米，投入2.3亿元。寿光现代中学坚持“质量立校、特色强校、和谐理校”的治校方针，努力构建书香校园、数码校园、温馨校园，大力实施人性化管理、个性化教学、亲情化教育，创一流业绩，铸一流品牌。2001年被评为省级规范化学校；2002年入选“中国名校600家”；2007年入选“中国百强中学”；是“全国创新教育示范校”；“全国奥赛金牌学校”；“山东省师德建设先进单位”；“山东省文明单位”。

莱州市第一中学

莱州市第一中学是一所百年齐鲁名校，创办于1905年，其前身是“莱州府官立中学堂”。一百年来，始终以民族振兴和社会进步为己任，秉承“诚勇”校训和“行胜于言，自强不息”的优良校风，先后为国家和社会培养了四万多名优秀人才。进入21世纪，学校以创建全国名校为目标，坚持“一切为了学生全面而有个性发展”的办学理念，不断做大做强优质教育资源，全面提高教育教学质量，使学校发展成为一所享誉省内外、全国知名的高级中学。学校按照“文理并重，宽实基础，兼顾特长，全面发展”的思路，设立文科部、理科部和音体美专业教学部，创办留学生预备班，形成了以普通高中教育为主体，音体美教育为特色，涉外教育为辅助，各科齐头并进、专业化发展的教育教学格局，满足了各类学生的发展需求。

山东招远一中

前身是招远中学，始创于1924年。现在的招远一中创立于1951年，1952年改名为省立招远第一中学。1992年撤县设市时改用此名。多年来，招远一中始终坚持“以人为本、以质量为本”的办学理念，不断更新教育观念。始终坚持感情留人，待遇留人，事业留人，机制留人。始终做到一切为了学生，为了学生一切，为了一切学生。近年来，招远一中确立了“办特色学校，创全国名校”的办学方针；以培养学生的创新精神和挑战未来的能力为教学重点，始终坚持管理育人，教书育人，服务育人，环境育人。通过教学课堂、活动课堂、隐性课堂、社会课堂，全面提高学生素质。

山西省

太原五中

太原五中创办于清末光绪三十二年（1906），是山西省城太原创办的第一所官办中学，从最初的“山西公立中学堂”“山西省立第一中学校”，到“太原市第五中学”，走过了百年历程。2003年以来，学校在德、智、体、美等方面获得了多种殊荣，被评为太原市德育工作模范学校；太原市文明单位；初、高中获太原市教学管理、教学质量一等奖；被评为山西省新课程试验先进单位；全国青少年体育工作先进集体和全国学校艺术教育工作先进单位；高考成绩连年获太原市第一。

康杰中学

康杰中学创建于1945年4月，原名“晋冀鲁豫边区太岳行政干部学校第五分校”，由当时太岳地区地委书记柴泽民同志出任第一任党委书记，专员金长庚任校长。学校先后更名为“太岳第五中学”“晋南中学”“公立运城中学”，1952年5月1日，山西省人民政府为纪念晋南地区最早的共产党人、优秀的革命家、教育家嘉康杰烈士，将学校命名为“山西省康杰中学”。1953 年接受省教育厅考察，被确定为全省六所重点中学之一，1954 年，被教育部核定为全国 30 所直接联系的重点中学之一。目前，学校在校长路胜利的带领下，从育人的终极目标出发，将学生的终身发展作为工作的出发点和落脚点，提出并践行着“以人为本、全面发展、彰显个性、追求卓越”的办学理念，以“培养有知识的康杰人，有文化的康杰人，有思想的康杰人，大气的康杰人”为育人目标，坚持“用欣赏的眼光看待学生的优点，用发展的眼光看待学生的缺点”的育人原则，“关心每一个学生，关爱有困难的学生，关注所有的学生，不放弃任何一名学生”，在全校上下形成了“只有有了教师的真正发展，学生的真正发展，才会有学校的真正发展”的发展观，大张旗鼓地倡导“别人和我比成绩，我和别人比能力；别人和我比现在，我和别人比明天”的成长自信心，同时培育起“做人比做事更重要，发展比分数更重要，成长比成功更重要，健康比一切都重要”“拥有健康就拥有一切”的校园价值观，营造出“人人都能成才，各有各的舞台，考上大学光荣，干成事业更精彩”的全新人才观为统领的学习生活乐园，努力实践着“让教师工作并快乐着，让学生学习并快乐着”。“所有的努力都是为了康杰人的全面发展”的理念作为学校一切工作的出发点和终极目标已经深入人心，全体教职员工志存高远，信心百倍，敬业奉献，努力实现由传统名校向时代名校的跨越。

山西平遥中学

平遥中学创建于 1924 年，是山西省首批重点中学，原名“励志中学”。1949 年 10 月与 1940 年在太岳根据地由邓小平、薄一波、裴丽生等创办的太岳中学合并，命名为“山西省立平遥中学”。1956 年被山西省人民政府确定为全省 46 所重点中学中 6 所双重点中学之一。1958 年更名为“平遥综合大学”，1961 年综合大学停办，仍恢复为“山西省平遥中学”。1980 年被山西省人民政府再度确定为山西省首批重点中学。2007 年 9 月，以优异的成绩通过了山西省普通高中示范学校评估验收专家组的验收，成为新时期的示范高中。多年来，学校在各级党政及教育行政部门的领导下，全面贯彻党的教育方针，坚持“以人为本，持续发展”的办学理念，以“创中华名校、塑中华名师、育中华英才”为办学目标，继承学校多年形成的光荣传统，发扬能吃苦讲奉献的优良作风，在继承中创新，在创新中发展，实现了教育教学质量的高位攀升，素质教育取得了令人瞩目的成绩。

陕西省

西安中学

陕西省西安中学是陕西省教育厅唯一直属的一所省级重点中学，坐落在历史文化古城西安，创建于 1907 年，是陕西省创办的第一所新学，时名为“西安府中学堂”，后改为“秦省第一学堂”。1913 年，学校更名为“省立一中”，1954 年，学校改名为“陕西省西安中学”。几度更名，数次搬迁，饱尝了时代风雨，阅尽了人间沧桑。周秦风骨，铸就了西中人永不言败的品质；汉唐雄风，赋予了西中深厚的文化底蕴。学校一贯强调“学生的终身发展”，强调学校教育不仅要为学生的今天着想，更要为学生的未来着想；不仅要关注学生今天的成长和进步，更要关注 10 年、20 年以后他们对社会发展的影响。所以，学校没有把考试成绩看作唯一的标准，没有把升学率作为唯一的教学目标，而是始终坚持素质教育，着眼于面向全体学生，面向全体学生全面素质的进步和提高，并以此作为学校最根本的价值追求。强调高中教育要为学生终身发展奠定基础，关键就是教学生“学会做人、学会学习、学会发展”。就是从教会学生做人入手，全面培养学生的情感、态度、价值观；从教会学生学习入手，有效激发学生的学习兴趣，激活学生的学习潜能，提升学生的学习能力，提高学生的学习水平；从教会学生发展入手，培养学生的实践能力，创新精神以及在未来社会的生存发展能力。

西北工业大学附属中学

西北工业大学附属中学是陕西省西安市碑林区的一所完全中学，创建于 1971 年，1985 年成为首批陕西省重点中学。2009 年 4 月 14 日成为“陕西省示范高中”。经过 30 多年的发展，学校在陕西省范围内实现了师资力量、办学条件、教风学风、校园文化“四个一流”，教育理念、学校管理、教育质量“三个领先”，形成了“以人为本、质量第一、崇尚务实、追求卓越”的办学特色，被誉为“古城管理之星，三秦质量之光”。

西安交通大学附属中学

西安交通大学附属中学的前身南洋公学早在初创时就设立了中院即中学，为大学输送合格生员。1908 年，中院改为普通中学，也称附属中学，以其学子水平出众而闻名当时。此后学校虽几经变迁，但优良的传统已继承下来。1956 年交通大学由上海内迁西安。1959 年 7 月该校成为西安交通大学附属中学，1971 年，这所学校由西安市政府管理，更名为西安市八十三中。1981 年，为继承历史，西安交大附中恢复重建。1991 年，西安交大附中被市教委命名为市重点中学，被省教育厅命名为省重点中学。多年来，学校认真贯彻党的教育方针，在实施素质教育方面积极探索，勇于实践，成绩突出，特色鲜明。交大附中的办学指导思想是：遵循教育规律，坚持育人为本；塑造健全人格，培养综合素质。简言之，就是“以人为本，重在发展”。就是根据人的发展规律及终身学习的观点，依据基础教育的作用及信息时代对人才的要求，促进学生生动、活泼、主动发展，为学生终身学习奠定坚实基础，实现人的发展与社会发展的统一。这里的发展既指智力的，而且也包含品德的、心理的、体质的。

陕西省镇安中学

陕西省镇安中学创建于 1942 年，著名书法家于右任先生为之题写校名。1959 年 12 月被省教育厅确定为“镇安县重点中学”，1977 年 11 月被商洛地区行署确定为“商洛地区重点中学”，2000 年被省委、省政府授予“陕西省文明校园”称号，2001 年被确定为“陕西省研究性学习试点学校”“现代教育技术实验学校”，2002 年 9 月被批准为陕西省重点中学。2003 年被省委省政府授予“绿色文明示范校园”。学校以教育科研为先导，以素质教育为方向，以队伍建设为保障，以全程目标管理为主线，实行“四级两线管理”，构建起“以全面强化学科课程为主体，以课外活动课、开拓环境课为两翼”的教育教学模式。在德育工作中，确立“教书育人、管理育人、服务育人、环境育人”的指导思想；在建设发展方面采取“超前规划、多种模式、跨越式发展”的基本思路；确立了“严格、勤奋、求实、创新”的八字校训，形成了“以人为本，文明修德，求实创新”的教风，“乐学、会学、博学、自信”的学风和“以人为本，承认差异，发展个性，着眼未来，教育学生学会学习，学会做人，学会生存”的教育质量观念。自 1998 年以来，学校先后被评为地区“德育窗口学校”

“绿色文明学校”“依法治校先进集体”“国防教育先进学校”“民族团结进步先进集体”“研究性学习先进学校”。

上海市

上海中学

上海市上海中学是上海市教委直属的大型寄宿制示范校，创始于1865年（清同治四年）的龙门书院。学校占地面积340余亩，绿化覆盖率达42%，堪称绿色校园之典范。现有教学班90多个，中外学生2 950余名，其中有来自53个国家和地区的1 750余名国际部学生。学校素以管理严谨、名师荟萃、教育高质、英才辈出而享誉海内外。学校坚持“乐育菁英”办学理念，与时俱进，不断创新。

华东师范大学第二附属中学

华东师范大学第二附属中学创建于1958年，是华东师范大学的教育实验基地。1963年成为上海市重点中学，1978年成为教育部直属重点中学。是经教育部批准有高中理科实验班办学资格的全国四所中学之一。学校是上海市文明单位、全国中小学现代教育技术实验学校、上海市科技特色学校和联合国教科文组织“亚洲教育革新为发展服务计划联系中心”（APEID）成员单位。自建校以来，学校一贯重视贯彻党和国家的教育方针，坚持教育教学改革，形成了“勤奋、求实、开拓、进取”的校风和“严谨、扎实、灵活、创造”的教风，有效地促进了学生在德、智、体诸方面生动活泼地发展。20世纪90年代以来，学校全面实施上海市课程教材整体改革试验方案。制定了“追求卓越、培养创造未来的人”的办学目标，形成了“坚持科技教育与人文教育相结合、坚持共性要求与注重个性发展相结合、坚持学科教学与实践活动相结合”的办学理念。

复旦大学附属中学

复旦大学附属中学是上海市教委直属的，受上海市教委和复旦大学双重领导的寄宿制市实验性示范性中学。学校创办于1950年，前身是华东人民革命大学附设工农速成中学，1953年起改属复旦大学领导，之后曾改名为“复旦大学附设工农速成中学”（1953年）“劳动中学”（1957年）“复旦大学工农预科”（1958

年），1962年定名为“复旦大学附属中学”，并被评定为市级重点中学。复旦附中历来重视打好基础，素以教风学风严谨踏实、学生基础厚实闻名。近几年来，在继承发扬传统特色的同时，对“基础”的内涵重新研究确定，将教育学生立志报国、持续发展、学会做人、学会关心，正确认识自己，敢于超越自己等，作为“基础”的重要内容，在德育工作中努力追求实效性，不断取得新成绩，被评为“上海市和全国德育先进集体”。

上海交通大学附属中学

上海交通大学附属中学是由上海市教委和上海交通大学双重领导的市重点寄宿制高级中学，是上海市“四大名校”之一。学校前身为创建于1954年的上海市第一工农速成中学，1958年改为上海交通大学预科，1962年改为上海工学院预科（附中），1963年改为交通中学，1964年定为现名。建校五十多年来，学校一直以培养“政治坚定、作风朴实、潜质丰厚”的人才为己任，形成了“求实、求高、求新”的办学传统；实施“依托交大、内实外名”的办学策略，力争办成全国一流重点大学附中；确立了“自主创新、综合发展、追求卓越”的办学理念。学校积五十年的办学经验，取国内外名校之特长，遵循“以人为本”的宗旨，充分发挥每一位师生的潜能。大气，却不张扬；厚重，却不逼人；谦和，却不乏创新。2004年5月，以优异的成绩通过了上海市创建“实验性示范性高中”规划实施总结性评审。

上海师范大学附属中学

上海师范大学附属中学创建于1985年，是由金山区人民政府、上海石化股份公司、上海师范大学三方联办的区实验性示范性高中。学校屡获上海市学生行为规范示范校、上海市德育先进集体、上海市安全文明校园、上海市花园单位、上海市中小学读书活动先进集体、市校本研修基地学校等殊荣。其办学思想有，办学目标：依托上海师大，整合各类教育资源，最大限度地拓展时间和空间，把学校办成人人都能充分和谐发展的现代大学附中。育人目标：自主发展、充分发展、全面发展的高中生。教育目标：以课程建设和综合社会实践为载体，以外语和现代信息技术为纽带，以足够的时间和空间为保障，形成以激活课堂、德美一体为特色的“发展教育”。

四川省

成都第七中学

1905年成都青龙街芙蓉、墨池两书院合并兴办的成都县立高等小学校就是成都七中的前身，1907年改名为成都县立中学校，1952年确定易名为成都第七中学校。回首七中百年，人才辈出，成就辉煌。百年来，成都七中以“启迪有方、治学严谨”和“优生、名师、好学校”赢得赞誉。再以“爱人育人”和先进的“个性化教育、主体性教育和学生素质培养目标”等教育理念，先进的“三体”教育思想和教育模式，富有特色的“适应学生差异性发展的课程体系”和“以做人教育为基础，以立志成才为主线的教育思路以及“培养自主学习，创设多样课程，发展丰富活动，学生充分发展”的教育风格——形成了盛誉巴蜀的“七中品牌”。提出实践“三体”教育思想的重点是实施“两课一育”（即课程改革、课堂教学研究、德育实效性）。

石室中学

石室中学，也被称做“文翁石室”，是一所国家级重点示范性高级中学，位于四川成都市文庙前街93号。公元前143年至公元前141年间，由蜀郡太守文翁创建，迄今已有2150年的历史，是中国的第一所地方官办学校，也是世界上现存历史最悠久的学校之一。自其创办以来，屡经兴衰，校名曾多次更改，但校址从未变动，这在中国及世界都很罕见。石室中学历来重视教师队伍的建设，经过多年努力，形成和发展了“高”“严”“精”“活”（高：德高、志高、艺高；严：严明、严谨、严肃；精：精要、精到、精彩；活：活教、活学、活导）的优良教风。在教学实践中，建成了一支师德高尚、业务精湛、综合素质一流的教师队伍。多年来，石室中学以一流的办学水平和高质量的教育教学成绩著称。在全面推进素质教育和培养学生综合素质方面不断努力，形成了“活路、和谐”的办学特色。学分制的全面实施、双语课的开设、研究性学习的规范性管理、科技创新活动连创佳绩、学科竞赛保持优异成绩、对外开放合作办学不断加强等，集中体现了学校的办学水平。

棠湖中学

创建于1991年的四川省双流县棠湖中学是一所公办完全中学，也是一所很年轻的国家级示范性高中。学校以永争一流，追求卓越的时代精神，在各级党、政和教育行政部门的领导下，坚持以邓小平理论和“三个代表”重要思想为指导，全面贯彻党的教育方针，大力推进素质教育，明确提出“开放、民主、求实、创新”的办学思想，牢固树立了“以人为本，为师生的发展创设和谐环境，帮助每位师生走向成功”的办学理念，按照“改革立校、科研兴校、民主治校、发展强校”的思路，发扬“艰苦创业，团结协作，敢为人先，永争一流”的棠中精神，为实现学校的育人目标——把学生培养成为“六会一长”（会做人 、会求知、会生活、会健体、会审美、会创造、有特长）的有用人才勤奋工作。显著的办学成绩使学校连年获得成都市教育局高中教育教学质量奖。学校先后被授予全国“五一劳动奖章”单位、全国职工职业道德建设先进单位、全国创绿色活动先进学校、省文明单位、省教育系统模范职工之家等荣誉；是教育部现代教育技术实验学校、全国素质教育实验学校、国家基础教育实验中心外语研究中心实验学校、全国少年儿童科学体验活动示范学校。《人民日报》、《光明日报》、中央电视台、《中国教育报》、《四川日报》等媒体，对学校的迅速发展和良好的办学效益进行了广泛的宣传报道，学校被誉为“双流的一张名片”。

绵阳中学

四川省绵阳中学（本部）坐落于中国西部大开发热土——中国绵阳科技城剑门路西段26号。学校始建于1957年，1985年成为绵阳市教委直属学校，1994年晋升为四川省省属重点中学，2000年12月荣升为四川省首批国家级示范性高中。2003年12月被四川省教育厅评为35所国家级示范性高中办学水平排行榜第一名。在推进素质教育的办学实践中，凝聚出了一种以“忧患意识、危机意识、责任意识、问题意识和精品意识”为内涵的“绵中意识”；升华出了一种以“不放心、不踏实、不满足、顽强拼搏、永争第一”为精髓的“绵中精神”；积淀出了一种“以人为本，制度为纲”的“绵中文化”。这一切充分调动了全校每一位师生的发展潜力，使努力学习，努力工作成为人人发自内心的一种生存需要，从而内化出了一种强大的合力，使绵中的各项教育事业呈现出生机勃勃的景象。短短三年内，学校的办学质量继续稳步上升，办学规模不断扩大，取得了二次创业的初步成功，为实现省教育厅领导为绵中提出的“打造西南第一校”的奋斗目标迈出了坚实的一步。

仁寿一中

仁寿一中始建于1764年，治学严谨，学风浓厚，人才辈出，闻名遐迩。学校承传“向学好善，思进有为”的办学理念和“上报国家，下立人品”的校训，积淀形成“勤、诚、勇、朴”的校风，“自育育人”的教风和“自治治事”的学风。学校全面贯彻国家教育方针，全面推进素质教育，面向全体学生，为国家为民族培养了一大批人才，保持了高考升学质量25年常胜不衰。

天津市

南开中学

天津南开中学原名天津南开学校，始创于1904年，早于南开大学，是由我国著名爱国教育家严范孙、张伯苓创办的南开系列学校的发祥地。天津南开中学与时俱进，秉承“允公允能，日新月异”的校训，以“整体高素养教育”为办学的主导思想，形成具有现代南开特色的办学理念和实践体系。整体的内涵是要把握教育的整体性、办学的整体性。学校的育人目标是“使南开的学生具有强烈的社会责任感，具有健全的身躯及心理品质，科学素养、人文素养兼备，创新思维、实践能力两翼齐飞，为祖国的繁荣、世界的和平与发展培养创新型、拔尖型后备人才”。以“以德立教，严谨治学，学生为本，注重创新”为治校方略，并以把南开中学努力建设成具有中国教育特色的国际著名一流学校作为奋斗目标。

耀华中学

耀华中学以历史悠久、校风淳朴、英才辈出享誉于世。1927年，庄乐峰先生创办天津公学。1934年更名为耀华学校，取“光耀中华”之意，提出“尚勤尚朴，惟忠惟诚”的校训和含义深刻的校歌。历史的积淀、文化的传承，耀华中学逐渐形成了“治学严谨、管理规范、崇尚民主、广育良才”的办学特色，深得社会信赖。1952年改名为天津市第十六中学，1988年复名为“天津市耀华中学”，同年创办超常教育实验班。1994年，创办民办公助初中校“华星中学”。2003 年与北京加成通业信息咨讯有限公司实行股份制合作办学，将“华星中学”改名为“天津市耀华嘉诚国际中学”，2003 年开始耀华中学面向全国招收高中学生。

新华中学

“以德率才，以才养德”，教师必须德才兼备。新华中学全体教职工将爱的阳光洒满校园的每一个角落，以自己的光和热普照和温暖每一个学生。打造高素质的干部队伍、教师队伍、职员队伍是学校永恒的主题。

云南省

昆明市第一中学

昆明市第一中学是云南省一级一等高级中学。学校创建于 1905 年，是云南兴办新学成立最早的一所中学。前身为云南省会中学堂，1908 年与师范传习所合并，设立云南府中学堂。1911 年与高等学堂（前身为方言学堂）及其附设实科中学合并，称省会中学校。1912 年称云南省立第一中学校。1932 年合并省立五中（前身为私立承德中学），更名为云南省立昆华中学，1950 年与龙渊中学、昆师附中及南箐中学并校，改名为云南省昆明第一中学，1984 年定名为昆明市第一中学。学校占地 200 余亩，校园环境优美，教学设备先进、教学设施齐全。先后被评为“全国校园文化艺术建设先进学校”“全国创建绿色学校先进单位”“中西部中小学网络示范学校”“省级文明单位”“省级文明学校”“云南省未成年人思想道德示范基地”等。秉承“民主科学、砺教笃实”传统，学校形成了“好学上进、全面发展、勇于探索、特长明显”的办学特色；“爱国、求真、自信、勤奋”的校风；“树德、修业、严谨、进取”的教风；“立志、勤学、善思、践行”的学风。

浙江省

杭州第二中学

江南名校——杭州第二中学，为历史文化名城杭州建立最早的班级授课制学校。其前身为私立蕙兰中学和国立浙江大学附属中学。蕙兰中学创办于志士仁人以鲜血推行近代化的“戊戌变法”的翌年（1899），创办人为美国基督教北浸礼会差会传教士甘惠德（W. S. Sweet）；浙大附中创办于“七七事变”后的颠沛流亡之中（1940），创办人为著名科学家、教育家竺可桢教授。两校名师荟萃，管理严格，学生学习勤勉，思维活跃，具有很高的教学质量。其中，浙大附中学生的爱国民主传统，蕙兰中学学生的体育运动精神，尤为各界人士瞩目。1951 年 8 月，两校在“蕙兰”原址合并，改称现名。1953 年，列为杭州市重点中学；1963 年，成为浙江省教育厅直属实验中学；1978 年，被定为浙江省重点中学；1980 年，经省政府批准，列入首批办好的浙江省 18 所重点中学之一。1995 年，经省教委考核评估，被认定为浙江省一级重点中学。目前，杭州第二中学跨江发展，已成为拥有四个校区的现代学校集团。力争经过 5 年左右的努力，把学校建设成为浙江省先导型的现代化学校，全国一流的实验性学校，有一定国际影响的开放性学校。

宁波市效实中学

宁波市效实中学是创办于 1912 年的一所完全中学，原系浙江省著名私立中学。1956 年改为公立，更名“宁波第五中学”。1959 年和 1978 年两次被列为省重点中学。1980 年复称“效实”。1981 年被定为省首批重点中学。1995 年被定为省一级重点中学。1999 年被批准为举办“浙江省创新教育理科实验班”的全省两所试点中学之一。2000 年被批准为教育部“现代教育技术实验学校”。2005 年列入首届中国百强中学。长期以来学校继承和发扬“爱国、科学”和“求适务实、与日俱进”的优良传统，确定了“坚持方针，遵循规律，打好基础，培育人才”的办学思想和“第一流，高质量，校风好，有特色，现代化”的奋斗目标，推崇“全面，基础，高质量，大面积”的教育准则和“起点高，要求严，基础厚，能力强，素质好，后劲足”的教学特色；教育学生树立“献身祖国，振兴中华”的远大理想和“热爱知识，遵循规律”的科学态度；积极倡导“奋发进取，探索创新”的钻研精神和“实事求是，讲求实效”的务实作风。

台州中学

浙江省台州中学的前身为清朝同治六年（1867）创办的“三台书院”。1902 年始称为“三台中学堂”，1912 年改名“浙江省立第六中学校”。1981 年确定为浙江省首批办好的十八所重点中学之一，1996年4月确认为浙江省一级重点中学，1998年被教育部确认为全国现代教育技术实验学校。由于学校管理育人等方面成绩显著，先后被评为全国中学“贯彻学校体育工作条例优秀学校”“全国现代教育技术成果突出学校”、浙江省“文明单位”“行风建设先进集体”“治安安全单位”“青少年科技活动先进集体”“群众体育先进单位”“教育科研先进集体”“绿色学校”，台州市“先进学校”“教育科研先进集体”“文明单位”“百家示范单位”。

瑞安中学

浙江省瑞安中学是一所创办于1896年的历史名校，是浙江省创办最早的普通中学。前身为瑞安学计馆和方言馆，主要创办人为清末朴学大师孙诒让。1902年，学计、方言两馆合并为瑞安普通学堂。此后校名几经变更，先后称“瑞安公立中学堂”“瑞安县立中学校”“瑞安县立初级中学校”“瑞安县立中学”，1955年始称现名。1959年被省教育厅列为省重点中学，1981年被省人民政府列为省首批办好的18所重点中学之一。现为省一级重点中学，省级文明单位。瑞安中学为全面提升教育教学水准，始终坚持以“设施标准化、管理规范化、教师专家化，教育高质量、办学高效益”为目标，坚持德育为先，以教学为中心，以学生发展为本，注重学生全面素质的提高，形成“求实、严谨、勤奋”的良好校风。学校教育教学成绩显著，整体赛取得良好的成绩，会考优秀率居温州市前茅，高考上线率稳定在95%以上。学校连续获得瑞安市、温州市先进（文明）学校和省级文明单位等多项荣誉称号，学校党总支被评为省先进基层党组织，校团委被评为省级先进团组织，受到了社会各界的一致好评。

台州路桥中学

路桥中学创办于1944年春，时称“黄岩县私立路桥初级中学”。1949年5月底黄岩解放，学校由人民政府接管，同年秋，设立高中部，易名为“黄岩县路桥中学”。1956年夏，学校转为公立，改称“黄岩县第二中学”。后几经嬗变，复称“路桥中学”。1981年，学校被列为省重点中学。1994年年底，台州撤地建市，路桥建区，更名为“台州市路桥中学”。1996年夏，根据省教委重点中学不再办初中的要求，初中部脱钩，遂成为一所高级中学。1997年11月，学校被省教委确认为浙江省一级重点中学。为了提高德育工作的针对性和实效性，学校坚持“抓好常规，突出重点，体现特色”，一方面抓好德育常规的落实；另一方面，针对学生的身心特点，为学生搭建丰富多彩的活动平台，深化学生道德体验。学校有绿色环保服务中心、爱心基金会、哑石演辩社、心理协会、英语俱乐部等十一个学生社团，各项活动此起彼伏，异彩纷呈，极大地丰富了学生的精神生活，锻炼了学生的活动能力，提高了学生的整体素质。

名 师

叶海涛

男，1973 年 3 月出生，1994 年 7 月浙江师范大学政教系毕业。1994 年 8 月～2001 年 7 月浙江省衢州市在柯城区花园初中任教，2001 年 8 月至今在柯城区实验中学任教。期间先后担任学校教务主任、副校长，现为实验中学校长，大学本科学历，中学社会政治一级教师。

戚建庄

河南巩义人，九三学社社员，九三学社河南省委常委、秘书长，河南省基础教育教学研究室副主任，中学高级教师。曾被评为河南省优秀专家。1975～1978 年在巩义市康店乡黑石关中学从事语文教学和班主任工作。1978～1982 年在河南大学政教系学习。1978～1983 年在开封地区教育局教研室担任政治教研员，并在开封地区第三师范学校代教哲学课。1984～1989 年在郑州市教委教研室工作，担任高中教学管理组组长、政治教研员和郑州市中学思想政治课教学研究会秘书长，1989 年后，调入河南省基础教育教学研究室工作，先后任政治室主任、文科室副主任，河南省教育学会中学思想政治课教学专业委员会副会长兼秘书长、河南省教育学会中青年教育理论工作者专业委员会副理事长、河南省教育学会中学信息技术教学专业委员会理事长，中国教育学会中学德育研究会理事、中学思想政治课教学专业委员会常务理事兼中南片区负责人。1997 年任河南省基础教育教学研究室副主任。

张 宁

现就职于山东莒县二中，有多年高中政治教学经验，先后在《中学生时事政治报》《中小学创新教育·高中政治》《中学生导报·高考政治》《语文报·文科综合》《方法学习报·时政周刊》《现代教育报·时政版》《考试报·高考政治》《升学指导报》《当代中学生报》《中学生学习报·时政导航》《素质教育报》等刊物发表近百篇文章。

王德明

1990年苏州大学本科毕业，中学高级教师，曾多年担任江苏省首批四星级学校、国家级示范高中——江苏省木渎高级中学政治教研组组长，现为高一年级部助理。苏州市吴中区首批高中政治骨干教师、吴中区高中政治优质课一等奖、吴中区优秀班主任。担任过县兼职教研员及多种报纸杂志主编，2007年8月应邀为江苏省高中思想政治骨干教师培训班开设讲座。截至今年先后在《思想政治课教学》《中学政治教学参考》《政治课教学》《教学月刊》《考试》《中小学教学研究》《班主任》《成才导报》《高考》《中学政史地》《中学生时事政治报》《中学生导报》《中学政治报》《中学时光》《新高考》《中学生学习报》《当代中学生报》《素质教育报》《考试报》等国家级、省级刊物上发表文章二百余篇。主编《志鸿优化》《启东中学内部讲义》《单元双测》《双成冲刺教程》《新课程　新学案》《天星》等十余种教学用书，参编教辅三十多本。

诸建华

浙江省嘉兴市名教师、嘉兴市政治学科带头人，湖州师范学院中文专业毕业，华东师范大学成人教育学院历史系本科毕业，浙师大思想政治教育硕士研究生课程班结业。浙江省文科综合阅卷专家组成员，政治阅卷大组副组长。嘉兴市高考“3＋综合”文科研究组成员，嘉兴市政治教育学会理事，曾担任校文科综合教研组长、政治教研组长，现任桐乡市高级中学教科室主任。所任教班级学生的高考、会考成绩均名列全市乃至全省前列。课堂教学获市“大比武”一等奖，“双高课”二等奖。设计制作的多媒体课件，曾获K12课件评比三等奖，省二等奖，全国多媒体教学中心评比一等奖。参与省级课题研究5个，主持省级课题1个，1个课题获市二等奖，2个课题获市三等奖。有20多篇论文在报纸杂志上发表或获奖，参与编写论著八部，教材一部。2000年被评为桐乡市学科带头人，2001年被评为嘉兴市第三批学科带头人，2004年被评为嘉兴市第六批学科带头人，2004年被评为嘉兴市首批中小学名教师，2007年被评为嘉兴市第二批中小学名教师。

刘 锋

2005年沾化县教科研先进个人，2006年荣获滨州市教学能手，2008年滨州市高中政治学科带头人，2004～2007年连续荣获县教书育人先进个人，先后在人民大学《中学政治及其他各科教学》《中国多媒体教学学报》、北京师范大学《思想政治课教学》《山东教育》《中学政治教学参考》发表论文多篇，2007年12月《和平与发展时代的主题》教学课件获得全国中小学多媒体课件大赛一等奖，2007年6月《文化创新》学案获得滨州市高中优秀学案一等奖，2007年6月《为人民服务的政府》获得滨州市优质课评选一等奖，2006年7月《按照民主集中制建立的新型政府》获得县优质课一等奖，2005年6月《实施情感目标评价促进教学改革深层发展》获得山东省高中思想政治课学术论文评选一等奖，长期担任《中学生导报》《考试报》《时事政治报》《当代中学生报》特约撰稿人。

苗锦瑞

学科教研组长，学科带头人，山东省微山县高中教学、高考指导学科组主要成员。工作18年来，一直从事高中思想政治教学，教学成绩显著。先后获得"微山县高中教学先进个人""微山县教学能手""微山县优质课执教者"等荣誉称号，参与编写了《高中同步测控优化设计 政治》（天津教育出版社）一书，主持编写了高中新教材《北大绿卡 政治生活》《北大绿卡 文化生活》和《北大绿卡 经济生活》《北大绿卡 哲学生活》等辅导丛书（东北师范大学出版社）。先后在《济宁教育》《现代中小学教育》《中学生政史地》《时政面对面》《高中时事政治报》《中学生学习报 高考时政导航》《考试报》《学习方法报 时政周刊》《考试指南报》《素质教育报》《学习周报》《中学生政治导报》《金考卷》等多家报纸、杂志上发表论文200多篇。

宋艳敏

山东政治教师，1997年毕业以来一直从事政治教学工作，获得德州市级优质课一等奖，积极进行教研探索，曾在《高中政治》《中学生时事政治报》《中学生导报》《中学生学习方法报》《素质教育报》《考试报》《时政周刊》发表近百篇文章，参与志鸿导学系列高中总复习导学大课堂政治考能提升版的编写，并担任副主编。

龙大伟

现任教于吉林省德惠市第十五中学。自2007年7月至今，在《素质教育报》《学习周报》《升学指导报》《中学生导报》《少年智力开发报》《新课程》等多家报刊发表教学文章50余篇。

李永民

现任肥城市仪阳教研室主任。多次被评为肥城市优秀教师，泰安市、肥城市教科研先进个人，泰安、肥城市政治学科带头人，泰安市优质课一等奖，肥城市教学能手，泰安、肥城市教学质量先进个人等荣誉称号。先后主编了《优化管理合作发展》《题链频道》《创新课堂优化作业》《成功单元计划》《1+1卷中卷》《中考总复习》《经典题组》《成功训练计划》《冠军得主》等书，参编了《全国中考热点试题》《新题王》《红烛讲解》《中学第二教材》《探究在线》《新课程——中考评价》《中考全程检测》《中考秘笈》《滚动迁移》等书。在《教学与管理》《政治课教学》《中考政治快递》《中学生时政报》《中考时政导航》《新课程》《中学生思想品德报》《中学生政史地》《中学课程辅导》《小龙人报》《少年智力开发报》《学习方法报——时政周刊》《考试报》《素质教育报》《中考思想品德》《初中时政辅导》《时事杂志》《初中学习版》等刊物或报纸上发表文章或试题近500篇，是北京万向教育出版中心、北京朗曼出版中心、安徽辉文出版中心的签约作者，《中考思品快递》《新课程》《中考时政导航》等报刊的特约编辑。

陈　彬

中共党员，中教高级，现在国家示范高中——四川省广元中学任教。工作以来，一直担任班主任和政治教师。曾任校工会组织和社科支部宣传委员，社会科学和政治教研组组长，人民代表；现兼职为广元市政治教师资格评定专家委员和中小学政治学会理事。所带班获过省“先进班集体”，当选为市模范班主任，多次获得市高考成绩显著的政治科或文科综合科教师，为市骨干教师，开展研究性学习和科技实践活动，参加四川省第十七、十八届青少年科技创新大赛皆获省一等奖，开创广元市先河，同时独立研究开发的四项社会科研应用成果通过鉴定分别获得“省科研成果与基础教育改革成果二、三等奖”“市教研成果一等奖”

"县科技进步奖"。

宋清勇

吉林省高中政治一级教师，县级优秀共产党员，吉林省通化市教学新秀，2007 年获吉林省第二届高中教学竞赛一等奖。2004 年于全国教育核心期刊《思想政治课教学》上发表国家级论文《以诗促教　谋取双赢》。2006 年始在《考试报》《中学生时事政治报》《中学生学习报》《中学生导报》《学习周报》《语文报文综版》等报纸上发表专题辅导，高考模拟试题等各类文章一百多篇。现为《金考卷百校联盟系》编委，《试题调研》编委，2008 年《试题高研》文科综合第五辑主编，2008 年《试题调研》政治第五辑主编。

李振洋

广东省高中政治一级教师，曾多次参与地级市高考调研考命题与审稿工作，多次获学校、办事处及市、区授予的"优秀教师""名师""教学能手""优秀班主任""优秀党员"等荣誉称号。自 2005 年以来在省级刊物《中学生时事政治报》《考试报》《中学生导报》《学习周报》《素质教育报》《少年智力开发报》《现代教育报》《时政周刊》《升学指导报》《新课程》《当代中学生报》等 10 余种期刊物的政治新课标专版中共公开发表各类文章、原创试题 200 多篇。有 20 多篇论文、课件、教学设计获市区级一、二等奖，主持研究市级课题 1 项：《高中新课程政治资源库的构建与应用研究》，已申报惠州市第五届科研成果奖和广东省 2008 年创新成果奖。

陈华昌

山东省高密市政治骨干教师、教学能手、五四先进青年教师，多年负责高三毕业班政治科的教学，教学成绩突出，对高中教材、教法的理解、把握比较透彻，对高考命题方向、趋势的分析、研究比较到位，备受好评。所带班级的学习成绩优秀，多次被评为市级优秀班集体，多次曾获市级高考班集体管理特别贡献一等奖。市政治优质课一等奖、市政治科教学能手、市"五四"先进青年教师、市政治学科骨干教师。教研论文《关于政治大课堂教学的思考》《对当前政治课教学现状的思考与实践》等被山东省教研室评为优秀论文一等奖。《学会留有余地》等论科研论文发表于《思想政治课教学》《中学政治教学参考》等杂志，《民航业向民营资本敞开大门》等时政分析文章发表于《中学生时事政治报》等。近年来，为荣德基、曲一线、全品高考、三人行、万唯等公司主编高考教辅多部、命题模拟题多套。

刘 洋

辽宁省高中政治教师，在 2005 年本省教学改革中第一批接触并讲授新教材的知识，积极探索新教材的教学模式与教学内容，工作认真负责，具有较强的钻研与创新精神，能很好地把握教材知识与讲授方法，教学成绩优异，多次上省市校级公开课，如曾荣获辽宁省青年教师大赛一等奖，参与多个省级课题研究如“美学在中学政治教学中的应用”及“中学生心理潜能的研究”，发表多篇获奖论文，如《关于创设良好的教学情境的几点思考》在长春师范学院学报上发表，《师爱需要真实的情感》一文曾在中国教育学会中学德育专业委员会第四届德育论文、典型经验、班团会设计德育调查报告评选中荣获三等奖等。

崔保福

山东省高中政治高级教师，长期从事高中政治课教学及教育教学研究工作，曾指导过八届高中学生参加高中毕业会考和高考，并取得显著成绩，在《中国多媒体教学学报》《考试报》《少年智力开发报》《中学生导报》《创新教育》《中学时光·高中政治》《时政周刊》《学习周报》《升学指导报》《素质教育报》等 CN 刊号刊物上发表教育教学论文 250 多篇，曾多次在市、县、校级“一堂优质课”竞赛中夺冠，获教学能手、优秀教研组长、先进工作者等称号，主编和参编《高中复习导与练》《UFO 加绩讲堂》《同步特快》《高频考点》等教辅资料 7 部，达 50 余万字，能熟练地应用计算机，并通过全国高级专业技术人员计算机应用能力考试。制作的课件在 K12、英才苑等主题网站多次获奖。

大　事　记

1　月

1月1日，义务教育学校教师绩效工资正式开始实施。按照国务院决定，各地积极采取措施，确保义务教育教师绩效工资的落实，以保障义务教育教师平均工资水平不低于当地公务员平均工资水平，同时对义务教育学校离退休人员发放生活补贴。

1月7日，《国家中长期教育改革和发展规划纲要》工作小组办公室发布公告，就《规划纲要》制定向社会各界公开征求意见。

2　月

2月22日，2009年度全国高校学工部长、研工部长论坛在广州召开，本次论坛由中国高等教育学会辅导员工作研究分会、中国学位与研究生教育学会德育委员会主办，中山大学承办，论坛的主题为“深入学习实践科学发展观，进一步加强和改进大学生思想政治教育”。教育部副部长李卫红同志出席开幕式并讲话。她强调，要坚持以科学发展观为统领，以深入贯彻落实中央16号文件精神为主线，按照“做深、做细、做实”的要求，进一步加强和改进大学生思想政治教育。

2月28日，第二批部属高校学习实践活动启动，教育系统开始分批开展深入学习实践科学发展观活动，用中国特色社会主义理论体系武装高校党员干部、教育广大师生员工。

3　月

3月5日，温家宝总理在《政府工作报告》中指出，“大力发展职业教育，特别要重点支持农村中等职业教育。逐步实行中等职业教育免费，今年先从农村家庭经济困难学生和涉农专业做起”。财政部、国家发展改革委、教育部和人力资源社会保障部联合发文，从2009年秋季学期起，对公办中等职业学校全日制正式学籍一、二、三年级在校生中农村家庭经济困难学生和涉农专业学生逐步免除学费，免学费补助资金由中央财政统一按照每生每年平均2000元标准，与地方财政按比例分担。

3月19日（星期四），在南京大学南苑宾馆召开全国加强和改进大学生心理健康教育工作会议。

3月25日，为深入贯彻落实《中共中央国务院关于进一步加强和改进大学生思想政治教育的意见》（中发［2004］16号）和《国务院办公厅关于加强普通高等学校毕业生就业工作的通知》（国办发［2009］3号）精神，充分做好当前形势下高校学生就业思想政治教育工作，特别是做好毕业生就业思想政治教育工作。

4 月

4月开始，中共教育部党组关于围绕庆祝新中国成立60周年在各级各类学校深入开展“我爱我的祖国”主题教育活动。

4～12月，为了纪念《中共中央国务院关于进一步加强和改进大学生思想政治教育的意见》（中发［2004］16号，以下简称中央16号文件）颁发五周年，展示各地、各高校五年来加强和改进大学生思想政治教育的工作成果，总结经验、促进交流，进一步提高大学生思想政治教育的理论研究与实际工作水平，教育部思想政治工作司与《思想教育研究》杂志（全国高校思想政治教育研究会会刊）共同开展纪念中央16号文件颁发五周年征文活动，并在《思想教育研究》“中央16号文件颁发五周年巡礼”栏目陆续刊登入选优秀文章。

5 月

5月2日，胡锦涛总书记来到中国农业大学，与师生共迎五四青年节。

5月4日，纪念五四运动90周年大会在京举行。教育部党组发出通知，要求学习贯彻胡锦涛总书记重要讲话，弘扬五四精神，促进教育事业全面科学发展。

5月5日，中央领导同志的重要讲话高屋建瓴、思想深刻，具有很强的政治性、理论性，对新形势下进一步加强和改进中小学德育和大学生思想政治教育工作、办好人民满意的教育具有重大指导意义。教育系统要按照中央要求，学习贯彻这次会议精神。

5月14～18日，在北京师范大学举办第十七期全国高校辅导员班主任骨干培训班。

5月20日～6月10日，为庆祝中华人民共和国成立60周年，教育引导广大中小学生积极参与群众性爱国主义教育活动，推动

“做一个有道德的人”主题活动深入开展，中央文明办、教育部、共青团中央、全国妇联决定，在“六一”国际儿童节前后，组织广大未成年人开展“向国旗敬礼、做一个有道德的人”网上签名寄语活动。

5月21日，中央宣传部、中央文明办等部门联合下发《关于广泛开展“爱国歌曲大家唱”群众性歌咏活动的通知》，决定在全国广泛开展“爱国歌曲大家唱”群众性歌咏活动。在6～9月，中央电视台“激情广场”栏目将制作播出15期“爱国歌曲大家唱”群众歌咏活动专题节目，呈现各地群众广泛传唱、演唱爱国歌曲的盛况，为迎接新中国成立60周年营造喜庆氛围。

5月下旬，中宣部、中组部等中央有关部门联合发出《关于组织开展“100位为新中国成立作出突出贡献的英雄模范人物和100位新中国成立以来感动中国人物”评选活动通知》，正式启动了“100位为新中国成立作出突出贡献的英雄模范人物和100位新中国成立以来感动中国人物”评选活动。

5月23～24日教育部语言文字应用管理司等在北京召开中华经典诵读工作研讨会。此前的5月1日，国家语言文字工作委员会办公室（教育部语言文字应用管理司）和中央文明办调研组联合组织召开新闻发布会，决定2009年联合开展“中华诵·2009经典诵读大赛”和“中华赞·2009诗词歌赋创作大赛”，同时，活动官方网站落户中国文明网。

6 月

6月1～5日，在河北省石家庄市西柏坡爱国主义教育基地举办第十八期全国高校辅导员班主任骨干培训班。

6月21～25日，在北京举办第十九期全国高校辅导员班主任骨干培训班。

7 月

7月1日，继新中国成立以来首次中等职业学校德育工作会议在天津召开后，教育部、中宣部、中央文明办、人力资源和社会保障部、共青团中央、全国妇联联合下发关于加强和改进中等职业学校学生思想道德教育的意见，明确了今后中等职业学生的德育目标、方向和内容。

7月3日，为贯彻落实中央关于围绕庆祝新中国成立60周年深入开展群众性爱国主义教育活动的有关部署，教育部、中宣部、中央文明办、共青团中央决定在今年以庆祝新中国成立60

周年为主题开展第六个“中小学弘扬和培育民族精神月”系列活动。

7月4日，全国高校学生“我爱我的祖国”主题暑期社会实践活动启动仪式在清华大学举行，中共中央政治局委员、国务委员刘延东出席并发表讲话。刘延东指出，党和政府历来高度重视大学生的成长成才，希望大学生通过社会实践活动，加深对国情、民情和社情的了解，增强使命感和责任感，尽快成长为国家的栋梁之材。

7月上旬，为认真贯彻落实中央文明委《关于深入开展“迎国庆讲文明树新风”活动的通知》和“迎国庆讲文明树新风”志愿服务活动视频会议精神，大力推进红十字志愿服务活动，中央文明办、中国红十字会总会决定，联合组织开展“迎国庆讲文明树新风”志愿服务活动。活动按照“迎国庆讲文明树新风”活动总的要求，以建设社会主义核心价值体系为根本，以应急救援、自救互救、社区服务、红十字青少年为主要内容，广泛开展“迎国庆讲文明树新风”红十字志愿服务活动，普及志愿理念、弘扬志愿精神，为庆祝新中国成立60周年营造热烈喜庆、文明和谐的社会环境。

7月5日，教育部在清华大学召开“我爱我的祖国”大学生基层建功立业座谈会。

7月12日晚，“中华诵”2009经典诵读进校园活动在武汉大学举行，本次活动由教育部语言文字应用管理司、思想政治工作司共同主办，武汉大学承办，中国教育电视台协办。

7月13日，为进一步加强和改进未成年人思想道德建设，丰富广大少年儿童的精神文化生活，使他们健康发展、快乐成长，中央宣传部、中央文明办、教育部、团中央、全国妇联联合下发《通知》，决定在全国广泛开展优秀童谣推荐评选活动。

7月23日，全国高校辅导员研究会会长、秘书长会议在山东大学威海校区召开，教育部思想政治工作司有关负责同志，研究会顾问、会长、副会长、秘书长、副秘书长参加会议。教育部副部长李卫红出席并作重要讲话。

8　月

8月18日，中宣部、教育部组织百位高校思想政治理论课骨干教师进行国情调研。

9　月

9月4日，第25个教师节来临之前，国务院总理温家宝冒雨来到北京市第三十五中听课。

9 月 23 日，第十一届中国科协年会“科学道德建设论坛”在重庆召开。学术界的 SCI（SCI 全称 Science Citation Index，即科学引文索引）崇拜症，遭到与会专家集体炮轰。

10　月

10 月 14 日，教育部日前就各地各高校贯彻落实中央 16 号文件精神、加强和改进大学生思想政治教育情况开展专题调研。10 月 14 日，东北地区调研片会举行，教育部副部长李卫红出席片会并讲话。

10 月 14 日，由全国高校辅导员工作研究会、辽宁省委高校工委、辽宁省教育厅主办，大连理工大学承办的第二届全国高校辅导员工作创新论坛 10 月 14 日开幕，来自全国 31 个省、自治区和直辖市的近 300 名高校辅导员齐聚大连，交流工作分享经验。

10 月 14 日晚，“立德树人　与爱同行”2008 全国高校辅导员年度人物颁奖晚会在大连理工大学刘长春体育馆隆重举行。2008 全国高校辅导员年度人物评选活动由教育部思想政治工作司指导，全国高校辅导员工作研究会、《中国教育报》、中国教育电视台共同主办，新华网提供独家网络支持，经过初评、“100 进 30”和终评三轮评选，历时 4 个月，最终从全国 9 万余名高校辅导员中产生了十位年度人物。

10 月 23～26 日，今年是新中国诞生 60 周年，也是中国教育学会成立 30 周年，为深入贯彻落实科学发展观，全面推进素质教育，更好地交流基础教育教学研究与实践的经验，经商定，由中国教育学会主办、湖南省教育学会承办的第 22 次全国学术年会于今年 10 月下旬在长沙举行。

11　月

11 月 4 日，教育部和湖北省委在地处湖北荆州的长江大学举办学习 10·24 见义勇为舍己救人大学生英雄集体先进事迹座谈会，部署进一步推动高校优秀学生典型宣传，深化创新大学生思想政治教育工作。会上宣读了教育部授予长江大学徐彬程等 15 名同学“全国见义勇为舍己救人大学生英雄集体”荣誉称号，追授陈及时、何东旭、方招同学“全国舍己救人优秀大学生”荣誉称号的表彰决定。教育部副部长李卫红出席会议并讲话。

11 月 5～6 日，浙江省教育厅、省委宣传部、省文明办、省人力资源和社会保障厅、团省委、省妇联等六个部门联合在衢州市召开全省中等职业学校学生德育工作会议，专题研究中职学生德育工作。

11月8日，北京大学公布了2010年自主招生试点推出的“中学校长实名推荐制”的实施方案。

11月10日，教育部决定在教育系统开展向长江大学“全国见义勇为舍己救人大学生英雄集体”学习活动。

11月27日，为了更好地总结展示《中共中央国务院关于进一步加强和改进大学生思想政治教育的意见》印发实施5年来的理论和实践成果，教育部思想政治工作司日前组织编写了“立德树人”系列丛书和“励志青春”系列丛书，已由中国人民大学出版社正式出版。

11月29～30日，全国未成年人思想道德建设经验交流会在长沙召开会议表彰了第二届全国未成年人思想道德建设工作先进城市，交流了五年来未成年人思想道德建设的成功经验。

12 月

12月5日上午，由全国高等学校思想政治教育研究会、四川省高等学校思想政治教育研究会主办，四川大学、四川省高校青年德育工作者协会承办，西南财经大学协办的第十三届全国高校青年德育工作者论坛在四川大学隆重举行。

2009年12月10日至2010年1月15日，举办“2009全国高校辅导员年度人物”评选活动。

12月17日，为深入学习领会刘延东回信精神，纪念中央16号文件颁发5周年，北京大学17日举行“引路青春、护航成长——北京大学加强和改进大学生思想政治教育工作回顾展(2004～2009)”开幕仪式。

12月18日，教育部关心下一代工作委员会和思想政治工作司18日在京联合召开“进一步发挥高校关工委作用，加强和改进大学生思想政治教育工作座谈会”。教育部党组成员、副部长李卫红出席会议并讲话。座谈会由全国政协委员、教育部关工委主任田淑兰主持。

论 文 索 引

2009年政治教育论文索引

1. 毛道生. 班级精神文化建设的策略[J]. 教育科学论坛,2009(10).

2. 王兴刚. 创新高中政治高效课堂教学模式的探索[J]. 江苏教育研究,2009(11).

3. 司成勇. 当代小学教育专业教师职业技能训练的内容、途径与策略[J]. 当代教师教育,2009(3).

4. 张伊丽. 道德层次及其课程意义——以苏教版四年级下册《想他们的难处》为例[J]. 上海教育科研,2009(11).

5. 高嗣新. 德育应回归"真"的生活[J]. 人民教育,2009(22).

6. 孙圣和. 对当前中小学教师培训存在问题的思考[J]. 江苏教育研究,2009(12).

7. 成洁. 对高效政治课堂的探究——基于新课程的政治课堂教学改革思考[J]. 新课程研究,2009(12).

8. 金遂,陈彩堂,李哉平. 对中小学教育科研伦理道德建设的思考[J]. 上海教育科研,2009(10).

9. 杨智,张萍. 加强内地新疆高中班学生思想政治教育的策略[J]. 教育导刊,2009(9).

10. 彭健. 敬畏的力量——读《周培植和他的区域教育生态理论》有感[J]. 人民教育,2009(22).

11. 杨红霞. 公平与效率:澳大利亚政府对私立中小学的资助[J]. 外国教育研究,2009(10).

12. 匙芳,孟庆瑜. 关注中小学岗位设置管理改革[J]. 人民教育,2009(12).

13. 沈有禄,谯欣怡. 基础教育均衡发展:我们真的需要一个均衡发展指数吗?[J]. 教育科学,2009(6).

14. 王泽军. 教师工作室:教师专业发展的新路径[J]. 教育科学论坛,2009(10).

15. 黄大龙. 教师视野中学校文化建设状况的调查[J]. 江苏教育研究,2009(12).

16. 杨钦芬,刘建敏. 教学交往的意蕴与价值实现[J]. 教育科学论坛,2009(10).

17. 朱晓民，鞠振. 教研组与教师教学专业知识发展关系的调查研究[J]. 上海教育科研，2009(12).

18. 迟希新. 教育：提升学生的生命境界[J]. 人民教育，2009(10).

19. 高凤弟，徐建青. 教育科研：应当关注实际问题的解决[J]. 上海教育科研，2009(11).

20. 王顺利. 教育信息化背景下的新课程教学研究[J]. 教育导刊，2009(5).

21. 施翔. 科学发展观视域下的素质教育问题及对策[J]. 教育理论与实践，2009(12).

22. 鲁雁飞. 论教师教育伦理之于专业伦理的依托和超越[J]. 大学教育科学，2009(6).

23. 潘新民. 论基础教育改革的本土意识[J]. 教育导刊，2009(12).

24. 陈建华. 论教育理论与教育实践的共生共存[J]. 教育理论与实践，2009(12).

25. 谌纪红. 论素质教育背景下特色学校的发展[J]. 辽宁教育行政学院学报，2009(9).

26. 高小强. 论乡村教育中的"理"与惩罚之关系[J]. 上海教育科研，2009(10).

27. 陈家尧. 论新课程的"生成"[J]. 今日教育，2009(7).

28. 杨亚敏. 美国农村"课外教育计划"的实施及其启示[J]. 现代教育科学，2009(5).

29. 熊冠恒. 纽约市公立中小学校学生服务及其理念[J]. 外国教育研究，2009(10).

30. 曹长德. 教师专业化与教师职业技能训练[J]. 当代教师教育，2009，2(2).

31. 蒋国生. 浅谈思想品德课的"魅力教学"[J]. 现代教育科学，2009(5).

32. 鲍国汉. 区域教育如何做好生本？[J]. 人民教育，2009(8).

33. 张俊. 区域实施"活动单导学"教学模回顾与思考[J]. 江苏教育研究，2009(10).

34. 周荣斌. 高中思想政治课教材的使用策略[J]. 教育理论与实践，2009(10).

35. 李德胜. 如何在高中政治教学中进行情境创设[J]. 新课程研究，2009(12).

36. 陈健. 生本教育：一项极具现实意义的教育改革[J]. 人民教育，2009(10).

37. 黄海勇. 生本理念下的课堂组织[J]. 人民教育，2009(15).

38. 詹红菊. 师德建设的困境及出路[J]. 湖北第二师范学院学

报,2009(11).

39. 林桂昌.思想品德课兴趣教学的探讨[J].基础教育研究,2009(11).

40. 李克非,张志宏.思想政治课生活性教学的理论建构[J].河北师范大学学报(教育科学版),2009(10).

41. 张华,唐虢.素质教育:素质的较量与教育的拷问[J].今日教育,2009(3).

42. 张炳元.谈基于机制创新的区域教育科研经验[J].上海教育科研,2009(11).

43. 邵晓黎.学生情感发展评价研究初探[J].教育实践与研究,2009(11).

44. 张勇,张莹.关于学校道德教育的再反思——由《道德教育的20个细节》引发[J].教育科学论坛,2009(10).

45. 肖莉,宁琰.重视校本课程 开发打造特色学校文化[J].上海教育科研,2009(12).

46. 姜蕴.中小学教师"院校协作"教研培训模式探讨[J].福建教育学院学报,2009(5).

47. 方继锋.增强政治课堂探究活动有效性的思考[J].现代教育科学,2009(5).

48. 於松贵.用陶行知教育名言规正我们的教育实践[J].江苏教育研究,2009(12).

49. 张园园.英国义务教育教师绩效工资制度研究综述[J].湖北成人教育学院学报,2009(6).

50. 高庆蓬,贺同柱.义务教育政策实施20年(1986—2006)效益的评估[J].教育科学,2009(6).

51. 张相学.学校课程规划的目的.内容与实施[J].教育理论与实践,2009(12).

52. 鲍庆童.学校教育管理伦理探析[J].辽宁教育行政学院学报,2009(10).

53. 余清臣.学校核心价值观体系及其生态[J].中国教育学刊,2009(12).

54. 陆平.新课程背景下的学校道德教育[J].江苏教育研究,2009(12).

55. 朱建明,殷骥,徐菊,吴慧燕.谈教科研驱动与教师自主发展[J].上海教育科研,2009(11).

56. 史锦秀.提高教学质量应该从课堂教学开始[J].河北师范大学学报(教育科学版),2009(11).

57. 周兰芳.西班牙中小学移民教育及其对我国的启示[J].外国教育研究,2009(10).

58. 史晓燕,赵华,张举胜.现行农村中学教师评价制度调查分析[J].当代教师教育,2009(4).

59.陈彦平.新课程教学应培养学生从自主向全面过渡[J].新课程研究,2009(12).

60.高志东.校本草根研究:班主任专业成长的有效途径[J].现代教育科学,2009(5).

61.阎建平,郭福田.山西省普通高中新课程思想政治学科的教学进展及建议[J].教育理论与实践,2009(3).

62.赵学华.试论思想政治素质是素质教育的灵魂[J].教育科学研究,2001(8).

63.刘华杰.现代性背景下道德教育的"去信仰化"问题及应对[J].教育科学研究,2009(12).

64.郑 航.让儿童意识到成人的问题是"问题"[J].教育科学研究,2009(7).

65.何雪莲.多元的一元:青少年价值观教育反思[J].教育科学研究,2009(5).

66.胡金木.我国道德教育领域中"比较研究"状况的回顾分析[J].教育科学研究,2009(9).

67.陆德光.高中思想政治课灌输教育再认识[J].基础教育研究,2009(16).

68.李国华."两境"融通提高政治课教学的有效性[J].基础教育研究,2009(15).

69.曾 瑛.从中学生思想道德现状谈中学思想道德建设[J].基础教育研究,2009(12).

70.韦伦飞.也谈政治课学习兴趣的培养与保持[J].基础教育研究,2009(06).

71.周 荣.中学思想政治课程价值的误读及矫正[J].基础教育研究,2009(03).

72.何福林.心理健康教育政治化倾向的探究[J].基础教育研究,2009(18).

73.顾润生.政治科学业水平测试渗透情感.态度与价值观评价探析[J].基础教育研究,2009(01).

74.刘永芳.浅谈高中政治教学的情境创设[J].基础教育研究,2009(02).

75.曾承炜.建立和谐关系打造有效课堂[J].基础教育研究,2009(15).

76.王锦飞.重结论,更应重过程——政治新课程教学中的结论与过程的关系处理[J].基础教育研究,2009(11).

77.吴九占.在思想政治理论课教学中实施主体性人格教育[J].教育评论,2009(5).

78.李颖.思想政治理论课教师的诠释行为及影响因素[J].教

育评论,2009(5).

79. 马宁. 思想政治教育主渠道与马克思主义大众化[J]. 教育评论,2009(5).

80. 李春玲. 政治文化与思想政治教育[J]. 教育评论,2009(4).

81. 叶德明. 思想政治教育话语权浅论[J]. 教育评论,2009(3).

82. 苑申成. 思政课案例教学法的理论与实践[J]. 教育评论,2009(2).

83. 邵广侠. 心理和谐:思想政治教育的重要追求[J]. 教育评论,2009(2).

84. 臧宏. 公民意识的蕴涵及思想政治教育策略[J]. 教育评论,2009(1).

85. 刘志贞. 初中思想品德进行时:快乐着学习着[J]. 文科教学探索,2009(10-B).

86. 凌忠. 初中思想品德课中有效教学情境的创设[J]. 教育科学论坛,2009(3).

87. 黄强. 初中政治课堂活动有效性的四个维度[J]. 教育链接,2009(11).

88. 王迎红. 初中政治课堂有效提问设计[J]. 教育链接,2009(8).

89. 周 钧. 对设计教师专业发展项目的思考[J]. 天津师范大学学报,2009,10(4).

90. 吴明禹. 对中学教师队伍管理的思考[J]. 教育科学论坛,2009(9).

91. 董秀绿,高延娥. 构建高中思想政治教学网络平台的必要性[J]. 文科教学探索,2009(08-B期).

92. 齐泽旭. 关于教师教育的几种错误认识[J]. 教育科学论坛,2009(8).

93. 周继章. 关注学生情感体验呈现品德课堂魅力[J]. 教育实践与研究,2009(7/8-A期).

94. 张霖婧. 基层思想政治教育必须强化“三种意识”[J]. 四川文理学院学报,2009,19(6).

95. 孙元涛,胡春红. 基础教育“文化战略”意义的凸显[J]. 理论视野,2009(1).

96. 胡 刚. 基于教师专业成长的教育人种志研究[J]. 四川教育学院学报,2009,25(6).

97. 黄培森. 加强职前教师教育素质培养的思考[J]. 四川文理学院学报,2009,19(1).

98. 杨忠. 教师的人格力量在教学中的作用[J]. 教育实践与研究,2009(04-B).

99. 纪国和,王传明. 教师教育专业化的内涵与实施策略[J].

当代教师教育,2009,2(1).

100. 牛晶晶,吴巧云. 教师期望与学生的心理发展研究[J]. 四川教育学院学报,2009,25(1).

101. 张平,朱鹏. 教师实践共同体:教师专业发展的新视角[J]. 教师教育研究,2009,21(2).

102. 刘玉容,樊敏. 科学教育师资培训对高师课程结构调整的启示[J]. 四川教育学院学报,2009,25(11).

103. 廖晓芳. 科学理解新课标,提高课堂教学的有效性[J]. 四川职业技术学院学报,2009,19(3).

104. 申 明. 论教师是德育制度变革的主体:实然落差与应然定位[J]. 教师教育研究. 第 2009,21(1).

105. 洪 娟. 论思想政治理论课"三·三·二"实践教学模式[J]. 四川教育学院学报,2009,25(8).

106. 李 瑛,金林祥. 美国选择性教师资格制度的实施经验与启示[J]. 教师教育研究,2009,21(1).

107. 袁 力,萨日娜,邓秀珍. 内蒙古中学生主观幸福感特征研究[J]. 内蒙古师范大学学报,2009,22(4).

108. 韩华山. 浅谈品德课程教学的求"实"观[J]. 科学实践与研究. 小学版(A),2009(11).

109. 白艳枝. 浅谈政治课教学中的导语设计[J]. 教育实践与研究. 小学版(B),2009(02).

110. 赵儒彬. 浅析中学教师教学能力发展的几个层次[J]. 太原大学教育学院学报,2009,27(4).

111. 王恩惠,蔡培菊. 试论教师实践智慧的养成[J]. 聚焦教师,2009(9).

112. 谢 娜. 试析教师培训内容的发展趋势[J]. 四川文理学院学报,2009,19(3).

113. 段星宇. 思想政治课对学生创新意识创新能力的培养[J]. 牡丹江大学学报,2009,18(10).

114. 李尚卫,袁桂林. 我国农村教师教育制度反思[J]. 教师教育研究,2009,21(3).

115. 牛紫薇. 小品在思想品德课中的应用价值[J]. 教育实践与研究. 小学版(A),2009(2).

116. 李俊义,徐来群. 小学教育本科专业课程设置比较分析[J]. 现代教育管理,2009(3).

117. 朱德怀. 小学品德与社会的教学前置[J]. 教学新探,2009(7).

118. 瞿建东. 校本教研变革中的教师认同[J]. 科研导航,2009(4).

119. 甘欲冲. 新课程背景下初中思品课体验式教学探索[J].

教育链接,2009(1).

120. 陈鸽. 新时期班主任思想政治教育工作的灵魂和终极目标[J]. 教育链接,2009(2).

121. 程 瑶. 在高中政治课中贯彻社会主义核心价值体系教育[J]. 四川教育学院学报,2009,25(8).

122. 夏海英,王建国. 增强中学思想政治教育实效性初探[J]. 井冈山医专学报,2009,16(5).

123. 宋旭璞 张万朋. 中小学教师继续教育模式改革的构想[J]. 教师教育研究,2009,21(2).

124. 李友令. 中学思想政治课德育渗透教学浅探[J]. 改革与开放,2009(11).

125. 唐洪刚,敖 铮. 中学思想政治课的情感教学探究[J]. 辽宁师专学报,2009(5).

126. 黄少波. 中学思想政治课教学如何实践以人为本的教育理念[J]. 新课程研究(基础教育),2009(11).

127. 陈晖. 中学思想政治课教学中学生问题意识及其培养[J]. 科教文汇,2009(35).

128. 张晓红. 中学政治教师个人魅力与政治教学的实效性[J]. 内江科技,2009(11).

129. 曹传圣,孟凡拼. 中学政治课教学中融入弱者关怀教育的思考[J]. 河南职业技术师范学院学报,2009(5).

130. 王志勇. 主体性教育:从"占有性"走向"共存性"——基于主体间性的视角[J]. 四川教育学院学报,2009,25(11).

131. 周全. 思想品德教科书的功利化倾向——以人教社初中思想品德教材为例[J]. 江苏教育研究,2009(25).

132. 张树林. 思想政治课合作学习教学初探[J]. 江苏教育研究,2009(17).

133. 李颖. 我们应该还给孩子怎样的品德课堂[J]. 江苏教育研究,2009(18).

134. 梁东. 乘吴地文化探究东风 扬民族精神教育航帆——浅谈小学德育工作中民族精神的弘扬和培养[J]. 江苏教育研究,2009(20).

135. 王海剑. 政治教学中的科学引导策略[J]. 江苏教育研究,2009(15).

136. 刘黔敏. 我国中小学德育课教科书叙事模式的分析与反思[J]. 江苏教育研究,2009(2).

137. 蒋国和. 思想政治课应着力价值引领[J]. 江苏教育研究,2009(11)

138. 卢金燕. 回归:品德课堂的主旋律[J]. 江苏教育研究,2009(11).

139. 彭兴奎. 走出思品课教学的三个误区[J]. 江苏教育研究，2009(5).

140. 徐敏南. 中小学骨干教师培养. 评审与考核的实践探索[J]. 江苏教育研究，2009(03).

141. 张勇，张莹. 关于学校道德教育的再反思——由《道德教育的 20 个细节》引发[J]. 教育科学论坛，2009(10).

142. 许安国. 突发性事件处理中的思想政治教育方法[J]. 北京教育(德育)，2009(11).

143. 王利明. 发挥马克思主义理论学科优势 为思想政治教育奠定坚实基础[J]. 北京教育(德育)，2009(11).

144. 凌忠. 初中思想品德课中有效教学情境的创设[J]. 教育科学论坛，2009(3)

145. 李毅. 构建科学思维方式 提升思想政治理论课教学实效[J]. 北京教育(德育)，2009(Z1).

146. 喻维华. 思想政治理论课在忠诚教育中的重要地位与作用[J]. 北京教育(德育)，2009(S1).

147. 严宗泽. 关于思想政治理论课教学改革的基点研究[J]. 北京教育(德育)，2009(S1).

148. 彭付芝. 论思想政治理论课教材体系向教学体系转化的条件[J]. 北京教育(德育)，2009(5).

149. 郑树文. 对提高思想政治理论课吸引力的新审视[J]. 北京教育(德育)，2009(4).

150. 闫成. 强化实践教学环节 提高思想政治理论课的实效[J]. 北京教育(德育)，2009(3).

151. 赵卯生，张秀华，葛飞坤. 思想政治理论课课堂教学现状分析及建议[J]. 北京教育(德育)，2009(2).

152. 刘莉. 品德与生活(品德与社会)课堂教学多元评价探索[J]. 教育科学论坛，2009(1).

153. 吕秋芳，赵剑民. 提高"思想道德修养与法律基础"课教学实效的方法探析[J]. 北京教育(德育)，2009(9).

154. 黄奕蕾，梁沛华，陈佳文. 如何做好学生军事训练思想政治工作[J]. 辽宁教育行政学院学报，2009(9).

155. 刘海燕. 营造良好课堂环境 提高政治课效率[J]. 辽宁教育行政学院学报，2009(8).

156. 李和章，许欣，杨海. 围绕特色强化德育工作建设[J]. 北京教育(德育)，2009(12).

157. 黄金慧. 教师在综合实践主题活动中的有效指导策略[J]. 北京教育学院学报，2009(5).

158. 吴俊法. 积极拓展有效途径 增强思想政治教育的针对性和实效性[J]. 北京教育(德育)，2009(11).

159. 刘忠心. 以学生为本提高思想政治教育实效性[J]. 北京教育(德育),2009(10).

160. 冯刚. 新媒体技术的思想政治教育功能研究[J]. 北京教育(德育) ,2009(10).

161. 吴昌盛,傅麟雅. 关于"思想政治理论课"课程考试改革若干问题的思考与建议[J]. 北京城市学院学报,2009(4).

162. 吴爱萍. 浅论思想政治理论课理论教学与实践教学的优化整合[J]. 北京教育(德育),2009(S1).

163. 周颖. 中外合作办学学生思想政治教育工作探索[J]. 北京教育(德育),2009(S1).

164. 郭赤婴. 思想政治理论课教育导向效率探究[J]. 北京教育(德育),2009(6).

165. 刘雨芙. 关于加强思想政治教育进一步完善创新型理学人才培养体系的思考[J]. 北京教育(德育) ,2009(6).

166. 金鸣娟. 思想政治理论课教学改革的思考[J]. 北京教育(德育) ,2009(5).

167. 艾四林. 推进研究型教学 提高思想政治理论课教学效果[J]. 北京教育(德育),2009(3).

168. 李松林,李会先. 构建思想政治理论课教学体系应该注意的几个问题[J]. 北京教育(德育),2009(1).

169. 姚静仪. 加强网络思想政治教育的若干思考[J]. 北京教育(德育),2009(10).

170. 唐平,李智. 谈案例教学法在高校政治理论课中的运用[J]. 辽宁教育行政学院学报,2009(7).

171. 阚德慧. 艺术类学生思想政治教育浅析[J]. 辽宁教育行政学院学报,2009(7).

172. 王梦亚. 体验式教学在思想政治教学中的意义和运用[J]. 辽宁教育行政学院学报,2009(7).

173. 周彬,高星原. 学校德育变革 30 年:困境与突破[J]. 教育科学研究,2009(3).

174. 尹 伟. 促进儿童自我控制的学校纪律[J]. 教育科学研究,2009(12).

175. 刘华杰. 现代性背景下道德教育的"去信仰化"问题及应对[J]. 教育科学研究,2009(12).

176. 刘旭相,杜金玉. 何谓与何为——反思生活道德教育[J]. 教育科学研究,2009(10).

177. 祝新宇. 现代教学质量观的重塑——从"以教/学为本"走向"以人为本"[J]. 教育科学研究,2009(10).

178. 刘晓红. 传承与扬弃共存——对"90 后"青少年孝道观的调查研究[J]. 教育科学研究. 2009(10).

179. 阎乃胜. 将人权教育融入中学德育课程之中[J]. 教育科学研究,2009(9).

180. 沈兆乾. 学校德育之"德"如何适应社会之"道"[J]. 教育科学研究,2009(9).

181. 郑 航. 让儿童意识到成人的问题是"问题"[J]. 教育科学研究,2009(7).

182. 周鹏生. 中小学心理教育教师的边缘化困境和出路[J]. 教育科学研究,2009(6).

183. 杨启华. 追寻学校德育活动的游戏精神[J]. 教育科学研究,2009(3).

184. 胡金木. 我国道德教育领域中"比较研究"状况的回顾分析[J]. 教育科学研究,2009(9).

185. 曹俊军,刘要悟. 基础教育课程改革稳步推进的基本策略[J]. 教育科学研究,2009(1).

186. 肖强,马云鹏. 教科书价值取向研究——以高中思想政治课为例[J]. 教育科学,2009(1).

187. 蔡敏. 近年美国提高中小学教师队伍质量的核心举措[J]. 教育科学,2009(3).

188. 兰守海. 做最好的自己,创最好的班级[J]. 内蒙古教育,2009(24).

189. 吴宏祥. 活动式品德课中的活动内容有效性特征探究[J]. 内蒙古教育,2009(24).

190. 敖荣. 关于初一思想品德课的教学体会[J]. 内蒙古教育,2009(21).

191. 陈瑞琳. 新课改下如何加强班级文化建设[J]. 内蒙古教育,2009(22).

192. 承英(摘). 初相遇——带着精神关怀走向学生[J]. 内蒙古教育,2009(19).

193. 孙海荣,周国民. 反思学校德育工作面临的新挑战[J]. 内蒙古教育,2009(18).

194. 任海峰. 小学品社课教学创新的实践与思考[J]. 内蒙古教育,2009(18).

195. 纪永明. 班级文化建设在初中德育中的功能[J]. 内蒙古教育,2009(18).

196. 庄石军. 中学德育生活化的实践与研究[J]. 内蒙古教育,2009(18).

197. 王啸. 道德教育的文化内涵[J]. 内蒙古教育,2009(17).

198. 毕德远. 为高中生开展"亲情教育"的实践与反思[J]. 内蒙古教育,2009(16).

199. 艾国忠. 道德教育在物理学科中的渗透[J]. 内蒙古教

育,2009(16).

200. 李凤良. 对未成年人思想道德教育工作的思考[J]. 内蒙古教育,2009(16).

201. 包向荣. 重视农村寄宿生的心理健康教育[J]. 内蒙古教育,2009(16).

202. 贺海云. 素质教育的至要:道德唤醒——听任小艾老师报告有感[J]. 内蒙古教育,2009(15).

203. 曹美霞. 渗于其内寓于其中——《经济生活》中德育与心育的渗透[J]. 内蒙古教育,2009(14).

204. 彭建足. 让品德教育回归生活[J]. 内蒙古教育,2009(14).

205. 塔拉. 信息技术在思想品德课教学中的应用效果[J]. 内蒙古教育,2009(10).

206. 连碧红. 提高《品德与社会》课堂教学实效的探讨[J]. 内蒙古教育,2009(8).

207. 沈钟. 试论校内德育质量督导体系的建立[J]. 内蒙古教育,2009(8).

208. 刘愈红. 小学生思想道德教育初探[J]. 内蒙古教育,2009(8).

209. 韩钰. 借成语典故,探德育新路[J]. 内蒙古教育,2009(6).

210. 孙美花. 做学生思想工作还须"巧"[J]. 内蒙古教育,2009(4).

211. 严从根. "重叠共识"的"重叠共识":德育改革的合理性诉求[J]. 全球教育展望,2009(7).

212. 唐汉卫. 多元文化时代学校道德教育的文化自觉[J]. 全球教育展望,2009(7).

213. 金业文,刘济良. 价值多元时代的学校德育改革思考:来自美国的启示[J]. 全球教育展望,2009(1).

214. 葛 春,李会松. 美国学校价值观教育实施及对我国核心价值观教育的启示[J]. 全球教育展望,2009(1).

215. 叶 飞,楚 燕. 道德教育:从日常生活走向自觉的文化生活[J]. 全球教育展望,2009(2).

216. 冉亚辉. 论德育的发展流派:理性与关怀[J]. 全球教育展望,2009(2).

217. 赵晓明. 高中政治课教学改革的几点体会[J]. 教育艺术,2009(12).

218. 周玲超. 让生活成为政治课教学的活水源头[J]. 教育艺术,2009(12).

219. 王日升. 浅谈思想品德课中创新能力的培养[J]. 教育艺

术,2009(12).

220.林春法.“网络化”德育工程的实践探索[J].教育艺术,2009(12).

221.吴建明.在校园网中促进职业学校德育创新[J].教育艺术,2009(12).

222.王献章.政治新课程教学中的异化现象及克服[J].教育艺术,2009(11).

223.刘天娇.对新课标下思想品德课程资源开发的反思[J].教育艺术,2009(10).

224.王平生.政治教学中记忆方法和记忆能力的培养[J].教育艺术,2009(9).

225.王阳升.运用举例提问激活政治课堂[J].教育艺术,2009(9).

226.郭新萍.试论德育在礼仪教育中的地位与作用[J].教育艺术,2009(9).

227.杨婷婷.构建以生活为中心的品德游戏教学[J].教育艺术,2009(9).

228.何少群.以人为本理念下的思想政治教育灌输论探析[J].教育艺术,2009(8).

229.马常永.新形势下如何加强和改进青少年的思想教育[J].教育艺术,2009(7).